養虎記

보전普專
고대高大
35년의 회고

양호기

養虎記

유진오

1905 제3권

KOREA
UNIVERSITY
PRESS
고려대학교
출판문화원

복간에 맞추어

1955년 5월 5일, 하늘은 맑게 개고 철쭉꽃이 교정을 붉게 장식한 가운데 고려대학교 창립 50주년 기념식은 성대하게 거행되고, 그날 저녁에는 중앙도서관 대열람실에서 내빈, 교직원, 교우 수백 명이 모여 대향연이 열렸다. 고려대학교가 발족한 이래 처음 가지는 성사(盛事)요, 오래간만에 맞아보는 희망과 광명의 하루였다.

1955년 당시 총장으로서 고려대학교 개교 50주년 행사를 주관한 현민(玄民) 유진오(兪鎭午)의 감동어린 소감이다. 현민은 35년(1932–1966) 동안 보성전문과 고려대학교 교수로 재직했으며, 그중 14년(1952–1965)의 기간 동안 총장직을 수행했다. 현민은 다재다능하여 법률가 · 교육자 · 정치가 · 문학가로서 뚜렷한 업적을 남겼으나, 여기에서 우리의 관심은 단연 법률가 · 교육자로서의 현민과 고려대학교 사이의 인연이다. "민족의 손에 의한 민립대학의 창설"을 꿈꾸던 인촌(仁村) 김성수(金性洙)가 일제의 방해공작으로 뜻을 이루지 못하고, 그 대안으로 1932년 보성전문학교를 인수하면서 보성전문은 뚜렷한 비전을 바탕으로 새로운 발전의 전기를 맞이한다. 그때 인촌이 정성으로 영입한 사람이 바로 15세 연하의 영재 현민이다. 현민은 인촌과의 만남을 이 책에서 "결연"(結緣)이라고 적고 있다. 당시 현민의 나이 26세였다. 인촌의 눈에 현민은 학교를 위해 반드시 필요한 사람이었다.

당대 최고 경세가의 눈은 놀랍도록 정확했다. 현민은 인촌의 생전·사후 한결같이 인촌과의 교류를 멈추지 않았다. 현민은 재직 기간 동안 고려대학교가 수많은 교우들을 위한 "마음의 고향", 세계와 어깨를 나란히 하는 "자유·정의·진리의 전당"으로 성장할 수 있는 명확하고 굳건한 토대를 구축했다. 특히 현민은 개교 50주년을 맞아 고려대학교 아카데미즘의 비전을 세우고 그것을 내외에 선언하기 위해 면밀하게 계획하고 과감하게 실천했다. 그것을 내외에 증명하는 날이 개교 50주년 기념일이었으니 현민에게 1955년 5월 5일이 "희망과 광명의 하루"였던 것은 당연한 일이었다. 고려대학교가 개교 50주년을 맞던 해 2월에 인촌이 서거했다. 그리하여 그를 위해 예비했던 고려대학교 제1호 명예박사학위를 가인(街人) 김병로(金炳魯) 초대 대법원장에게 돌렸다. 현민은 매우 애석해 했으나 가인의 대한민국과 고려대학교에 대한 헌신을 고려할 때 그것 또한 합당한 일이었던 것 같다.

『양호기(養虎記)』는 단순히 현민 개인의 회고록이 아니다. 이 책은 형극 속에서 나서 형극을 헤치고 걸어 나온 고려대학교의 높고(高) 우아한(麗) 역사를 현장감 넘치게 담아내고 있다. 1905년

대한의 국권이 스러져가던 시기에 미미하게 출발하여 그로부터 114년이 지난 2019년 오늘, 고려대학교가 세계와 어깨를 견주는 학문의 전당이 되기까지의 과정은 모든 사람에게 귀한 교훈일진대, 고대인(高大人)에게는 더 이상 말할 나위도 없다. 1977년 고려대학교출판부에서 발간한『양호기』를 2019년에 복간하게 된 것은 고려대학교로서 매우 기쁘고 중요한 일이다. 종서(縱書)의 조판 체계와 빈번한 한자 등은 오늘날의 젊은 학생에게 익숙하지 않은 것인데, 이번에 이런 것들을 보정했으니 많은 고대인이『양호기』를 더 가까이 접할 수 있을 것이다. 이 책을 통해 오늘날의 고대인이 고려대학교의 정체성을 인식하고, 이를 통해 미래를 개척하기 위한 지혜와 영감을 얻기를 기대한다.

이번에『양호기』는 '1905' 시리즈 제3권으로 복간된다. '1905'는 보성전문학교 또는 고려대학교와 한국 근대사가 의미있게 교차하는 부분들을 담아내기 위한 총서의 이름이다. 고려대학교 개교 110주년을 맞이한 2015년에 제1권(『1955년 고려대학교, 법과 시와 음악』)을 출간한 이후, 제2권(보성전문 시대 교과서 번역사업)의 사업들을 진행하고 있는 중에 이 책을 '1905' 제3권으로 출간하게 되었다. 이 책을 계기로 '1905'가 매우 다양한 사람들의 더욱 풍부한 콘텐츠를 담아내기를 기대해 본다. 특히 일제강점기에 조국의 독립을 위한 이념적 무기로써 사회주의를 선택하여 치열하게 활동했던 교우(校友)들을 발굴하고 바르게 평가하는 사업도 '1905' 시리즈에 담기기를 바란다. 1930년대 보성전문은 일제의 관학(경성제국대학)과 달리 우익과 좌익이 어우러진 혁신적인 자유주의의 온상이었기 때문이다. 오늘날 대한민국은 그 정도는 넉넉하게 품을 수 있을 만큼 충분히 성장했다.

비록 복간이라고는 하나 존경하는 현민 선생님의 글로 구성된 책에 발간사를 적게 되어 개인적으로는 평생 잊지 못할 크나큰 영광을 얻었다. 이 글이 현민 선생님의 귀한 뜻과 품격에 누가 되지 않기를 바랄 뿐이다. 복간본(復刊本)은 가급적 원본의 표현을 그대로 따랐다. 그것이 복간의 취지에 부합하는 것으로 생각한다. 그러다 보니 현재 통용되는 용어와 달라 어색한 부분도 없지 않을 것이다.

이 책이 나오기까지 많은 분들의 격려와 이해, 협조가 있었다. 오래 전부터 현민의 공적과 『양호기』의 의미를 인식시켜 주신 고 최달곤(崔達坤) 선생님, 가장 최근에 『양호기』의 중요성을 다시 일깨워 게으름에 일침을 주신 김형배(金亨培) 선생님께 감사를 드린다. 『양호기』 복간의 취지에 바로 공감하고 적극적이며 신속하게 사업을 추진해 주신 고려대학교출판문화원의 윤인진 원장님 이하 편집진께도 감사드린다. 종서의 원본을 횡서로 전환하는 작업을 정성으로 수행한 고려대학교 일어일문학과 이상래 군의 충성스런 헌신에 대해서도 따스한 감사의 마음을 전한다.

개인적인 시각이기는 하나 『양호기』의 백미는 역시 개교 50주년 행사 회고 부분이다. 오랜 기간 그것을 준비했을 현민에게서 수원 화성 프로젝트를 준비했던 18세기 정조 임금의 모습을 본다. 그 행사는 고려대학교 현대화의 출발이요, 고려대학교의 미래를 기약하는 대사건이었다. 고려대학교를 향한 열정을 구현한 현민의 기쁨이 어떠했을까. 현민은 그날의 감격을 "맑은 하늘, 붉은 철쭉꽃"으로 요약했다. 그래서 해마다 5월 안암 동산은 붉은 철쭉으로 눈이 부시다.

2019년 4월

고려대학교 법학전문대학원장

명 순 구

일러두기

1. 이 책은 1977년의 초판본을 저본으로 하여 새로이 편집 조판하였다.

2. 표기법과 띄어쓰기 등은 현행의 우리말 규정을 적용하여 고쳤다.

3. 초판본 간행시 명백한 오식으로 판단되는 글자들은 바로잡았으며, 노출된 한자들은 한글로 바꾸고 필요한 경우 괄호와 함께 병기하였다.

4. 한자로 표기되었던 일본과 중국의 인명, 지명 등도 현행 표기법 규정에 따라 한글로 바꾸었다.

5. 현금의 국어사용례에서 사라진 어휘들은 편집자 임의로 바꾸었다. (예: 국민학교 > 초등학교, 佛領印度支那 > 프랑스령 인도차이나, 城大 > 경성제대)

서(序)

1971년 봄 고려대학교 교우회로부터 내가 동교(同校)에 재임하던 동안의 회고록을 써달라는 부탁이 있어 이를 승낙하고 동회(同會)의 기관지인 고우회보(高友會報)에 연재를 시작하여 익년 팔월까지에 전편(해방 전)을 끝내고 한참 쉬었다가 1974년 1월부터 다시 해방 후의 이야기를 시작하여 1975년 10월까지 전후 33회로써 이를 끝마쳤는데, 이 책은 그때 썼던 그 글들을 모아 약간의 수정을 가하여 간행하는 것이다.

처음 나는 이 글의 제목을 단순히 「보전 · 고대 삼십오년의 회고」라 붙일까 하였으나 교우회보 편집국에서 「양호기」라 하는 것이 더 좋지 않겠느냐 해서 그 의견을 따르기로 하였고, 이번에 단행본으로 내는 데도 그 제목을 그대로 쓰기로 하였다. 다만 「양호기」라는 제목은 까딱하면 독자에게 그릇된 선입감을 줄 수도 있을 것 같아서 이 기회에 한마디 주석을 붙여두고자 한다. 「양호기」라 하면 마치 내가 무슨 용감한 투사(鬪士)를 양성하는 것을 목표로 교육을 해 온 양 자부하는 것 같은 인상을 주기 쉬운데, 나는 고려대학교에 재임하는 동안 그저 참된 인간을 양성하려 하였을 뿐이지 어떤 특별한 목표를 염두에 두고 학교 지도에 당해 오지는 않았다. 고려대학교의 교우나 학생 기타 관계자들이 어째서 호랑이를 좋아하고 그것이 학교의 동물상징으로까지 채택되었으며 이 책의 제목마저 「양호기」로 하게 되었느냐 하는 것은 이 책의 내용이 스스로를 말해줄 것이다.

회고록을 쓰는 동안에 몇 번이고 생각한 것은 나 같은 평범한 사람의 회고담에 무슨 의미나 가치가 있겠느냐 하는 문제였다. 그러한 회의로 인해 나는 몇 번인가 글을 중단할 생각을 한 일도 있지만 그러면서도 그것을 끝까지 계속한 까닭은 아무리 평범한 사람의 회고담일지라도 문제를 다루기에 따라서는 그가 살아온 시대와 사회환경의 한 단면을 생생하게 보여 줄 수 있는 것으로 생각되었기 때문이다. 더군다나 내가 보전·고대에 몸을 담갔던 삼십오 년은 우리가 이민족의 지배하에 절망의 밑바닥을 헤매던 때와, 겨우 그것을 벗어나자 이번에는 세계사적인 이데올로기 대립의 제물이 되어 피투성이의 처참한 전란을 겪어야 했고, 그럼에도 불구하고 그것이 끝나자 전민족이 불사조같이 일치단결하여 기사회생의 거보(巨步)를 내디디던 때 등, 파란만장의 시대에 해당하므로, 그 시기를 살아온 사람의 기록은 아무리 과오와 우행(愚行)에 찬 것일지라도 그런대로 의의가 있을 것으로 생각한 것이다. 그런 중에도 보전·고대는 우리 민족의 근대사상 결코 과

소평가해서는 안 될 역할을 담당해 온 기관임에 있어서랴.

회고록에는 흔히 위선이나 위악이 따르기 마련인데 이 글에서는 그런 것은 될 수 있는 대로 피하려 하였다. 다만 내가 나 자신의 이야기를 하는 것이므로 때로는 제자랑 같은 이야기도 나오고 때로는 변명같이 들리는 부분도 있을 것이지만, 그런 것을 충분히 의식하면서도 나는 지나친 자학(自虐)이나 자부에 빠지는 것만을 경계하면서 사실을 사실대로 기록하려 하였다.

나로 하여금 이 책을 쓰도록 해주신 고려대학교 교우회 여러분, 그 중에도 특히 번번이 마감 시간을 제대로 지키지 못하여 여러 차례 나의 집을 왔다 갔다 하여야 했던 고우회보 편집국장 조정남(趙政男) 군과, 이번 출판에 여러 가지로 협력해주신 고려대학교 차낙훈(車洛勳) 총장, 한만운(韓萬運) 출판부장 및 출판부 직원 여러분에게 심심한 사의(謝意)를 표한다.

1977년 1월

저자 識

차례

후편(後篇)

부록

전편(前篇)

머리에

그렇지 않아도 틈이 나는 대로 보전, 고대 35년간(정확히 말하면 1932년 4월부터 1966년 10월에 이르는 34년 7개월 간)의 생활을 회고하는 글을 쓰고 싶었는데, 마침 고대 교우회보에서 그런 글을 써달라는 부탁이 있고 하니 기꺼이 이에 응하기로 한다.

다만 글을 쓰기 전에 미리 말해두어야 할 일들이 몇 가지 있다. 그것은 우선 최근 몇 해 동안을 제외하고는 그 기간 동안에 나 자신이 적어둔 일기 기타의 기록이 별로 없다는 것이다. 1931년 이후 몇 차례 일경(日警)의 손에 끌려다니고 하던 때에 학생 시대에 썼던 일기, 감상문 등을 모조리 압수당하였을 뿐 아니라, 그 글 때문에 갖은 트집을 다 당한 쓰라린 경험으로 해서, 그 후로는 그런 글을 일절 쓰지 않았기 때문이다. 어쨌든 나 자신의 기록으로 된 자료가 없으니, 이 글은 남의 글이나 나의 불확실한 기억만을 의지해서 쓰는 도리밖에 없다. 따라서 내용이 확실치 않거나 사실과 틀리는 점도 간혹 없지 않을 것이다.

다음으로 이 글에는 성질상 여러 사람의 이름이 나오게 되는데,

그러고 보니 까딱하면 몇몇 분의 이름에 명예롭지 못한 인상을 풍겨주는 결과가 되는 수도 있을 수 있다는 점을 말해두어야 하겠다. 그렇다고 사실을 왜곡하거나 음폐해 버릴 수도 없는 일이므로, 대체로 실명을 그대로 쓰되 아무래도 거북한 경우에는 적당한 부호로 대치하기로 하겠다.

이 글에는 또 좌익 관계의 일이나 인명이 더러 나오게 되는데, 이 점도 지금의 독자 — 특히 젊은 층에 대해서는 미리 한마디 주석을 달아두지 않으면 안 될 것으로 생각된다. 좌익이라면 8 · 15 해방 이후로 완전히 우리의 적이 되어버렸고, 특히 6 · 25동란 이후로는 수백만 동포의 생명을 앗아간 반역자의 집단이 되어버렸지만, 해방 전에는 좌익이나 우익이나 민족을 생각하고 민족의 해방을 염원하는 점에서 별다른 차이가 없었던 것이다. 이념이나 사상으로 대립되었던 것은 사실이지만, 일제의 사슬을 벗어나기 위해서는 서로 협력해야 한다는 것을 누구나 다 알고 있었고, 공산주의를 적극 찬성하지 않는 사람 중에도, 일제의 막강한 지배체제를 무너뜨리기 위해서는 우선 일본 자체가 공산주의혁명으로 넘어져야 한다 — 그러기 전에는 한민족의 해방은 거의 무망(無望)한 것으로 생각되기 때문에 좌익운동에 동정, 협력 또는 가담하였던 사람도 적지 않았던 것이다. 그러므로 이 글에 나오는 해방 이전의 좌익에 대한 생각이나 태도를 가지고 그대로 현재의 공산괴뢰집단에 대한 그것으로 혼동해서는 안된다는 것을 명심하여야 하겠다.

끝으로 이 글은 보전, 고대사가 아니라 35년간을 보전, 고대와 같이 살아온 나의 회고문이므로, 자연 「나」를 중심으로 한 글이 된다는 것을 말해두어야 하겠다. 그렇다고 나의 자서전이 아닌 이상 이 글은 나의 이야기에만 그칠 수는 또한 없다. 나를 중심으로 이야기를 진행시키되, 이야기는 어디까지나 보전, 고대에 관계되는 한도에 그칠 것임은 물론이다.

1. 갈 곳 없는 인텔리 군상

내가 보성전문학교와 인연을 맺은 것은 1921년 4월, 그러니까 인촌 김성수(仁村 金性洙) 선생이 동교의 경영을 인수하고 스스로 교장의 책임을 지던 때이다. 그때 인촌은 세 사람의 신진을 이끌고 등장하였는데, 세 사람이란 오천석(吳天錫), 김광진(金洸鎭) 양 씨와 나였다. 오천석 씨는 그때 미국에서 교육학박사를 획득하고 갓 귀국한 터이었고, 도쿄상과대학 출신인 김광진 씨는 수년 전부터 시간강사로 보전과 인연을 맺어 온 터이었으며, 나는 김광진 씨와 함께 경성제국대학(京城帝國大學) 법문학부 연구실에 조수로 있으면서, 동 대학 예과(豫科)에 역시 시간강사로 일주일에 한 번씩 법학통론 강의를 하러 다니고 있는 터였다.

김성수 선생이 보성전문학교의 경영을 인계받게 된 것은 3 · 1운동의 여세를 몰아 1923년에 거족적으로 발족한「민립대학기성회」(民立大學期成會)의 사업이 지지부진하여, 사실상 실패로 돌아간 때문이었던 것으로 알고 있다. 인촌의 행적에 지금 새삼스레 설명을 가할 필요는 없으나 어쨌든 이미 중앙학원(中央學院)을 설립하여 청년자

제의 고등보통교육에 착수하고, 경성방직(京城紡織)을 창립하여 민족자립을 위한 경제적 토대건설에 선편(先鞭)을 대었으며, 동아일보(東亞日報)를 창간하여 근대적 매스컴을 통한 민족의 계몽과 민족의식 발양(發揚)을 선도한 분인 만큼, 이번에는 민족의 엘리트를 양성해 내는 고등교육기관을 설립할 뜻을 품었으리라는 것은 당연히 생각되는 일인데, 기대하던「민립대학」의 창건이 유명무실화하자, 독력(獨力)으로라도 이 사업을 성취하고야 말겠다는 생각을 하였으리라는 것은 짐작되고도 남음이 있는 바이다.

여담 같지만 나는 해방 이듬해 미국에서 돌아온 서재필(徐載弼) 박사가 보성전문학교에 와서 연설하던 때 한 말을 지금도 생생하게 기억한다. 서 박사는「해외에서 독립운동하고 국내에서 감옥살이를 한 사람들도 애국자지만, 인촌같이 묵묵히 민족의 실력을 양성하는 데 일생을 바쳐온 사람도 애국자다. 아니 그런 사람이야말로 알짜 애국자다」라는 의미의 말을 했다. 국내 우익의 최고영도자의 위치에 있는 인촌을 가지고 좌익 사람들이 투쟁 실적이 있네 없네 하고 시비하던 때에, 해외 독립투사의 대표 격인 서재필 박사의 입에서, 그런 말이 나온 것이기에 그 말은 나에게 한층 감명 깊게 들렸다.

그러나 내가 1932년에 보성전문학교에 발을 들여놓은 것은, 인촌의 애국심에 감명하여 나도 그 사업에 일비지역(一臂之役)을 해보겠다는 그렇게 숭고하고 직선적인 동기로부터 나온 것은 아니었다. 그때 나는 갈 길이 없어 헤매던 판이었고, 또 내가 보전으로 간 데는「우연」이라는 것이 크게 작용하였던 것이다. 그때 나는 경성제대 법문학부 조수에다가 동대학 예과 강사를 겸하고 있었지만, 나의 처지는 그렇게 겉보기같이 장래성 있는 것은 아니었다. 총독부 관리에는 처음부터 뜻이 없었고, 당시의 경성지방법원장인 원정정(原正鼎) 씨가 일부러 불러다가 저녁을 대접해 가면서「특별임용」으로 판사를 시켜줄 터이니 재판소로 오라고 권고하는 것도 물리쳐가면서, 일생을 학구생활로 보내겠다고 내세운 것까지는 좋았으나, 그「학구생활」의 길도 사실은 앞이 막연하였던 것이다.

대학 3학년 때 여름에 사실은 대단히 귀가 솔깃한 제의를 받은 일이 있었다. 후지타 도조(藤田東三)라는 민법학 교수가 느닷없이「군 같은 사람은 꼭 이 대학에 남겨 두었으면 좋겠는데 민법학 강좌는 이미 사람이 다 찼으니 민사소송법 강좌를 맡으면 어떻겠느냐」는 말을 꺼낸 것이었다.「소송법」에는 별 흥미가 없었으므로 나는 즉답을 피하고 망설였으나 가을 신학기가 된 뒤에 결국 응낙했던 것인데, 그 뒤 교수회에서「조선인은 강좌담임 교수로 등용하지 않는다」는 방침이 결정되어 그 이야기는 그것으로 끝장이 난 것이었다. 그 후 나는 형법학의 하나무라 미키(花村美樹) 교수의 권유를 따라 우선 그의 연구실로 들어갔으나 앞날에 대한 약속은 물론 확실치 않았다. 1931년 봄에 2년의 조수 임기가 끝나자 이를 갱신하여 오타카 도모(尾高朝雄) 교수의 법철학연구실로 자리를 옮기는 동시에 하나무라 교수의 대학예과 강사 자리를 넘겨 받았지만, 앞날에 대한 전망은 여전히 흐린 채였다. 갱신된 임기마저 끝나면 어떻게 될 것인지, 어디로 가야 할 것인지 막연할 뿐이었다. 일부 교수들은 조수 임기가 끝난 뒤에는 법학부 강사(물론 시간강사)를 시켜 독법강독(獨法講讀)을 맡길 계획이라 하였으나, 그것에는 조건이 붙어 있었다. 교재를 내 마음대로 선택해서는 안 되고 라드브루흐(Radbruch)의 「법학입문」을 써주어야 하겠다는 것이었다. 나의 「사상」(그때 「사상」이면 「불온」 사상을 뜻하는 것이었다)이 문제되고 있기 때문이었다.

조선인인 데다가 사상까지 불신을 받고 있는 판이니 경성제대에서의 나의 앞길은 끝장이 난 것이나 다름없었다.

그러나 그러한 나의 처지는 그래도 여유가 있는 편이었다. 조수 임기가 1년 남았으니 말이다. 나보다 1년 후배로 그때 상법연구실 조수로 있던 최용달(崔容達) 군이나 경제학연구실 조수로 있던 박문규(朴文圭) 군이나 정치공법(公法)연구실 조수로 있던 이강국(李康國) 군의 처지는 더욱 딱했다. 3군(君)은 나보다 1년 뒤에 연구실로 들어왔지만, 조수 임기의 갱신이 용허(容許)되지 않았기 때문에 나보다 도리어 1년 먼저 연구실을 떠나지 않으면 안 되는 처지였던 것이다. 세 사람 중에서도 이강국 군은 처가 덕으로 1932년 봄에 독일 유학을 떠나기로 되어 있었고, 박문규 군은 연구실 안에 부설된 「조선경제연구소」의 사무를 맡게 되었으므로 당장 급한 문제가 있는 것은 아니었으나, 올 데도 갈 데도 없는 것은 최용달 군이었다.

물론 그때 우리들이 대학이나 총독부 당국이 원하는 자리로 가기를 응낙한다면, 「좋은」 자리가 없는 것은 아니었다. 그들은 우리가 관리가 되어 주기를 가장 바랐겠지만, 그 가능성이 전연 없기 때문에 한 걸음 물러서서 우리도 응낙함직한 자리를 물색하기에 상당히 머리를 쥐어짰던 것으로 생각된다. 1931년 겨울에(소위 만주사변이 일어난 것은 그 전해 9월이었고, 1931년 3월에는 괴뢰 「만주국」이 「독립」을 선언한 것이었다) 야마다 사부로(山田三良) 총장은 일부러 만주로 출장을 가서, 「만철(滿鐵)」(남만주철도주식회사) 조사부 — 이름은 만철 조사부지만 내용은 일본의 대륙침략기획본부였다 — 참사(參事) 세 자리를 마련해 놓고 돌아왔던 것이다. 대학당국은 세 사람(독일유학을 가게 된 이 군을 빼놓고)을 차례로 불러다가 만철조사부는 일본에서도 일류학자라야 들어갈 수 있는 곳이라는 둥, 도쿄제대 출신도 성적이 극히 우수한 자가 아니면 못 들어가는 데라는 둥, 「참사」는 「고등부」에 해당되는 직위여서 우수한 대학 출신 사원도 여러 해 걸려야 올라갈 수 있는 자리라는 둥, 별별 말을 다 하면서 그리로 가기를 권하였다. 그러나 야마다 총장의 「호의」는 셋이 다 일축하였다.

그만큼 우리들은 콧대가 셌다 할까, 신념에 충실하였다 할까 하기는 하였지만, 그렇다고 신념을 위해 일제의 감옥으로 갈 각오가 되어 있는 것은 아니었고, 달리 갈 만한 만만한 곳이 있는 것도 아니었다. 나는 그나마 얻은 예과 강사의 자리를 예과 부장과의 불화 때문에 그 봄에 내놓아야 할 판이었고, 박문규 군은 연구실을 내쫓기지는 않게 되었지만 「연구 조수」에서 「사무 조수」로 격하 당해야 할 판이었다.

인촌이 보성전문학교를 맡게 되었다는 소식을 제일 먼저 가져온 것은 세 사람 중에서도 제일 궁지에 빠져 있는 최용달 군이었다. 최 군 말에 의하면 인촌은 대학을 세울 포부를 가지고 세계 일주를 하면서 여러 나라의 대학을 두루 시찰하고 얼마 전에 귀국했는데, 우선 전문학교를 설립하기로 하고 총독부의 인가를 얻을 궁리를 해보았으나 여의치 않아 마침 경영난에 허덕이고 있는 보성전문학교를 인계받기로 했다는 것이다.

당시의 보성전문학교는 고등교육기관으로서 그리 매력 있는 존재는 아니었다. 송현동 좁은 터에 건물이라고는 조그만 벽돌 이층집과 그보다 조금 더 큰 목조 이층 건물이 한 채, 체육장이라고는 테니스 코트가 하나 있을 뿐이었다. 도서관커녕 도서실도 없었고, 교수의 연구실 같은 것은 생각도 못하는 형편이어서 법 · 상(法 · 商) 양과의 10명 남짓 되는 교수들이 초등학교의 선생님 모양 한방에 모여 복작거리고 있었다. 같은 사립인 연희(延禧)전문학교(상과 · 문과 · 수물과 數物科)보다 설립연도는 오래 되었으면서도 시설이나 세평이나 연희전문보다 훨씬 떨어지는 것이 그 당시의 보전이었다. 보전의 유일한 특장(特長)은 학생들의 거칠고 씩씩한 기풍이었다. 북도(北道)출신 학생이 많은 관계도 있었겠지만, 그보다도 관 · 공립중학교에서 동맹휴학 등 일제에 대한 반항 투쟁을 하다가 출학(黜學) 또는 퇴학을 당해 올 데 갈 데 없게 된 학생들이 많이 들어와 있는 것이 더 큰 원인이 되었을 것 같다. 그러한 학생들은 자격 관계로 대개 「별과(別科)」에 편입돼 있었는데 그중에는 기상뿐 아니라 두뇌와 학력이 뛰어나게 우수한 사람들이 흔히 있었다.

그러나 어쨌든 보전과 연희 중 어디를 택하겠느냐고 묻는다면 누구나 거침없이 연전을 택할 판이었는데, 최용달 군은 그때 워낙 사정이 급해서 나더러 인촌께 말을 건네달라는 것이었다. 인촌과 안면이 없는 것은 아니나, 하도 오래전 일이라서 인촌이 나의 얼굴을 기억하고 있을지도 확실치 않다 했더니, 그러면 고하(古下)를 만나 이야기를 해달라는 것이었다.

2. 결연(結緣)

최용달 군과의 부탁으로 내가 고하를 만난 것은 그때 내가 인촌과 아주 안면이 없기 때문은 아니었다. 실은 그보다 8년 전 1924년 초가을에 나는 인촌을 뵌 적이 있었다.

경성일보京城日報(총독부의 일본어 기관지) 사장을 지낸 아베 미스이(阿部充家)라는 「낭인」(浪人)이 있었는데, 1924년 10월경 서울에 온 그는 나와 이종수(李鐘洙) 군을 조선호텔 만찬에 초대하였다. 나와 이종수 군은 맥도 모르고 초대에 응해 갔지만 나중에 알고 보니 아베는 도쿄 조선인 유학생들과 항상 접촉을 하며 지내는 사람이었다. 일본정부의 대(對)조선인—특히 젊은 엘리트에 대한 고등정책을 은근히 맡아보는 사람이 아니었던가 싶은데, 어쨌든 그는 사상경향의 여하를 가리지 않고 한국유학생 가운데 좀 똑똑한 사람이면 모두 접촉을 가지려 했다. 일본 유학생 중의 모모(某某) 하는 사람으로서 그와 접촉이 없는 사람은 거의 없었다 할 정도였다.

나와 이종수 군이 선택된 것은 그해 봄에 창설된 경성제국대학 예과의 문과 A(학부로 올라가서 법과 할 사람)에 내가, 문과 B(진짜 문과

계통 할 사람)에 이종수 군이 각각 수석으로 합격하였기 때문이었을 것으로 생각된다.

아베 씨의 덕택에 나는 신축된 지 얼마 안 되는 호화찬란한(그때 나의 눈에는 정말로 그렇게 보였다) 조선호텔을 처음으로 들어가서, 본 일도 들은 일도 없는 「진수성찬」을 처음으로 먹어보고 했는데, 그 자리에서 뜻밖에 인촌과 방태영(方台榮) 씨, 그리고 한때 한창 유명하던 소프라노 윤심덕(尹心悳) 양을 만났던 것이다. 윤 양은 로비에서 한참 떠들다가 그대로 휙 나가버렸지만, 인촌과 방태영 씨는 식탁에까지 동석한 것으로 보아 우리들 두 학생과 함께 미리 초대되었던 것으로 생각된다.

19세의 청년인 나는 그날 저녁 그저 얼떨떨하기만 했지만, 인촌을 만난 인상은 그 뒤 오래도록 선명하게 내 기억에 남았다. 만나 보니 온후하고 친절한 청년신사였지만(인촌의 나이는 그때 34세였다는 계산이 된다) 중앙학원의 창설자요, 동아일보 회장을 지낸 분으로, 그 분의 명성은 우리 사회에 그때 이미 그만큼 높았던 것이다.

인촌과는 그때 그렇게 한번 만난 일이 있을 뿐임에 반해 고하 송진우(古下 宋鎭禹) 선생과는 자주 접촉이 있었다. 어떻게 해서 고하를 알게 되었는지는 지금 기억이 없으나 그때 동아일보 편집국장으로 있던 춘원(春園)의 발연(發緣)이 아니었던가 싶다. 춘원과는 내가 글줄이나 쓴다고 해서 전부터 접촉이 있었으니 말이다.

고하도 춘원도 나를 몹시 아껴 주었다. 특히 고하는 나를 만나면 으레 「꼭 길야작조(요시노 사쿠조吉野作造를 고하는 이렇게 발음했다)를 보는 것 같다」고 했다. 요시노 사쿠조라면 그때 도쿄제국대학 정치학 교수로서뿐 아니라 급진적 자유사상가로서 일본의 쟁쟁한 학자-사상가이었으므로, 고하의 그런 말을 들을 때마다 내가 어깨가 저절로 올라가는 것같이 느낀 것은 물론이다. 두 분의 부탁으로 나는 대학 3학년 재학 시에 벌써 「이지휘(李之輝)」라는 「펜네임」으로 동아일보 신춘특집(新春特輯)에 당시의 이른바 민족단일전선인 신간회(新幹會)를 비판하는 글을 쓴 일도 있었다. 동아일보의 사시(社是)나 고하, 춘원 두 분의 주의주장과도 어긋나는 진보적-좌익적 입장에서 쓴 글이었으나 두 분은 쾌히 내 글을 신문에 실어주었을 뿐 아니라 「이지휘」란 자가 누구냐고 캐묻는 여러 질문에도 끝끝내 함구로 일관하였다.

고하와는 그렇게 지내던 처지였으므로 그때까지 누구에게 무슨 청탁이라고는 해 본 일 없는 나였지만 용기를 내서 나는 1932년 2월 어느 날 동아일보사 사장실로 그를 찾아갔다. 그것이 내가 보성전문학교와 인연을 맺는 첫걸음이 될 줄이야 어찌 알았으랴. 친구를 추천하기 위해 찾아간 것이니 친구의 훌륭한 사람임을 극구 늘어놓는 것은 당연한 일이다. 나는 최용달 군의 인품과 학문에 관해 반 시간가량이나 장황하게 설명하였다. 대학 입학은 나보다 1년 늦었지만 사실은 함흥고보(咸興高普) 4년 수료 시에 중학 졸업검정시험을 통과했다는 것, 21단위면 대학 졸업을 할 수 있는데 그는 법학뿐 아니라 정치 · 경제 · 철학 · 문학 등 여러 분야의 각가지 과목을 시간이 닿는 대로 이수해서 3년 동안에 40여 단위를 땄으니, 말은 법학사지만 학위를 한두 개 더 가진 사람이나 다름이 없다는 것, 대학 졸업 후에도 부지런히 연구를 계속해서 그때 독일에서 회사법의 신학설로 등장해 각광을 받던 「기업 그 자체」(Unternehmen-an-sich)의 이론을 소개는 커녕 정면으로 비판한 논문을 이미 완성해서 도쿄 「일본대학」에서 발간되는 「법률학연구」에 발표 중이라는 것 등을 말했다. 고하는 가끔 「음, 음」하면서 고개를 끄덕일 뿐으로 말없이 내 얼굴을 건너다보면서 내 말에 귀를 기울이는 듯했는데, 내 말이 끝나자 그는 느닷없이 『거, 유 선생 와주면 어떻소?』하고 엉뚱한 제의를 하였다. 너무나 의외의 반응이라 잠깐 머뭇거리다가 「나는 조수 임기가 1년 남았으니 아직 급할 것 없고, 이번에 임기가 끝나는 최군 일을 걱정해 달라고 온 것」이라는 말을 되풀이하였다. 그러나 고하는 최용달 군에 관해서는 여전히 여타 부타 말이 없이 『어쨌든 인촌을 한번 만나시오.』하였다.

그래서 인촌을 만나게 된 것인데, 어디서 어떻게 만났는지는 지금 기억이 없으나 인촌은 『처음 뵙습니다.』라는 나의 인사에 『우리 전에 한 번 만난 일이 있지요. 왜, 그, 조선호텔에서—』라 하여 7, 8년 전에 나를 만난 일이 있는 것을 기억하고 있었다. 나로서는 전연 예기하지 않았던 일이었다.

그날 인촌의 말은 보성전문의 인사(人事)는 벌써 대강 내정이 되었지만 내가 보전으로 와줄 생각만 있다면 무리를 해서라도 자리를 내도록 하겠다는 것이었다. 나는 거듭거듭 최용달 군 이야기를 하였지만 인촌은 자꾸 나의 이야기만을 앞세웠다.

그러나 나 자신의 문제에 관해서도 그때는 고하를 만났을 때와는 달리, 최용달 군 문제만 해결된다면 나도 함께 보성전문으로 갈 생각을 굳히고 있었으므로, 나는 보성전문의 앞날에 관한 인촌의 구상을 좀 더 따지고 들었다. 경성제대 조수의 기간이 1년 남았다고는 해도 그 기간이 찬 뒤의 전망이 밝은 것도 아니므로, 보성전문으로 감으로써 학자로서의 생활을 계속할 수만 있다면 보전으로 갈 생각이었던 것이다. 명칭만을 가지고 말을 한다면 전문학교 교원도 대학교원과 마찬가지로「교수」라 불린다. 그러나 전문학교의 교수는 여간해서는 학자생활을 하기 어려운 것이, 전문학교에는 학자를 길러 낼 만한 시설이 없고, 세상도 또 전문학교 교수에게 학자되기를 기대하지 않는 것이 보통이다. 따라서 나는 보성전문을 대학으로 승격시킬 의사를 인촌이 정말 가지고 있는지 아닌지를 따지는 것이 선결문제였다.

「물론 있다」고 인촌은 즉답하고, 자기의 뜻도 대학을 세우려는 데 있는 것이지만, 총독부 치하에서 대학은커녕 전문학교 설립도 인가를 얻기 어렵기 때문에 우선 기존하는 보성전문을 인계받는 것이라 하였다.

그렇다면, 하고 나는 세 가지 조건을 내세웠다. 첫째 도서관을 지을 것, 둘째 교수마다 연구실을 마련해 줄 것, 셋째 연구논문집을 발간할 것의 세 가지였다. 이 세 가지만 구비되면 명칭은 전문학교를 면할 수 없더라도 내용상으로 대학의 실질을 갖출 것이라 생각한 때문이었다. 즉석에서 인촌은 세 가지 조건에 모두 적극 찬성하였다.

인촌이 기부한 5천 석 추수의 농토가 거재(巨財)인 것은 틀림없지만(그때 보통 50만 원으로 평가되는 재산이었다) 대학을 제대로 경영하려면 최소한 매년 기백 만 원의 경상비(經常費)를 써야 되고, 그러기 위해서는 기본재산이 인촌이 기부한 재산의 최소한 10배 이상은 되어야 되는데 그러한 문제에 대한 앞으로의 전망은 어떠냐는 질문에 대하여는 인촌은 얼굴을 흐리면서, 그야 그렇지만 우리 형편에 지금 당장 그런 것을 기대할 수야 없지 않느냐, 그러나 그 점은 앞으로 피차 노력해 나가도록 하자고 대답하였다.

그렇게 해서 나 자신의 문제는 끝이 났으나 해결되지 않은 것은 정작 최용달 군의 문제였다. 최 군의 이름이 아직 잘 알려지지 않아서 인촌의 마음을 움직이기 힘들 뿐 아니라, 나나 최용달 군의 문제는 보전의 인사 문제가 대강 내정된 뒤에 일어난 것이어서, 사실은 나 하나를 채용하기 위해서도 인촌은 벌써 헌법, 행정법의 C모 씨와 국제공법의 L모 씨를 자르지 않으면 안 되었는데, 거기다가 최용달 군까지 채용하게 된다면 불가불 이미 내정된 인원 중 몇 사람을 더 잘라야 하는 어려운 문제까지 있었던 것이다.

그렇다고 최용달 군을 추천하기 위해 나섰던 내가 최 군은 제쳐놓고 내 문제만 해결하고 말 수는 없는 일이므로 나는 그때 일본의 각 대학에서 행해지고 있던 관례와는 좀 다른 이론을 내세웠다. 국제공법과 국제사법은 성질상 거리가 멀어서 한 사람이 맡는 것이 이론상 옳지 않고, 더군다나 나는 법철학, 국가학, 형법학 계통의 공부만 해왔기 때문에 민법, 상법에 정통해야 되는 국제사법은 담당할 능력도 없으니 국제사법은 최 군에게 맡겨야 하겠다는 것이었다. 나의 주장은 이유가 안 서는 것은 아니더라도 적어도 그때의 일반 관행에는 어긋나는 것이었는데, 인촌은 더 묻지 않고 그러면 그렇게 하자고 나의 의견을 그대로 받아들여 주었다.

국제사법을 내놓는 대신 나는 영어원서강독을 신설해야 될 필요를 역설하고(이 과목은 대학에서나 두는 것으로서 그때 전문학교로서 이런 과목을 가진 예는 일본에도 아마 없었을 것이다) 자진해서 그 과목을 맡을 것을 건의하여 내 문제는 완전히 끝장을 맺었으나, 여전히 남은 것은 최용달 군의 문제였다. 일주일에 두 시간의 시간강사로는 생활의 방도가 서지 않기 때문이다.

그러나 그 문제도 곧 해결되었다. 그때까지 보전에 나와서 상법 강의의 일부분을 맡아 보던 고등법원(지금의 대법원에 해당) 판사 노무라 초타로(野村調太郎) 씨가 최 군의 딱한 사정을 듣고 자기가 맡고 있던 시간을 최 군에게 이양하였기 때문이다. 그리해 최 군은 어렵게 1주 6시간의 보전 시간강사가 된 것이었다.

이것으로 나와 보전과의 결연은 성립되어 1932년 4월부터 나는 보성전문학교 전임강사로 부임하게 되었는데 그 예정은 후나타 쿄지(船田享二) 교수의 호의적인 조언을 내가 받아들임으로써 1년간 연기되었다. 그때 나는 경성제대 법철학연구실에 적을 두고 있었지만 법철학의 오타카(尾高) 교수가 양행(洋行) 중인 동안 후나다 교수에게 신분상 감독을 받고 있었는데 후나다 교수는 내 말을 듣고 보전으로 가기로 한 것은 잘한 일이나, 경성제대 조수의 남은 임기 1년은 기득권이니 자진 포기할 필요는 없지 않느냐 해서, 그의 말을 따라 맡은 시간(1주 13시간)은 다 하되 보전의 전임이 되는 것은 1년 늦추기로 한 것이었다. 그때 나는 경성제대 연구실에서 후나다 교수 외 또 한 사람의 교수와 공동으로 레옹 뒤기(Léon Duguit)의 「헌법학제요(提要)」(Traité de Droit Constitutionel)를 일본어로 번역 중에 있었던 관계도 있고 해서 후나다 교수의 조언을 따르기로 한 것이었다.

그 때문에 기록상으로는 나는 1년 동안 보전의 시간강사로 있다가 1933년 4월에 정식으로 전임이 된 것으로 되어 있지만, 실질적으로는 1932년 4월에 전임이 된 것이었다. 강의와 보수뿐 아니라 교수회에 참석하는 등 전임으로서의 권리와 의무를 1932년 봄부터 다했으니 말이다.

3. 새 보전(普專)의 출발

여기서 나는 인촌이 보성전문학교를 인계받던 당시의 재단 사정을 이야기할 차례가 된 것 같은데, 자세한 것은 그때 내가 실무에 관계하지 않았기 때문에 말할 자격이 없으나, 기록에 의하면 그때 재단은 칠전팔도(七顚八倒)의 고경(苦境)을 겪고 있었다는 것, 1921년에 「재단법인 보성전문학교」의 인가를 받기는 했지만 기부를 약속한 인사들 중에 약속을 이행치 않는 사람이 많아서 소송 소동까지 벌어졌었다는 것, 학교경영권을 둘러싸고 내부에 심한 분규가 있었다는 것, 인계 당시의 교장인 박승빈(朴勝彬) 씨가 사태를 수습하기 위해 적지 않은 노력을 했지만, 결국 학교 경영은 어쩔 수 없는 벽에 부딪치고 말았다는 것 등을 알 수 있다.

어쨌든 인촌이 거금을 내놓고 학교경영을 인계받을 뜻을 비쳤을 때에 당시의 학교-재단의 사정이 절박했었기 때문이다. 그러한 사정은 인촌에게 인계를 결정한 재단이사회의 결정을 보면 명백하다.

(1) 현재 이사 · 감사는 총사직(總辭職)할 것

(2) 후임 이사·감사는 김성수의 지명에 의하여 선임할 것

(3) 재단법인의 평의원회를 폐지하기 위하여 기부행위(정관定款 — 필자 주)를 개정할 것 (『육십년지六十年誌』180면)

이상 세 개 조건뿐인데, 그중 제3항의「평의원회」라는 것은 재단법인 설립 시의 설립자 근 60명과 기타 평의원회가 임명하는 사람으로 구성되어, 재단 이사의 임면권(任免權)과 이사가 제출한 주요사항 및 기부행위(정관) 변경의 의결권, 그리고 재단법인 해산권의 전원일치 결의권을 가진 기관으로서, 말하자면 이사회에 대한 시어머니, 또는 상위기관인 까닭에 종래 학교나 재단의 분규는 언제든지 평의원회로 비화(飛火)되어 말썽이 확대되고 심화되고 하는 예가 적지 않았던 것을 감안하면, 평의원회를 해산해가면서까지 인촌에게 인계를 결정한 것은 가위(可謂) 무조건 인계였다 할 것이다.

인촌의 신망도 신망이요, 학교–재단의 궁경(窮境)도 궁경이지만, 그때까지의 이해 관계자들, 특히 기본재산, 경비부담 등에 있어서 상당히 큰 몫을 차지해온 천도교(天道敎) 측의 태도도 훌륭한 것이었다.

이사회는 이와 같이 학교와 재단을 무조건 인촌에게 넘기면서 다만 다음의 세 가지를「희망 사항」으로 달아 놓았다.

(1) 현재의 학교직원의 지위를 보장해 줄 것

(2) 학교의 명칭을 변경하지 않을 것

(3) 교사(校舍)의 신축을 급속히 실행할 것

물론 인촌은 이 세 가지 희망 사항을 모두 받아들였지만, 그중 약간 미묘한 뒷맛을 남긴 것은 교명에 관한 것이다. 인촌은「전문학교로 있는 한 교명을 고치지 않겠다」고 말하고 이사회는 이를 양승(諒承)하였던 것인데, 이 점은 약간의 주석이 필요할 듯하다.

「전문학교로 있는 한 교명을 고치지 않겠다」는 말은 대학으로 승격하는 때에는 자유롭게 새 교명을 채택하겠다는 뜻을 내포하는 데 그치는 것이라 할 수 있겠지만, 나는 한걸음 나아가「보성」이라는 교명을 유지할 적극적인 의사가 인촌에게 없었던 것으로 해석한다. 무슨 까닭으로「보성」이라는 이름을 끝까지 유지할 생각이 없었던가 하는 것은 나로서는 알 길이 없으나, 어쨌든 인촌이 그러한 의사를 가지고 있지 않았었다는 것은, 그 후 보성전문의 대학승격을 총감부와 교섭할 때에(이에 관한 이야기는 뒤에 나옴)「보성」의 교명을 유지하려 하지 않았고, 해방 후(1946년) 대학으로 개편하던 때에「고려」라는 현 교명을 채택한 것으로 보아 추측되는 바이다.

「전문학교로 있는 한 교명을 고치지 않겠다」고 한 인촌의 약속에서는 또한 그의 용의주도한 치밀성을 볼 수 있는 것으로 생각한다.「보성」의 교명하에 졸업장을 받고 나간 교우들로서는「보성」의 교명에 애착을 갖는 것이 당연한 일인데, 인촌은 일찌감치 그것을 예견하고 그러한 경우에 대한 대비책을 갖추어 두었던 것이다.

1946년 고려대학교로서 새 출발을 서두르던 때에 임시정부 선전부장(宣傳部長)으로 귀국한 엄항섭(嚴恒燮) 씨(제12회, 상과)를 중심으로 한 일부 교우들이 이론(異論)을 제기하여, 교명 문제로 교우회가 임시 집회를 여는 데까지 갔었으나 고대 측의 논리정연한 해명으로 더 크게 말썽 되지 않은 것은 인촌의 그러한 심모원려(深謀遠慮)가 효력을 발생한 것이었다.

세상에는 흔히 인촌을 행운아라고 말하는 사람들이 있다. 역사의 대전환기에 뜻있는 사업을 하겠다고 나선 사람은 많았지만 그중에는 실패의 고배(苦杯)를 마시고 만 사람이 대부분이었음에 반하여 인촌은 경성방직이고 동아일보고 중앙학교고 보성전문이고 간에 손을 댄 사업치고 실패한 것이 없기 때문에 하는 소리다. 그러나 나는 소견을 달리한다. 인촌의 사업이 모두 성공한 것은 결코 그가「행운아」였기 때문이 아니라, 그는 일을 시작할 때에는 놀랄 만큼 신중 또 면밀하게 계획을 세우고 일을 시작한 후에 있는 힘을 다하여 성실하게 운영에 당하였기 때문이었던 것이다. 말하자면 인촌의 행운은 인촌의 노력으로 만들어 낸 것이지 결코 저절로 굴러들어온 것이 아닌 것이다.

보전을 인계받는 데 있어서도 인촌의 그러한 태도는 그대로 나타났으니, 그것은 교명 문제뿐 아니라 재단처리 문제에 있어서도 마찬가지였다. 인촌은 법인의 이사진을 전원「지명」하는 전권을 넘겨받았지만「재단법인 보성전문학교」를 성급하게 해산하거나 중앙학원에 흡수합병하거나 하지 않고, 이를 그대로 유지해 가면서, 자기가 새로 출자한 토지는 재단법인 중앙학원 것으로 하여 중앙학원의 수입으로 보성전문의 부족 경비를 메워 나가도록 한 것이다. 그리고 보니 양(兩) 재단 관계자의 어느 누구도 불만을 말할 여지가 없었다. 양 법인의 이사진 구성에도 인촌은 남달리 세심한 배려를 하였으니, 인촌 자신을 비롯해, 동일인이 양편의 이사를 겸하는 경우도 있었지만,

현상윤(玄相允) 씨나 변영태(卞榮泰) 씨같이 종래 중앙학교에만 관계해 오던 사람에게는 중앙학원의 이사만을 맡기는 반면, 김영주(金泳柱) 씨나 나(훨씬 뒤의 일이지만)같이 보성전문에만 관계하는 사람에게는 보성전문의 이사만을 맡기기도 하였다.

이러한 이원조직은 사실을 말하면 불필요한 것, 쓸데없는 중복이라고도 할 수 있다. 그러나 다소의 불편을 참고서라도 사람의 자연스러운 감정에 역행하지 않으려는 것이 인촌의 일을 처리하는 태도였다. 이원조직이 해소된 것은 해방 후 고려대학교가 창건되던 때의 일이다. 즉, 인촌은「재단법인 보성전문학교」를 해산하고 잔여재산을 중앙학원에 통합하여도 아무도 부자연하게 느끼는 사람이 없게 될 때까지 15년의 세월을 기다렸던 것이다. 현재의「학교법인 고려중앙학원」이란 명칭은 5·16군사혁명 후에 채택된 것이다.

1932년 3월 보성전문학교 인계가 세상에 발표되자 그것은 다만 일개 보성전문의 경사뿐만이 아니라 민족의 경사로서 일반사회의 환영을 받았으니, 당시의 동아일보는 이 소식을 다음과 같이 전하고 있다.

> 보성전문도 30년(정확히는 27년—필자)을 맞이하는 오늘엔 그 명맥을 유지하여 가기 위해 다시 근치적(根治的) 대수술을 베풀지 않을 수 없이 되었다. 간신히 미봉하여 오던 경영이 최근에 이르러서는 그 정세가 극점(極點)에 달하여 도저히 재래(在來)와 같은 소극적 경영방침으로는 유지하여 나갈 수 없이 되었다. ……그러던 중 김기중(金祺中), 김경중(金暻中) 씨의 두 형제분이 암야의 불기둥같이 나섰다. 5, 60만 원의 가치가 있는 토지를 아깝지도 않게 내어 놓았다. 이로써 보성전문

普專經營者變更
金氏兄弟引繼經營
金祺中氏는五百石田畓과垈地
金暻中氏는五千石土地提供
◇新經營者兩氏(右金祺中氏 左金暻中氏)
朴勝彬氏談
春風秋雨廿九星霜
千餘名聽俊養成
◇光武八年 故李容翊氏設立
曙光비친同校의沿革
評議會開催
幹部總改選
校長朴勝彬氏辭任
【後任은金性洙氏로內定】
金性洙氏談

"보전 경영자 변경. 김 씨 형제 인계경영"

은 완전히 안전지대로 들어선 것이다. 영원히 경비난(經費難)을 모르고 오직 그 사명을 다하게 되었다. 장차 조선인의 최고학부로 나아가는 준비가 완전히 정제(整齊)되었다. 창창한 앞날에 조선을 위한, 한걸음 더 나아가 천하를 위한 일꾼이 얼마나 배출되려는고. 우리는 이 장래를 축복하지 않을 수 없다.(「육십년지六十年誌」 183면에서 재인용)

여기서 잠깐 지금까지 내가 막연하게 「인촌이 거재(巨財)를 희사하여 보전을 인수 운운(云云)」해온 것을 불가불 좀 더 자세하게 설명해 두어야 하겠다. 정확히 말하면 인촌은 일을 주동하고 주관하기는 했지만, 정말 토지를 「희사(喜捨)」한 것은 실은 인촌의 의부 김기중 씨와 생부 김경중 씨(김기중 씨의 아우)의 두 분이었다. 액수도 지금까지는 간단히 5천 석 추수의 토지, 돈으로 평가하면 50만 원의 재산

송현동 교사

이라 해왔지만, 정확히 말하면 김기중 씨가 5백 석 추수의 토지, 김경중 씨가 5천 석 추수의 토지, 합해서 5천5백 석 추수의 토지를 내놓은 것이었다.

온 사회가 보전의 「창창한 앞날」을 축복해주는 가운데, 1932년 4월 나도 희망에 부픈 가슴을 안고 송현동 구(舊)교사의 둥근 전등 달린 교문을 들어섰다. 그때의 보전이 몹시 초라했다는 것은 위에서도 잠깐 말했지만 건물이라고는 모두 두 채뿐이었는데, 조금 큰 목조건물에는 교장실, 사무실, 교원실, 1학년 교실과 합동교실(2층, 이 방은 때때로 강당으로도 쓰였다)이 있었고, 교문을 들어서면서 바른편에 있는 붉은 벽돌 건물에는 2, 3학년 교실이 있었다. 체육장이라고는 목조건물 앞에 있는 테니스 코트가 유일한 것이었다. 교원으로는 전부터 있던 김영주(金泳柱), 다카하시 유타카(高橋豊), 홍성하(洪性夏), 백상규(白象圭)(이상 상과), 옥선진(玉璿珍), 최태영(崔泰永), 와타나베 카츠미(渡邊勝美)(이상 법과)의 7인 외에 인촌과 함께 새로 부임한 오천석(吳天錫), 김광진(金洸鎭)과 나(형식은 1년 동안 시간강사였지만)의 3인이 전임이요, 그 밖에 최용달 군을 비롯해 시간강사가 몇 명 있었다. 열 명의 전임교원이 한 방에서 복작거리던 이야기는 위에서도 잠깐 한 바 있거니와 사무직원 쪽은 더 형편없었다. 서무(庶務)에 오일철(吳一澈), 교무에 김재영(金載永), 그리고는 서무보조에 이인영(李仁榮)의 달랑 세 사람이 있을 뿐이었다. 그 세 명 옆에 책상을 놓고 재단 이사인 최두선(崔斗善) 씨가 매일 나와서 사무를 보던 것으로 기억한다.

학생들의 기질은 세평대로 몹시 드세었다. 그러나 그러면서도 몹시 순박한 가운데, 특히 선생에 대해서는 깍듯이 웃어른을 대하는 공손한 태도를 취하였다. 중학교 이래 일본인 선생한테 교육을 받았고, 대학에서는 일본인 학생들과 섞이어 지낸 내 눈에는 보전 학생들은 우리나라의 옛 전통을 그대로 지니고 있는 것같이 보였다. 27세(만 26세)의 청년인 나에게 대해서도 조금도 다름이 없었다.

당시의 보전 학생 기질을 전해주는 한 에피소드가 있다. 1933년 여름으로 기억되는데 하루는 위당 정인보(爲堂 鄭寅普) 씨를 길에서 만났더니 내 손을 잡자마자『거, 되는 학교는 다르더군요. 거, 참, 탄복했습니다.』하였다. 위당의 말은 그 얼마 전에 기차를 탔다가 앞자리에 보전학생 두 명이 앉아 자기들끼리 이야기를 하는 것을 들었는데, 선생 이름이 나오면「김광진 선생」,「유진오 선생」하는 식으로 이름 밑에 꼭「선생」을 붙이더라는 것이다.

『요새 학생들이 어디 그렇습니까. 선생 이름 밑에는「아무개 자식」하고「자식」을 붙이는 것이 보통인데 성명삼자(姓名三字) 밑에 꼭꼭

「선생」을 붙이다니— 놀랐습니다.』

위당은 찬탄을 거듭하였다. 우연히 그런 학생을 만났던 것인지 또는 위당의 말에 약간 과장이 섞였던 것인지는 몰라도 그 말이 위당의 입에서 나온 것인 이상에는 그 말은 사실로 믿는 수밖에 없다.

학생들이 아무리 고분고분하여도 그들과 나이 차가 별로 나지 않는 나로서는 교실에 들어갈 때마다 몹시 벅찬 감을 느꼈다. 특히 법과 3학년 교실에서는 언제나 거의 압도감을 느끼는 것이 보통이었다.

유명한 축구선수인 엄동원(嚴東園)(후에 엄훈嚴訓으로 개명), 김원겸(金元謙) 양(兩) 군을 비롯해서 김정실(金正實)(후에 국회의원), 김정열(金正烈)(역시 국회의원), 응원단장 조병학(曺秉鶴)(축구응원가를 작곡한 사람), 공부는 잘 하지만 언제나 술에 취해 있는 이종만(李鐘萬) 등, 엄장이 크고 나이가 많은 학생들이 좁은 교실을 꽉 메우듯 해서 그들 앞에 서면 나는 숨이 막히는 것 같았다. 법과 3학년 교실에 첫 번째 들어갔을 때, 나는 학생들이 하도 나이가 많은 것 같아서 교실을 나오는 즉시로 교무로 쫓아가 학적부를 달라 해 보았더니, 나와 동갑 이상의 학생이 반수를 넘어 거의 3분의 2나 되었다.

학생들의 나이는 그러나 2학년부터는 뚝 떨어져서 나와 동갑 이상의 학생은 얼마 되지 않았다. 1학년 학생은 훨씬 더 어려서 나와 5, 6년 차이는 확실히 있는 것 같았다. 아마도 그때가 신교육이 우리나라에 들어와서 자리를 잡게 되기까지의 과도기의 마지막 단계이었던 것 같다. 교우회의 김덕은(金德銀) 이사장(1971년 현재)은 그때 2학년이었으나 상과이기 때문에 교실에서는 상면(相面)하지 못하고 말았다.

풋내기 「선생님」의 실패담을 여기서 하나 소개해 주어야 하겠다. 그때 나는 갑자기 책임 시간을 채우느라고 여러 가지 과목을 맡기는 했지만, 헌법을 제외하고는 별로 조예가 없는 과목들이었는데, 특히 국제공법은 대학 1학년 때, 그러니까 벌써 6, 7년 전에 어름어름 단위를 딴 일밖에 없는 과목이었다. 그러면 그런대로 강의 준비나 철저히 해가지고 갔으면 또 괜찮겠는데, 그것도 여의치 않아 낡은 지식을 가지고 이리저리 꾸려나가다가 들통이 난 것이었다.

국제법 교과서를 열면 몇 장 넘기지 않아 으레 국제법의 주체로서의 국가를 논하는 장이 나오고 그것에 관련하여 「로마법왕도 국제법의 주체인가」라는 문제가 나온다. 나는 몇 해 전에 얻은 지식을 따라 의문의 여지 없이 로마법왕은 국제법의 주체가 아니라고 가볍게 논단(論斷)하였는데(노트를 읽어 학생에게 필기시키는 필기식 강의였다), 그때 한 노(老)학생이 『선생님!』하고 손을 번쩍 들었다.

『로마법왕은 라테란 조약으로 국제법의 주체가 된 것이 아닙니까?』

『!?』

나는 말문이 콱 막혔다. 「라테란 조약」이라니? 들은 일도 본 일도 없는 말이다. 어떻게 한다? 「라테란 조약」이 무엇이냐고 학생한테 되물을 수도 없고— 순간 나는 배짱을 정하고 내 나름대로의 이론을 폈다.

『여러분도 아시다시피 국제법의 주체라 하기 위해서는 그렇게 되기 위한 의사, 즉 animus뿐 아니라, 자체(自體)를 방위할 실력, 즉 corpus도 있어야 하는 것인데, 그대는 로마법왕이 그런 실력을 가졌다고 생각하시오?』

나로서는 등에 땀이 나는 순간이었는데, 학생은 불복인 듯 고개를 갸우뚱하기는 했으나, 나를 보아주기로 한 것인지 아니면 더 이상 추궁할 자신이 없었는지 입을 다물어버려 나는 겨우 위기를 모면하였다. 학생은 김정실(金正實) 군이었다. 그는 도쿄 어느 대학 법과에 다니다가 그해 보전으로 전학해온 사람으로서, 그 전해 그곳에서 국제법을 배우다가 라테란(Lateran) 조약 이야기를 이미 들었던 것이다. 라테란 조약이 체결된 것은 1929년의 일이니, 1929년에는 나는 형법연구실에서 한창 형법책을 읽고 있던 때라 내가 라테란 조약에 관해 아는 것이 없었던 것은 큰 변괴는 아니지만, 국제법 선생으로서는 큰 실수였음이 틀림없다. 물론 나는 다음 강의시간에 그 학생에게 사과하고 강의내용을 수정하였다.

4. 송현동(松峴洞)의 애환

1932년 봄 인촌은 새 교지(校地)를 물색하기 위해 이곳저곳 바쁘게 보고 돌아다녔다. 학교 교지로는 박승빈(朴勝彬) 교장 때 이미 동대문 밖 고양군 숭인면 신설리(지금의 신설동新設洞)에 만여 평 토지를 사 놓은 것이 있었으나 그 정도의 토지로는 도저히 인촌의 민족·민립대학 구상을 충족시킬 수 없으므로, 좀 더 먼 앞날을 내다보면서 좀 더 적당한 터전을 구하는 것이었다.

어느 날 오후 인촌은 나보고 연희전문학교를 함께 보러 가자 하였다. 기꺼이 따라나섰더니 인촌이 찾아간 곳은 연희전문학교 앞 동네 조그만 반양식(半洋式) 문화주택에 사는 최순주(崔淳周)댁이었다. 언덕 위 푸른 솔밭 속에는 여기저기 서양식 사택이 그림같이 서 있었으나, 그곳에는 서양인 교수나 선교사들만 입주할 수 있다는 것이었다.

최순주 씨는 나보다 약간 연상의 청년이었는데 미국에서 박사학위를 얻고 귀국해 연전(延專)에서 교편을 잡은 지 얼마 안 된다는 것이었다. 인촌은 최 씨가 28세에 박사학위를 딴 비상한 수재라는 것을 누누이 설명하였다.

최 씨의 안내로 우리는 연희전문학교 3동(棟)의 건물 주위를 대충 돌아보고 나서 학교 뒷산으로 올라갔다. 앞에 강을 안고 서편을 향해 툭 터진 수십만 평의 교지가 보기에도 시원하고 부러웠다. 최순주 씨의 설명을 들으면서 인촌은, 수십 년 전에 이곳에 와서 이 땅을 잡은 서양인의 식견을 재탄삼탄하였다. 인촌의 말을 들으면서 나는 몇십 년 뒤늦게 교지를 잡으러 돌아다니는 우리의 처지가 서글프게 느껴졌다.

그날 저녁 최순주 씨는 우리를 자기 집으로 초대하여 부인을 소개하고, 음식을 대접하였는데, 그의 서양식 생활풍습이 나에게는 또한 부러웠다.

인촌이 교지선정이나 교사신축 등 큰일을 도맡아 수고하시는 동안 나는 나대로 내가 할 수 있는 일을 주변에서부터 시작하였다. 우선 나는 자진해서 도서 책임을 맡아가지고 교원실 한 모퉁이 두 개의 책장에 무질서하게 꽂혀 있는 책들을 정리하면서, 한편으로는 새 책 사들이는 일을 시작하고, 한편으로는 도서대출제도를 시작하였다. 그때까지 아무나 마음대로 책을 가져다 보는 관례를 고쳐서 책을 빌려 갈 때에는 카드를 쓰게 하려는 것이다. 그러나 그 뜻을 한일양국인이 공통으로 알아보기 위해서는 영어로 표시해 놓아야 하겠는데, 나의 영어로는 적절한 표현이 생각나지 않아서 오천석(吳天錫) 씨에게 의논했더니 당장에 "*CARDS FOR RENTING BOOKS*"라 하면 되지 않겠느냐 대답하였다. 역시 미국에서 공부한 사람이 다르구나 하고 속으로 탄복하였다.

그것이 오늘날의 고려대학교 중앙도서관 제도의 첫 출발이었다.

한편 학생들도 새로운 활기를 띠고 여러 방면에서 활동하기 시작하였다. 전부터 이름을 떨쳐오던 운동부, 특히 축구부를 중심으로 해서 농구, 럭비, 정구(庭球) 등이 기세를 올리기 시작하였다. 축구는 홍성하 교수의 감독하에 위에서도 언급한 엄동원, 김원겸 등이 주로 활약하였으며, 현재 우리나라 축구계의 원로인 김용식(金容植) 군은 그때 저학년에 재학해 있던 것으로 기억한다. 농구의 임동수(林東洙) 군(조득준趙得俊 군은 몇 해 뒤에 입학한 사람이다), 럭비의 유원근(兪元根) 군, 정구의 노병익(魯炳翼) 군 등 모두 그때 전국에 이름을 떨친 사람들이다. 노병익 군은 도일(度日)하여 전 일본의 학생선수권을 잡은 일도 있었는데, 럭비부는 국내에는 상대될 만한 팀이 없어서 겨우 철도국 팀(일인日人 선수가 주축)을 상대로 이따금 경기를 벌이다가 1년에 한번 일본으로 원정을 가서 일본의 강호 와세다[早稲田] 대학 팀과 자웅을 다투는 것이 웅지(雄志)를 펴는 유일한 길이었다.

럭비팀 원정

보전 럭비부가 일본에서 이름을 떨친 데는 내가 직접 겪은 한 삽화(挿話)가 있다. 1933년 봄에 나는 약 1개월간 도쿄에 체류한 일이 있었는데, 그때 마침 보전 럭비 팀이 도쿄에 와서 와세다대학 팀과 경기를 하다가 분패(憤敗)하였다. 그랬더니 그 이튿날 내가 묵고 있

는 집 어린아이들이

『에—그, 아저씨 학교 졌지.』

하였다. 나는 일본 어린아이가 보성전문과 와세다대학의 럭비 경기에 관한 것을 알고 있으리라고는 생각지도 않고 있었던 만큼

『응?』

하고 되물었더니

『아저씨, 후세이 센몬노 센세이다로(보성전문 선생이지)?』

하였다.

『응, 그런데?』

『에—후세이 센몬노 요와무시(빈충이)! 우리 아버진 와세다거든.』

하고서 어깨를 으쓱하였다. 자기 어른이 와세다대학 출신이어서 특별한 관심이 있었던 것도 사실이겠지만, 그만큼 럭비 보전의 이름은 도쿄의 소학생도 알고 있을 정도로 일본에서 유명하였던 것이다.

나는 운동경기 중에도 특히 야구를 좋아해서, 역시 야구를 좋아하는 인촌께 여러 번 야구부 창설을 진언했으나 그때의 학교 살림으로는 도저히 야구부의 비용을 감당할 도리가 없어서, 이것은 불발이 되고 말았다.

운동부보다 못지않게, 아니 운동부와는 다른 의미로, 그때 활기를 띠고 있던 것이 학생회를 중심으로 한 학술 · 변론 · 연예(演藝) 방면의 활동이었다. 1926년의 6 · 10만세 사건, 1929년의 광주학생사건 이후 학생 중심의 직접적인 항일운동은 표면에서 사그라졌으나, 그 대신 학술적 · 이론적으로 또는 문화활동을 통해서 대일저항을 시도하려는 기풍이 젊은 사람들 사이에 팽배하게 일어났는데, 보전 학생들은

그때 그러한 움직임의 한편의 중심이었던 것이다.

보성전문으로 부임하자마자 나는 우선 2학년 교실에서 이천진(李天鎭) 군의 얼굴을 보고 깜짝 놀랐다. 이천진 군은 나의 경성제대 몇 해 후배로서 6·10만세 운동 당시 주동 인물의 한 사람으로 옥고까지 치른 사람인데, 그 후 좌익 계열의 「조선학생과학연구회」의 중심인물로 활약하고 있는 것을 나도 알고 있었지만 어느 틈에 그가 보전 학생이 되어 있는 줄은 까맣게 몰랐던 것이다.

이 군뿐 아니라 그 당시의 보전 학생 가운데는 이 군과 비슷한 경력을 가진 학생들이 상당수 있어서 학생회의 연구부, 변론부 등은 대체로 그러한 학생들이 주도권을 쥐고 있었는데, 그들의 경향은 말하자면 좌익적이었다. 다만 여기서 「좌익적」이라 말하는 것은 지금 생각하고 있는 것 같은 좌익을 말하는 것은 아니다. 그때는 제1차 대전 후의 세계적인 좌익개혁운동이 일본, 중국 등에서 한창 유행하고 있었을 때일 뿐 아니라, 현상을 타파하려는 혁신적·이상주의적인 운동은 모두 좌익운동으로 생각되던 때였다. 거기다가 일본의 식민통치하에 있던 우리로서는 일본의 기반(羈絆)을 벗어나려는 생각을 가진 사람이면, 모두 동지로 생각하였기 때문에 여기서 「좌익적」이라 말한 것은 말하자면 각양각색의 이상주의적인 생각을 가진 학생들이 한데 복작거리는 가운데 막연히 진보적인 방향으로 나가려 하는 경향을 뜻하는 것에 지나지 않는다.

학생회의 각 부(部)는 각각 교수들이 갈라서 지도와 감독을 맡았는데, 나에게는 연극부(연예부라 불렸던 것도 같다) 감독의 책임이 돌아왔다. 내가 연극부를 맡게 된 것은 그때 내가 문단의 신진작가로서

활동하고 있었을 뿐 아니라, 내가 쓴 일막극一幕劇(제명題名은 지금 잊었으나)이 「조선극장」(인사동 구 종로구청 자리)에서 상연된 일도 있었기 때문인 것으로 안다.

〈삼등수병 마틴〉 포스터

연극부의 처음 공연은 1932년 겨울 공회당(소공동 현 상공회의소 건물)에서 있었는데, 「삼등수병(三等水兵) 마틴」을 「조선프롤레타리아 예술동맹」의 임화(林和) 연출로 열연하였으나 대실패로 끝나고 말았다. 연기도 무대장치도 빈약한 데다가, 극의 내용이 대중적 기호(嗜好)와는 동떨어진 첨예한 좌익적인 것이기 때문이었다.

이듬해 늦은 가을에는 고리키의 「밤주막(酒幕)」을 여전히 임화 연출로 배재학당 강당에서 상연했는데, 전번의 실패 때문에 이번에는 준비에 상당히 힘을 들인 결과 상당한 성공을 거두었다.

그러나 이곳에 극에 대한 그때 일반의 인식이 어떠한 것이었는가를 말해주는 배꼽을 뺄 난센스가 있었다. 김모라는 학생이 자기가 연극에 나간다는 자랑을 약혼녀에게 실컷 해놓았기 때문에 그 여자는 김모가 주인공 역 미남자로 등장하는 것을 잔뜩 기대하면서 구경을 갔더라는 것이다. 그러나 김모의 역은 불행히 주인공도 미남자도 아니라 소위 「단역(端役)」인 타타르인(人)에 지나지 않는 데다가, 연출자가 짓궂게 그의 등과 배에 방석 등속을 집어처넣어 앞뒤 곱추를 만들어 놓은 때문에, 실망한 약혼녀는 그날밤 김모군과 대판 싸웠다는 이야기이다.

「밤주막」의 성공에 용기를 얻은 학생들은 평양 공연을 가자고 졸라서, 결국 평양까지 갔었는데, 그곳에서 이번에는 나까지 끼어들어 또 한바탕 난센스를 벌이는 결과가 되었다. 실은 인촌은 경비를 염려해서 평양 공연을 허락하려 하지 않았는데, 나는 젊은 기분에 학생들의 말을 들어주고 싶은 생각이 있는 데다가 연극부의 책임자인 주영섭(朱永涉) 군이『경비문제는 염려 마십쇼. 대대적으로 선전을 할 테니까 관객(유료관객)이 많이 몰릴걸요. 만일 실패하는 경우에는 모두들 저의 집에서라도 자게 할 테니까 걱정마십쇼.』(주 군의 평양 본가는 유복한 집안으로 나도 알고 있었다)하는 바람에 주 군의 말만 믿고 인촌께 모든 문제는 내가 책임지겠다고 역설하여 겨우 허락을 따냈던 것이기 때문에 나는 꼼짝 못 하고 결과를 학생들과 함께 뒤집어쓰는 수밖에 없었던 것이다.

나의 인솔하에 연출자를 포함한 일행 20여 명이 평양에 도착한 것은 꽤 쌀쌀한 바람이 부는 12월 초의 어느 날 아침이었는데, 전차 창밖으로 눈여겨 내다보았더니 대대적으로 미리 선전해 놓겠다던 주 군의 약속과는 달리 보전 연극부의 내연(來演)을 알리는 포스터는 한 장도 눈에 띄지 않았다. 나는 걱정이 돼서 공연이 바로 오늘 밤인데 어떻게 된 것이냐고 주 군에게 물었으나 주 군은『글쎄 어떻게 된 일일까요.』하고 마주 걱정할 뿐이다.

그러더니 점심이 지난 후에 주 군은 내 방으로 와서

『암만해도 마치마와리(거리 돌기)를 해야겠어요.』

하고 기상천외의 제안을 하였다. 마치마와리란 곡마단(曲馬團)이나 지방순회극단 같은 것이 지방 도시에 도착하여 무대분장을 하고 인력거로 거리를 돌며 관객을 모으는 것을 의미하는 일본말이다.

『무어 마치마와리?』

나는 펄쩍 뛰었다.

『학생들이 마치마와리를 해? 관객이 하나도 안 와도 할 수 없으니까, 마치마와리만은 안돼!』

학생들이 그래도 조르는 것을 나는 단호하게 거절하였다.

공연장소인 긴치요좌[金千代座]는 상당히 큰 일본식 건물이었는데, 공연시간이 거의 다 되어도 내가 미리 걱정한 대로 관객이라곤 5, 6명밖에 모이지 않았다. 선전 포스터 한 장 없는 학생극인 데다가 그날따라 날씨가 몹시 찼으니 사람이 모일 리가 없는 것이다. 막 뒤 준비실에 괴상하게 분장을 마친 학생들과 앉았노라니 연극이고 무엇이고 창피해서 그대로 도로 서울로 도망치고만 싶었다. 그러나 학생 하나가『선생님, 시간을 끌기 위해「주막집」소개 연설을 좀 해 주십쇼.』하는 바람에 하는 수 없이 나는 일어나 무대로 나갔다. 장막 틈 사이로 관객석을 내다보았더니 사람이 아까보다는 조금 늘었으나 아직도 한 30명밖에 안 되는 성싶었다. 용기를 내어 나는 당시의「활동사진 변사」모양 막을 쳐들고 나아가서, 러시아 문학이 어떻고, 고리키가 어떤 사람이고 하면서 약 20여 분간 인스턴트 연설을 하였다.

그날 밤의 공연이 어느 정도의 실패이었는지는 연극 진행 중에 여기저기서「집어치우라」는 고함과 함께 방석이 무대 위로 날아들었다는 한마디로 짐작이 갈 것이다. 연극을 그나마 끝까지 마칠 수 있었던 것은 관객석 여기저기에 끼어 앉은 평양거주 문학청년 몇 사람(그 중에는 수년 후 상경해서 문명文名을 날린 김남천金南天도 있었다)이 「집어치우라」는 고함이 날 때마다 「조용히 해!」하고 마주 고함을 친 덕택이었다.

그러나 이야기는 이것으로 끝나는 것이 아니다. 그날 밤 나는 연극이 끝나자 학생들에게 뒤처리를 당부하고 먼저 여관으로 돌아와 잤는데, 이튿날 점심때가 지나도록 이상스레 학생들한테서 아무 연락도 없더니, 저녁때가 가까워지자 하나씩 둘씩 학생들이 내 방으로 모여들었다. 나중에는 20여 명 전원이 빽빽하게 좁은 방으로 들어와 앉아서 고개를 푹 숙이고 잠자코만 있는 것이었다. 심상치 않다 싶어 왜들 그러고 있느냐 물었더니, 그제서야 서울 갈 차비가 없다는 주군의 대답이다. 학생들은 그 전날 밤 연극이 파한 후 대동강 뱃놀이를 했는지 어쨌는지 있는 돈을 몽땅 턴 것이었다.

나는 화가 꼭뒤 끝까지 치밀었으나 돈 없다고 하룻밤을 더 잘 수는 더군다나 안 되는 말이다. 그 길로 친구 집을 찾아가 돈 20원을 꾸어 찻(車)삯을 치렀다.

평양 공연에 하도 혼이 나서 다음 해 학생들이 「조일상회(朝日商會)」를 가지고 수원공연을 갔을 때에는 나는 아예 따라가지도 않았다.

희비와 애환이 교차되는 가운데 새로운 보전의 태동은 성숙해 갔다. 「보전」이라면 「시원치 않은 학교」라고 생각하던 일반의 이미지는 어느새 일소(一掃)되고 새 보전의 성망(聲望)은 날로 높아갔다. 1933년에는 최용달(崔容達), 안호상(安浩相), 조금 뒤에는 박극채(朴克采),

윤행중(尹行重) 제씨가 연달아 전임이 되어 교수진이 더욱 보강되고, 나와 오천석(吳天錫) 교수는 연희전문의 정인보(鄭寅普), 백남운(白南雲) 양 씨와 함께 동아일보의「객원(客員)」으로「추대」되었다. 정원 미달인 때가 많던 입학응모자 수는 늘어나고, 더군다나 안암동 신 교사 건축의 소식이 퍼지면서부터는 응모자 수가 폭발적으로 증대하여 고등보통학교 정규졸업생만으로 정원을 초과하기에 이르렀다. 그를 따라 오랫동안 역사적 사명을 다해온「별과」제도는 폐지되었다.

5. 시대적 배경

헌신적인 새 경영자와 신진기예의 젊은 교수진을 맞이하여 새 보전의 의기(意氣)는 그야말로 하늘을 찌르는 듯했고, 민립대학을 가져보겠다는 민족의 오랜 꿈은 당장에라도 실현되는 듯하였다. 그러나 세상일에는 무엇이나 긍정적 요인과 함께 부정적 요인이 따라다니는 법이다. 여기서 나는 1930년대의 전반(前半)이라는 시기의 역사적 성격을 잠깐 회고해 볼 필요를 느낀다.

1930년대라면 우리나라가 일본한테 주권을 빼앗기고 식민지 신세로 떨어진 지 이미 20년이 넘은 때여서 우리 민족은 경술국치(庚戌國恥) 당시의 문화적 낙후를 어지간히 회복하고 민족의 선두부대는 거의 선진제국(先進諸國)의 수준에까지 도달한 때였으니, 이것은 보전의 발전을 위한 긍정적 요인이라 할 수 있다.

이조(李朝) 말기의 왕실을 선두로 한 완명(頑冥)한 전제 관료들의 낙후성은 가위 상상을 절(絶)한 것이었다 할 수 있다. 그들은 우물 안 개구리 식으로 자기들의 지배체제 속에 안주하여 격변하는 세계 대세를 외면하고, 서구의 근대문물을 섭취하여 내부를 개혁하는 것을 최후까지 거부하였기 때문에, 열강의 파렴치한 침공의 손이 우리나라로 뻗쳤을 때에는, 우리나라는 군사 · 정치 · 경제 · 문화의 제면(諸面)에 있어서 자기를 방위하기는커녕, 우리나라의 집권층에 있는 사람들은 우선 식견과 경륜에 있어서 침략자들과 대좌(對坐)조차 할 수 없는 참담한 열등, 낙후의 상태에 있었던 것이다. 이러한 면에서 생각한다면 우리 민족의 비극은 우리가 자초한 것이나 다름없는 것이었다 할 수 있는 것이다.

메이지 유신[明治維新]으로 재빨리 서구문물을 섭취해 가지고 우리나라에 대한 침략의 선봉이 된 일본의 태도는 참으로 가증스러운 것이었지만, 약육강식의 국제정치의 운동법칙으로 본다면 일본만을 나무랄 수도 없는 노릇이다.

당시의 우리나라 집권층이 하늘같이 믿고 쳐다보던 청국(淸國) 자체가 벌써 일본에 비해 형편없이 낙후되고 있었다. 그러한 사정을 구체적으로 보여주는 한 예로서 청일전쟁을 매듭짓던 시모노세키(馬關)조약(1895년)을 체결하던 때의 일을 들고자 한다. 그때의 청국측 전권(全權), 북양대신(北洋大臣) 이홍장(李鴻章)은 나의 어렸을 때만 해도 어른들로부터 불세출의 거물 정치가로 이야기 들었고, 사실 그는 당시 우리나라의 운명을 한 손에 쥐고 흔들다시피 한 인물이었지만, 시모노세키조약 회의록을 통해 그가 일본 측 전권 이토 히로부미[伊藤博文]와 주고받은 토의내용을 보면, 도저히 그는 이등과 대등한 교섭을 벌일 수 있는 식견과 역량을 가진 인물이 아니었다. 물론 패전국 대표일망정 이홍장이 노(老) 대국의 재상답게 존대(尊大)한 태도로 임한 것은 회의록을 통해서도 짐작이 되는 바이지만, 토의 도중에 이등이 자기의 주장을 뒷받침하기 위해「그러나 태서제국(泰西諸國)에 있어서는…」, 또는「문명각국에 통용되는 만국공법의 원칙을 따른다면…」하는 식으로 서양학문의 지식을 들먹거리면 이홍장은 그만 움찔해서 말을 더 못하고 얼버무려 넘기는 장면을 몇 번이고 볼 수 있는 것이다. 이토 히로부미와 같은 서양학문을 갖추지 못한 것이 이홍장의 치명적 약점이 되었던 것이다. 지금 같으면 아무리 후진국의 대표라 해도 상대가 구미(歐美)의 관례나 학설을 들먹인다고 해서 정당한 자기의 주장을 굽힐 리 만무하겠지만, 그때는 서양문물에 관한 지식의 유무가 바로 주장의 당부(當否)와 직결되는 기준으로 생각되었던 것이다.

우리들 자신의 신변에 가까운 사례로는 1905년 보성전문학교 창설 직후부터 창간되던「법정학계」를 보는 것이 흥미롭다(연전年前에 나는 내 집에 전해오던 그 잡지의 창간호 이하 몇 권을 고대도서관에 기증하였다). 그 잡지 본문란에는 그 당시의 보전「강사」들(그때는 교수가 없고 모두 강사라는 명칭이었다. 나의 선친도 그중의 1인)의 논설이 실려 있고, 말미에는 당시의 대법원판례가 실려 있는데, 본문란의 논설과 부록의 대법원판례의 학문적 수준은 실례지만 초등학교생과 대학생의 글만큼이나 차이가 있는 것이다. 대법원판례의 학문 수준이 보전 강사보다 높을 까닭은 만무한데 대법원판결문의 수준이 그만큼 높았던 이유는 그때 대법원이 일본인을 재판장으로 하여 구성되었기 때문인 것으로밖에 설명할 길이 없다. 한일 양국인 법관 사이에 그 정도의 학문적 실력 차이가 있었다면 재판장 이외의 법관들이 아무리 모두 한국인이었다 하여도 그들의 합의 과정에 있어서 일본인 재판장과 한국인 평판사들 사이에 대등한 토론이 이루어졌을 리 만무하다. 즉 일인(日人) 재판장의 의사가 그대로 합의된 결론이 되는 경우가 태반이었을 것으로 추측되는 것이다.

1905년 이용익(李容翊) 선생이 일본에서 돌아오자 바로 보성전문학교를 창설한 것은 그곳에서 보고 느낀 바 있어 나라를 구하는 길은 뒤 늦게나마 근대교육을 도입하는 것밖에 없다는 올바른 애국심의 발로였지만, 그렇다고 그때 우리에게 근대적 고등교육기관을 운영하기에 족한 인적, 물적 준비가 갖추어져 있던 것은 아니다. 보성전문학교가 명실상부한 근대적 고등교육기관이 되기 위해서는 아직 수십 년의 세월이 더 필요했던 것이다.

또 한 가지 말해 둘 것은 1930년 전후에 이르러 비로소 우리 민족은 본격적으로 인권사상에 눈을 떴다는 사실이다.

민족해방운동의 원동력으로서의 민족주의는 1919년의 3 · 1운동을 통해 일대(一大) 폭발을 경험하였지만 3 · 1운동에서 나타난 민족주의는 민족의 독립, 민족의 자유를 의미함에 그치고, 인권사상에 기초를 둔 것은 아니었다. 다른 기회에도 나는 이 문제에 언급한 바 있지만(졸저 「신고헌법해의新稿憲法解義」, 1952년, 16-18면) 이것은 1919년의 우리 독립선언서를 1789년의 프랑스 인권선언, 또는 그 수년 전에 선포된 미국독립선언서 등과 비교해 읽어보면 명백해지는 바이다.

우리나라에 있어서 인권사상이 서구식 인권사상을 「부르주아 데모크라시」라 하여 부정하려던 좌익운동에 의하여 도리어 강조되는 결과가 된 것은 아이러니컬한 일이다. 3 · 1운동의 여파가 채 가라앉기도 전에 서울청년회, 화요회 등에 의해 비롯된 우리나라의 좌익운동은 민족해방운동을 분열시키고 민족의 사상을 또한 혼란으로 빠뜨리는 결과를 가져왔지만, 반면 무산대중의 생존권(또는 사회권社會權)을 강조함으로써 생존권의 당연한 전제가 되는 자유제권(自由諸權)을 또한 주장하는 결과가 되어, 민족의 자유만을 강조하던 우리나라 민족주의의 약점을 보강하는 결과가 되었던 것이다.

대학이라는 것이 꼭 민주주의와 때를 같이하여 등장하여야 한다는 것은 아니지만, 보성전문학교는 바로 그러한 시기에 인촌을 맞이하여 새로이 출발함으로써 세계사상의 조류와 보조를 맞추어 전진하는 민족의 근대적 고등교육기관이 될 수 있었던 것이다.

대개 이러한 것이 보전이 새 출발을 하던 당시의 주체적, 긍정적 조건이었으며, 이러한 측면으로부터 본다면 보성전문학교의 앞날에는 이미 양양한 발전이 약속되었던 것이라 하겠지마는, 민족을 둘러싼 이민족의 식민지배라는 객관적 굴레는 도저히 그러한 순탄한 발전을 보전에 용허하는 성질의 것이 아니었다. 털어놓고 말해서 인촌이 보전을 인계받아 민족 · 민립대학의 꿈을 실천으로 옮길 수 있었던 것은 3 · 1운동 후 일제가 잠시 그들의 식민정책을 완화한 여택(餘澤)이었다 할 수 있는데, 일제의 그러한 여유는 결코 오래 계속될 수 없는 성질의 것이었기 때문에 보전의 앞날도 결코 평안할 것일 수만은 없었던 것이다.

1928년에는 야마모토 센지(山本宣治) 의원 암살, 일본공산당 대검거 등 좌익에 대한 대탄압 사건이 연달아 일어나더니, 그와 병행하여 극우 청년 장교들의 결사(結社) 구성, 정치 요인의 암살 등 사건이 연발하여 일본 정정(政情)은 소연(騷然)해졌다. 그러더니 1929년의 「만주사변」, 1932년의 「상하이(上海)사변」이 되고, 그와 병행하여 「헌정반대(憲政反對)」의 「정당해소연맹(政黨解消聯盟)」이 결성되고, 2 · 26사건(1933년, 「헌정」을 유지하라는 「중신重臣」들을 암살한 사건)이 발생하여 일본의 정치체제는 살기등등한 군국주의로 일색화(一色化)됨에 이르렀다.

이러한 일본 자체의 변화는 그대로 곧 한반도에도 영향을 미쳐서, 1931년에는 합법운동을 내세우고 좌우합작으로 조직되었던 신간회마저 해산되어, 우리의 민족해방운동은 완전히 합법 무대로부터 자취를 감추게 되었다. 1931년의 경성제대 학생을 중심으로 한 「반제동맹(反帝同盟)」 사건, 상하이에서 일어난 1932년의 윤봉길(尹奉吉) 의사 사건 등은 그러한 시기의 산물이었다. 요컨대 보성전문학교는 인촌의 원대한 포부와 결단으로, 그리고 거족적인 기대와 성원 속에 새 출발을 하기는 하였지만, 그의 앞날에는 실은 암운(暗雲)이 첩첩하였던 것이다.

이러한 시대의 암운이 그 당시의 나의 조그만 생활에 어떻게 반영되었나 잠시 추적해 보기로 하겠다.

1929년 봄, 나는 대학을 나오자마자 대학연구실에 적을 두었으나, 한편 이종수(李鐘洙), 김계숙(金桂淑), 최창규(崔昌圭), 김광진(金洸鎭) 등 제군과 「조선사회사정연구소(朝鮮社會事情硏究所)」를 조직하고, 돈화문(敦化門) 앞에 사무실을 얻어(지금 「신혼예식장」 주차장이 되어 있는 곳) 간판을 걸었다. 이강국(李康國), 최용달(崔容達), 박문규(朴文圭) 등 제군은 아직 재학 중이라 정식멤버는 아니었으나 사실상 정식멤버와 마찬가지로 모든 활동에 참가하고 있었다.

우리들이 이 연구소를 만든 것은 일본의 「대원(大原)사회문제연구소」를 본따서, 우리나라의 정치 · 경제 · 문화 · 사상의 모든 분야에 걸쳐 조사와 연구를 함으로써 민족의 진로에 기여해 보고자 한 것인데, 그러한 연구소를 만든 저의는 뻔하다. 멤버들은 「갈 곳 없는 인텔리 군상들」이다. 갈 곳이 없으니 지금까지 각자가 수득(修得)한 전문적 학문을 살려 민족의 당면한 제(諸) 문제의 정확한 실태를 조사, 연구하려는 것이다. 그리고 보니 일본의 식민정책과 조화될 수 없는 단체임은 처음부터 명백하였지만, 그렇다고 이 단체가 주동이 되어 곧 어떠한 행동을 취하려는 것은 아니었다.

좌냐 우냐를 따진다면 이 단체는 명백히 좌익단체였다. 이강국, 최용달, 박문규 등은 해방 후 쟁쟁한 조선공산당(남로당南勞黨) 간부가 되었고, 또 이 단체에 재정적 후원을 해주던 경성제대의 미야케(三宅) 교수는 뒤에 조선공산당 재건위원회 사건에 관련하여 복역까지 하였으니 말이다. 그러나 이 단체가 엄격한 의미에서 공산주의단체였다고는 말할 수 없다. 그때에는 민족해방을 이룩하는 길은 일본 제국주의를 타도하는 것밖에 없다고 생각되었기 때문에 민족해방을 염원하는 사람이면 누구나 한데 뭉치어 부자연함이 없었던 것이다.

「조선사회사정연구소」는 널리 각종 자료를 수집하는 한편 이강국, 유진오, 박문규, 최용달이 분담 집필한 「조선사회운동사」를 편찬하였는데, 그렇게 연구단체로서의 범위를 넘지 않았는데도 불구하고 일제의 탄압의 손길은 드디어 이 연구소에까지 미쳐 왔다.

1932년 6월, 그러니까 내가 보전에 부임한 지 3개월도 채 안 된 어느 날 새벽, 나는 운니동(雲泥洞) 내 집에서 서대문경찰서 형사대의 습격을 당하였다. 형사대는 내 방으로 틈입(闖入)하여 책, 원고, 일기 등을 닥치는 대로 압수한 후 나를 앞세우고 근처에 있는 「조선사회사정연구소」로 가서 또 닥치는 대로 책, 신문, 잡지, 서류 등을 압수하였다. 그 길로 서대문경찰서로 연행되었는데, 쇠고랑을 차는 것만은 나의 항의로 겨우 면하였다.

「조선사회사정연구소」에 관한 이야기는 보전과는 직접 관계가 없으므로 이 정도로 그만두겠으나 어쨌든 내가 일제하에 사는 한, 일기를 쓰지 않기로 결심한 것은 그때의 일이다. 일기에는 마음속의 느낌, 혼자만의 생각 등을 적게 마련인데, 그런 것을 가지고 일일이 따지는 데는 아주 진땀을 뺐기 때문이다.

나는 전부터 형법이론상의 소위 주관주의학파를 죄형법정주의를 파괴하고 파시즘 독재로의 길을 트는 자들이라고 생각하고 있었는데(「목야牧野형법학 비판서설」이라는 논문으로 그러한 취지를 1930년경 잡지 「신흥新興」인가 「비판」인가에 발표한 일이 있다), 그때 일기 때문에 진땀을 빼고 나서, 나는 나의 형법이론상의 소신이 틀림없음을 실감한 것이었다.

일제의 탄압이 격화되던 이야기가 나온 김에 조금 더 그때 내가 당한 이야기를 하여야 하겠다. 다음해(1933년) 봄에는 문단(文壇) 관계로 종로서(鍾路署)를 들락날락하였으며, 같은 해 여름에는 동아일보사 주최 하기(夏期)대학으로 정인보(鄭寅普), 이훈구(李勳求), 손진태(孫晋泰), 서항석(徐恒錫) 제씨와 호서, 영남 방면 강연을 나갔다가 겨우 대구 「조양회관(朝陽會舘)」에서 한 번 강연다운 강연을 할 수 있었을 뿐, 경찰 간섭으로 아무것도 못 하고 돌아왔다. 「조선 프롤레타리아 예술동맹」이 해산을 당한 것도 그 무렵의 일이다. 조금 뒤의 일이지만(1936년) 여름에 가족과 함께 원산 송도원(松濤園)을 가 있는 동안에 원산청년회 주최로 연전(延專) 노동규(盧東奎) 교수와 누씨여고(樓氏女高) 강당에서 강연을 하고 나서 경성헌병대의 시달림을 받기도 하였다.

보성전문학교가 새 출발을 하자마자 일제의 불길한 먹구름은 우리 국토의 온 하늘을 시꺼멓게 덮은 셈이다. 그러나 그렇다고 민족이 죽을 수도 없고 보전이 전진을 포기할 수도 없는 일이다. 「시시포스의 돌」을 밀어 올리는 것 같은 노력은 사람의 생명이 붙어 있는 한 계속되고, 또 되어야 하는 것이다.

6. 안암동 캠퍼스로

넓은 교지를 잡아 보전을 세계의 어떤 대학에도 손색없는 민족의 대학원(大學園)으로 만들어 보겠다는 것이 인촌의 염원이었고, 인촌에게 학교를 넘긴 구(舊) 이사들도 또한 같은 생각을 가지고 있었다 함은 위에 말한 바이지만, 어떠한 경과를 밟아 인촌이 안암동 현(現) 교지를 선택하게 되었는가에 관해서는 나는 별로 아는 바 없다. 그러나 어쨌든 인촌은 대단히 싼 값으로 안암동 현 캠퍼스의 중심인 약 7만 평의 임야를 구(舊)왕궁으로부터 불하받았고(그중 만여 평의 민간인 소유지는 별도로 구입), 그것만으로도 만족지 않아 길 건너 제기동(祭基洞)에 있는 동척(東拓) 소유의 전답(田畓) 8천여 평을 역시 싼 값으로(평당 8천여 전錢) 사들였다.

이 기회에 말해두는 것이 편할 것으로 생각되는 것은 인촌이 토지 구입에 언제나 이상할 만큼 열의를 가지고 있었던 사실이다. 내 생각 같아서는 20만 평 정도의 캠퍼스 용지(用地)만 확보되면 적어도 몇십 년 동안은 문제없을 것이므로 그 이상 땅을 살 수 있는 여유가 있으면 시설 확충이나 교직원 처우 개선으로 돌렸으면 좋을 성싶었으나,

인촌은 나의 생각으로는 추단(推斷)할 수 없는 사고방식을 가진 것 같았다. 인촌의 토지에 대한 생각은 글자 그대로 백년대계(百年大計)에 입각한 것 같았다.

이미 확보된 안암동 교지만 해도 송현동 교사보다는 수십 배나 넓은 것이어서 관계자는 누구나 할 것 없이 광희(狂喜)하다시피 하고 있었는데, 인촌은 다시 애기릉 숲속에 있는 밭을 사서 학교에 추가 기부하였고, 이번에는 조선식산(殖産)은행으로부터 빚을 얻어 종암동에다 3만여 평 토지(백여 호 민가가 들어서 있는)를 구입하였으며, 종로구 삼청동에도 만여 평의 임야를 사들였다. 인촌의 교지확장책은 해방 후에는 한층 박차를 가해서 우선 종암동에 있는 6천여 평의 구(舊)일인 소유의 식목원과 수만 평의 척산 임야를 임대차계약 하였으며(뒤에 불하), 구(舊)왕궁과 교섭하여 애기릉 밭 주변의 임야와 애기릉으로부터 돈암동 미아리 고개에 이르는 수십만 평의 임야를 불하받았다.

그렇게 해서 고려대학교의 학교 부근 소유토지는 한때 50만 평 이상에 달하였던 것으로 안다.

그러나 인촌의 교지확장책에도 여러 가지 장해가 따랐음은 물론이다. 우선 1935년경에는 삼청동에 있는 토지를 국민학교 교지로 쓴다는 명목하에 경성부(京城府)에 수용당했는데, 그때 나는 인촌의 명으로 수용에 대한 이의서를 작성하여 경기도지사 앞으로 내었으나 일정(日政)은 보전의 항변에 귀를 기울이려 하지 않았다. 다음으로는 1953년 환도(還都) 직후에 사무(事務)의 과실로 종암동 소재 척산 임야의 임대차계약갱신기일을 그냥 넘긴 동안에 재빠르게 새로 임대차계약을 맺은 중앙산업(中央産業)에게 수만 평 토지에 대한 권리를 빼앗긴 일이 나의 기억에 남아 있다.

그러나저러나 인촌의 토지확장책이 최대의 타격을 받은 것은 1950년의 농지개혁(農地改革)이었다. 우리나라의 농지개혁은 소위 「유상매상, 유상분배(有償買上, 有償分配)」를 원칙으로 하여 일반 지주에게 심한 타격을 주는 것을 피함은 물론이요, 농지가 학교 등 공익사업의 소유인 경우에는 그 사업을 보호하기 위하여 특별조처라도 강구할 것을 근본정신으로 한 것이었음에 불구하고, 그것을 실행하는 과정에서 정부와 국회는 그러한 점에 대한 세심한 고려 없이 덮어놓고 농지분배만 단행하였기 때문에 고려대학교같이 종래 농지수입에만 의존해 오던 학교 등 기관은 심한 타격을 받은 것이다. 사학재단(私學財團) 관계자들이 들고일어나서 문교재단(文敎財團)들이 만족스럽지는 않으나마 다소의 특혜를 받게 된 것은 그 뒤의 일이다.

농지개혁으로 인한 피해는 농지개혁법이 도시 내에 있는 경작지까지 일률적으로 개혁의 대상에 포함시켰기 때문에 한층 심해졌다. 시가 몇천 원 내지 몇만 원 하는 땅을 1년 수확고(收穫高)의 150%의 대가(시가의 몇십분의 1, 또는 몇백분의 1)로 분배하였으니 분배받은 경작자는 일확천금하였을는지 몰라도 그러한 것은 결코 형평의 원리에 합치되는 일은 아니다. 고려대학교가 당초에 인촌이 기부한 5천5백 석 추수의 농지를 상실한 것은 농지개혁의 정신에 비추어 부득이한 일이었지만, 기채(起債)까지 해가면서 교육목적에 쓰려고 사들였던 학교 근처 수만 평의 땅까지도 잃어버린 것은 심히 억울한 일이었다(종암동 소재의 땅은 대단히 복잡한 과정을 밟아 처리되었지만

본관 신축

결과적으로 분배 당한 것이나 다름없었다).

농지개혁을 계기로 인촌의 토지확장책은 종지부를 찍었지만 고려대학교가 오늘날 광대한 교지를 확보하고 있는 것은 순전히 인촌의 덕택이다. 그동안 학교재정이 여의치 않을 때에 직접 교육목적에 쓰지 않는 토지(제기동 토지 같은 것)를 팔아서 학교건설에 사용한 돈도 적지 않다.

안암동 현(現) 캠퍼스에 교지를 확보한 인촌은 1933년 여름에 교사신축공사를 시작하였다. 그때 세워진 건물은 현재도 대학본부로 사용되고 있으니 그 규모와 양식에 관해서는 새삼스레 말할 필요가 없으나 그 당시에 그러한 크기와 모양의 석조건물을 짓는다는 것은 모든 사람의 경이의 적(的)이 아닐 수 없었다.

인촌은 보전을 인계받기 전에 세계 일주를 하던 때에 여러 전통 있는 대학을 돌면서 건물들을 특히 유의해보고 사진을 모아 가지고

신축 공사 현장의 인촌

돌아와서, 그중에서도 제일 마음에 드는 것을 골라 건축가 박동진(朴東鎭) 씨에게 그런 식의 건물을 설계하도록 위촉한 것이다. 자기는 인촌이 지정하는 양식의 건물을 건축공학적으로 뜯어 맞춘 것에 불과하다는 박동진 씨의 말로 보아 고딕식 석조건물의 아이디어는 인촌 자신의 것임에 틀림없다.

인촌이 구체적으로 구미(歐美)의 어떤 대학의 건물을 본받아 보성전문학교 본관을 지은 것인지는 모르겠으나, 나의 보는 바로는 영국의「케임브리지」대학, 미국의「예일」대학 등의 건물이 인촌의 머릿속을 왕래하였던 것이 아닌가 싶다.

튼튼하고 웅장하고 호화로운 보전 본관 건물은 외관에 못지않게 내부도 호화찬란하였다. 교장실을 비롯하여 중요한 사무용 실(室)의 벽과 방바닥은 모두 오크 재(材)로 마감하였으며, 교장실 책상과 책장은 화류색으로 단장하고 응접세트는 오크 재에 황금색 실크 비로드를 씌운 것이어서 그 호화스러운 품은 서양 어느 궁전의 일실(一室)을 연상시키는 것이었다. 서무 · 교무의 두 사무실「카운터」까지 얼굴이 비칠 정도로 연마(硏磨)한 두꺼운 화강암석판이어서 우리들 젊은 패들은 그것을 어루만지면서「뱅크 오브 잉글랜드」라고 빈정거리기까지 하였다.

그런 중에도 특히 사람들을 놀라게 한 것은 층마다 두 개씩 있는 화장실의 시설이었다. 내부를 전부 고급 백색「타일」로 발라놓은 데다가 벽으로 돌아가면서 5, 6개의 거울과 번쩍거리는 세면기가 달려 있었고, 화장실은 전부 수세식이어서 선머슴 같은 학생들이 쓰는 학교 화장실이라느니보다도 일류 호텔의 시설 같은 감이 드는 것이었다(현재 본관 뒤에 있는 화장실은 환도 직후 모든 것이 파괴되었을 때에 응급용으로 세운 것이다).

지금 안목으로 본다면 이런 정도의 시설은 그렇도록 놀랄 정도의 것은 아닐지는 모르지만 그 당시로서는 총독부 건물이나 가면 몰라도 그 외에는 유례를 찾아볼 수 없는 초호화판이었다.

전관(全舘)에 스팀 장치를 한 것도 당시로서는 물론 놀랄 만한 일이었다. 그때 연희전문학교의 유억겸(兪億兼) 씨는『건물을 크게 짓고 호화판 시설을 하는 것도 좋지만 유지비를 어떻게 하려고 그러시오』하고 나보고 걱정을 해준 일이 있다.

본관을 짓기 위해 그 당시 산골짜기였던 땅을 깎고 메우고 하는 대규모 정지(整地)공사가 필요했던 것은 물론인데 현장에는 그때 상과 과장이었던 김영주(金泳柱) 씨가 매일같이 나가 공사를 감독하였다.

건축청부는 후지타 고지로(藤田幸二郎)라는 일본인이 맡았었는데, 그는 당시 40여 세의 성실, 순박한 장년 사업가였다. 그는 부지런하고 겸손하고 양심적이어서 누구에게나 호감을 주는 사람이었는데, 인촌께도 신임을 받고 또 인촌을 충심으로 존경하고 있었다.

1960년 겨울, 장소는 일본 도쿄의 대한민국 대사관. 당시 한일회

안암동 새 교사를 향한 이사 행렬

담 한국수석대표로 있던 나는 어느 날 아침 어떤 일본인 노인의 방문을 받았다. 명함을 보니 후지타 고지로. 잠깐 얼떨떨했으나 나는 곧 그가 누구인지 생각해 낼 수 있었다. 몹시 반가웠으나 안내를 받고 어려워하며 걸어 들어오는 그를 보니 30년 가까운 세월의 흐름은 역시 어쩔 수 없었다. 길에서 만나면 몰라보고 지나치겠다. 내 모습도 그렇게 변했을까—

인사를 교환한 후에 그는 곧 김성수 선생의 안부를 물었다. 5년 전에 작고하셨다는 대답에 그는 놀라고 한숨을 쉬고 한참 말을 못 하였다.

보성전문학교 본관은 이듬해 9월에 준공되었다. 아직 운동장도 착공하기 전이요, 건물 양편 울퉁불퉁한 언덕도 정지(整地)되지 않았었지만 푸른 하늘 밑에 우뚝 솟은 백악(白堊)의 석조전은 푸른 솔숲,

하얀 석비레 땅과 서로 비치어 무슨 꿈속의 궁전만 같았다.

인촌의 근검, 절제는 세상이 다 아는 바이다. 그 인촌이 그 지독한 일정 압제하에서 왜 그렇게 호사스러운 교사를 지었을까. 그곳에는 무언의 깊은 뜻이 있었던 게 틀림없다. 그것은 오기요, 반항이요, 겨레에 대한 격려요, 스스로의 분발이었던 것이다.

대망의 신(新) 교사 입주는 1934년 9월 28일에 행하여졌다. 전(全) 교직원, 학생이 교기를 앞세우고 학교 간판, 각종 우승기, 컵 등을 들고 송현동 교사를 떠나 안암동을 향해 도보로 열 지어 행진하였다.

하늘은 맑게 개고 길 가는 사람들은 걸음을 멈추고 서서 우리의 행렬을 축복해주었다.

7. 석탑의 기상도(氣象圖)

1) 기개(氣慨)와 안간힘

새 교사를 말한 끝에 한 가지 덧붙여 둘 이야기가 있다. 인촌은 새 교사 정면 입구 양편 기둥에 화강암 호랑이 머리 한 쌍과 뒷문 기둥에 역시 화강암으로 오얏꽃 조각 한 쌍을 만들어 붙였는데 호랑이 머리에 관해 인촌은 우리나라에는 호랑이가 많다 하지 않느냐, 호랑이는 영특하고 용맹하고 기품(氣禀)이 있으니 민족의 상징으로 삼을 만도 하지 않느냐 하였다. 오얏꽃에 대해서는 특별히 인촌의 말을 들은 기억이 없으나, 생각건대 이화(李花)는 이조 왕실의 문장(紋章)이었으므로 인촌이 무어 이씨왕조의 복귀를 바랐을 리는 없을 것으로 생각하지만, 역시 일인(日人)의 손에 폐기된 민족의 상징의 하나로 그것을 새겨 붙였던 것이 아닌가 싶다(이 이화 조각에 관해서는 근래 무궁화라는 설이 퍼져 있어서 이번에 다시 확인해 보았으나 역시 이화에 틀림없었다).

새 교사로 들어온 후 학교의 분위기는 희망과 활기로 가득 차서, 마치 봄이 되어 새싹이 파릇파릇 돋아나는 계절이 되면 사람의 마음이 까닭도 없이 들떠오르는 것과도 같았다. 교직원도 학생도 교우도 얼굴에 미소를 띠고 떼어놓는 발걸음은 가벼운 것 같았다.

그러한 활기는 학교 사정이 일신(一新)하여 희망에 찬 새 출발을 한 때문임은 말할 것도 없지만 지금 돌이켜 생각해 보면 인촌을 비롯한 그때의 보전 관계자들이 모두 한창 일할 수 있는 젊은 나이였다는 사실이 크게 작용한 것 같다. 인촌은 민족의 일꾼으로서 그때 이미 거족적인 인망을 모으고 있었지만 사실은 44세의 한창나이였고, 교수들은 1, 2인의 예외를 빼놓고는 30세 전후로부터 40세 전후에 이르는 청장년이었으니 말이다(나는 그때 최연소인 29세의 청년이었다).

그 당시의 이야기를 하자면 우선 학교 관계의 주연(酒宴)을 이야기하지 않을 수 없다. 학교의 전반적인 분위기가 그러니까 자연 주연이 잦았는데, 그때의 보전 관계 주연은 요사이 세상에서 흔히 보는 것 같은 서로 눈치를 보아가며 상대편의 속이나 뽑아보려고 하는 조심스러운 자리와는 판이하게 무슨 동지들끼리의 허물없는 자축연이나 같이 선배고 후배고 양껏 먹고 마시고 거리낌 없이 기염을 토하는 즐거운 자리였다. 인촌 주변의 분으로는 김병로(金炳魯), 김용무(金用茂), 송진우(宋鎭禹), 백관수(白寬洙) 씨 등이 자주 젊은 사람들과 자리를 함께했는데, 그분들은 한결같이 술도 세려니와 젊은 사람 상대로 천하대세에 관해 담론하기를 즐겼다.

주석(酒席)에서의 이야기는 사상문제가 되면 특히 열을 띠게 마련이었는데, 연장자 중에서도 특히 열렬하게 공산주의를 반대하고 나서는 것은 인촌과 고하였다.

젊은 패들 중에는 진짜 공산주의자도 있었지만 그렇지 않더라도 대체로 좌익적인 생각을 가지고 있는 것이 그때의 경향이었기 때문에 자연 인촌이나 고하의 말에 대해서는 반대론을 펴기가 일쑤였다. 그러나 그렇게 되면 인촌은 평소의 인촌답지 않게 팔을 걷어붙이고 언성을 높이기가 일쑤였고, 고하는 곧잘 주먹을 휘둘러가며 열변을 토하였다.

학교관계자들의 친목을 위한 모임이라느니보다도 우국지사들의 비분강개하는 토론회장 같은 느낌이었다. 사실 주석에서 학교 관계의 사무적 또는 교육적인 일이 화제로 되는 일은 드물었고, 그 대신 민족의 현재나 장래에 관한 이야기라면 흥분된 토론이 밤늦도록 계속되는 것이 항례(恒例)였다.

인촌, 고하의 두 분 중 정치문제에 관해 좀 더 직선적인 의견을 펴는 것은 고하였는데, 고하는 언제나 민족은 자결(自決)해야 하니까 조선은 독립해야 한다는 간명직절(簡明直截)한 주장이었다. 그 주장에 반대할 사람은 없는 것이지만, 그 당시의 젊은 사람들의 생각은 약간 달랐다. 조선의 독립은 일본의 제국주의 체제가 무너지지 않는 한 불가능한 것으로 생각되었기 때문이다. 고하는 곧잘 자기의 뜻을 이해해주는 인물로 도야마 미치루[頭山滿], 오카와 슈메이(大川周明) 등 일본의 극우계 거두(巨頭)들의 이름을 들먹였지만, 그런 인물들이 입으로 아무리 민족자결의 원칙을 말한다 하여도 그것은 결국 입치레에 지나지 않는 만큼 정말 조선이 독립하려면 일본 자체의 정치체제가 공산혁명으로 넘어져야 하므로, 우리는 일본의 극우계 인물들에 기대를 걸 것이 아니라 반대로 일본의 좌익을 두둔하여 일본 자체의 혁명을 도와야 할 것이라는 것이 젊은 사람들의 생각이었다. 당시의 노장년층에도 그런 생각을 가지고 있는 사람이 많았었다.

평소부터 그러한 의견의 차이가 있었던 관계로 한번은 고하의 민족자결론에 내가 불쑥 이의를 제기하여 고하를 몹시 흥분시킨 일이 있다. 아무리 민족자결을 외쳐 보아도 일본 제국주의가 건재하는 한 조선독립은 무망(無望)하지 않느냐 한 것까지는 좋았으나, 그 끝에 내가 설사 일본의 현 체제가 유지되면서 조선의 독립이 이루어진다 하여도 자본주의 체제를 바탕으로 하는 한 독립을 뒷받침할 민족자본이 없지 않으냐, 그 문제는 어떻게 하느냐 한 것이었다. 그랬더니 고하는 흥분해서

『무어? 자본? 내 말 좀 들어보아요. 유 군』(인촌과 달리 고하는 가끔 「유 군」이라는 말을 썼다) 하고서 주먹을 휘두르며

『자본가라니 부자 말이지? 부자라면 민영미(閔泳微)가 조선 갑부 아냐? 그래 민영미가 어쨌단 말이야. 민영미가 우리나라 독립을 뒷받침해? 민영미 같은 건 순사(巡査) 한 명만 보내면 그만이란 말이야. 안 그래 유 군?』

하였다.

이 이야기를 지금 내가 꺼내는 것은 고하의「조선 갑부도 순사 한 명이면 그만」이라는 철저한 정치우월론이 기발하고도 통쾌해서 그 후 근 40년이 지난 지금까지도 내 기억에서 사라지지 않기 때문뿐 아니라, 이 간단한 문답 속에 정부수립 후 우리 민족이 안고 온 여러 가지 복잡한 문제들이 그대로 내포되어 있기 때문이다.

우리나라의 독립은 내 생각과는 달리 고하의 생각하던 방향으로 이루어졌으나, 자본형성의 문제는 나와 고하가 말을 주고받던 그대

로의 문제점을 안고 여태껏 몸부림치고 있으니 말이다.

그 당시의 주석 이야기를 한다면 인촌의 보전 인계 직후 전(前) 교장 박승빈(朴勝彬) 댁에서 있었던 조촐한 주석 이야기를 빼놓을 수가 없다.

박승빈 교장은 본직은 변호사였지만「계명구락부」를 조직하여 신생활운동에 앞장을 서는 한편, 한글학회의 맞춤법에 반대하여「조선어학회」를 조직해가지고 독자적인 철자법을 끝까지 주장하던 신념과 기개(氣慨)의 인물이었다.

교장직을 물러난 후에도 여러 해 동안 노구(老軀)를 무릅쓰고 무보수로 보전에 나와서「조선어」강의를 계속한 분이다.

늦은 봄의 어느 날 인사동 박 교장의 양식(洋式) 저택에서 언제까지나 물러가지 않는 황 씨의 정원(庭園)을 바라보면서 열렸던 맥주파티는 그분의 독특한 너털웃음과 함께 지금도 잊혀지지 않는다.

선후배가 한데 엉킨 술자리에서의 기염은 밤이 늦어지면 으레 어른들의 독단장(獨壇場)이 되는 것이 통례였다. 젊은 패들은 풋술이라 처음부터 마구 마시고 떠들고 하기 때문에 이내 기운이 지쳐버리는데 반해 인촌, 고하, 가인街人(김병로), 김용무 같은 분들은 주량이 센데다가 폭음을 하지 않기 때문에 술자리가 길어지면 길어질수록 기세가 점점 더 올라가는 것이었다. 그래서 자정이 가까워지면 나는 곧잘 옆방으로 가 드러누워서 반쯤 꿈결에 어른들의 기염을 듣곤 했는데, 한 번은 그렇게 누워 있는 나를 보고 서무의 오일철(吳一澈) 씨가『무얼 벌써 그러슈. 저분들은 아직도 총론(總論)이요, 각론(各論)은 아직 시작도 되지 않았소』하였다. 그 후로「각론은 아직 멀었나」하는 말은 주석이 지루하도록 긴 때에 젊은 패들끼리 은어처럼 주고받고 하는 말이 되었다.

한편 보전을 실질적으로 대학다운 내용을 갖추도록 하려는 노력은 착착 진행되었다. 우선 교수들의 논집간행의 건인데 1933년 봄에 인촌께 그를 위한 예산 이야기를 하였더니,『예산은 따로 세울 것도 없다. 돈은 얼마가 들어도 좋으니 훌륭한 논집만 내도록 하라』는 대답이었다. 그 말에 용기를 얻어 나는 오천석(吳天錫), 김광진(金洸鎭) 등 동료와 함께 곧 원고 수집에 착수하였는데 최태영(崔泰永), 와타나베 카츠미(渡邊勝美), 박승빈 등 선배 교수들도 기꺼이 집필을 응낙하였다. 나는 경성제대 조수 시대에「법률이념사」라는 것을 쓴 일이 있어서 그것을 발표할까도 하였으나 분량이 너무 많아 그만두기로 하고, 그 대신 그것을 쓸 때 미처 손이 안 돌아가서 빼놓았던 서양중세기편을 새로 쓰기로 하고「중세에 있어서의 정의(正義)사상」을 쓰기 시작하였는데, 그해 가을을 그 글쓰기에 몽땅 바쳤다.

「보전논집(普專論集)」제1집은 1934년 3월에 출간되었는데 우리나라 사학기관에서 이런 논집이 간행되기는 처음 있는 일이라 상당히 큰 반향을 일으켰다. 일본 모 사대(私大)신문에서는「보전논집」의 내용을 소개하고 나서, 이제 경성에는 경성제대를 중심으로 한「관학파(官學派)」에 대항하여「사학파(私學派)」가 대두되었다고 논평하였다.

1934년 9월 새 교사로 옮기자 곧 나는 인촌께 건의하여 새로 세워질 도서관을 위한 준비작업에 착수하였다. 본관 3층의 교실 하나를「도서실」로 정하고 송재(松材)로 서가를 만들어 들여놓는 한편, 나 자신 그 방에 책상을 들여놓고 도서의 구입, 정리, 열람(교수들만) 등 사무를 시작하였다. 물론 사무직원이 따로 있는 것이 아니어서 나 자신 서투른 솜씨로 타이프라이터를 두드리기도 하였다. 그러나 도서 구입을 위하여서는 인촌이 너그럽게 이해해 주었기 때문에 그 당시의 보전의 도서구입비는 총독부 도서관이나 관사립(官私立)의 다른 전문학교들을 까맣게 능가하고, 경성제대에 버금하여 국내 제2위에 있었다.

논집간행이나 도서관 설립준비는 좋았지만 지금 생각해서 좀 지나쳤었다고 생각되는 것은 신임교수에게 「축임 연설」을 하게 하는 제도를 만들었던 일이다. 독일대학의 *Eintrittsrede*의 본을 딴 것이었지만, 우리나라에서는 그 후 40년이 지난 오늘에서도 시행되지 않은 것으로 보아 그때 그 제도를 시작했던 것은 아무래도 시기상조였던 것 같다.

이 제도로 처음 겸 마지막으로 축임 연설을 한 것이 박극채(朴克采) 씨다. 「자유의 경제학적 고찰」인가 하는 제목이었는데, 송현동 허름한 2층 합동교실에서 행한 박 교수의 강연은 정열적이고 아카데믹한 것이었다. 그러나 다음 해에 부임한 윤행중(尹行重) 교수는 교토제대[京都帝大]에서 발행하는 「경제논총」에 발표한 논문으로 대신하고 말았으며, 그 다음부터는 그도 저도 없어지고 말았다.

학원을 학문적으로 충실케 하려는 학교의 노력과 발이나 맞추려는 듯이 학구의 바람은 학생들 사이에서도 크게 일어났다. 학생들의 동향이 6 · 10 만세 사건 이후 점차 학구적, 이론적인 것으로 옮겨져 갔다 함은 전에 이미 언급하였지만 이 경향은 안암동 새 캠퍼스로 옮겨온 뒤로 더욱 박차를 가하였다.

학생회 변론부 주최의 웅변대회와 연구부 주관의 「모의재판」도 그러한 경향의 표현이었거니와 특히 연구부에서는 학생회의 비용으로 문고(文庫)를 설치하여 다수한 서적을 사들여 학생들끼리 열람하게 하는 한편, 「교내강좌」를 열어 수시로 학내 학외 저명인사를 초청하여 이론과 실제의 여러 가지 문제를 진지하게 다루었다.

그 당시의 학생들의 학문적 수준이 수년 동안에 비약적으로 향상한 사실은 그때 발간된 「보전학생」의 내용을 일람하면 곧 알 수 있는 일이다. 선택된 논제나 논술의 기개(氣慨)나 보전학교 학생의 습작이라느니보다는 당당한 일가(一家)를 이미 이룬 사람의 본격적인 작품의 감(感)이다.

요컨대 1932년 이후 3, 4년간의 보전의 발전은 글자 그대로 괄목할 만한 것이었다. 자연의 결과로, 이 무렵 보전 입학 지망자 수는 급격하게 증대하였으며, 그 질도 비약적으로 향상하였으니, 이희봉(李熙鳳), 최호진(崔虎鎭), 이건호(李建鎬) 등 해방 후 우리나라 전문학교들이 대학으로 탈바꿈하던 시기에 중심 역군이 된 사람들과, 현재 우리나라 정계의 중진(重鎭)인 백남억(白南檍), 김성곤(金成坤), 정성태(鄭成太) 기타 많은 사람들이 모두 그 시절 신생(新生) 보전을 향해 전국에서 모여든 인재들인 것이다. 그 당시의 학생 중 상당수가 해방 후 이북으로 넘어간 것은 애석한 일이지만, 그것도 그 당시의 보전을 둘러싼 분위기와 학풍이 어떠한 것이었던가를 말해주는 자료가 되는 것으로 생각한다.

2) 명암(明暗)

보전의 이러한 생동하는 약진 분위기는 30주년 기념사업으로 부속도서관의 건립계획이 진행됨과 함께 한층 고조되었다. 도대체 전문학교로서 독립된 부속도서관을 갖는다는 것은 우리나라는 물론이요 우리보다 선진을 자랑하는 일본에서도 그때로서는 생각조차 할 수 없는 일이었던 것이다.

보전부속도서관의 건립에 관한 전말은 「육십년지(六十年誌)」에 자세한 기록이 있으므로 이곳에 되풀이하지 않거니와, 거족적으로 전개된 창립 30주년 기념사업에 대한 기부금 모집 캠페인은 일찍이 보지 못한 열렬한 호응을 불러일으킨 것이 사실이다. 김성수(金性洙), 김연수(金秊洙) 형제분이 솔선하여 각각 2만 원씩 연출(捐出)한 관계도 있었겠지만 이번 기념사업 기부금 모집에는 몇 해 전 보전재단설립 때와는 달리 국내는 물론 해외 각지에서까지 기부신청이 연달아 들어와서 총감부의 허가를 받은 30만 원 한도를 쉽사리 돌파하였다.

그러나 이 기부금 모집도 말로만 이루어진 것은 물론 아니었다. 그때 인촌은 이 기부금 모집 운동에 쓰기 위해 대금(大金) 3천 원을 던져 뷰익 새 차 한 대를 사들였는데 이 차는 인촌이 유지(有志)를 찾아 전국 방방곡곡을 돌아다니는 동안에 폐차가 되다시피 돼 버렸던 것이다.

도서관 설립과 함께 교수 안호상(安浩相), 교우 최형종(崔衡鍾)이 솔선하여 가전(家傳)해 오던 고서를 기증한 것을 비롯해 전국 각지에서 갖가지 기부가 들어온 것도 「육십년지」에 소상하니 이곳에 되풀이하지 않겠으나, 특기할 일은 고폐(高敝) 안함평(安咸平) 여사의 감격스러운 독지(篤志)였다. 안 여사는 한평생을 모은 돈으로 간신히 장만한 70석 추수의 전답을 몽땅 민속 참고품 수집을 위하여 고대도서관에 기부한 것이다. 인촌은 안 여사에게「전 재산을 기부하고 어떻게 하려고 그러느냐, 일부만 기부하고 일부는 남겨 가지고 있으라」하였지만, 안 여사는 본시 자기는 아무것도 없던 사람이니 재산을 남겨 가질 필요가 없다, 몸이 아직 성하니 계속해 벌어먹으면 된다면서 끝내 전 재산을 기부하고 말았던 것이다.

학생회에서 따로 운영해 오던「학생문고」도 도서관 개설과 함께 도서관 장서에 흡수되었다.

이에 관련해 한 가지 남겨 두어야 할 이야기는「이조실록(李朝實錄)」구입에 관한 것이다. 이조실록 영인본(影印本)은 지금은 국사편찬위원회에서 간행한 것이 많이 있어 별로 희귀하게 느끼지 않게 되었지만 그 당시에는 돈은커녕 금덩어리를 주어도 구하기 힘들었다. 비용 관계도 당초에 20부밖에 찍어 내지 않았던 것인데, 보전서 그것을 사들일 생각을 한 것은 그것이 완간된 지 여러 해가 지난 후였기 때문에, 과연 살 수 있는 여부(餘部)가 있는지 없는지조차 의문이었다.

그때 나는 도서실 사무를 맡아보고 있던 관계로「이조실록」구입을 인촌께 건의하고 승낙을 맡은 후 실제 그 교섭을 담당했는데, 그 때문에 그때 경성제대에서 그 사무를 주관하던 다카하시 토오루[高橋亨] 교수를 찾아갔더니 대뜸 곤란한 빛을 띠면서 한 부가 남아 있긴 하지만 그것참 어렵게 됐다는 대답이었다. 남아 있는 그 한 부도 정말로 남아 있는 것이 아니라 베이징대학(北京大學)으로 보내기로 이야기가 다 되어 있는 것으로서 아직 발송만 못 하고 있을 뿐이라는 것이었다. 약속을 지켜야 할 국제적 체면도 있거니와 중국과 조선의 역사적 관계로 보아서 베이징대학에는 정말로 한 부쯤 있어야 할 것 아니냐는 설명이었다.

다카하시 교수의 말에도 일리는 있었지만 나는 「이조실록」은 조선 역사에 관한 책이니 조선사람의 기관에 주어야 할 것 아니냐는 항변으로 졸라대는 수밖에 없었다. 다카하시 박사는 「이조불교사(李朝佛敎史)」로 학위를 얻은 사람으로서 한문은 물론이요, 우리말도 잘하는 분이었으나 조선사람이라면 으레 당파싸움만 하는 민족으로 보는 편견을 가졌다 해서 나부터도 종래 경이원지(敬而遠之)해 오던 처지였기 때문에 조르기는 하면서도 크게 기대하지 않았었는데, 뜻밖에도 이번 일에는 그의 반응은 호의적이었다. 「자네」의 말도 일리 있으니 어디 잘 생각해 보자는 것이었다.

몇 차례 교섭 끝에 그는 보전에 주기로 결정을 보았다면서 『너무 여러 번 오게 해 미안하다, 여러 사람이 의논해야 하기 때문에 시간이 걸렸다』는 말까지 덧붙였다.

30주년 기념 도서관은 1937년 9월에 개관되었는데 나로서 특별히 자랑스럽게 생각한 것은 그 화려, 견고한 외견보다도 나의 숙원인 교수들의 연구실이 한 사람 앞에 하나씩 돌아간 것이었다. 내가 생각하던 것보다 규모가 약간 작기는 하였지만, 그때 교수의 개별 연구실을 가진 학교는 국내에서는 경성제대밖에 없었던 것이다. 관립 경성고상(京城高商)에 비슷한 것이 있기는 했지만 옥상에 지은 가건물에 지나지 않았다. 그 후 얼마 안 되어 내가 일본에 갔을 때에는 후타쓰기야스키(二木保幾) 교수(인촌의 와세다대 동창)의 안내로 와세다대학 도서관을 시찰하였는데 규모는 상당히 컸지만 교수연구실이라고는 그곳에도 몇 개의 합동연수실밖에 없었다.

지금까지 나는 인촌이 인계받은 후의 보성전문에는 그저 좋은 일 기쁜 일로만 가득 찼던 것같이 말해 왔지만 사람이 모인 곳에 그냥 화목만 있으라는 법은 없다. 새 보전이 희망의 활기에 차 있던 것은 사실이지만 보전도 사람의 집단이니만큼 불화까지는 아니더라도 다소의 마찰은 때때로 없지 않아 있었다.

신진기예의 젊은 패들이 대거 들어왔으니 전부터 있던 사람들과의 말썽도 있음직한 일이었으나 그것은 대단치 않았다. 인촌의 영도력이 그런 것의 여지를 주지 않았고, 교수 자신들도 그런 데는 별로 마음을 쓰지 않았다. 이따금 교수회에서 소장(少壯)과 노장(老壯) 간에 의견이 갈라지는 때가 없는 것은 아니었지만 홍성하(洪性夏), 최태영(崔泰永) 씨 등이 중간에 서고 가장 연장자인 백상규(白象圭) 교수도 가끔 소장 편을 들어서 원만히 수습되곤 하였다.

불평불만이 있다면 그것은 도리어 인촌 대 인촌의 직계부족이라고 할 수 있는 소장 교수들 간에 있었는데 그것은 대우문제 때문이었다. 보전 교수의 월봉은 원래 2백 원이 표준이었는데, 인촌은 그것은 그대로 두면서 자기가 초빙해 온 소장들에게는 그 절반밖에 지급하지 않았던 것이다. 소장들은 자기들 손으로 보전을 명실상부한 고등교육기관으로 끌어올리겠다는 열성과 포부를 가지고 인촌 밑에 모였던 것인데 대우문제에서 그렇게 걸리고 보니 실망하고 상심하지 않을 수 없었던 것이다. 그 때문에 소장들은 때로는 얼굴을 붉히면서까지 인촌께 항의하고 불평을 털어놓았으나, 인촌은 끝까지『우리 처지에 어떻게 풍족하게 살기를 바랄 수 있겠느냐』는 말로 일관하였다. 그 정도의 말로 소장들의 불평이 가라앉을 리는 없었지만, 상대가 막대한 사재(私財)를 학교에 내놓고 골치 아픈 교장일까지 몸소 무보수로 맡아보는 인촌이었기 때문에 소장들도 결국은 울며 겨자 먹기로 참고 지내는 수밖에 도리가 없었다. 그런데 이번에는「보전논집」간행 문제로 또 인촌과 소장들 사이에 의견의 충돌이 일어났다. 공교롭게도 이번에는 내가 소장들의 중심이 되었는데 그 까닭은「보전논집」간행을 처음부터 내가 주장한 것이었고, 간행사무를 실지로 주관한 것도 나였기 때문이다. 이 문제 때문에 나는 인촌을 모시고 일한 25년 동안에 제일 큰 정면충돌을 인촌과의 사이에 벌이게 된 것이다.

일의 원인은 논집간행 예산에 관해 처음 인촌과 이야기할 때에 인촌이『예산은 따로 세울 필요 없다. 돈은 얼마가 들어도 좋으니 좋은 논집만 만들어 내라』고 말한 것을 내가 자세히 따지지 않고 그대로 받아들인 데 있었다. 나는 논집간행비라 하면 당연히 원고료도 넣어서 생각했던 것인데, 인촌은 인쇄비만 생각하고 원고료 같은 것은 꿈에도 생각하지 않았던 것이다.

그러고 보니 말썽이 날 것은 불가피한 일이었다. 원고가 다 모여 인쇄소로 넘길 단계가 되었을 때 원고료 이야기를 꺼냈더니 인촌은 안색을 변하며, 원고료가 무슨 원고료냐, 학자가 돈을 바라고 글을 쓰는 것이냐 하면서 펄쩍 뛰며 불쾌해하였다. 나도 불쾌해져서, 글

쓰느라고 애쓴 사람에게, 원고료를 지불하는 것은 상식 아니냐, 돈이 목적이라면 글을 쓰기는커녕 애당초 보전 교수로 오지도 않았을 것이다, 삼류 잡지에 되지 않는 잡문을 갈겨써도 원고료를 주게 마련인데 몇 달씩 해씩 피땀 흘려 쓴 논문에 넉넉한 보답은 못 해줄망정 수고를 알아주는 성의는 표시해야 할 것 아니냐고 맞섰던 것이다. 피차 이해관계의 차이가 아니라 신념의 차이에서 오는 의견 충돌이었다.

지금 생각하면 세대의 장벽이 두 사람 사이를 가로막은 것이었다. 나로서는 글을 쓰고 원고료를 받는 것은 상식 이전의 상식이었음에 반하여 인촌 생각에는 선비가 글을 쓰고 대가를 받는다는 것은 몰상식한 시장 건달패가 아니고서는 감히 입에 올릴 소리도 못 되는 더러운 소리로 비쳤던 것이다. 아무리 이야기하여도 인촌의 오해는 풀리지 않아 내내 이야기는 결렬되고 말았다. 결과적으로 인촌이나 나나 양편이 다 가슴 속에 풀리기 힘드는 불쾌감만 남기게 되었다. 그 때문에 나는 논집에는 다시는 글을 쓰지 않기로 작정하고 사실 그 후 글을 쓰지 않았다.

이듬해 3월 논집 제1집이 나왔을 때 집필자 일동은 각각 주머니를 털어 명월관(明月舘)에서 자축회를 열었다. 평상시에 말이 잘 맞지 않던 와타나베(渡邊) 교수도 참석해서 밤이 늦도록 통음(痛飮)하였다.

그럭저럭하는 동안에 학생들 사이에도 묘한 대립이 생기기 시작하였다. 학생회의 주도권을 장악한 학구적 자유주의적인 일파(그 속에는 좌익을 내세우는 학생들도 있었다)와 민족주의를 표방하고 의리와 완력을 내세우는 행동적인 「호걸파(豪傑派)」의 대립이 생긴 것이다. 일본의 국수주의화와 히틀러의 등장(1933년 3월)이 무의식중에 멀리 배경이 되었던 것인지도 모른다. 학생과 교수들 사이에 무슨 관계가 있는 것은 아니었지만 어느 사이엔가 막연하게나마 학생회파가 지지하는 교수와 호걸파가 지지하는 교수의 구별도 생겼다.

그러나 그저 그러고 지냈는데 1934년경부터 학생들 사이의 대립은 점차 격화되어 호걸파 학생들은 검도부로 집결하고, 학생회파는 유도부로 집결함으로써 양(兩) 파 간에는 실력(완력)대결의 위기마저 짙어져 갔다.

1935년 4월(혹은 5월이었는지도 모른다) 어느 날 오후 나는 퇴근길에 지금 인촌 동상이 서 있는 본관 앞 남쪽 언덕을 내려오고 있었는데 바로 근처에서 학생들의 격투하는 광경이 눈에 들어왔다. 그때 막 준공을 서두르던 체육장 남편 언덕 위 길(지금 대강당 앞)에서 키가 커다란 한 학생이 호걸파의 P 군에게 처참한 테러를 당하는 판이었다. 키 큰 학생의 얼굴에는 벌써 유혈이 낭자하다. 그러자 그는「사람 살리라」고 비명을 지르면서 도망을 쳐 쏜살같이 내 옆을 지나 본관 교무과 속으로 뛰어들어갔다.

양 파 간의 대립은 이 사건을 계기로 점점 더 격화되어서, 양 파가 각각 본관 옥상 남쪽과 북쪽 끝에 있는 방에 집결하여 하마터면 유혈 집단난투를 벌일 뻔도 하였다. 이 난투극이 최후 순간에 이르러 양 파 대표 간의「영웅적인 타협」으로 위기일발로 참극을 면한 것은 불행 중의 다행이었다.

사태가 이쯤 되니 학교 측에서도 사태를 그 이상 방관할 수 없어서 테러 학생의 징계문제를 논의하게 되었는데, 교수와 학생들 사이에 혹시 무슨 연락이 없나 하는 의심이 떠돌던 때인 만큼 징계문제를 다루는 교수회의 공기는 몹시 어색하였다. 그러나 어찌 되었든 캠퍼스 안에서 유혈극을 벌인 것은 사실이기 때문에 호걸파 학생 2, 3명이 희생되었다.

희생된 학생 중에는 Y 군, C 군 같은 유망한 인재도 있었다. 두 사람 다 해방 후 대한민국 국회의원에 당선된 것으로 보아 그들이 단순한 폭력 학생이 아니었음이 증명된 셈이다.

호걸파는 이렇게 되어 오래 계속되지 못하고 말았으나 그들이 시작한 작풍(作風) 중에는 그 후 오래도록 살아남아 보전의 일종 전통처럼 된 것도 있다. 축구경기 때에 농군(農軍) 복장을 하고 날라리를 불며 징과 꽹과리를 치고 하는 국수(國粹)적 응원은 그들로부터 시작된 작풍인 것이다.

8. 수난과 좌절

1) 학교도 가로수

인촌을 가까이 모시게 된 후로 나는 이따금 동아일보 창간 당시의 이야기를 들을 기회가 있었는데, 그중에 쉽사리 잊혀지지 않는 것은 「신문(新聞)가로수론」의 일화다.

어느 때의 일인지는 모르나 동아일보 창간 때의 이야기니까 아마도 1920년 전후의 일이었을 것으로 생각된다. 일인(日人)지배 하에서 신문을 간행하노라니 자연 총독부 간부급과 접촉이 없을 수 없었는데, 한번은 그 어떤 석상(席上)에서 어떤 자가 정무총감에게 농담 반 진담 반으로『언론 창달도 좋지만 불은 사상을 가진 사람들한테 신문간행을 허가하시다니 어쩌려고 그러십니까?』하였는데, 정무총감은『무어 괜찮어, 걱정할 것 없네. 신문이란 가로수 같은 것이거든. 문화정치의 체면상 신문 한두 개쯤 하겠다는 것 못하게 할 수야 있나. 그러나 그게 거리의 장식의 정도를 지나서 지나치게 기승을 부리든지 하면 그때는 가지를 적당히 치면 되는 거야.』하고 가가대소(呵呵大笑)하더라는 것이다.

이 이야기는 그들의 소위「문화정치」의 성격과 한계를 단적으로 표현하고 있거니와, 조선인 경영의 학교에 대한 정책도 바로 똑같은 정책의 하나의 다른 적용에 지나지 않았다. 저희들끼리 돈을 내서 저희들의 자제를 가르칠 학교를 만들겠다는 것을, ―그것도 대학이라면 몰라도 전문학교 하나쯤 하겠다는 것을 딱 잘라 못하게까지는「문화정치의 체면상」못하겠지만, 그것이 마치 무슨 민족단결의 상징인 양 예상 이상으로 교세가 뻗어간다는 것은 일정(日政)당국으로서는 좌시할 수 없는 일이었다.

동아일보를 놓고 칼질 가위질하던 일정의 손길은 시국의 각박화와 함께 1935년 봄 드디어 교육기관인 보성전문학교에까지 미치게 되었다. 문제의 발단은 신입학생의 정원초과였다. 이 문제의 내용과 전말도「고대육십년지」에 상세하므로 이곳에 되풀이하지 않거니와, 요는 일정당국의 보전에 대한 고의적, 악의적인 탄압이었다는 한마디에 그치는 사건이었다.

정원초과는 1할(割)에서 2할 정도까지는 그때 어떤 학교에서나(총독부에서 세운 관립학교도) 관례적으로 해 오던 것이고, 보전도 그 전해까지 매년 2, 3할에서 심하면 5, 6할까지(일례를 들면 1934년도에는 법 · 상 양과 각각 정원 70명 미만으로 되어 있음에도 불구하고, 신축교사의 낙성落成을 내다보고 법과에 115명, 상과에 126명의 신입생을 선발하였다) 정원을 초과하였는데도 아무 말 없던 것인데, 입학지원자 수의 격증, 30주년 기념 도서관건립모금의 기세 등에 놀란 일정당국은 1935년에 와서 갑자기 이 문제를 가지고 말썽을 일으킨 것이었다.

그런데 그 말썽을 일으키는 방식이 또한 몹시 졸렬하고 작위적인 것이었다. 학교에서는 혹시 그런 일도 있을까 해서 미리 각과 140명씩의 정원인가신청을 내놓고(신 교사의 학생수용능력은 각과 200명씩이라도 충분) 그 범위 안에서 법과 125명, 상과 140명에게 입학을 허가했던 것인데(그중에서 지정기일까지 수속을 완료한 자는 도합 228명) 총독부는 이 핑계 저 핑계로 합격자발표가 다 끝나도록 인가를 안 하고 질질 끌어 오다가 등록 마감일 오후에 와서야 갑자기 정원을 각과 100명씩으로 인가하고 그 정원을 엄수하도록, 환언하면 이미 입학 수속을 끝낸 학생일지라도 정원을 초과해서 입학한 자는 이를 취소하도록 날벼락을 내렸던 것이다.

정무총감이 호언(豪言)하던 「신문가로수길론」이 이번에는 「학교가로수길론」으로 탈바꿈을 한 것이다.

만일 인촌이 학교의 명맥을 유지하기 위해 무제한 타협도 부득이하다고 생각하였다면, 총독부의 강요대로 정원을 초과한 28명의 학생을 희생시켰을 것이지만, 그러한 때의 인촌의 태도는 의연하였다.

명백한 비리의 굴복을 거부할 결심을 굳힌 인촌은 이미 입학 수속을 마친 학생들의 제명을 거부하고 말았다. —결과는 인촌의 교장직 사퇴로 끝난 것이었다.

이 사건은 그것만으로도 보전으로서는 큰 타격이요, 비분(悲憤)을 금할 수 없는 노릇이었는데, 뜻밖에도 이번에는 조선일보가 이 문제를 가지고 보전에 맹렬한 공격을 가하는 사태가 벌어졌다. 그해 6월 조선일보는 사설로써 보전 당국이 총독부의 양해도 받지 않고 입학허가자를 발표한 것은 「투기사 모양으로 요행을 바라는」 「경솔자(輕率者)의 처사」라고 비난하고 나서, 한편 입학 수속을 기일 내에 마치지 못한 학생, 즉 입학허가는 받았지만 수속을 마치지 못했기 때문에 실격으로 처리된 학생에 대한 처사는 학교 측의 「무단출교(黜敎)」라고까지 극언하였다. 바꾸어 말하면 총독부는 입학 수속을 마친 학생까지 제명하라고 야단을 치는 판인데, 조선일보는 한편으로는 보전이 총독부의 「양해」도 받지 않고 행동한다고 비난하면서, 한편으로는 총독부의 명령을 거역하고 수속을 못한 학생까지 추가등록을 시켜야 한다고 야단을 치고 나선 것이다.

사태가 이렇게 억울하게 되니까 우선 보전 교우회가 들고 일어났다. 교우회는 곧 임시총회를 열고 간사장(幹事長) 황태연(黃台淵) 씨 사회하에(회장 김용무金用茂 씨는 인촌의 뒤를 이어 보전 교장에 취임한 때였기 때문) 조선일보에 대하여 사설의 정정, 사과, 당해 사설 필자의 퇴사 등을 요구할 것을 결의하였다. 그러다가 그 요구가 거부되니까 이번에는 조선일보의 비매(非買)동맹, 관계자의 형사고발 등까지 결의함에 이르러 사태는 더욱 중대화하였다. 뿐 아니라 이러한 교우회의 동태에 관한 기사는 동아일보에 대서특필로 보도되었기 때문에, 문제는 조선일보 대(對) 동아일보의 싸움으로 발전하였다. 이 조선일보 사설 사건에 관하여는 지금 이 이상 자세한 것을 말하고 싶지 않으나, 다만 이 사건은 사실은 처음부터 조선일보와 동아일보의 대립, 경쟁으로 인해 일어났던 것만은 말해두고자 한다. 어쨌든 이 사건으로 인해 씻을 수 없는 오점이 이 나라 신문사에 남겨진 것은 유감이었다.

그 무렵에는 나도 처음 보전에 부임하던 당시의 열의를 많이 상실하고 있었다. 대우 문제, 보전논집 원고료 문제 등으로 인촌과 뜻이 잘 통하지 않아 울적한 기분인 데다가 내가 자진해 맡아보고 있던 도서실 일로 인해 이번에는 학교 경리 책임을 맡아보던 최두선(崔斗善) 이사와 하찮은 일로 언쟁을 벌이게 된 것이다.

그때 나는 학교의 사무체계를 세우기 위하여 종래 주먹구구식으로 책을 사들이던 관례를 지양하고 책 한 권에 한 장씩 발주 카드를 만들어, 교수의 구입 청구가 있으면 예산 관계와 도서의 중복 여부를 조사한 후 곧 발주하도록 하고 있었는데, 최두선 씨는 발주 전에 자기의 승인까지 받으라는 것이었다. 경리를 맡은 사람으로서는 당연한 말이었는지도 모르나 나의 젊은 기분에는 맞지 않았다.

『도서 구입 여부를 앞으로는 최 이사가 결정하겠다는 말씀이군요. 그렇다면 나는 무엇 때문에 카드에 도장을 찍는 겁니까.』 그리고서 나는 앞으로는 도서 구입에 상관하지 않겠으니 경리에서 알아서 하라 하고 자리를 떴다.

최두선 씨와의 이 조그만 충돌은 그 얼마 후에 최두선 씨가 시치미를 떼고 『왜 요샌 책을 통 안 사시오? 어서 자꾸 사들여야지』해서 그대로 끝나고 말았으나, 대체로 그 무렵 나는 학교일뿐 아니라 여러 가지 복합된 이유로 차차로 우울한 『심경』에 사로잡혀가고 있었다. 우선 내 나이 막 30을 넘어서서 청춘기의 꿈과 희망이 차가운 현실 앞에서 깨어져 가는 꼴을 매일같이 이곳저곳에서 당하고 있었을 뿐 아니라, 1934년 9월에는 아버님이 별세하셔서 나는 30명 가까운 식구를 거느린 큰 살림의 세대주가 되어 싫건 좋건 실생활의 구렁텅이에 깊숙이 빠져들어가지 않을 수 없게 된 것이었다.

나의 집은 아버님 재세(在世) 시에 연수(年收) 1만 원 정도의 유족한 생활을 하고 있었는데(그때의 곡가穀價로 치면 대략 천석꾼이의 살림) 아버님이 돌아가시고 나서 보니 유산이라고는 살고 있던 집 한 채 외에는 연수 천 이삼백 원의 농토밖에 없었다. 나머지는 전부 아버님의 근로 수입이었다.

그때 우리나라에서는 부자라면 예외 없이 토지를 의미하였고, 지주는 죽어도 그 재산이 그대로 아들에게 상속되기 때문에 나의 주위 사람들은 내가 천석 추수의 유산을 상속한 것으로 알고들 대했으나 실은 그 4, 5분의 1도 되지 않았다. 주위 사람들이 말하는 대로 살림을 해 나간다면「삼년상(三年喪)」이 끝날 무렵에는 나는 빈손을 털고 나서는 수밖에 없는 계산이 되었다.

겸두겸두하여서 나는 생활의 개혁을 단행하였다. 우선 운니 동(雲泥洞)의 큰 집을 처분하고 수송동(壽松洞) 작은 집으로 옮겨 앉으면서 수십 명에 달하는 식객들(친척, 연고자, 무료기숙 하는 일가 집 학생들, 옛날부터 내려오던 노비들)을 각각 제 갈 데로 돌려보내고, 1년에도 수십 차례씩 되는 기제(忌祭)와 세시(歲時)행사 등을 폐(廢)하였다. 아버님께서 집을 사 준 위에 일체 살림 비용까지 대어주던 가까운 친척 두 집에 대해서는 집문서를 내주면서 앞으로는 살림 비용을 대어줄 수 없으니 그것으로 어떻게든 살아가도록 해보라 하였다.

이러한 처사가 주위 사람들의 불만을 샀음을 물론이다. 면대(面對)해서 나를 비난하는 사람은 없었지만,『저의 아버지는 안 그랬는데……인정이 많고 온후했는데……』하고 쑤군거리는 소리가 내 귀에까지 들어왔고, 나를 대하면 섭섭해하는 표정이 누구의 얼굴에나 뚜렷이 나타났다. 일가, 친척, 친지들 틈에서 나는 고독하였다. 그 시기의 나의 마음의 지주가 된 것은 나의 모든 처사에 대한 어머님의 너그러운 이해뿐이었다.

시국도 그 전후해서 점점 더 심상치 않은 방향으로 움직여갔다. 「만주사변」(1931년) 이후 노골화하기 시작한 일본 군국주의는 점점 더 첨예화하여 신변(身邊)의 공기는 숨을 쉬기에도 가쁘도록 핍박해졌고, 인촌께 떼를 쓰다시피 해서 보전으로 데려온 최용달(崔容達)군은 세칭 함흥사건(공산당사건)으로 경찰에 피검되어 이미 없었으며, 나도 툭하면 종로서(署)로 경기도 경찰부로 끌려다니고 하였다. 강의를 끝마치고 나오다가 교무과에 대기하고 있던 형사에게 붙들려 그대로 연행당하기도 하였다. 나의 집 서재는 몇 번씩 수색을 당해 장서고 원고고 뒤죽박죽이 되고 닥치는 대로 압수당하고 하였다.

거기다가 그때까지 해오던 헌법강의도 그대로는 계속하지 못하게 되었다. 그때까지 교과서로 써 오던 미노베[美濃部] 박사의 「헌법촬요(撮要)」가 발매금지를 당하고, 「천황기관설(天皇機關說)」이 일본국체(國體)에 위반된다 하여 저자인 노(老)박사는 형사피고인으로서 젊은 제자한테 재판을 받는 신세가 되었기 때문이다. 하는 수 없이 나는 사토 우시지로(佐藤丑次郎)의 엉성한 책을 대신 교과서로 쓰기로 하였으나 그런 책을 교과서라 해가지고 학생들 앞에 나서서 앞뒤가 맞지 않는 소리를 하기란 참으로 부끄러웠다.

여기서 내가 그때 유일한 탈출구로 알고 시간과 정력을 바쳐오던 문학활동이 또한 말썽거리로 등장한다.

2) 법과과장(法科科長)의 의미

내가 소설, 평론 등을 신문 잡지에 발표하기 시작한 것은 22, 3세 때부터였는데 그 후 7, 8년 동안 나는 세상에서 「동반자작가」라 불리는 작품활동을 계속하였다. 동반자작가라 불린 것은 사상적으로는 진보적 좌익적인 것에 동조하나, 좌익조직에 참여하지 않고, 무엇보다도 사상성을 앞세우는 좌익작가와는 달리 문학의 예술성을 존중하는 태도를 견지하였기 때문이다. 그러나 조선프롤레타리아예술동맹이 해산되고 다수한 사람이 「전향」한 이후로는 「밀물이 빠지니까 조약돌이 드러난다」는 격으로 동반자작가도 그대로는 견디어 나가기 어렵게 되었다. 나와 비슷한 시기에 문학 활동을 시작한 이효석(李孝石) 군은 벌써 몇 해 전에 시골 고등보통학교 교유(敎諭)로 가면서부터 「순수작가」로 전향해서 좋은 작품들을 써냈는데, 그에 비하면 나는 훨씬 오래 동반자작가의 위치를 지킨 셈이지만, 이미 어떻게 더할 수 없었다.

1937년에는 소위 「노구교(蘆溝橋)사건」으로 중일전쟁이 터져서 일본군이 베이징은 물론이요, 상하이, 베이징까지 침공하는가 하면, 「일독이방공협정(日獨伊防共協定)」이 체결되었으며, 익년에는 「국가총동원법」이 제정되고, 「장고봉사건」(소련군과의 국경충돌 사건)이 터지는 등 시국이 점점 더 긴장 일로를 치달았는데, 이와 보조를 맞추어 국내에서는 1936년 미나미 지로(南次郎)가 총독으로 부임한 이래 「내외정세의 급박」을 이유로 종래의 「내선융화」에서 진일보하여 「내선일체(內鮮一體)」, 「국어(일본어) 상용」, 「지원병제도」, 「학교교육에서의 조선어 과목 폐지」 등 소위 「황민화정책」을 다음다음 강행하였다. 나는 작가적 태도의 전환을 결심하고 종래 써 오던 작품과는 다른, 말하자면 「순수소설」이라 할 수 있는 「화상보(華想譜)」를 동아일보에 연재하기 시작하였다. 태도를 바꾸고 나서 보니 「사상성」에 얽매여 있던 지금까지와는 달리 도리어 두 어깨가 홀가분한 것 같았다.

그러나 그때까지 내가 얻은 다소의 문명(文名)을 일정당국이 무관심하고 넘길 리는 없었다. 어느 날 학교에 있노라니 총독부 무슨 과장이라는 김모로부터 전화가 걸려왔다. 자하문(부암동) 의친왕義親王(이강공李堈公) 별장에서 정무총감이 조선의 유력 문인 몇 사람을 초대하기로 되었는데 나도 꼭 참석해 주어야 하겠다는 것이었다. 참석한다는 5, 6명의 문인들 이름을 들으니 모두 다 선배 대가들이었다. 선배 대가들의 틈에 끼어 정무총독의 초대연에 나간다는 것은 영광이라면 영광이겠으나, 나는『내가 무슨 문인입니까. 나는 법학 교수가 아닙니까.』해서 거절해 버렸다. 거절은 했지만 그런 때는 마음이 개운치 못한 것이 사람의 상정(常情)이다.

그 전후해서 나는 종로와 진고개의 바네 카페네 하는 술집을 자주 드나들었다. 좌절감에서 오는 울분의 발산을 술 속에서 구하였던 것이라고나 할는지.

1939년 봄 「문장(文章)」이 창간된다고 해서 단편 「이혼」을 쓰고 있을 때이었는데, 어느날 인촌이 부르기에 갔더니 다짜고짜 나더러 법과과장을 맡아 달라는 이야기였다. 옥선진(玉璿珍) 교수가 과장 사표를 냈다는 것이다. 나는 펄쩍 뛰었다. 보전논집 문제 이래 인촌께 별로 가까이 하지 않고 있던 나를 발탁해주는 인촌의 너그러운 뜻은 고마웠으나 「과장」을 맡기는 정말 싫었던 것이다. 과장이 되면 행정사무를 맡아 보아야 하고, 그렇게 되면 총독부 출입을 비롯해 그때까지 내가 「속(俗)」된 일이라 생각해서 혐오하던 일들을 해야 하는데 그것이 싫었던 것이다.

그러나 결국 나는 인촌의 강권에 졌다. 모처럼 학교다운 학교를 만들기 위해 협력을 해달라는 것인데 그럴 수가 있느냐는 말에, 「협력을 하지 않으려는 것이 아니라 나의 성격이 「과장」 같은 것에 맞지 않는 것」이라 하다가, 「1년 뒤에는 꼭 다른 사람으로 갈아 준다면 1년만 하겠다」는 선으로 물러섰더니 「좋다, 1년 뒤에는 꼭 다른 사람으로 갈아주겠다」는 바람에 나는 꼼짝 못하고 과장직을 맡은 것이었다. 그것이 내가 보전 · 고대를 통해 과장, 학장, 대학원장, 총장의 30년에 가까운 행정직의 길을 걷게 된 첫걸음이 될 줄이야.

그러나 내가 과장이 되기를 싫어하던 것이 이유 없는 일이 아니었다는 것은 의외로 단시일 내에 증명되었다. 그 해(1939년) 5월에서 8월에 이르는 동안 소만(蘇滿)국경인 「노몬한」에서 소 · 일간에 대규모의 무력충돌이 있었는데, 9월 어느 날 부민관府民館(현 시민회관 별관)에서 서울시내 대학 · 전문학교의 학생들을 상대로 장 대좌(長大佐)라는 사람이 「노몬한사건」의 보고강연회를 하게 되었으니 보성전문에서도 학생 몇 명을 참석시키라는 통달(通達)이 총독부로부터 왔다. 「과장」이 아니었으면 물론 나가지 않았을 강연회지만, 「과장」이 된 죄로 나는 강연회에 나가지 않을 수 없었다. 역시 감투 쓴 죄를 짓고 있는 교장, 이상훈(李常薰) 상과과장, 생도감(生徒監) 이병학(李丙學)

법과 과장 유진오

제씨와 함께 지정된 수만큼의 학생을 인솔하고 부민관으로 갔다.

그러나 가보니 학생을 제대로 데리고 나온 학교는, 보전 · 연희 · 세브란스의전(醫專) 등 조선인 학교뿐이고, 일본인이 교장으로 있는 관립학교에서는 지정된 수의 반이나 학생을 데리고 왔을까 좌석이 엉성하게 비어 있었다. 그런데다가 관립학교는 연단(演壇) 바로 앞쪽으로 좌석을 지정받고 있었기 때문에 장내가 뒤쪽은 꽉 차 있는데 앞쪽은 텅텅 비어 있는 우스운 꼴이 되어 있었다.

그러자 총독부 시학관(視學官) 야스오카(安岡)라는 자가 황급하게 보전쪽으로 오더니 나를 보자『기미, 후센다로?』(자네 보전이지) 하고 덮어놓고 반말지거리로 말을 물었다. 나는 물론「이 자식이?」하고 분이 치밀어 올랐으나 꾹 참고『하이.』(네)하는 수밖에 없었다.

『그러면 자네네 학생들을 이쪽 앞좌석으로 나와 앉게 해!』

『하이.』

나는 또「하이」를 되풀이하고 야스오카가 시키는 대로 학생들을 앞쪽 빈자리로 나가 앉게 하였다.

그러나 치밀어 오르는 분은 참을 길이 없었다. 장 대좌라는 자가 나와서 강연을 막 시작했을 때 나는 슬그머니 자리를 떠서 남(南)편쪽 복도로 나가, 벽에 붙어 있는 벤치에 앉아서 담배를 붙여 물고 몇

모금 길게 내뿜었다. 그러나 벌렁거리는 가슴은 좀처럼 가라앉지 않는다.

『왜 그러시오?』 어느새 인촌이 옆에 와 앉으셨다. 『얼굴이 창백해요. 무슨 일 있었소?』

『저, 이 과장 노릇 오늘로 그만둘랍니다.』

나는 분을 인촌께 대해 풀기나 하려는 듯 내뱉았다.

『그건 왜 별안간?』 인촌이 놀라신다.

『아까 그 꼴 못보셨나요. 그 「야스오카」라는 자가 글쎄 「기미」「기미」(자네, 자네)하고 마구 반말지거리를 하지 않아요? 과장이 아니었더라면 오늘 여기 오지도 않았을 게고 그런 자한테 수모도 안 당했을 것 아니에요?』

그랬더니 인촌은 약간 미소를 띠면서

『그걸 가지고 그러시오? 여보, 나보고도 그자는 「기미」「기미」 합디다.』

『네?』

이번에는 내가 놀라 물었다. 그랬더니 인촌 말씀은 지난번(하기방학 전) 학무국장 시오바라(塩原)가 학교 시찰한답시고(실은 위압차) 흰 말(백마) 등에 높이 앉아 보전에 왔을 때도 「야스오카」는 수행해 왔었는데(거기까지는 나도 아는 이야기였다), 그때 교장실에서 「시오바라」, 「야스오카」, 인촌의 셋이 앉아 이야기를 하는데, 인촌보고 자꾸 「긴꾼, 긴꾼」(김 군, 김 군)하더라는 것이다.

『보다 보다 딱한지 시오바라가 말을 잘라 일부러 「긴센세이」「긴센세이」(김 선생, 김 선생)하고 「센세이」에 액센트를 주어 발하더군요. 야스오카란 본래 그렇게 경망한 자라니까.』

그리고 나서 인촌은

『유 선생은 오늘 비로소 인생공부를 시작한 거요. 이런 꼴 저런 꼴 다 안 보려면 세상을 살지 말아야지. 세상을 살아 가려니 별별꼴 다 보는 것 아니겠소? 유 선생에게 과장하라길 잘 했지. 안 그랬더라면 지금까지도 책상물림을 면하지 못했을 것을……』

하고 허허 웃었다. 맞붙들고 통곡이라도 하고 싶은 심정이었다.

그런 판국인데 한 가지 난센스라면 난센스요, 비극이라면 비극이라고도 할 수 있는 딱한 일이 한 가지 벌어졌다. 법과에 김경호(金京瑚)라는 학생이 있었는데 정신 상태가 좋지 않아 경성(鏡城)인가 함흥(咸興)인가에서 의사를 하고 있는 아버지 밑으로 가서 요양 생활을 하고 있었다. 이 학생이 일주일에 한 번 정도 부지런히 나에게 편지를 보내오는데 그 편지 속에서 으레「유 선생님이 가르쳐주신 천황기관설이 생생하게 기억납니다.」하고서는 천황기관설의 내용을 석 장이고 넉 장이고 늘어놓는 것이다. 편지만으로는 서두에 쓴 인사라든가 천황기관설을 설명한 문장이라든가 그 학생이 정신병 환자인지 아닌지 모를 정도였다.

내가 교실에서 헌법 강의를 할 때면 매년 천황기관설의 내용을 소개한 것은 사실이다. 그러나 천황기관설을 정면으로 가르치면 잡아가는 판이기 때문에「지금 일본에서는 주권이 천황에게 있다는 천황주권설이 정설이 되어 있지만, 이 설이 나오기 전의 일본의 통설은 이러이러한 내용을 가진 천황기관설로서, 그것은 이러이러한 이유로 지금은 금지되어 있다」는 식으로 설명해 왔던 것이다.

결국 다른 학생들은 내가 무엇을 가르쳐 주려는 것인지 다 알아들으면서도 입을 봉하고 있는 판이었는데 이 학생만은 병으로 그러한 이중인격을 탈피하였기 때문에 정직하게 내가「가르쳐준」천황기관설 이야기를 하는 것이었다. 병든 머리 속에서 다른 기억은 다 흐려져버리고 천황기관설 이야기만이 선명하게 떠오르는 모양이었다.

그러던 그 김 군이 어느 날 뜻밖에도 돌연 학교에 나타났다. 옷도 단정하고 언동에도 별 이상이 없는 것 같아 병이 완쾌된 것인가 반갑기는 하였지만 아무래도 좀 이상해서『왜 천황기관설 이야기는 편지할 때마다 자꾸 쓰느냐.』는 등의 이야기는 꺼내지 않았는데, 그 후 며칠에 한 번씩 학교에 나타날 때마다 김 군의 행색은 점점 초라해지고 언동도 점점 이상해지더니 얼마 뒤에는 맨발로 학교에 와서는 횡설수설하면서 보는 사람마다 땅바닥에 엎드려 큰절을 하는가 하면 주머니에 백묵 토막을 잔뜩 넣고 다니면서 아무 데나 마구 낙서를 하였다. 한 달 가까이 서울 있는 동안에 병이 급격히 악화된 것에 틀림없었다. 나는 급히 그의 아버지에게 연락을 하였다. 그러나 자기 부친이 미처 상경하기 전에 김 군은 용두동(龍頭洞) 여자사범학교(그 후 사범대학이 되었던 자리) 판장에 백묵으로「대한독립만세」를 커다랗게 써놓는 일을 저지르고 말았다. 경찰은 물론 즉각 그를 체포하였고, 나도 몇 번인가 동대문서에 불려 다니면서 김 군이 정신병자임을 설명했으나 그들은 좀처럼 내 말을 믿지 않았다. 김 군의 부친도 곧 상경하여 나와 함께 경찰을 드나들었으나 경찰은 역시 곧이듣지 않고 거의 한 달이나 김 군을 계속 유치시켜 놓은 채 이것저것을 조사하였다.

법과과장이 된 지 1년이 지나니(1940년) 시국은 더 한층 긴박해 갔다. 일본군은 드디어 불인佛印(월남越南)에까지 진주하고 일·독·이 방공협정은 일·독·이 삼국동맹으로 강화되었으며 일본 국내에서는 의회제도를 무력화하기 위하여 「대정익찬회(大政翼贊會)」가 성립되었다. 이에 발을 맞추어 조선에서는 저 악명 높은 창씨(創氏)제도가 실시되고(2월), 8월에는 동아, 조선 양 지(紙)가 폐간되었으며, 10월에는 「국민총력연맹」이란 것이 탄생하였다. 민간에서는 수많은 농촌청년이 「징용」으로 일본의 광산과 농촌으로 끌려가기 시작하였다.

이렇게 어수선한 가운데 인촌은 7월 어느 날 나에게 보전을 대학으로 승격시켜야 하겠으니 계획서를 만들어 보라 하였다. 조선사람은 농업이 발전되어야 살 수 있다 하여 법학부, 상학부 및 농학부로 구성되는 종합대학 설립계획서를 만들라는 것이었다. 나는 인촌의 의도를 알 수 없었다. 대학이라는 것이 학생, 학부모의 주머니를 털어 영리사업의 일종으로 자라날 수 있는 것이라는 것을 몽상도 못 하던 나는 우선 그 방대한 소요재원을 어떻게 할 것인가를 인촌에게 물었다. 인촌은 확실한 것은 말하지 않았으나 그것은 걱정 말라 하였다. 구체적인 계획은 자신도 가지고 있지 않으나 총독부의 인가만 얻는다면 어떻게 또 애써 볼 생각인 것으로 나는 보았다.

문제는 조선 총독의 인가였다. 지원병제도니 창씨니 하고 서둘러대는 남(南)총독이 인촌의 종합대학 설립을 인가할 리가 만무한 것으로 나는 보았기 때문이다. 그래서 재삼 이 문제를 인촌께 물었더니 인촌은『미나미 지로가 하는 짓이 하도 그러니까 한번 안을 내보자는 것이지. 민심을 하도 요동시켜 놓았으니 저희도 생각이 있을 것 아니오?』 하셨다. 나는 그 말의 진의를 포착할 수 없었으나, 생각건대 3·1 운동 후에 동아일보를 창립하듯, 민심이 술렁대는 차제에 일정의 정치적 양보를 얻어보려 했던 것이 아니었는지? 그러나 이것은 나의 억측일 뿐이다.

그러나저러나 나는 상과과장 이상훈(李常薰) 씨와 함께 종합대학 설립계획서를 만드느라고 그해 여름방학 동안 꼬박 매일 학교에 나갔다. 인촌도 대개는 학교에 나와 우리와 함께 계획을 다듬었다. 우리는 일본을 비롯해 세계주요국가의 대학의 학칙을 수집하고 교과과정을 조사하면서 최소한도의 경비로 경영할 수 있는 종합대학설립계획서를 작성하였다. 수백 면에 달하는 방대한 것이었다. 학칙은 물론이요, 수지(收支)예산서 그리고 창립으로부터 완성에 이르는 동안의 연도별 계획서와 설립취지서까지 첨부된 것이었다.

그 계획서를 가지고 인촌이 어떠한 활동을 했는지, 또는 못하고 말았는지는 나는 모른다. 그 후의 정세발전이 하도 다급해서 대학승격은커녕 보전 운영도 어렵게 되었을 뿐 아니라, 몇 해 뒤에는 보전의 간판마저 내리는 불행이 급속도로 닥쳐오고 있었기 때문이다.

그러나 그때의 그 경험은 해방 후 우리나라 현 대학제도의 근간을 논의하던 때에 크게 활용되었으니, 애쓴 보람이란 역시 있는 것이 원칙인 것 같다.

9. 흙탕물 속에서

1) 시련

이야기가 약간 선후가 바뀌고 또 중복도 되는 것 같으나 일정말기에 보전 관계자들이 겪은 고난을 이해하기 위하여는 미나미 지로가 총독으로 부임한 이후의 일 — 그 중에도 특히 창씨개명제도에 관하여 좀 더 부연을 하여야 하겠다.

원래 미나미 지로란 인물은 자기 본국에서도「관동군」소장파의 무모한 대륙침략책에 편승하여 1931년 만주 강점이 성공하자「관동군사령관 겸 만주국주차특명(駐劄特命)전권대사」로서 사실상 만주총독 노릇을 해 온 자인데, 8, 9명에 이르는 역대 조선총독 중에서도 가장 미련하고 저돌적인 인물이었다.

그는 만주 재임 중에 조선을 완전히 일본의 일부로 소화하여야 그들의 대륙침략 내지 세계정책에 후환이 없을 것으로 내다본 모양이므로, 조선총독으로 부임해 오자마자 종전의「내선융화」의 간판을「내선일체」로 바꾸고 조선인의「황민화」(일본인화) 정책을 강력히 추진하였다. 이미 언급한 지원병제도, 일본어 상용, 우리말 신문의 폐간 등 일련의 정책은 모두 그러한 기본방략(方略)의 현현(顯現)이었거니와, 그는 조선인의 정신생활까지 일본화할 목적으로 모든 조선인에게 신사(神社)참배를 강요하고, 집집마다「가미다나」(神棚)를 모시도록 권장하며, 드디어는 성명까지 일본식으로 바꾸도록 소위 창씨개명제도를 강행함에 이른 것이었다.

창씨개명에 대한 우리민족의 저항은 심각한 바 있어서 호남에서는「성을 갈고 이름을 갈다니 차라리 죽음만 같지 못하다」고 자살한 사람까지 있었으며, 그 밖에도 각지에서 일어난 여러 가지 에피소드를 수집한다면 한 권의 책이라도 됨직하지만, 내가 지금 말하려는 것은 창씨개명으로 정말 그들은 조선사람을 일본화하려 하였느냐 하는 문제다.

실은 창씨개명보다 더 위험한 의견이 1910년 한국을「병합」하던 당시에 일본의 지배층 사이에는 있었다. 일본의 원로 중신들 중에는 조선인이란 오랜 문화전통을 가진 민족이어서 장래 일본의 골칫거리가 될 위험이 있으니 차제에 한국인을 일본인과 강제 교혼(交婚)시켜서 양(兩) 민족을 일본민족으로 단일화해버리는 것이 좋겠다고 주장하는 사람이 있었던 것이다. 한일 양국의 지나간 역사를 누구보다 잘 아는 그들이니, 나옴직도 한 의견이었다. 그러나 다행히도(?) 그러한 의견은 당시의 내각총리대신 육군대장 가쓰라 다로[桂太郎]에 의하여 강력하게 배척되었다. 그는 조선인은 열등 민족이므로 이와 혼혈하면 일본민족 자체가 저질화된다 하여 이에 반대하고, 조선민족은 어디까지나 그대로 놓아두고 힘으로 다스려야 한다고 주장하였던 것이다.

미나미 지로의「황민화」정책은 언뜻 보기에는 합방 당시의 일본의 일부 원로 중신의 의견으로 되돌아간 정책 같으나, 실은 가쓰라타로 이래의 일본의 전통적은 대(對)조선인 정책을 뒤바꾸려는 것은 아니었다. 미나미 지로의 진정한 목적은 중국전쟁이 장기전화하고 대미(對美)·대소(對蘇) 관계도 자꾸 더 악화되어 감을 따라 조선의 인적·물적 자원을 응급적으로 그들의 전쟁목적에 동원하려는 데 있었음에 불과한 것이었다.

창씨문제가 한창 시끄럽던 어느 날 문인관계의 한 회합이 끝난 후, 그때 이미 창씨개명을 마치고 있던 춘원 이광수 씨는「차나 마시자」고 나를 하세가와초長谷川町(소공동) 어느 다방으로 끌어들였다. 그리고는 심각한 표정으로 창씨개명 문제를 꺼냈다. 조선사람이 민족 단위로 살아남을 길은 이미 없어졌으니 우리가 살아가려면 빨리 일본인화하는 수밖에 도리가 없지 않느냐고 역설하고, 나도 빨리 창씨를 하고, 인촌에게도 그 뜻을 권해 달라는 것이었다. 문단의 대선배일 뿐 아니라 어느 모로 보든지 그의 말을 무시해 버릴 수 없는 분이 정색을 하고 하는 말이니 나도 속에 있는 말을 털어놓지 않을 수 없었다.

『나도「민족」이라는 것에 무조건 집착할 생각은 없습니다. 베이컨(Bacon)적 의미에서 민족도 언젠가는 한 *idola*(우상偶像)로 떨어질 날이 있겠지요. 그러나 현실 문제로 조선인에 대한 차별대우가 모두 그대로 있는데, 창씨개명 한다고 해서 어떻게 우리가 일본인이 될 수 있읍니까?』

『차별대우 문제는 우리가 아직 황민화가 덜 되었기 때문입니다.

황민화가 완전히 된다면 차별은 자연 없어질 것으로 나는 봅니다.』

『그렇다면 일본인과 동등대우를 받으려면 앞으로 몇백 년 걸리겠군요.』

『몇백 년 걸리더라도 할 일은 해야지요. 무슨 일이든 선구자라는 것은 희생되게 마련 아닙니까.』

춘원의 태도는 진지하였다. 그의 황민화론은 돈이나 이권을 받고 장사속으로 부르짖는 그런 것이 아니라 일종의 종교적 · 이상주의적 신념에서 오는 것 같았다. 그러면 그것이 가능한 일일까. 일본인 중에도 조선인의 일본식 창씨개명을 달갑게 생각하지 않는 사람이 많이 있는 것이었다. 대부분은 가쓰라 다로적(的) 우월감에서 조선인이 자기들과 같은 이름을 갖는 것을 환영하지 않는 것이었지만, 개중에는 그 정책의 기만성을 진심으로 싫어하는 사람도 있었다. 후나다 교지船田享二(경성제대 교수. 패전 후 아시다蘆田내각의 국무대신) · 다나카 히데미쓰田中英光(그때 서울에 있던 일본의 예술파 작가) 같은 사람들이 그것이다.

그러나 창씨개명에 대한 저항은 일정 당국의 음흉하고 교활한 강행책 앞에는 결국 무력하였다. 창씨를 하지 않는다 해서 곧 잡아가는 것은 아니었지만, 잡아가는 것보다 더 무서운 압력을 직접 간접으로 가했기 때문이다. 하루는 소학교 2학년에 다니는 나의 어린 아들이 책가방을 메고 학교로 간 지 얼마 안되어 울상을 하고 집으로 쫓겨 돌아왔다. 이마에 먹으로 커다란 X자가 시꺼멓게 그려져 있었다. 「야쓰나미」(八波)라는 일인(日人) 교사가 잡담 제하고 「나쁜 놈」이라면서 쭉쭉 그어 놓았다는 것이다.

명색이 전문학교 교수요, 자기들 눈에도 조선인 사회의 유지(有志)의 한 사람으로 보는 사람의 어린 아들에 대해 이런 만행을 감행하는 판이었으니, 도시나 농촌의 이름 없는 대중이 당한 꼴이야 짐작하고도 남음이 있을 것이다.

대세가 돌기 시작하자 저항은 싱겁게 무너져서, 보전학생의 출석부도 거의 일본식 이름 일색이 되고(그 때문에 그 시대에 다니던 학생들의 이름은 대부분 지금도 모른다), 교직원 중에도 창씨개명한 사람이 상당수 생겼다. 그러나 보전은 역시 보전이었다. 교장을 비롯해 장덕수(張德秀), 안호상(安浩相) 기타 창씨하지 않은 사람이 다른 어떤 학교나 기관보다도 많이 집결되어 있는 곳이 보전이었다.

그러한 어수선한 때이었는데 1940년 늦은 봄 어느 날, 대학 동창 P군이 학교로 전화를 걸고 잠깐 좀 만날 수 없느냐 하여, 나는 곧 그가 지정한 종로「모리나가」(森永) 다과점으로 갔다. 여러 해 만에 만난 P는 그동안「착암기(鑿巖機)」만드는 일을 하고 있었다는 둥 횡설수설하더니 느닷없이 시국 이야기를 꺼내가지고 신사참배가 어떠니 하고 커다란 목소리로 총독부의 정책을 비방하기 시작하였다.

대낮 여러 사람이 모여 있는 총중에서 거리낌 없이 떠드는 P 군을 수상하게 여긴 나는 적당히 몇 마디 응수하고 자리를 떴는데, 이튿날 아침 학교로 교우 한 사람이 헐레벌떡 나를 찾아왔다. 홍성하(洪性夏) 씨가 보냈다는 것이다. 홍성하 씨는 그 전해에 보전을 그만두고 그때 남대문통(通) 어떤 좁은 2층 방을 얻어 프린트업을 하고 있었다.

『큰일 났습니다. 도저히 상상도 할 수 없는 의외의 인물이 지금 선생님 뒤를 캐고 있답니다. 말조심 하시라는 홍 선생님의 전언이십니다.』

알려주어 고맙다는 대답으로 그를 돌려 보내기는 했으나 역시 불안해서 나는 강의를 끝마치는 즉시로 홍성하 씨를 찾아갔다. 홍성하 씨의 말은 아침에 교우가 전하던 그대로였으나 그 인물이 구체적으로 누구인가는 굳게 입을 다물고 말하지 않았다.

『P 군이죠?』

다짜고짜로 나는 그의 이름을 말하고서 놀라는 홍 교수에게

『그 사람 벌써 만났습니다.』

어저께 이미 P를 만난 경과를 이야기하였다. 홍성하 씨 말에 의하면 P는 그 전전날 프린트사를 찾아와서 양복바지 포켓에서 10원짜리 지폐뭉치를 꺼내 보이며 한잔하러 가자고 유인하면서 보전의 내막, 특히 내 이야기를 자꾸 캐묻더라는 것이다.

『학교를 그만두었으니까 아마 내가 학교에 대해 무슨 불평이라도 품고 있는 것으로 알았던 모양이죠.』

홍 교수는 씁쓸하게 입맛을 다시었다.

P에 관해서는 한 가지 더 해둘 이야기가 있다.

그 며칠 후 새벽에 평양에 있는 이효석(李孝石) 군이 별안간 내 집을 찾아왔다. 눈이 시뻘겋게 충혈되어 있는 것이 밤차를 타고 오느라고 잠을 못 잔 모양이었다.

P 군이 평양을 와서 「경무국촉탁」의 명함까지 내보이면서 이 이야기 저 이야기 묻는 바람에 놀라 서울로 올라온 것이었다.

그 얼마 후 신사참배거부문제로 평양에서 기독교계 인사의 대량 검거가 있었는데 그 사건과 P 군과 무슨 관계가 있었는지 없었는지는 나는 모른다.

소위「국어 상용」강행이 보전에 갖다 준 희비극(喜悲劇)도 한두 가지가 아니었다.

한번은 장(張)모라는 총독부 시학관이 그 문제로 강연차 보전으로 파견되어 왔는데, 이 양반은 옛날에 도쿄고등사범학교[東京高師]를 나왔다면서 일본말은 보전학생들보다도 더 서툴렀다. 일본말 잘 못하는 사람이 자기보다 잘 하는 학생들에게 일본어 상용을 권하는 연설을 해야 하는 판이니, 그 광경은 희극인 동시에 비극이었다. 그런데다가 이 분은 원래 말주변이 없어서 전교직원과 전학교생이 긴장돼 모여 있는 자리에서 등단하자마자

『국어를 상용하지 않는 자는 시케이니 소오스』

하고 부르짖었다.「시케이니 소오스」란「시케이니 쇼스」(사형에 처한다)를 잘못 발음한 것이다. 폭소가 터졌다. 일본말을 상용하지 않는 자는 사형에 처한다 하니 폭언이요, 망발이지만, 폭언이건 망발이건 말의 내용은 문제가 될 여지도 없었다. 강연회장은 만담자리로 변하였을 뿐 아니라 그 후 한동안「시케이니 소오스」는 보전 식구들의 해학 재료가 되었다.

강연을 일본어로 해야 하는 것은 훨씬 전부터 정해진 규칙이었지만, 강의는커녕 보통대화도 일본어로 하라는 세상이 되고 보니 일본어를 잘 모르는 백상규(白象圭), 안호상(安浩相) 같은 분들은 몹시 난처하였다.

보통 때에는 총독부가 뭐라 하든 이분들은 우리말로 강의를 했지만 시학관이 와서 수업을 참관하든지 하는 때면 그렇게는 할 수 없으니 말이다. 안호상 씨는 그럴 때면 강의안에 일본말로 토를 달아 가

지고 미리 그것을 외느라 진땀을 뺐다.

『그런데 한번은 말이오—』

안호상 씨는 한번 잡담 중에 실패담을 이야기하였다.

『—애써 연습한 강의 노트를 가지고 강의를 하면서 시학관이 들어오기를 기다렸는데 글쎄 그자가 준비한 강의안이 다 끝나도록 안 들어오니 어떻게 하오. 아직 시간은 남았겠다, 그래 하는 수 없이「오와리, 모도에」(「끝, 다시 되풀이」라는 뜻—교련 같은 때에 쓰는 구령) 하고서 처음부터 그 강의안을 되풀이했지.』

일본말을 한마디도 모르는 백상규 씨가 시학관을 퇴치하는 방법은 또 독특한 것이었다. 우리나라에서 영어를 제일 잘한다는 분이었으므로 시학관이 온다는 날에는 독본 시간이고 작문 시간이고 불계하고 영어회화 시간이라 해가지고 처음부터 끝까지 영어로만 떠드는 것이었다. 무슨 소리를 하는 것인지 학생들이 알아듣지 못하는 것은 물론이지만, 그것은 어쨌든 간에 영어회화 시간에 영어를 한다는 데는 시학관도 할 말이 없는 것이다. 보전학생은 영어를 잘한다고 탄복하였을지도 모르는 일이다.

이러구러 하는 동안에 학교에 대한 총독부의 간섭은 점점 더 세부로 파고들어, 교련을 강화하라, 근로 작업을 시켜라, 머리를 깎으라, 각반을 치라, 방공훈련을 하라는 등 교직원, 학생들을 들들 볶는 명령이 연일 빗발치듯 내려왔다. 그때의 보전으로서 그러한 명령에 거역할 수는 없는 일이어서, 하라면 하라는 대로 따르기는 했지만, 그러한 경우에 대처하는 인촌의 처사는 참으로 현명하였다. 총독부로서 보면 밉기는 하지만 그렇다고 탈도 잡을 수 없는 그러한 것이었다.

우선 초대 교련교사로 초빙한 것이 조철호(趙喆鎬) 씨였다. 조철호 씨는 일본군 퇴역 중위의 직함을 가지고 있어서 일정이 요구하는 자격은 가지고 있었지만, 사실은 구(舊)한국군인으로서 한국합방 후 군을 물러나 중앙고보의 체조 교사로 있으면서 조선 보이스카우트을 창설하고 지도해 온 유명한 골수 민족주의자였다. 그분이 작고한 후에는 누가 소개하였는지 「가바무네」(樺宗—창씨명)라는 역시 연로한 퇴역 중위를 갖다 앉혔는데, 이분은 끝없는 호인이어서 이분이 가르치는 도수(徒手)의 교련은(그때까지도 조선인 학생에게는 총기를 만지지 못하게 하였었다) 내가 보기에도 체조 시간에 보통 하는 것과 다름없어서 그것으로는 교련의 목적이 달성될 성싶지 않았다. 「가바무네」씨는 방공훈련도 지도하였는데 역시 형식적인 맥빠진 것이었다.

노동작업에 대한 인촌의 대책은 더한층 현명하였다. 수년 후 정식으로 학도동원령이 내린 후에는 작업의 종류나 장소를 일일이 총독부에서 지정해 왔지만, 초기에는 그저 학생들에게 근로 작업을 시키라는 것뿐이었는데, 그래도 각 학교는 경쟁이나 하다시피 학생들을 으레 신사나 비행장 공사에 동원하는 것이 상례였다. 그러나 인촌은 시치미를 딱 떼고 보전 학생들에게 본관 서쪽 언덕(지금 서관이 서 있는 곳)을 깎아내리는 공사를 명하였다. 일정 눈에는 얄미웠겠지만 보전의 교직원이나 학생들에게는 지극히 만족스러운 처사였다. 작업이 총독부의 명령에 의한 강제노동이라는 것만 빼놓고는 학생들은 모교 건설에 참여한다는 자위를 느꼈을 것이고, 작업은 감독하는 교원들도 양심에 떳떳할 수 있었던 것이다.

2) 도탄(塗炭)

인촌을 정점으로 하는 보성전문 그룹은 일전의 물 샐 틈 없는 그물을 용하게 이리저리 피해 가면서 가능한 최대한도로 민족적 양심을 살리노라 고심했지만, 말하자면 면종복배식인 이런 식 저항에는 한도가 있는 법이다. 1940년 8월 동아 · 조선 양지(兩紙)가 폐간된 두 달 후인 10월에는「국민총력조선연맹」이라는 것이 총독부의 손으로 날조되고, 그 간부 명단에는 모모하는 조선인 사회의 유력자의 이름이 빠짐없이 나열되어 있었는 데도 누구 하나 성명서도 못 내고 속절없이 당하는 수밖에 없었다. 본인의 승낙 같은 것은 물론 문제로 되지 않았다.

나는 아직 관록이 부족했던지 다행히 총력연맹간부 명단에는 들지 않았으나 그 대신 조금 뒤에 역시 일방적으로 조직된「조선문인보국회(朝鮮文人報國會)」에는 당당한(?) 간부의 한 사람으로 끼이게 되었다(그 전해 정무총감이 중진 문인들을 불러「조선문예회」를 조직하였을 때와는 사정이 달랐다).

이름이 이런 식으로 이용되는 것을 피하는 길은 인제는 어디로든 숨어버리는 수밖에 남지 않았다. 사실 변호사인 가인街人(김병로金炳魯) 같은 분은 그 무렵 창동에 집을 짓고 은둔생활로 들어가 있었지만, 어떤 한 기관을 맡아 가지고 있는 사람들은 간단하게 어디로 숨어버릴 수도 없고, 오직 답답할 뿐이었다.

학생들과 마음이 통하는 것만이 그 시대의 나나 다른 동료들의 유일한 위안이었다.「황국신민서사」를 선창하고 총독부의 지령을 학생들에게 전달하는 스승이었고, 창씨개명을 한 이름을 가지고 스승의 선창을 따라 황국신민 서사를 제창하는 학생들이었지만, 한 꺼풀 벗기면 모두 다 마음이 서로 통하고 핏줄이 한데 얽힌 같은 겨레이었다. 좌익도 우익도 없었다. 보전의 전통은 제자 간의 정의(情誼)가 두터운 점이라고 말들을 하지만 그 무렵처럼 제자 간의 정의가 두터웠던 때는 보전 · 고대의 긴 역사를 통해 다시는 없었던 것으로 나는 생각한다.

몇 해 뒤의 일이지만 1945년 봄 내가 견디다 못해 보전 교수를 그만두었을 때에 학생들이 보여준 따뜻한 석별의 정은 나는 지금도 감격 없이는 회상할 수가 없다. 이별을 아까워하는 30명가량의 학생들이 누가 부탁한 것도 아닌데 연구실에 갖다두었던 수천 권 되는 나의 책을 자진해 들고 메고 청량리 나의 집까지 가지고 와서 마루바닥에 내려놓은 후, 차마 발길을 돌리기가 어렵다는 듯이 둘러앉아서 나더러 무슨 이야기든 한마디 해달라는 것이었다. 금방 통곡이라도 터질 것 같은 침통한 분위기였다.

그때 나는 기억에 남을 만한 어떤 뜻깊은 말을 못 하고 학생들을 돌려보낸 것으로 기억하지만, 말이 무슨 소용 있으랴. 말 없는 가운데도 저절로 통하는 사제간의 이해—외부의 탄압이 심하면 심할수록 도리어 굳어지는 선후배 간의 애정—그것이 그 당시의 보전을 지탱하는 정신적 지주였다.

그러나 그렇게 우울한 가운데에도 그 나름대로의 즐거움도 또한 있었다. 그 해(1940년) 9월 말경 하루는 무슨 까닭이었던가 인촌과 함께 종로 거리를 걷다가 우연히 정인보(鄭寅普) 씨를 만났는데, 그때 역시 창동엔가에서 은둔생활을 하고 있던 위당(爲堂)은 병객(病客) 같이 야윈 데다가 입고 있는 옥색 모시 두루마기 자락이 무릎 위까지 말려 올라가서 초라해 보이기가 짝이 없었다. 그러자 인촌은 무슨 생각을 하였는지 갑자기 밝은 목소리로,『우리 어디 가 술이나 먹을까』 하더니『금천대회관(金千代會舘)을 가면 지금도 술을 실컷 먹을 수 있단 말이야.』하였다.

그때는 벌써 돈을 가지고도 술을 사먹기 힘드는 때이었다. 당당한 요리집을 가도 청주는 한 사람 앞에 반합(半合) 조금 더 드는 소위「도쿠리」한 병밖에 주지 않는 때이었는데, 인촌 말씀은 금천대회관(지금 서울시 경찰국)은 조선에서 제일 큰 양조장을 가진 사이토(齊藤)라는 일인이 직영하는 곳이라서 말만 잘하면 지금도 술은 얼마든지 얻어먹을 수 있다는 것이었다.

아직 술 먹을 시간은 아니었지만 위당도 나도 당장에 인촌을 따라 나섰음은 말할 것도 없다.

금천대회관에 이르러, 조그만 방에 자리를 잡자 인촌은『고하(古下)도 부르지. 고하도 요새 꽤 울적할 텐데.』(동아일보 폐간 후 고하는 주욱 집에 칩거 중이라는 것이었다) 하더니, 일어서 나가 손수 전화를 걸었다. 물론 고하는 곧 달려왔다.

나는 그날 그 술좌석처럼 마음이 푸근했던 자리를 아직 알지 못한다. 이백(李白)의「장진주(將進酒)」말미에 있는「오화마(五花馬)와 천금구(千金裘)를, 아이 시켜서 꺼내다가 술로 바꾸어, 그대와 함께 만고의 시름을 끄리라」라는 표현 그대로의 술자리였다.

그러나 술로 울분을 달래는 것은 잠깐 동안의 일이요, 현실은 날로 각박을 더해갈 뿐이었다. 해가 바뀌어 1941년이 되자 인촌은 보전의 체제를 정비하여 신설된 부교장과 생도감(生徒監)에 김영주(金泳柱) 씨와 장덕수(張德秀) 씨를 각각 임명하였다. 인촌으로서의 전시 체제를 갖춘 셈이다. 그때까지는 인촌이 몸소 제1선에서 모진 비바람을 겪어 왔지마는, 이제 인촌으로서는 한계점에 온 것을 느꼈기 때문이었을 것이다. 부교장은, 창피하고 난처한 대(對)총독부 관계에서 교장을 대신할 것이요, 생도감은 근로 동원이네, 학생지도네 하는 궂은일, 뼈 빠지는 일에 교장을 도와 나설 것이다.

사실 설산(雪山)은 관록으로 보나, 현하(懸河)의 웅변으로 보나, 노고를 사양치 않는 성실한 성격으로 보나 비상시국 하의 학생지도를 맡기에 적합한 인물이었다.

그해 6월, 나는 퇴계원에 조그만 초가집을 지었다. 명목은 소개(疏開) 터를 마련한다는 것이었지만 내심은 장차 필요한 은둔처를 장만하는 것이었다.

집 지을 못을 입수할 길이 없어 그때 평양에서 조그만 제정(製釘)회사에 관계하고 있던 김광진(金洸鎭) 군을 찾아가(김 군은 벌써 1939년 봄에 보전을 그만두고 있었다) 못 네 관(貫)을 얻어 가지고, 못도 총제(銃制) 물자라 남의 눈에 띄지 않도록 서울까지 들고 오던 것도 나로서는 잊혀지지 않는 일이다. 못 네 관이 그렇게 많고 무거운 줄 처음으로 알았다.

내가 집을 짓자 안호상 씨도 내 집 옆에 내 집보다 조그만 초가집을 지었다.

그해 여름에는 나는 박극채(朴克采) 교수와 함께 반계(磻溪) 유형원(柳馨遠) 연구에 시간을 보냈다.「조선학」을 연구하겠다는 자각에서보다도 법학도 경제학도 이론을 만지작거릴 수 없는 세상이 되었기 때문이었다. 나는 반계의 근본 사상과 국가 제도 개혁론을 맡고 박 군은 반계의 경제사상을 맡아 한여름을 보냈다.

그러나 9월이 되어 제2학기가 열라자, 나에게는 뜻하지 않았던 벼락이 떨어졌다. 그해 봄에 법과 졸업생 한 명이「화북철도」에 취직이 되어 텐진[天津]역에 배치되었었는데, 그 사람이 직장을 무단이탈하였다 하여 누군가 한 사람 보전을 대표하여 베이징에 있는 화북일본주둔군사령관을 찾아가 사죄를 하고 오라는 총독부의 추상같은 명령이 내렸는데, 그 명령을 수행하는 임무를 내가 맡게 된 것이었다.

보통 같으면 졸업생이 직장을 이탈하였다 하여 그렇게 큰 문제될 것 없지만 이 학생의 경우는 조금 특별한 것이 있었다.

총독부의 말에 의하면 그 지난겨울에 남(南)총독이「내선일체」를 구현화할 목적으로 일부러 베이징까지 가서 그때까지 조선 출신(조선 내 학교 출신 일본인 포함)을 쓰지 않던 화북군(華北軍) 당국을 설득하여 겨우 조선 출신 6명을 화북 각 기관에서 채용키로 하고, 그 6명이 서울을 떠날 때에는 총독이 일부러 직접 훈시까지 해서 보낸 것인데, 그중의 한 사람인 보전 졸업생이 텐진 역에서 근무하다 말고 온다 간다 말 없이 행방을 감추어 버렸으니 총독의 면목은 무엇이냐, 출신 학교의 대표자가 베이징으로 가서 화북주둔군사령관에게 사죄라도 하여야 총독의 명목이 그나마 설 것이라는 것이었다.

조선 출신을 취직시킨다면서 6명 중 5명까지 일본인이었던 것도 우스운 일이거니와, 6명 중 단 한 명 끼인 진짜「조선 출신」이 보전졸업생이었던 것도 공교로운 일이었다.

그러나 어쨌든 누군가 한 사람 베이징으로 가기는 가야 할 판이었는데 인촌은 문제의 졸업생이 법과 출신이니 법과과장이 가는 것이 옳겠다 하였다. 일의 성질로는 생도감이 가는 것이 마땅하다 하겠으나, 그때까지 설산은 근로동원이네 무엇이네 쫓아다니느라고 너무나 많은 수고와 수모를 당하였기 때문에 그 일마저 설산에게 떠맡기기는 미안하다는 것이 인촌의 계산이었을 것이다. 나도 마음속에 그러한 생각이 있었으므로 두말없이 그 임무를 맡았다.

그러자 마침 총독부의 학사시찰이 있어서 학무과장「구라시마」(倉島) 등 일행이 학교를 왔다. 일행은 각 교실을 돌면서 수업 상황을 참관한 후에 교수 전원을 교장실에 모아놓고 강평을 하였는데, 강평을 하면서「구라시마」는 내 얼굴을 자꾸 흘끔흘끔 보더니 별안간

『유상은 머리 언제 깎나요. 국민복도 아직 안 입었군요.』

하였다. 그때 삭발과 국민복 착용은 차차 교원들에게까지 강요되어 국민복을 아직 안 입은 사람은 나 외에도 몇 사람 있었지만, 그때까지 머리를 박박 깎지 않은 사람은 나 한 사람밖에 없었으니 나의 꼴이「구라시마」의 눈에 거슬렸을 것도 무리는 아니다.

그러나저러나 전시점령하에 있는 베이징을 가려면 국민복을 착용하고 머리를 깎지 않을 수 없는 판이다. 나는 머리를 깎고 국민복을 지어 입었다. 남보다 한 발짝 뒤늦은 까닭에 흐느적거리는 얇은 인조견 같은 천밖에 구할 수 없었으나 도리 없었다. 그런 천으로 지은 옷을 입고 신분 증명서용 사진을 찍어보았더니 꼭 영양실조에 걸린 전쟁포로 같았다.

그 꼴에다가 전투모를 쓰고 각반을 치고 나는 베이징행 길을 떠났다.

"꼭 영양실조에 걸린 전쟁포로 같았다."

도중에 평양을 들렀더니 김광진(金洸鎭), 이효석(李孝石) 등 친구들이 내 꼴을 보고 놀라 눈이 둥그래졌다.「시국이 거기까지 왔느냐」고 입을 모아 물었다.

평양을 떠난 지 이틀째 되는 날 밤에 베이징역에 닿았는데 역에는 조선총독부 출장소 일본인 관리 한 명 외에 경성제대 후배인 현(玄)모 군과 뜻밖에 보전 출신 박용찬(朴容瓚) 군이 마중 나와 있었다.

현모 군은 경성제대(영문과)를 졸업할 때「윌리엄 모리스」에 관한 논문을 써서 영국인 교수로부터「천재」의 칭찬을 듣던 사람인데, 그 후 어떻게 되어「아마노」(天野)라고 창씨하더니 그 후로는 초강경파 황국신민주의자가 되어, 내가 강요에 못 이겨 쓴 글(조선인은 일본인과는 다른 조선적 특색을 가진 일본인이 되어야지, 그렇지 않고 일본인이 되기 위해 조선색을 버린다면 그것은 무의미한 일이라는 내용의 글—「새로운 창조에로」등)을 가지고「유모 군은 아직도 민족주의를 버리지 못했다」는 등의 고발문을 쓰고 하던 사람이다. 그때 베이징에서는 일본군 특무기관 일을 보고 있는 눈치였는데, 뜻밖에 나를 몹시 반기면서, 이번 일에는 꼭 장덕수(張德秀) 씨가 올 줄 알았는데 내가 온 것은 뜻밖이라 말하였다. 박용찬 군은 그때 베이징에서 무슨 장사를 하고 있다는 이야기였다.

그날 밤은 총독부 출장원이 안내하는 베이징성 내 어떤 일본여관에서 지내고 이튿날 아침 다시 그 사람의 안내로 화북 일본주둔군사령부를 찾아갔다. 침울해 보이는 회색빛 건물이었다. 이곳이 일본의 중국침략총본부로구나 생각하니 온몸이 저절로 긴장되는 것을 느꼈다. 그러나 그 건물 속에서 나는 의외의 광경에 접하였다. 나를 만난 것은 군사령관의 비서실장쯤 되는「오쓰키」(大槻) 대좌라는 캉캉한 초로(初老)의 군인이었는데, 그는 내가 고두백배(叩頭百拜)하면서 사죄 온 사유를 말하는 것을 듣더니 별안간 껄껄 웃으면서『난다(난, 무엇이라고) 그까짓 일로 여기까지 왔단 말이오? 무단직장이탈쯤 무엇이 문제될 것 있소? 나쁜놈들은 일본인이오. 정말 국적(國賊)은 조선인이 아니라 일본인이란 말이오. 우리들이 여기까지 와서 이렇게 피를 흘리면서 싸우고 있는데, 우리가 하는 일을「가답바시카라」(모조리) 파괴하고 다니는 놈들은 바로 관리네 장사꾼이네 하는 일본놈들이란 말이오!』

오쓰키 대좌는 느닷없이 핏대를 올리며 열변을 토하였다. 나는「이것이 소위 순수파 일본군인이라는 것이로구나」생각하면서 이 건물을 들어서던 때의 긴장은 풀어지고, 일본의 고민과 갈등의 심층내막을 갑자기 들여다 보게 된 것 같은 흥미를 느꼈다. 그러자 나의 옆에 있던 총독부관리가 황급히 명함을 내밀었다. 아마도 오쓰키 대좌는 나와 함께 간 총독부관리를 나를 수행해 온 보전 직원쯤으로 알았던 것이 아닐까. 총독부관리의 명함을 흘낏 보더니 오쓰키 대좌는 일본인 욕하던 입을 그만 다물고 말았다.

베이징에서의 나머지 일들은 자금성(紫金城)과 만수산萬壽山(베이징 북쪽에 있는 황제의 별장) 관광에 소비하였다. 밤에는 박용찬, 현모와 어디선가 나타난「가마다」鎌田澤一郎(우가키宇垣 총독 시대에 총독의 경제고문 격으로 있던 사람, 그때 서울에서「조선경제연구소」라는 것을 가지고 있었다) 등의 안내로, 전부터 한번 가보고 싶었던「전문(前門)」밖 인기척 드문 유리창琉璃廠(서점가)을 비롯해, 흥청거리는 일본인의 술집, 겁에 질려 벌벌 떠는 중국인의 기루(妓樓) 등을 구경하였다.

사지(死地)로 들어가는 것으로 알고 안 떨어지는 발걸음을 떼어 떠난 베이징행에서 이렇게 나는 보고 싶은 것을 대충 보았다. 명승고적뿐 아니라 일본침략 하의 전시풍경 및 그 속에서의 중국인의 생활상도 별견(瞥見)할 수 있었다. 지금은 성명도 잊은 무단 직장이탈의 그 보전 졸업생은 이렇게 해서 나에게 절호의 베이징 관광기회를 제공해 준 결과가 되었다.

다만 베이징에서 만난「가마다」가 톈진까지 따라오면서 추근추근하게 굴어 귀찮았으나 그 이야기는 지금 직접 관계가 없으니 그만두겠다.

그러나 그리고 귀국한 지 얼마 안 되는 그해 12월, 위에서 지금까지 내가 해 온 이야기들은 모두 동화 속의 목가(牧歌) 같은 것으로 만드는 중대 사태는 터지고 말았다. 1941년 12월 8일 새벽, 일본연합함대는 하와이의 진주만(眞珠灣)을 기습 공격한 것이다.

10. 커태스트러피

1) 죄어드는 그물

1941년 12월 8일 미명(未明)에 일본연합함대가 진주만을 기습 공격한 것은 일본의 군사역량이 그만큼 우세해서가 아니라, 일본으로서는 궁한 쥐가 고양이를 덤벼 무는 격의 최후의 발악이었다. 아니 그보다도 일본에 역량 있는 지도자가 없어서 도조[東條] 같은 소인물의 수중에 국정이 좌우되었기 때문이라 함이 더 적절할는지 모른다.

1931년에 시작된 일본의 대륙침공은 만주위국(滿洲僞國)의 성립으로 일단 성공한 것이라고도 하겠으나 중국 국민정부는 결코 항전을 포기하지 않았을 뿐 아니라, 국제연맹은「리튼」경 인솔 하의 조사단을 보내어 그것을 일본의 침략으로 낙인 찍었기 때문에, 기호지세(騎虎之勢)의 일본은 나아가 중국본토를 침공하였던 것인데(1937년), 그것으로도 국민정부는 굴복하지 않고 멀리 중경(重慶)으로 피해 들어가 항전을 계속하고, 연합국 측은 험준한 산악지대에 유명한 버마루트를 개설해가면서 중국에 대한 무한정 원조를 계속하였기 때문에, 일본은 다시 프랑스령 인도차이나로 침입하여 이를 차단하는 태세로 나오지 않을 수 없었던 것이다. 그러다가 연합국, 특히 미국의 대일경제봉쇄가 강화되어 그대로 나가다가는 앉아서 조락(凋落)해 버리는 형세가 되자 드디어 일본은 의(意)를 결하고 마지막 모험의 길로 들어섰던 것이다.

일본으로서는 그것은 지극히 논리적인 행정(行程)이었다. 그러나 남의 나라를 침범하는 행위의 윤리적 문제는 차치하고서도 전쟁이란 힘의 대결인 이상 일본은 연합국과 싸워나갈 힘을 갖추고 있어야 할 터인데 그런 것은 처음부터 도외시하고 취한 행동이었다. 만주개발로 일본의 국력이 급속하게 팽창한 것은 사실이었지만 일본이 도저히 미·영 등 제국의 연합세력의 적이 못 된다는 것은 일본인들 자신에게도 알려진 사실이었다.

그때 만일 일본에 역량 있는 지도자가 있었다면 미·영을 개전하는 대신 국민정부에 대담한 양보를 함으로써 어느 정도 대륙에「기득권」을 인정받아 시간을 벌 수 있었을는지도 모르는 일이다. 그러나 그때 일본에는 메이지유신(明治維新) 이후 패배를 모르고 신장돼 온 국력에 교만해질 대로 교만해진 군인들을 누를 만한 지도자가 없었다.

국운을 도(賭)한, 그것도 식자(識者)의 눈에는 패망할 것이 뻔한, 전쟁을 시작하면서 일본이 승전을 위한 뚜렷한 청사진을 가지고 있지 않았다는 것은 거짓말 같은 정말이다.「미영 격멸」은 조야(朝野) 상하가 목이 터지도록 부르짖었지마는, 어떻게 해서 격멸하겠다는 구체적 계획은 전혀 제시함이 없었다. 유럽은「히틀러」에게 맡긴다 치더라도 미국의 항복은 일본이 주가 되어 받아야 할 터인데 그러한 계획을 말하는 사람은 아무도 없었고, 나는 궁금해서 구사(舊師)인 경성제대 교수들에게 여러 차례 물어보기도 하였지만 아무도 납득할 만한 대답을 해주는 사람이 없었다. 일본군의 워싱턴 점령은커녕 미국 서해안 상륙조차 입에 올리는 사람이 없었고 막연히 서부 태평양을 제압하고 나서 인도네시아를 개발하면 미국과 대항하여 장기전을 벌일 수 있지 않겠느냐고 하는 것이 고작이었다.

그러나 그러함에도 불구하고 서전(緖戰)에 있어서의 일본의 승리는 눈부신 것이 있었다. 연합국이 히틀러를 상대하기에 바빠서 아시아에 주력할 겨를이 없었으니 무어 그리 대단할 것 없다고도 할 수 있겠지만, 어쨌든 진주만에서 미국의 태평양함대에 대손상을 입힌 데 이어, 홍콩[香港](12월), 웨이크도島(동상同上), 괌도(동상), 싱가포르(익년 2월), 수마트라(동상), 자바(3월), 랑군(동상)을 연달아 함락시켰으며, 5월에는 맥아더 원사(元師) 휘하의 미군이 백기를 들어 필리핀을 내놓고 말았으니, 일본인들이 기적의 현현을 일시 꿈꾸었던 것도 무리는 아니었다.

그러나 이러한 대외승리의 배후에 말할 수 없는 국내의 고초가 있었음은 말할 것도 없다. 특히 식민지 조선이 받은 인적, 물적, 정신적 고난은 형용을 절하였다. 공출과 징용은 강화되고 물자는 결핍하여 민중의 생활은 글자 그대로 기아선상을 헤매게 되었던 것이다.

추상적인 기술보다는 내가 겪은 실담(實談)을 하나 이야기하는 것이 당시의 궁상을 더 잘 말해줄 것으로 안다. 주식인 쌀은 물론이요, 비누, 양말(사치스런 것은 없고, 일반인도 굵은 무명실로 짠 군용 양말을 착용하였다), 사탕, 생선(육류는 아주 없고) 등 생활필수품은 모두 배급제도이었는데, 그 중에도 생선은 한 달에 한 번씩「애국반(愛國班)」단위로 나오는 것을 그 반에 속하는 세대들이 나누어 먹게 마련이었다. 내가 속하는 애국반은 네 집으로 편성되었는데 그 반에는 한 달에 생선이 한 마리씩 배급되었으므로, 한 세대에 넉 달에 한 번씩 생선 한 마리가 배급되는 계산이 된다. 그런데 한 번은 마침 내 집에서 타먹을 차례에 희귀한 동태가 한 마리 나왔다. 육 남매 아이들을 기르는 판이었으니 나도 나의 처도 아이들도 눈이 번하였는데, 마침 이웃집 사람이 와서 딱한 사정을 호소하였다. 바로 그날이 돌아간 그 집 늙은 주인의 소상(小祥)인가 대상(大祥) 날인데, 그 동태를 양보해 주면 제사상에 적(炙)으로 쓰겠다는 것이다. 그러면 그다음 자기 집 차례로 나오는 것은 물론 내 집으로 돌리겠다는 것이었다.

나는 주저하는 처를 타이르고, 날뛰는 아이들을 힐책하면서 그 청을 들어주었다. 그러나 그것은 나의 송양지인(宋襄之仁)에 불과하였다. 동태는 영영 내 집으로 돌아오지 않고 말았다. 그다음 그 집에 나온 생선을 그 집에서는 내 집으로 알리기도 전에 아예 끓여 먹어 버리고 만 것이다. 덕택에 동태건 꼴뚜기건 그해 겨울에는 내 식구들은 생선 맛을 내내 못 보고 말았다.

인촌이『우리 고기 한번 실컷 먹어보자』고 사람을 일부러 연천까지 보내서 밀도(密屠) 쇠고기를 사다가 나의 가족 전원을 계동(桂洞)댁으로 오라 하여 그댁의 식구들과 함께 포식한 것은 1942년 여름의 일이다.

그러한 정세 하에서 교육이 제대로 될 리는 만무하였다. 그 해(1942년) 4월에는「일본학」이라는 과목을 신설하게 되어 보성전문에도「미우라」(三浦)라는 철학 교수가 배당되었고, 군대와 노무자의 인원보충이 달린다 하여 전문학교 이상 각 학교는 수업연한을 단축하여 그해에는 9월에 졸업식을 갖게 되었다.

6월에는 원한의 미나미 지로가 갈려 가고「가마가카리」의(신들린 것 같은 소리를 하는)「고이소」(小磯)가 총독으로 왔지만 정세는 한층 더 긴박해질 뿐이었다. 학생회는「학도호국단」으로 개편되고, 일제 탄압의 전 기간을 통해 보전학생들이 울분을 폭발시키는 유일한 돌파구였던 축구마저도 농구, 럭비, 정구 등 다른「구기」와 함께「전력증강」에 기여하는 바 없다 하여 학원으로부터 추방되었다. 그 대신 교련이 강화되고「글라이더」훈련이 권장되었는데, 그런 것은 학생들의 체육 향상을 위하는 것이 아니라 기세를 꺾는 수단으로 나에게는 보였다.

그렇게 되고 나니 보전 교직원 간의 공기마저 차차 묘하게 되어갔다. 그때까지 숨을 죽이고 있던 일인 교수들이 제법 큰소리를 치기 시작한 것이다. 월요조회 때에 내가 지참하였다 하여 와타나베(渡邊) 교수한테『힛고메!』(들어가라!) 라는 노매(怒罵)를 들은 것도 그 무렵의 일이다.

참으로 절망과 공포의 밑바닥을 헤매는 시대였다. 3·1 운동 때의 지도자의 한 사람이었던 최모 씨, 종교계의 거물 박모 씨 등을 중심으로「칠인조(七人組)」라는 것이 조직되어 내선일체의 정당을 만들고 면종복배의 불령배(不逞輩)들을 숙청하려 한다는 풍문이 떠돌았다. 조선군사령부 보도부에 근무하는「가바」(蒲) 소좌(원명 정훈鄭勳)라는 자는 문인보국회(文人報國會)의 회합 석상에 와서, 면종복배하는 자는 종로 네거리에 내다 세우고 기관총 소사(掃射)로 없애 버리겠다는 폭언을 공공연하게 떠들어댔다.

1, 2년 뒤에 있었던 일이지만,「가바」의 이야기가 나온 끝에 아주 이곳에서 해 둘 이야기가 있다. 그때 군에서는 매월 8일(태평양전쟁 개전일)이면 각 학교에 장교를 파견하여 시국 강연을 하였는데, 한 번은 이「가바」라는 자가 보전으로 파견되어 왔었다. 나는 그자의 무지막지한 성격과 언행을 짐작하는 까닭에 은근히 걱정하고 있었는데, 아니나 다를까, 이 자는 전교 학생과 전교 직원이 집합해 있는 자리에서 일본도(刀)를 불끈 쥐고 뚜벅뚜벅 연단으로 올라가더니 입을 열자마자『오마에 다치와(너희들은) 애국자가 되고 싶으냐, 그렇지 않으면 안중근이 같은 불령 조선인이 되고 싶으냐.』하고 대성일갈(大聲一喝) 하였다. 그것만으로도 충격이 컸는데, 그는 계속해서 보전 학생들이 전부 안중근인 것같이 몰아세우고 한 시간 동안을 차마 입에 담을 수 없는 욕설로 채웠다. 진심으로 일본에 충성을 다하고 싶어하던 사람이 그 꼴을 당해도 부화가 터져서 폭탄이라도 내던지고 싶어지게 될 그러한 폭언의 한 시간이었다.

나는 전신이 부들부들 떨렸다. 학생들의 심정은 말해 무엇하랴. 맨 앞줄에 앉아 있는 학생들은 무의식중에 눈을 부릅뜨고 불끈 쥔 두 주먹을 무릎 위에서 후들후들 떨고들 있었다.

어떻게 해서 한 시간이 무사히 지나갔는지 나는 지금 생각해도 모르겠다.「가바」가 연단에서 뚜벅거리고 내려올 때 나는 지옥에서 되살아난 듯 한숨을 내쉬었다.

「가바」같이 무지막지한 자를 내세워 무작정 조선사람을 내리누르려는 판국이었으니 더 말하지 않아도 누구나 그때의 살벌한 정황을 짐작할 수 있을 것이다.

보전에서 이렇게 시달리고 있던 나는 십여년째 계속해 온 문단활동 때문에, 학교 이외에서 또 시달려야 했다. 1942년 여름, 그러니까 전세가 일본을 위해 한창 화려하던 때, 일본 도쿄에서는 작가「기쿠치」[菊池寬] 등의 주동으로「대동아문학자대회」라는 것이 열렸는데, 뜻하지 않게 나는「조선대표」의 일원으로 이에 참석하게 되었던 것이다.

대회를 일주일가량 앞둔 어느 날 그때 경성일보 학예부장이던「데라다」(寺田)라는 사람으로부터 그날 밤 모처에서 문인보국회의 회합이 있으니 나오라 하여 지정된 시간보다 약간 늦어 그 장소에 갔더니, 뜻밖에 그 자리에는 문인보국회의 몇 사람 외에 총독부 경무국의 3과장이 모두 나와 있었다. 이건 심상치 않은 일이로구나 직감하면서 막 자리에 앉으려는데 그들은 일제히『오메데토오!』(축하합니다)하면서 나를 향해 술잔을 들었다. 춘원과 나와「가라시마」가 조선대표로「대동아문학자대회」에 가게 되었다는 것이었다(그 당시의 서울 문인들의 움직임에 관해서는 다나까 히데미쓰田中英光의 소설「주정뱅이 배」酔いどれ船에 상세하다. (도쿄 방하서점간, 전중영광전집 제2권東京芳賀書店刊, 田中英光全集 第二卷).

그렇게 해서 나는 일본을 갔고, 회의 제2일 오후에는 갑자기 나에게 발언지명이 와서 나는 아시아 제(諸)민족의 공존공영을 위해서는 먼저 제민족 간의 충분한 상호이해가 선행되어야 한다는 취지의 말을 하였던 것이다.

「대동아문학자대회」에 참석한 일 때문에 해방 후 나는「친일」했다는 비난을 많이 받았는데, 그러한 비난에 대하여 나는 지금까지 일체 침묵을 지켜왔고, 지금도 내 입으로 그렇다, 아니다 말할 생각은 없다. 아무리 그 당시로서 불가피하였다 하더라도 내가 좀 더 의연한 각오를 가졌더라면 그러한 궁지에까지 몰리지 않을 수도 있었을 것으로 생각되기 때문이다.

그러나「대동아문학자대회」에서도 조그만 위안이 없었던 것은 아니다. 어떤 만찬회 석상에서 맞은편에 앉았던 만주대표 소송(小松 : 고마츠)이라는 사람이 무슨 쪽지를 탁자 밑으로 내밀기에 받아보았더니,「金講師與 T教授」라 씌어 있었다. 나의 구작「김강사와 T교수」를 알고 있다는 뜻으로 짐작되어 건너다 보았더니, 소송은 두 손을 모아 흔들어 보이며 호의를 표시하였다.「김강사와 T교수」는 젊은 조선인 강사가 노회(老獪)한 일본인 교수에게 번롱(飜弄)되어 희생당하는 민족 간의 갈등을 쓴 것이니, 소송이 그 이야기를 꺼내는 것은 소송도 지금 그 자리에 와 있기는 하지만 뜻은 딴 데 있음을 뜻하는 것으로 해석되었다.

어떤 재벌가의 정원에서 가든파티가 있었을 때, 인도주의의 노(老)작가「무샤노코지」(武者小路) 씨가「この途より外に道なし。この道を行く」(이 길밖에는 길이 없다. 이 길을 간다)라고 나에게 써 준 것도 의미심장한 것으로 나는 받아들였다.

「대동아문학자대회」등으로 일본이 한창 기세를 올리고 있었을 때 사실은 그때 일본의 아시아 제패의 꿈은 벌써 깨어지기 시작하고 있었던 것도 역사의 아이러니다. 그해 6월 일본연합함대의 주력은 미드웨이 대해전(大海戰)에서 이미 치명적인 패배를 당하였고, 8월에는 과달카날의 해전에서 또한 일본이 불리한 위치로 몰리고 있었던 것이다.

9월이 되어 졸업반 학생들이 재학 연한 단축으로 6개월 일찍 학교를 떠나고, 1 · 2학년 학생들만 남게 되자, 보전 캠퍼스는 텅 빈 듯 쓸쓸하게 되었다. 가을바람 부는 넓은 운동장에서는 새로 교련 교관으로 배속된 「가와모토」(河本, 원명은 이강우李絳宇) 중좌의 쨍쨍한 구령 소리만이 이따금 울렸다.

10월 조선어학회사건이 터지자 안호상 교수도 칭병(稱病)하고 장기 입원해버려, 교수실도 한층 더 쓸쓸하게 되었다.

2) 동원

그런 분위기 가운데, 그해 12월 말에 나는 또다시 유쾌하지 못한 일을 경험하여야 했다.

그때 부산에서 「사상검사(思想檢事)」로 있던 「이토」(伊藤憲郎)가 당시의 유력한 문학잡지 주간이던 최모 씨를 통해 모처럼 상경하는 길에 마산의 명주(銘酒) 「간보당」[寒牡丹]을 가지고 왔으니 하루저녁 한담이나 하자고 전해왔다. 사상검사라면 무시무시하게 들리지만 「이토」는 예과(豫科) 시대에 한 학기 동안 법학통론을 배운 구사(舊師)였고, 사상검사이기는 하지만 본래가 자유주의적이라 할까, 좀 헤식은 사람이라 할까, 그러한 성격의 인물이어서 그 때문에 서울에서 부산으로 좌천

된 사람이라 나는 의아하면서도 그의 초청에 응하기로 했다.

그러나 오라는 명월관으로 가보니 그 자리는 그러한「한담」의 자리가 아니었다.「간보당」을 가지고 온 것은 사실이었지만, 참석한 사람들의 얼굴을 보아 그 자리는 심상치 않은 자리 같았다. 초청을 받은 사람은 장덕수(張德秀) 씨와 나, 그리고 춘원의 세 사람이었다. 성격의 차이로 최모 씨와는 서먹서먹한 사이인 춘원이 끼인 것이 한층 그러한 의혹을 짙게 하였다.

아니나 다를까「이토」가 꺼낸 이야기는 그의 격에 맞지 않는 정치담이었다. 최모는 옆에서「시국이 중대하여 조선인의 장래 문제는 우리들같이 사욕을 떠난 지식인들이 정말 진지하게 다루어야 할 때가 된 것으로 생각한다」는 의미의 보충설명을 하였다.「이토」와 최모 사이에는 충분한 사전연락이 되어 있는 것이 확실하였다.

그러고 보니 좌중의 공기가 풀릴 리가 없었다. 얻기 어려운「간보당」도 맛이 없었다. 그런 시간이 반 시간이나 흘렀을까 한때 장덕수 씨는 다른 회합이 있다면서 자리에서 일어섰다. 다른 회합 운운은 구실이고 노골적으로 자리를 차고 일어서는 것이었다.

최모는 불쾌한 표정이 되어『오모노다카라네.』(「거물巨物이군」하는 뜻의 반어反語)하고 방을 나가는 설산(雪山)의 뒷모양을 보면서 중얼거렸다.「이때」라고 나도 일어섰다.『고레모 오모노까.』(이것도 거물인가) 최모는 이번에는 제법 큰소리로 나의 등 뒤를 향해 퍼부었다.

해가 바뀌어 1943년이 되었다. 최용달(崔容達) 군 등 그동안「미결(未決)」로 5, 6년이나 옥고를 겪고 있던 친구들이 경성복심(覆審)법원에서 선고유예인가로 풀려 나왔다. 나는 그 무렵 경성제대의 후나다

(船田) 교수로부터 들은 것이 있는 까닭에 최 군들도 기어코「전향서」를 낸 것이 아닌가 하였으나 막상 그들의 이야기를 들어보니 그렇지 않았다.

『전향서? 형식상 필요하니 아무거라도 한 장 써달라고 하도 조르기에 담담한 심경을 한 장 써주었지. 이(李) 군의 경우는 더 걸작이야.』

이강국 군은 자기가 몇 해 옥(獄) 속에 있는 동안에 세상이 정반대로 달라졌는데 대동아전쟁 칙어를 보니 인제는 아시아의 제(諸)민족이 모두 자유·평등·독립을 누리게 되었으니 그것은 바로 자기가 바라던 바라는 뜻의 글을 써냈다는 것이었다. 일제도 다급해졌던 것이라 할까. 혹은 반대로 여유가 작작했던 것이라 할는지.

그해 봄, 악질 실업가가 악질 일경을 내세워 시국을 팔고 아들을 보전에 집어넣으려다가 인촌의 단호한 태도로 실패한 사건이 있었는데, 이 이야기에 관해서는 이미 다른 기회에 글로 쓴 바 있으니(「교육자 인촌」. 졸저「구름 위의 만상漫想」소수所收) 이곳에 다시 되풀이하지 않겠다.

5월이 되자 서울에 있는 보전 이상 학교에 재학해 있는 학생들은 일시에 수원 서호(西湖)의 준설 사업에 동원되었다. 보전학생도 동원된 것은 물론인데, 교장 이하 교원도 전부 따라가서 낮에는 학생을 감독하고 밤에는 수원고농(水原高農) 교실 마룻바닥에서 잤다. 물론 이것은 전시하 식량 증산을 꾀한다는 구실로 총독부가 시키는 일이었지만, 내가 보기에는 이것도 서호의 저수량을 증대시킨다는 것보다도 학생과 학교를 들볶아 딴 생각할 여유를 주지 않으려는 정치적 목적이 앞서는 것 같았다. 거기다가 총독부는 학생들의 사보타지를 막기 위해 학교와 학교 사이에 경쟁을 붙이는 간계까지 썼다. 파내는 흙의 양을 계산해서 그날그날 일인당 작업량의 학교별 등급을 발표하는 것이다.

보전학생들의 작업성적은 당연히 좋지 않았다. 따라서 보전의 등급은 저 밑으로 떨어졌다.

그렇지 않아도「보전(일본음 후세이)은 부정(일본음 역시 후세이)」이라고 일인들한테 툭하면 가시 돋친 야유를 당하는 판인데, 거기다가 등급마저 그들의 아래로 떨어진다는 것은 참을 수 없는 일이었다. 그렇다고 학생들을 억지로 몰아 일을 시킬 수도 없는 처지이고 보니 인촌 이하 보전 선생들은 이럴 수도 저럴 수도 없는 궁지에 빠진 격이었다.

어쨌든 한번 학생들을 모아놓고 일에 열을 내도록 권고해보는 수밖에 없다 하여 생도감 장덕수 씨가 그 임무를 맡았는데, 무슨 말을 어떻게 하려는 것인가 보고 있노라니, 연단에 오른 설산은 엉뚱하게 학생들의 민족애에 호소하였다. 우리 조선사람은 굳은 투지와 굳센 신체를 가지고 있다. 마음만 먹으면 무슨 일이든지 해낼 수 있는 것이 우리 조선사람이다. 그런데 보전전문이 이 꼴로 여러 학교 틈에서 꼴찌가 돼서야 쓰겠느냐는 것이다. 글자 그대로 목소리와 눈물이 함께 떨어지는 열변이었다.

학생들은 감동하였다. 설산의 연설이 끝나자마자 학생들은 금방 사람이 달라진 것처럼 일에 열을 냈다. 삽질하는 학생들은 손바닥이 벗겨지고, 들것을 메는 학생들은 발뒤꿈치가 깨져 피가 흘렀다. 무슨 신앙에 취해 날뛰는 광신자의 무리 같았다. 그때 그 근무동원에 참가했던 학생들은 지금도 아마 아름다운 감격으로 그때의 일을 회상할 것으로 안다. 그러나 그때 나는 남모르게 가슴이 아팠다. 학생들의 순진한 감격에 깊은 공감을 느끼면서도 우리들은 언제까지나 이런 일을 이렇게 하고 있어서 옳은 것인가 하는 의념(疑念)을 금할 수 없는 것이었다.

그날의 결과는 물론 보전이 일등이었다. 일인들은 보전학생의 작업은 면적만 넓고 깊이가 모자란다는 등 트집을 잡았지만 결국 보전의 우승을 부인하지는 못하였다.

그러나 그해 가을에는 한층 결정적인 충격이 우리들의 앞길을 가로막고 있었다. 영구히 잊혀질 수 없는 조선인 학생의 학도지원병 강징(强徵) 문제가 그것이다.

그보다 앞서 일본 정부는 전(全) 일본의 법문(法文)계 대학전문학교에 재학하는 병역적령자(그때까지 징병 유예를 받아 오던)를 모조리 징집해가고, 1943년 10월에는 그들이 재학하던 법문계 학교를 전면적으로 정지할 것을 결정하였는데, 그때까지 조선인에게는 병역의무가 인정되지 않았었으므로(「지원병」으로 자진 복무하는 자는 논외) 그러한 조처나 결정은 조선인 학생과는 아무런 관련이 없는 것임에도 불구하고, 조선인 학생들까지도「학도지원병」의 형식으로 모조리 전장으로 끌어내가는 난폭한 방침을 세운 것이었다.

학도지원병 문제가 우리 사회에 준 충격이 참으로 크고 심각하였음은 말할 것도 없다. 벌써 여러 해째 우리 민족은 전쟁과 강력정치의 중압 밑에 조직적인 저항을 못 해온 것이 사실이지만, 그렇다고 일본의 식민지 지배에 대한 반감이 약화된 것은 아니었다. 아니 일제의 강압이 심해지면 심해질수록 우리 민족의 민족적 단결은 도리어 강화되어 갔다. 내가 보는 바로는 그것은 일본인의 독특한 협량(狹量)에 크게 기인하는 것이었다. 영·불 등 서구의 식민국가들은 어느 곳을 가든지 상투적으로 식민지 백성들을 양분하여 부유하고 유식한 층은 자기네 편을 만들고, 그들과 협력해서 빈곤하고 무지한 대중을 지배하는 교활한 방법을 썼는데, 일본은 자기네 사정이 급해지면 급해질수록 조선사람이라면 지주건 소작인이건, 자본가건 노동자건 덮어놓고 한데 묶어 「조선인」으로 학대하였기 때문에, 지금 와서 자진해 일제를 위해 총을 잡기를 지원할 사람은 극히 소수의 특별한 조건 밑에 있는 사람을 빼놓고는 개무(皆無)한 상태였다. 이 점에 있어서는 총독부의 관리나 경찰관을 다니는 사람의 자제들도 마찬가지였다.

총독부는 학교 당국에 대해 학생들을 지원시킬 것을 연거푸 강요하는 한편, 총독의 담화·동원된 「명사」들의 강연·이해관계를 통한 압력, 기타 생각할 수 있는 모든 방법을 다해 자기네의 목적을 관철하려 했지만 결과는 시원치 않았다. 하는 수 없이 이번에는 지원하지 않는 학생은 「징용」으로 끌어가겠다 위협하였지만 그래도 결과는 마찬가지였다. 특히 보전의 경우에는 11월 20일의 마감을 1주일 앞둔 11월 12, 13일경에 이르도록 적격자 260여 명 중 지원서를 제출한 학생은 40명 정도밖에 되지 않는 저조한 상태였다.

어찌 되려는가 싶었다. 총독부와 학생들, 또는 총독부와 조선민족 전체가 칼을 빼 들고 정면으로 대결하는 자세가 되었으니 말이다. 자연의 추세로 학생들도 동요하기 시작하였다. 지원거부의 지하연동(地下連動)이 서울 시내 각 학교 학생들 사이에 횡적으로 퍼져 나갔다. 밤이면 내 집에도 학생들이 드나들었다. 그들은 무엇인가 독자적인 저항운동을 추진하는 모양이었다. 경성제대 철학과의 이혁기(李赫基) 군은 학병 문제와 관련해 문제 되는 역사, 문화, 정치, 민족 문제 기타 여러 문제에 관해 꼬치꼬치 나의 의견을 캐어물었다.

이렇게 해, 온 천하가 술렁거리던 어느 날, 그때「경성부회의원」이던 조병상(曹秉相)과 시인 C 씨로부터 학교로 연락이 왔다. 보전 간부들을 총독부의 학무(學務), 경무(警務) 양(兩) 국장이 면담하고 싶어하니, 그날 밤 부민관 2층으로 오라는 것이었다.

교장, 부교장, 양 과장, 생도감, 그리고 교수 중에서 2, 3인이 무슨 담판에나 임하는 각오로 나갔다. 보전 교수가 총독부의 고관(高官)과 마주 앉기는 그것이 처음이었다.

조병상과 C 씨는 자기들이 오늘 저녁 회합을 알선하였다면서, 보전의 지원율이 이렇게 저조해서야 되겠느냐, 하도 딱해서 보다 못해 이 회합을 마련한 것이니, 학병 지원에 장해가 되는 문제점들을 서로 흉금을 털어놓고 이야기해서 피차 이해의 길을 트도록 하자고 번갈아 가면서 이야기하였다. 흉금을 터놓고 이야기할 것을 강요당하는 판이니, 보전 측으로서는 그렇게 안 할 수도 없는 판국이었다. 입에 발린 둔사(遁辭)로는 모면할 길이 없는 마지막 판국이기 때문이다. 그리하여「일본을 위한 전쟁에는 무조건 학생을 보낼 수 없다」는 말만 빼놓고는 갖은소리가 다 나왔다. 특히 장덕수 씨는 조선인에 대한 차별대우를 흥분한 목소리로 통박하였다. 권리 면에서는 차별을 하면서 병역만은 일본인과 같이 지라 하니 학생들이 그 말을 듣겠느냐는 것이다. 설산이 말하는 도중에 『아니, 그 문제는……』하고 C 씨가 끼어들었다가 『당신은 가만 있어. 당신하고 이야기하는 것 아니야.』 하고 호되게 핀잔을 맞기도 하였다.

총독부의 기만적인 정책에 대한 공격도 나왔다. 자진해 지원하라 해놓고 어째서 강요하는 것이냐, 총독은 점잖게 지원하든 안 하든 「자유」다 하고 있는데, 학교 선생은 학생들에게 어떻게 지원을 강제할 수 있느냐 하는 것이었다.

그날 밤만은 양 국장은 보전 측에서 무슨 소리를 하든 점잖게 귀를 기울이는 태도를 취하였다.

발언 도중에 차차 흥분해서 총독 정책에 아슬아슬한 공격을 퍼부어도 양 국장은 미소를 띠고 고개를 끄덕이며, 당신네 고충도 충분히 이해하겠다는 것 같은 태도를 보였다. 그러나 그러면서도 그들은 보전 측의 논란에 대한 답변은 잊지 않았다. 첫째, 「내선(內鮮)」 간의 차별철폐는 이미 국책으로 결정된 것이므로 그 완전철폐는 시간문제일 뿐이라는 것, 차별철폐와 병역이 동시에 이루어지지 못한 것은 유감이나 지금 그것을 따지고 앉아 있을 겨를이 없으니 병역의무를 일본인과 같이 져주면 권리 면의 동등대우가 크게 촉진이 될 것이라는 것이고, 둘째 자유냐 강제냐 하는 문제에 대해서는 총독의 담화에 나타난 것과 실제 정책과는 다르다. 법률 정책상 부득이해서 말로는 자유라 하고 있지만, 실제는 법적 의무보다도 더 강력한 강제다. 조선인의 병역의무는 곧 법적으로도 제도화될 것이라는 것이었다. 그리고 덧붙여서 여러분보고 과잉 충성하라는 것은 아니니, 이번 문제는 형식상으로는 지원이지만 실질적으로는 의무로 다루는 것이 총독의 방침이라는 것을 학생들에게 그대로 전해 달라고까지 말하였다. 칼을 쥔 자의 뜻이 확고할 때에 자유토론으로 그를 번의 시킨다는 것은 있을 수 없는 일이다. 총독부 양 국장의 초치(招致)에 보전 측이 응했을 때에 벌써 승부는 끝난 것이었다. 그들과 회합한 이튿날 아침 조회에서는 어젯밤 회합의 경과가 그대로 학생들에게 전달되었다. 그것을 고비로 대세는 돌아섰다.

3) 마지막 저항

그러나 학생들 사이의 학병거부운동은 여전히 지하로 계속되고 있었다. 이철승(李哲承) 군을 비롯한 강경학생들은 경성제대의 이혁기(李赫基) 기타 각 학교 학생들과 연락해 가면서 모의를 계속하였다. 이 연동은 학생들의 순전한 자발적 저항운동으로서, 사전에도 사후에도 일절 공적으로 보도된 바 없으며, 또 끝판에 가서 총독이 직접 개입하여 능숙한 솜씨로 대규모 폭발을 방지하였기 때문에 지금까지도 일반은 그 내용과 진상을 잘 모르고 있지만, 관계 학생들이 용감하게 투쟁한 것을 사실이며, 아슬아슬한 극적 장면이 전개되기도 하였던 것이다.

내가 처음 이 사건을 안 것은 학병 해당 학생들의 입영이 끝나고, 지원하지 않은 학생들은 피신을 하거나 징용을 가거나 해서 학교가 태풍일과(颱風一過)의 맥빠진 상태에 있던 그해 1944년 3월의 일이다. 어느 날 배속장교「가와모도」가 상기된 얼굴로 부교장실로 들어오더니(학병 문제 이래 인촌은 칭병하고 학교에 나오지 않았다) 포켓에서 무슨 등사한 문서를 꺼내면서『이철승, 이놈들이 그예 못된 짓을 저질렀군요.』하고 내뱉았다. 그러면서 조선군사령부의 무슨 회의에 나갔다가 여러 사람 앞에서 망신을 당했다고 투덜거렸다.

『이것 보시오. 이놈들이 글쎄 건방지게 총독 각하에게 결투장을 보냈었다는군요.』

「가와모도」는 김영주(金泳柱) 씨와 내 앞으로 그 문서를 내밀었다. 군데군데 붉은 연필로 줄을 친 문서다. 그러나 그 문서는 군의 기밀문서라 해서 도로 집어넣고 내용만 설명하는데,「가와모도」의 말은 전해 11월 학병 문제가 한창 시끄러울 때에 이철승 등 각 학교의 학생대표 수십 명이 연명(連名)으로 학병 문제의 부조리를 따지고 결투를 청하는 문서를 총독에게 보냈다는 것이다.

「결투를 청했다」는 말은 반드시 그런 것도 아닌 성싶었는데「가와모도」는 그때 분명히 그런 말을 썼다. 문서의 내용이 격렬하였기 때문에 그런 말을 쓴 것 같다.

『결투장—그런 것을 보내고 괜찮았나요? 어떻게 그게 지금 와서야 문제가 되지요?』

『문제를 삼으려는 것이 아니라 이 문서는 학생 지도상 참고로 삼기 위해 군에서 배속장교들한테 나누어 준 것입니다.—그때는, 경찰에서는 물론, 전부 잡아 가두려 했지요. 그것을 총독이 못하게 하고 그놈들을 총독관저로 오라 해서 직접 설득해 모두 군으로 입대시켰다는 얘깁니다. 총독이 오란다고 뻔뻔스레 총독관저로 「노리꼬무」(버젓이 나타나는) 하는 놈들도 놈들이고—』

그러면서 「가와모도」는 혀를 찼다.

그때는 그것뿐으로 끝나고 말았는데, 내가 이 사건에 관해 좀 더 자세한 이야기를 들은 것은 그 이듬해 뜻밖의 사람으로부터였다.

1945년, 그러니까 학생들이 학병으로 끌려간 지 1년이 지난 해(해방되던 해) 2월이었는데, 어느 날 저녁 나는 수송동 내 집 사랑에서 달갑지 않은 손님 하나를 상대하고 있었다. 총독부 경무국 최운하 경부警部(해방 후 수도청首都廳 과장을 거쳐 6·25 때 서울시 경찰국장으로 있던 사람)가 찾아와서 나에게 시국에 대한 의견을 이것저것 묻고 있는 중이었다. 그때 그는 직책상 한 달에 1, 2회 정도 나를 찾아와서 한참씩 그런 문답을 하고 가는 것이었다. 직책은 그랬지만, 온순한 사람이어서, 나는 이따금 『최 경부도 인제 어서 군수(郡守)나 한자리 해나가시지.』 하고 농담을 하고 지내는 처지였다.

그런데 그때 느닷없이 사랑 앞 골목길에서 나지막하게 『유 선생님 계십니까?』 하는 낯선 목소리가 들려왔다. 수송동 내 집은 사랑 마당이 한 간(間)통 넓이밖에 되지 않아서, 담 밖에서 하는 말은 그대로 방안에, 방안의 말소리는 그대로 담밖에 들리게 마련이었다.

『누구시오?』

하면서 내가 일어서서 영창문을 열자

『손님이 계시군요. 내일 저녁 다시 오겠습니다.』

담 밖의 손님은 그 말만을 남기고 그대로 어둠 속으로 사라졌다.

『누구지요?』

『글세, 웬 사람일까요.』

나와 최 경부는 서로 얼굴만 쳐다보았다.

그런 때문에 이튿날 저녁에는 나는 목소리의 주인공을 은근히 기다리고 있었는데, 어제 그맘때쯤 해서 약속대로 그는 다시 찾아왔다. 그러나 낯선 사람이었다. 들어오라는 대로 내 방으로 들어와서 슬며시 저만큼 자리를 잡고 앉도록 그가 누구인지 나는 알아볼 수가 없었다. 내가 의아해하니 그도 침묵을 지키고 내 얼굴을 마주 쳐다만 보고 있다. 그러자 구레나룻이 탐스럽게 난 그 낯선 얼굴에서 학병 때 몇 번 나를 찾아온 일이 있는 경성제대 철학과 학생의 모습이 나타났다.

『이혁기 군 아니오?』

『알아보셨읍니까?』

그제서야 그는 빙그레 웃는 낯이 되었다.

『그런데 웬일이죠? 어떻게 해서 여길!』

나는 숨이 가쁘게 물었다. 불과 며칠 전에 일본 어느 곳에서 군대엽서에다가 밑도 끝도 없이「저 칸트가 경탄(驚歎)하던 별이 한 개 늘었습니다」(겨우 일등병이 되었다는 의미)라고 그가 써 보낸 것을 받았었기 때문이다. 이 군은 내가 묻는 말에 대답하기 전에 자기의 궁금한 일부터 물었다.

『이철승이도 탈영해 왔죠?』

『아직 아무 소식 못 들었는데.』

그는 이철승 군도 틀림없이 탈영해서 지금쯤은 어디엔가 숨어 있을 것이라면서 그동안 자기가 지낸 이야기를 털어놓았다. 이혁기 군이 그날 밤 털어놓은, 일본「우지나」(宇品)항 앞바다에서 남태평양으로 가는 수송선으로부터 물로 뛰어들어 귀국하기까지의 이야기도 한 편의 실화소설이라도 됨직한 것이지만, 지금 여기서는 그들의 학병반대투쟁에만 이야기를 국한하는 것이 옳을 것 같다.

그때 학병거부에 뜻을 같이하는 서울 시내 각 학교 학생들은 한 달 동안이나 비밀리에 이곳저곳에서 회합하여 투쟁 방법을 숙의하였다. 데모 등 과격수단도 논의되어 한때 거의 실천될 뻔도 했다. 그러나 정세는 자꾸 변하고 경찰의 추적은 심해서 나중에는 이것도 저것도 할 수 없이 된 까닭에 최후의 방법으로 대표 20여 명이 서명날인하여 학병거부서를 만들어 직접 총독에게 우송하였다. 이혁기 군이 그때 나를 몇 번 찾아와서 여러 가지 문제에 관해 나의 이야기를 듣고 간 것은 그 문안을 만들기 위한 것이었다는 이야기였다.

학병거부서를 서명날인까지 해서 총독에게 보내는 이상에는 전원 체포를 각오하였음을 물론이다. 사실 경찰에서는 이미 그 사실을 알고 막 학생들을 전원 체포하려는 순간이었는데, 뜻밖에 총독이 이를 못 하게 하고 학생들을 전원 관저(현 청와대)로 불렀다 한다.

총독「고이소」(小磯)는 관저까지 간 12, 3명의 학생들을 직접 자기가 만나 이야기하였는데, 그때의 태도가 제법 점잖았다.『하나세바와까루』(이야기하면 이해가 갈 것이다) 라면서 학생들에게 무슨 말이든지 기탄없이 소신을 말하라 해놓고는, 학생들이 돌아가며 이야기하는 동안 3, 4시간이나『음, 음』하면서 듣고 있더니, 그것이 끝나자『어느 틈에 날이 저물었군. 젊은 사람들은 배가 고프겠지. 배가 고프면 전쟁을 못 하니까 우선 배부터 좀 채우고 보세.』하면서 일어나 학생들을 옆방으로 인도해 갔다. 그곳에는 벌써 사람 수만큼의 돈부리(덮밥)가 놓여 있었다.

식사가 끝난 후「고이소」는 이번에는 자기 차례라면서 한 시간 이상이나 조선 학생들이 이 전쟁에 총을 메고 나가야 할 이유를 설명하였다. 그리고는 자신만만하게 학생들을 돌아보면서

『어떤가? 그만하면 알아들었겠지? 그래도 이의 있나?』

하였다. 학생들은 이의가 없을 리는 만무하였지만 그때의 공기로 차마 무엇이라 입을 떼지 못할 판이었는데, 별안간 이철승 군이

『네, 이의 있습니다. 무슨 말씀인지 저는 못 알아 듣겠습니다.』

외치고 일어나 뚜벅뚜벅 걸어 나갔다는 것이다.

학도문제에 관해서는 한 가지 더 남겨 둘 이야기가 있다. 학병지원소동이 일단락되어 해당 학생들이 대부분 학병으로 나가게 되자, 이번에는 모모하는 인사들에게 학병을 격려하는 글을 신문에 쓰라는 명령이 총독부로부터 내려온 것이다. 신문이라야 그때 우리말로 간행되는 것은 총독부기관지인「매일신보(每日申報)」하나뿐이었다.

나한테 그 명령을 전달해온 것은 매일신보 기자인 김병규(金秉逵)군이었다. 김은 일본에서 고등학교 다니던 시절부터 나와는 편지 왕래가 있던 수재 타입의 청년인데, 도쿄제대 불문과를 다니다가 일본에서 법문계 학생들이 학병으로 끌려나갈 때 학업을 중단하고 돌아와 매일신보 기자로 다니고 있었다.

김의 말에 의하면 집필자 명단은 경무국에서 직접 인선(人選)한 것으로서 김성수(金性洙), 송진우(宋鎭禹), 여운형(呂運亨), 안재홍(安在鴻), 이광수(李光洙), 장덕수(張德秀), 나와 그밖에 1, 2인이었다. 그

때 조선 사회에서 영향력이 있다고 할 수 있는 인물을 총망라하다시피 한 것이었다. 모두 나보다 훨씬 연장자들뿐인데 어떻게 해서 내가 그 축에 끼여들게 되었는지는 알 수 없었으나, 어쨌든 집필은 경무국의 명령이라는 것을 김은 강조하였다.

나는 어떻게든 쓰겠지마는 글 쓰지 않는 인촌이 문제였다. 김은 벌써 인촌을 만난 모양으로, 인촌의 글은 자기(김)가 대필하겠다 하였더니, 정 안 쓸 수 없는 것이라면 대필은 하되, 쓴 것을 나에게 반드시 보이고 내도록 하라고 인촌이 말씀하였다고 전하였다. 전화로 확인해 보았더니 「창피한 글」이나 안되도록 주의해 달라는 인촌의 대답이었다.

같은 말을 해도 즐겨 「창피」한 표현을 쓰는 사람이 있다. 기왕 본의 아니게 쓰는 글이니 창피하고 안 창피하고가 어디 있을까마는 그래도 입을 열면 으레 「핫코이치우[八紘一宇]」(편집자 주: 제2차 대전 당시 일본이 자국의 해외 진출을 정당화하던 슬로건)니 「미이스[御稜威]」(편집자 주: 천황의 위세)니 해가며 과잉충성을 일삼는 사람들이 많은데 인촌은 그러한 「창피」를 특히 싫어하였다. 죽어도 더럽게 죽지나 말자는 뜻이었을 것이다.

김이 대신 집필해온 인촌의 글 아닌 인촌 명의의 글을 보니 수재인 만큼 염려한 것 같은 「창피」한 표현은 거의 없는 조촐한 글이었다. 나는 「조선 청년의 입영은 조선인의 힘의 증대다」라는 취지의 글을 써서 인촌 명의의 글과 함께 김 군에게 넘겨주었다.

내가 지금 그때 학병격려문이 나가게 된 경위를 말하고, 특히 인촌 명의의 글에 관해서는 진짜 집필자의 이름까지 밝힌 것은, 그 글 때문에 인촌은 해방 후 심히 부당하고 억울한 비난을 받은 일이 있기 때문이다. 김병규는 해방 후 좌익에 가담했는데 김 등이 작성해서 그 해 9월에 주로 미군 기관에 뿌린 *Traitors and Patriots*라는 팜플렛에는 인촌 명의의 그 글이, 해방 후 해방의 감격 속에서 행한 여운형 씨의 연설문과 나란히 실리어, 좌익을 치켜올리고 우익을 깎아내리는 데 부당하게 악용되었기 때문이다. 굳이 일제 하의 글을 사용하겠다면 여 씨의 것도 그때 매일신보에 인촌이나 나의 글과 나란히 발표되었던 것을 사용했어야 할 일이 아닌가.

1944년 1월 12일「학도지원병」들이 일제히 입영하던 때에는 보전에서는 학생들을 전송하여 교수들이 각지로 출장을 갔다 왔다. 나는 북행하는 학생들과 함께 평양을 다녀왔는데, 가는 학생들이나 보내는 나나 피차에 말이 없는 침묵의 전송길이었다.

그러나 국내가 이렇게 거의 허탈 상태에 빠졌을 때쯤에는 전세의 불리는 이미 누구의 눈에나 명백해져 있었다. 구주(歐洲) 동부전선에서는 소련군이 강력한 반격태세로 나오고 있었고,「로멜」휘하의 아프리카 독일파견군은 궤멸되었으며, 이탈리아는 항복하여「추축(樞軸)」의 중요한 일각(一角)이 이미 무너진 때였다. 북태평양에서는「아투」도(島)를 수비하던 일본군파견대가「옥쇄(玉碎)」(전멸)하였고, 남태평양에서는 미군의 전면적 반격이 시작되고 있었다. 1944년 6월 미 항공대의 대대적 폭격의 뒤를 이어 수백 척의 함선에 실린 미 육군이「노르망디」에 상륙함에 이르러서는 추축 측의 패배는 목첩(目睫)에 다가온 감이 있었다. 국내에서는 모르고 있었지만, 연합국 측에서는 벌써 전후처리방안의 하나로 국제연합헌장을 다듬고 있는 판이었다.

그때 서울에 일불(日佛)문화협회라는 것이 있었다. 어찌어찌해 이갑수(李甲洙), 김성진(金晟鎭), 조택원(趙澤元) 씨 등과 함께 나도 그 회원이 되어, 이따금 있는 만찬회에 참석하고 하였는데, 나는 미군의 「노르망디」 상륙 직후에 있었던 그 회(會)의 회합에서 일본인들이 주고받던 대화를 잊을 수가 없다. 빈집같이 쓸쓸하게 된 조선호텔「로비」에서 그들 (「후나다」船田亨二, 경성제대 교수, 「야마다」山田耕一, 화가, 「히라마」平間文壽, 성악가, 「다카기」高木, 조선군 촉탁, 어찌된 일인지 「다카기」는 그 후 얼마 안 되어 총살되었다고 들었지만)은 아름다운 「노르망디」의 전원(田園)이 비풍참우(悲風慘雨)의 불바다가 된 것을 한참 애석해 하였는데, 이야기는 곧 그들 자신의 신세타령으로 변하였다. 메이지유신 이후 7, 80년 동안 피땀을 흘려가며 서양 것을 배워서 인제 겨우 자기 자신의 것이라 할 수 있는 것을 내놓으려면 내놓을 수 있는 단계까지 왔는데, 그 고비를 넘기지 못하고 「도조(東條)」 등의 방정으로 다 망치고 말았다는 것이다. 일본의 패망이 이미 결정이 난 것 같은 말투들이었다.

그러나 그러한 것은 지식인의 헛된 관념유희(觀念遊戱)일 뿐, 현실은 전국(戰局)이 핍박해지면 그럴수록 더욱 각박해 가기만 했다. 일제의 최후발악은 법 · 문계 학생을 모조리 전선으로 끌어낸 것에 만족하지 않고, 이번에는 법 · 문계 학교를 아주 폐지해버리는 만행을 저지르기에 이르렀다. 1944년 3월 「사립보성전문학교」의 간판은 아주 내려지고, 그 대신 「경성척식경제전문학교(京城拓殖經濟專門學校)」의 간판이 올라붙게 된 것이다.

11. 피날레

보성전문이 경성척식경제전문학교로 간판을 갈아붙이게 된 것은 보전과 함께 우리나라 사학(私學)의 쌍벽이라 불리던 연희전문의 운명에 비하면 그래도 타격이 덜한 편이었다. 미국 선교사에 의해 설립된 연희전문은 태평양전쟁이 터지기가 무섭게「적산(敵産)」으로 편입되어 아주 총독부 관리로 넘어가서 일본인 교장하에 운영되어 오다가 이때에「경성공업경영전문학교」로 개편되었다.

척경전(拓經專)으로의 개편은 법·문계를 폐지하고 이공계와 실업계만을 남긴다는 총독부의 방침에 의해 강행된 것인데, 그들이 그런 방침을 세우게 된 동기는 일본에서와같이 전시 하 부족한 인력을 충용하기 위한 임시적인 것이 아니라, 아예 조선인은 이공, 실업 등 기술계통 공부만 하면 된다. 법·문계통 공부를 할 필요는 없다는 데 있었다. 당시의 경성일보 사장「미다라이」(御手洗) 같은 사람은『경성제대의 법문학부는 사이토(齊藤) 문화정치의 사생아다. 조선인이 무엇하러 법문계통 공부를 하느냐. 조선인이 이공·실업계 공부만 하는 것은 국가를 위해서도 좋고, 본인을 위해서도 좋은 일이다. 법·문계통 공부를 하고 나서 우울해하느니보다는 수입 좋고 대우받고 얼마나 좋은 일이냐.』고 공공연하게 방언(放言)하였다.

척경전으로의 개편문제가 제기된 것은 학병지원 소동이 미처 완전히 가라앉기도 전부터였는데, 보전에서는 법·상 양 과를 일조(一朝)에 폐지하는 것은 무ㅌ리라 하여 척·경 양 과는 우선 신입생으로부터 시작하고, 법·상 양 과에 재학 중인 학생은 그대로 법과·상과로 졸업시키는 안을 가지고 접촉했으나, 총독부의 태도는 단호하여 신학기부터 전면 개편하라는 것이었다.

상과를 경제과로 개편하는 것은 큰 무리 없이 가능하나, 법과를 척식과로 개편하는 것이 문제였다. 법학을 공부하겠다고 입학한 학생들을 강제로 척식과 학생을 만들 수도 없는 일이어니와, 상당수의 교수를 해직시켜야 하는 것이 또한 문제였다.

그래서 나는 일본에 더러 있는 소위 척식과라는 것의 내용을 조사해 보았더니, 그것에는 농업 계통을 주로 하는 것과 법·경(經) 계통을 주로 하는 것의 두 가지 유형이 있는 것을 알고, 활로를 찾은 듯이 좋아하였다. 척식과로 개편은 하되 우선 법·경 계통을 주로 하는 것으로 해놓았다가, 시기가 오면 농업 관계과목을 강화하여 농과를 신설하고 법과는 예전 것으로 도로 환원하려는 것이었다. 그렇게 된다면 법학관계 교수들도 대부분 그대로 유임시킬 수 있는 동시에, 인촌의 숙원인 농과를 개설하는 데도 도움이 될 것으로 생각한 것이다. 개편의 중심은 법과인 까닭에 개편에 관한 총독부 교섭은 내가 맡아 했는데, 교섭 상대인 「곤도」[近藤]라는 시학관은 뜻밖에 내가 설명하는 안을 두말없이 좋다 하였다. 그래서 나는 안심하고 정식서류를 만들어 며칠 후 가지고 갔던 것인데, 웬일인가 그의 태도는 전번 만났을 때와는 또 달랐다. 그는 내가 내놓은 서류는 잘 보려고도 하지 않고 한 편으로 밀어놓고 자기 책상 설합에서 종잇조각 한 장을 꺼내 내 앞으로 내밀면서

경성척식경제전문학교로 바뀌다

『당신 학교 척식과는 이렇게 하는 게 좋겠소.』하였다. 훑어보니 그것은 척식과의 교수과정을 연필로 끄적거려 놓은 것인데, 나하고 전번에 합의한 것과는 달리 농학 계통을 주로 하는 안이었다. 나는 항의하지 않을 수 없었다. 이미 합의해 놓고서 왜 지금 와서 다른 소리를 하느냐는 것이다. 합의한 것도 사실이요, 지금 내미는 안이 합의한 내용과 다른 것도 사실이니 말은「곤도」가 몰릴 수밖에 없었다. 그러자 그는 별안간 벌떡 일어나면서『기미!』하고 목소리를 높이며『척식과라면 이런 게 척식과지, 자네(기미)가 말하는 그런 척식과가 어디 있단 말이야!』

사뭇 노기(怒氣)를 띤 어조도 나를 꾸짖듯 했다. 나는 불끈 화가 치밀었다.

『어디 있느냐라니, 도쿄에 있는 척식대학도―』

하고 항변을 시작하였는데, 그때

『무얼 가지고들 그래?』

하면서 방 저편 책상에 앉았던 경성제대 철학과 출신인「이시모도」(石本)라는 시학관이 가까이 왔다. 몹시 민망스러워하는 얼굴 표정이었다. 그러나 이 시비에서도 결국 승리를 거둔 것은「곤도오」시학관이었다. 내가 가지고 간 원안 중 살아남은 법학 관계 과목은 1, 2개밖에 되지 않았다.

이렇게 해서 40년 전통을 자랑하던 보성전문학교는 문을 닫았다. 창설자 이용익(李容翊) 선생이 망명지 해삼위海參威[블라디보스토크]에서 최후의 숨을 거둘 때에도 못 잊어하던 보전, 손병희 선생이 경술국치 후의 어두운 딘 세월을 정성을 다해 가꾸어 오던 보전, 김성수 선생이 심혈을 경주해 명실상부한 민립대학으로 키우려 애쓰던 보전, 허다한 민족의 선각자와 중견적 일꾼을 배출하고 유사시에는 민중의 선두에 서서 젊은 기개와 투지로 민족의 울분을 대신 터뜨려 온 보전은, 패망에 다급해진 일제의 발악 앞에 드디어 소리도 크게 못 질러보고 숨을 거두고 만 것이다.

나는 이번에야말로 교직을 물러나기로 결심하였다. 망국민의 일원으로서 나 자신의 일생이 치욕으로 점철된 것만도 억울한 일인데, 그 치욕은 그나마 무엇을 좀 해보겠다고 아득바득함으로 해서 한층 심해질 뿐이 아닌가. 더군다나 개편된 척식경제전문학교에서「척식과장」직을 맡는다는 것은 생각만 해도 몸에 소름이 끼치는 일이었다. 척식과라니 식민지개척의 일선 일꾼을 양성해 내는 기관이 아닌가. 내가 그 책임자가 되다니—개편 교섭에서 완패한 뒤 나는 병상의 인촌을 찾아가 나의 결심을 표명하였다.

그러나 나는 또 한 번 인촌의 간곡한 만류에 졌다. 인촌은 그러면 학교는 누구더러 하라는 것이냐고 한숨을 쉬어가며 호소하였다. 이민족 치하에서 무엇을 하자니 아니꼽고 역겨운 것은 처음부터 알고 하는 일인데, 그렇다고 다들 그만둔다면 나(인촌)는 혼자서 어떻게 하라는 것이냐, 이런 때에는 눈물을 머금고 참고 견디는 것이 민족을 위하는 길 아니겠느냐는 인촌의 호소에, 그렇지 않다고 자리를 차고 일어설 용기를 나는 가지지 못하고 있었다. 나는 마음을 고쳐먹고 「척식과장」의 감투를 쓰기로 하였다.

그 무렵 일인들은 학교 간판만 강제로 갈아붙인 것이 아니라 학교 캠퍼스까지 강제로 새빨갛게 벗겨 놓았다. 지금 고려대학교 캠퍼스는 나무 없기로 유명하지만 전에는 그렇지 않았던 것이다. 본관과 도서관 뒤의 석비레산(山)은 지금이나 그때나 별다름 없다. 그러나 운동장 동편, 자세히 말해서 현재 정문이 서 있는 곳으로부터 차고, 농대, 상대, 아연(亞硏) 등이 서 있는 일대와, 운동장 서편 현재 대강당이 있는 곳에는 기둥감이 넉넉한 5, 60년생 소나무가 빽빽이 들어서 있었던 것인데, 일인들은 1944년 봄 「긴급 벌채」란 명목으로 그것을 강제로 베어버린 것이다. 정말로 그 재목들을 가져다가 전쟁목적에 썼을 것 같지도 않으니 심청으로 그렇게 한 것 같기만 하다(일인들은 그때 전국적으로 그런 일을 저질렀다. 광주廣州에 있는 나의 선산도 역시 그때 같은 명목으로 벌겋게 벗겨졌다).

그해 봄 나는 격에 맞지 않는 「척식과장」의 감투를 쓰고 외롭게 학교를 지키고 있었다. 학령미달로 학교에 남았던 2학년 이상의 학생들마저 부평 조병창(造兵廠)으로 가고—학교 안은 빈집같이 조용하기만 하였다. 도서관 앞 언덕의 철쭉꽃은 여전히 붉었으나, 소나무를 베어낸 넓은 공지는 황무지같이 흉하고 거칠었다.

부평 조병창에는 풋배기로 가 있는 생도감 외에 다른 교수들도 번갈아 「감독」을 가야 했는데, 여기서도 보전학생의 사보타지가 골칫거리였다. 「감독」으로 가 있는 것이니 학생들이 부지런히 일하도록 감독을 하여야 할 판이지만, 그렇다고 학생들이 일본군의 소총 부분품 깎는 일을 사보타지한다 해서 야단칠 수도 없는 일이니 말이다. 까딱 잘못하면 선생과 학생 사이의 의가 진정으로 상하고, 한편은 항일 애국자가 될는지 모르지만 다른 한편은 부일(附日) 반역자가 되는 판이다. 그러나 그런 판국으로 이르지 않고 선생과 학생 사이가 원만하게 유지된 것은 양편이 다 같은 희생자의 처지임을 아는 까닭에 무언중에 서로 마음이 통해서 서로서로의 처지를 이해해주었기 때문이다.

나의 기억으로는 그때 학생 중의 가장 심한 말썽꾼은 이중재(李重載) 군이었던 성싶다. 이 군은 몸이 성치 않아 의무(醫務)에서 약을 얻어다 먹고 했는데 곧잘 약병을 콘크리트 바닥에 내동댕이치고 하였다.

그러나 조병청에 가 있는 동안에도 우울한 일만 연달아 있던 것은 아니다. 내가 당번으로 가 있을 때인데, 밥의 분량이 규정보다 적고 백미와 잡곡의 비례도 말과 틀리고, 부식도 약속보다 형편없이 나쁜 것이 문제가 되어, 마침 함께 동원되어 와 있던 관립학교의 일인 교수들과 함께 청장에게 항의한 것이 들어맞아서 통쾌한 승리를 거둔 일이 있었다.

청장은 그럴 리가 없다면서 주계(主計)장교를 불러 장부를 내보이는 등 법석을 떨고 나서, 그래도 못 믿겠다면 그날은 밥쌀 내어줄 때에 학교 선생들더러 입회를 서보라 했던 것인데, 그 결과 그날 저녁에는 잡곡이 약간밖에 안 섞인 하얀 쌀밥을 평소보다 배가 되게 얻어먹고, 부식도 평소와는 비교가 안 되게 풍부하였던 것이다. 일본군대도 썩은 것을 내가 안 것은 그때가 처음이었다. 일인 교수들 말에는 조병창으로 나오는 백미를 장교들이 가로채서 「야미」로 팔아먹는다는 것이었다. 쌀을 팔아먹는 것은 그 쌀을 누군가가 결국은 먹을 테니까 그래도 괜찮다 하겠지만, 용서할 수 없는 것은 부식재료로 나오는 막대한 양의 생선을 취사병들이 일일이 조리하기는 귀찮고 그렇다고 썩어서 팔아먹을 수도 없고 하니까 가마니째 내다 버린다는 이야기였다. 온 식구가 한겨울에 동태 한 마리도 못 얻어먹는 조선사람의 형편을 생각하면 그야말로 분통이 터지는 이야기였다.

그해 6월 말에는 학교에 남아 있던 1학년 학생들마저 광주(廣州)로 야영훈련을 갔다. 여기도 선생들이 차례로 번을 들게 되어, 어느 날 나는 이병학 씨와 함께 그곳으로 향하였는데, 도중에 일정 하의 마지막 난센스를 빚어 일으켰다. 광나루 건너편 송파로 가는 벌판에서의 일인데, 뙤약볕 밑에 땀을 흘리며 헐떡거리다가 어쩌다 보니 저만큼 논둑으로 바구니를 이고 가는 한 여인이 보였다. 어떻게 된 셈인지 우리는 「밀살(密殺) 쇠고기다!」라고 순간적으로 느꼈다. 그리고는 『여보, 여보』 소리를 치며 여인쪽으로 걸음을 빨리 하기 시작하였다. 물론 얼마간이라도 고기를 나누어 달라고 하기 위해서였다. 그러나 그 여인은 우리를 흘낏 돌아 보더니 그대로 뛰기 시작하였다. 전투모에 각반까지 친 우리를 그 여인은 자기를 취체하려는 면(面)직원 쯤으로 잘못 안 모양이었다. 결국 우리는 바구니를 동댕이치듯 논둑에 놓고 땅바닥에 털썩 주저앉은 그 여인을 쫓아가서 학생들에게도 줄 겸 2, 30근쯤 되는 고기를 분양받은 것까지는 좋았으나, 그 뒤가 나빴다. 우리는 고기를 입수하자 바로 근처 주막으로 들어가서 그 고기를 조금 썰어오라 하여 막걸리를 마시며 소금을 뿌려 구워 먹었는데, 그것이 잘못되어 그날 밤 나는 죽다가 살아났다. 야영지에 도착하여 학생들과 함께 늘어서서 배속장교의 훈시를 듣고 있는 도중에 쓰러져가지고, 밤이 새도록 토사를 계속한 것이다. 만일 그때 세브란스 의전학생들과 함께 세브란스의 교수들이 와 있지 않았더라면 나는 속절없이 광주 야영지의 귀신이 될 뻔하였다.

그해 늦은 가을의 야영훈련지에서는 생각만 해도 끔찍스러운 일이 일어났다. 새로 배속장교 보좌관으로 부임한「시미즈」(清水) 중위라는 자가 학생들이 훈련에 열을 내지 않는다고 대로(大怒)해서 막사 안에서 고함을 치며 일본도를 빼어 드는 소동이 벌어진 것이었다. 마침 당번으로 가 있던 장덕수 씨의 대담한 대응책으로 큰일을 면하였다는데, 이 사건은 나는 직접 보지 못하여 자세히 기술할 수 없는 것이 유감이다.

1945년이 되자, 나는 심신이 피곤해 더는 도저히 지탱할 수 없음을 느끼고 인촌을 찾아가 마지막 인사를 하였다. 벌써 1년째 자리를 깔고 누워 있는 인촌은 정말 환자같이 얼굴이 초췌하였으나 이번에는 인촌도 모든 것을 체념한 듯 나를 더 붙잡지는 않았다. 다만『그렇지만 보전과 인연을 아주 끊지나 말아주시오.』할 뿐이었다.

1945년 3월 말로 나는 보전의 교수와 과장을 다 그만두고 퇴계원 소개지(疏開地)로 퇴거하였다. 그곳에서 일주일에 한 번씩 보전을 다니면서 해방을 맞이한 것이다.

장장 16회에 이르는 회고담을 쓰면서 해방에 이르기까지의 보전 생활을 되씹어보니 한마디로 그저 지지부레하기만 하다. 처음 보전에 참가할 때 가졌던 젊은 의욕과 포부는 하나도 성취된 것이 없이 나의 보전생활은 수난과 좌절, 인종(忍從)과 굴욕의 끝없는 연속에 지나지 않았음을 새삼스레 느꼈다. 죄는 본래 안 되는 일을 하려던 데 있었다 하겠지만, 안 되는 일인 줄 알면서도 안 할 수 없었던 데야 어찌하랴.

바람에 휘었노라 굽은솔 웃지마라
춘풍(春風)에 피온 꽃이 매양에 고왔으랴
풍표표 설분분(風飄飄 雪紛紛)할제 네야 나를 부르리라

—인평(麟平)대군 이요(李㴭)

그러나 독자는 그동안에 이 끝없는 고난의 배후에 숨어 있는 끈질긴 삶에의 의지를 발견하였기를 바란다. 그것은 바로 해방 후 보전의 정신적 원동력으로 연결되기 때문이다.

호랑이 새끼는 아직 어미 뱃속에서 나오지 못했지만 어미 호랑이의 칠전팔기(七顚八起)의 괴로움 속에서 태(胎) 속의 새끼 호랑이는 칠기팔전(七起八顚)의 감투정신(敢鬪精神)을 배우는 것이다.

후편(後篇)

1. 해방

1945년 8월 15일! 온 겨레가 만 35년 동안 꿈속에도 그리던 해방의 그 날, 그 날을 우리는 어떠한 자세로 맞이하였던가.

우선 그 날의 내 일기를 그대로 인용하련다(주석과 괄호 안 첨언은 이번에 보충한 것).

「1945년 8월 15일(수) 청(晴)

일기 쓰기를 그만둔 지 만 열다섯 해다.

사회사정연구소사건(1)으로 서대문서에 검거되어 일기 때문에 갖은 욕을 다 당한 이후로 일기 쓰는 것을 그만두기로 결심한 것이었다. 그러나 오! 오늘부터는 일기를 도로 쓸 수 있게 되었다. 이날을 기다림이 대범(大凡) 얼마나 되었던고!

소련이 참전한(2) 그 순간, 일본의 패전은 완전히 시간문제로 된 것임을 확신하였다. 그러나 그것이 이렇게 빨리 올 줄은 사실 몰랐다. 귀가 먹고 눈이 어두운 우리들은 대국을 판단할 재료가 없는 것이다. 혹시 급전직하하는 수도 있으려니는 했으나, 그래도 몇 달은 더 끌

것으로들 생각하였다. 만주가 함락되고 [소련군이] 조선 땅에도 상당히 깊숙이 진출한 후가 아닐까 생각한 것이다.

아! 그러나 왔다! 우리의 해방의 날은 왔다. 꿈인가 생시인가. 두서를 잡을 수 없다. 머리가 띵할 뿐이다.

어제에 이어 오늘도 굉장히 더웠다. 오늘은 금년 여름 들어서 제일 더운 날이었다. 아침 후 백체종자(白菜種子)(3)와 머큐로크롬, 붕산연고, 소화약을 구하고, 광(洸)(4)의 결석계(5)에 첨부할 진단서를 얻으려고 집을 나섰다. 10시 반이었다. 종로에서 전차를 내려 전동(典洞)(현 견지동堅志洞)으로 올라가다 보니 길가 벽에 「금일 정오에 중대방송」이라는 신문특보가 붙어 있다. 전기를 맞은 것같이 느껴지는 바가 있기는 했지만 그러나 그때까지도 이럴 줄은 몰랐다느니보다도 내각 총사직, 그리고 완전 항복은 그 뒤려니 하였다. 시계를 보니 11시 40분. 김남천(金南天) 씨(6)를 만나 약도 부탁하고 같이 방송도 들으려고 신흥제약소를 들르니 낙원정 분공장(分工場)에 있다 한다. 분주히 그곳으로 찾아가니 시골로 출장 갔다는 대답.

시간은 부등부등 돼 오고 급해서 종로금융조합으로 들어갔다. 이사로 있는 일인이 몹시 긴장되어 좌불안석으로 라디오 앞을 왔다 갔다 한다. 12시 2, 3분 전! 일본국가가 시작되었다. 이어서 천황의 방송! 그러나 잡음이 많아 알아 들을 수가 없다. 목산(牧山) 부이사(7)를 따라 근처 예식부(禮式部)로 뛰어가니 라디오가 고장이라고 줄을 가지고 만지작거리노라 야단이다. 또 뛰어 그 옆 구둣방을 들렀더니 한층 더 불분명. 길 건너 구둣방 라디오가 잘 들린다 해서 그리로 뛰어 건너갔으나 여기서는 스위치도 넣지 않고들 있다. 「중대방송이 있다는데―」해도 들은 체 만 체. 목산 씨와 덤벼들어 기계를 만지작거렸으나 역시 도무지 들리지 않는다. 하는 수 없이 금융조합으로 도로 뛰어갔다. 그러나 여전히 마찬가지.

하는 수 없이 그곳을 나와 종로 쪽으로 가면서 또 두어 군데 더 들어보았으나 역시 시원치 않다. 삼일양복점(8)을 들렀으나 또 마찬가지. 기독교청년회 2층으로 올라갔더니 구자옥(具滋玉) 씨 등이 앉아 귀를 기울이고 있는데 그곳도 시원치 않다.

끝내 방송으로 듣는 것을 포기하고 신문사로 가서 내용을 알아 보려고 전차를 탔다. 매일신보(9) 편집국을 들어서니 장철수(張徹壽) 기타의 사람들이 달려들어 악수를 하며「오메데도―」(경사스럽습니다)를 연발한다. 정(鄭) 편집국장(10)을 만나 수상(首相)의 유고(諭告)「게라」를 보았다. 그리고 홍종인(洪鍾仁) 군을 따라 조사실로 가서 포츠담 공동선언이 실린 만주신문을 보았다.

비로소 모든 것이 환해졌다. 어찌할 것인가. 잠깐 생각하다가 좌우간 김성수(金性洙) 씨를 만나 좀 더 이야기도 듣고 하려고 계동(桂洞)으로 갔더니 작일 연천(漣川)(11)으로 가셨다 한다. 허탕치고 돌아서는데 경계경보발령. 전동으로 내려오다가 경계가 너무 삼엄해서 남계양행(南桂洋行) 골목으로 빠져 탑동공원(塔洞公園) 앞에서 전차를 탔다.

집으로 와서 근용(根容)과 효숙(孝淑)에게 이야기를 해주었으나, 그것만으로 혼자 집에 있을 수가 없어서 보전으로 갔다. 옥선진(玉璿珍), 손진태(孫晋泰) 양 씨와 마침 손(孫)을 찾아왔던 최태영(崔泰永) 씨가 있을 뿐. 잡담(12).

집으로 돌아왔으나 감정이 흥분되어 저녁밥을 먹을 수가 없다. 마침 손정규(孫貞圭)(13) 씨가 갖다 준 술이 있어서 이(李) 서방(14)과 둘이 축배를 들다. 그러나 아무래도 마음이 진정되지 않는다.

지나사변支那事變[중일전쟁](15)의 호외를 받았을 때의 절망적이던 기억이 생각난다. 사실 그때는 타격이 심각하였다. 대동아전쟁이 났을 때에도 그때만큼은 타격이 심하지 않았다. 아, 오늘이 있을 줄, 그때에 어찌 알았으랴.

좌우간 잠을 좀 자야 할 텐데 잠이 올 것 같지 않다. 잠을 자고 내일 아침에 다시 천천히 생각을 해보아야 하겠다.

보전 갔다 오는 길에 학생들이『이게 누구의 공입니까. 우리들의 선배의 공입니까』묻는 데 확실한 대답을 못 했다. 선배들의 공이 아닌 것은 아니지만 그것만으로 이루어진 것이라 단언할 수 없기 때문이다. 객관적 정세(情勢)의 힘이 너무도 컸기 때문에—.」

◇ 주(註)

(1) 1932년에 있었던 일. 본서 전편「시대적 배경」참조.

(2) 소련이 대일전쟁에 참전한 것은 바로 그 일주일 전인 1945년 8월 8일.

(3) 그때 나는 퇴계원 소개 간 집에서 채마밭을 가꾸고 있었다.

(4) 나의 장자. 당시 경기중학 1학년.

(5) 그해에는 여름방학도 없어서 학교를 빠지려면 결석계를 내야 했다.

(6) 소설가. 후에 월북. 그때 제약소 일을 보고 있었다.

(7)「목산」은 창씨명.

(8) 고대교우 김덕은(金德銀) 씨가 구(舊) YMCA 아래층에서 경영하던 양복점.

(9)「동아」「조선」양 지가 폐간되고 그때 남아 있던 유일한 우리말 신문, 총독부 기관지.

(10) 정인익(鄭寅翼). 6·25 때 납북.

(11) 인촌은 그때 연천군 전곡에 있는 최남(崔楠) 씨 전장(田庄)에 소장(所藏)의 이조백자를 소개한 터이었다.

(12) 그때 서로 주고받은 이야기는 물론 해방에 관한 이야기였지만, 조직적인 의사 교환이 아니었으니「잡담」이라 할밖에 없다.

(13) 우리나라 여성 교육계의 대선배. 당시 경기여고 교사. 해방 후 여자사범학교 교장, 6·25 때 납북.

(14) 내 집에 동거 중이던 나의 매부.

(15) 1937년에 시작된 일본의 중국본토에 대한 본격적 침공.

이상 지루함을 무릅쓰고 당일의 나의 일기를 전기(轉記)한 것은 그 당시의 한국 사람들이 해방을 어떠한 상태로 맞이하였던가를 보여주는 한 예를 보이기 위한 것이다. 주(註)를 붙인 것도 그것들을 통해 당시의 우리나라 사회의 단면을 엿볼 수 있기 때문이다.

해방이 우리 민족에게 있어서 어떠한 의의를 가졌었나 하는 이론적인 고찰이나 해방 직후에 우리가 겪은 정치, 경제, 사회, 문화의 각 방면에 있어서의 혼란상 등을 조직적으로 설명하는 일은 본고에서는 시도하지 않도록 하고, 이곳에서는 내가 직접 겪은 일들에 국한해서, 그것도 보전, 고대를 중심으로 해서 회고해 나가기로 하겠다.

위의 일기에 나타난 바로 알 수 있는 바와 같이 해방은 우리 민족에게 아무런 마음의 준비를 갖출 여유를 주지 않고 그야말로 푸른 하늘에서 벽력을 치듯이 우리 위에 갑자기 덮친 것이었다. 물론 그날이 올 줄을 몰랐던 것은 아니다. 아무리 언론과 보도를 관제(管制)하여도 태평양 해역에 있어서의 일본군의 패색은 감출래야 감출 길이 없었다. 전쟁에 져서 한 지역을 포기하고 다른 지역으로 패퇴(敗退)할 때마다 일본인들은 「전진(轉進)」이라는 말로 사실을 흐리려 했지만, 지도를 보면 그것이 전진이 아니라 패퇴라는 것은 누구의 눈에나 환했다.

1945년 이른 봄에는 그때까지 일본과 만주 각지를 폭격하는 것으로 알려졌던 미국의 「초(超)공중요새」 B29가 그 우아한 자태를 서울 상공에 나타냈다. 하얀 비행운을 실같이 공중에 뿜으며 소리 없이 미끄러져 가듯 하는 은색의 B29는 무서운 전쟁의 무기라느니보다도 무슨 미술작품같이만 보였다. 요격하는 일군기(日軍機)도 없어서 그들은 마치 유람비행이나 하는 듯했다.

B29기가 두 번째인가 세 번째인가 서울 상공에 나타났을 때에는 일본군 전투기가 요격에 나섰다는 신문기사가 있었다. 그러나 「경성일보」의 그 기사에는 일본 비행기에는 기밀(氣密)장치가 없어서, B29의 고도 가까이까지 쫓아 올라가기는 했지만, 혹한과 호흡곤란으로 조종사가 까무라쳐서 기체가 「기리모미」(송곳돌리기) 상태로 지상 1천미터까지 떨어지다가 겨우 정신을 차려 추락을 면했다고 정직하게 써 있어서, 일본 비행기는 B29와는 대적해 싸울 수 없다는 이야기인지, 일본 조종사가 그렇게도 용감하였다는 이야기인지 분간을 할 수 없는, 고소(苦笑)거리 기사였다.

그러고 보니 일본의 패전이 가까왔다는 것만은 누구나 짐작할 수 있게 되어 있었지만, 1943년의 카이로선언도, 불과 몇 주 전(1945년 7월 말)의 포츠담선언도, 또 히로시마(廣島)와 나가사키(長崎)에 떨어진 원자폭탄의 위력이 까맣게 모르고 있던 국내 사람들은 일본이 그렇게 빨리 손을 들리라고는 미처 생각지 못하고 있었던 것이다.

사실 그때의 우리 민족은 정신적으로나 경제적으로나 가위 기진맥진의 상태에 있었던 것이다.

우선 경제적으로 우리가 얼마나 곤궁한 상태에 빠져 있었던가를 나 자신의 경험을 통해 알아보기로 하자.

해방 전 2년 동안 나는 과일을(배도 사과도 참외조차도) 사 먹어 본 일이 없다. 양식(糧食)은 자가용 반출이 용인되는 처지였지만, 그것만으로는 기아(飢餓)를 면할 수 없어서 불가불 식구의 일부를 서울과 퇴계원에 이중 등록을 해놓고 부정배급을 타서 겨우 연명할 수 있었다. 채소는 내 손으로 심어 먹었지만, 육류는 도저히 구할 길이 없어서 촌에서 어쩌다 돼지를 밀살하든지 할 때면 한몫 얻어서 소금독에 묻어 놓고 이따금 맛이나 보는 정도였다. 의류도 물론 귀해서 면제(綿製) 광목은 그림자도 볼 수 없었고 흐늘흐늘한 인조견조차 구하기 힘들었다.

그런 데다가 물가는 다락같이 올라 있었다. 해방되던 해 3월, 내가 보전을 그만두던 때의 월급이 160원, 과장수당이 십원, 도합 170원이었는데, 수송동에서 청량리까지 짐차 한 번 운임이 20원이어서 그해 봄 내가 수송동에서 청량리로 이사하던 때에는 이삿짐 차 중에서 몇 차는 내가 직접 끌어야 했다. 대낮에 끌기는 좀 창피해서 저녁 먹은 뒤에 내가 앞에서 끌고 자식들과 식모가 뒤에서 밀었다.

여러 해 옥고를 치르고 전해에 가출옥(假出獄)으로 나온 최용달(崔容達) 군이 뚝섬에서 농사를 짓고 있어서 나는 최 군한테서 감자와 파를 얻어다 먹기도 하였다.

어느 모로 따지더라도 중류 이상에 속한다고 하여야 할 나의 생활이 이런 꼴이었으니 우리 민족의 당시의 궁핍상은 짐작이 되고도 남음이 있지 않은가.

그러나 정신적인 면에서의 기진맥진은 이보다도 더할지언정 못하지 않았다. 일제의 대륙침략이 진행됨을 따라 종래 「외지(外地)」였던 조선은 점차 「내지화(內地化)」하고, 그에 정비례하여 그들의 조선통치정책은 가속적으로 적극화되어 갔다. 「일시동인(一視同仁)」은 「내선융화」가 되고, 그것은 다시 「내선일체」로 비약하여, 「창씨개명」 「지원병제도」 「학도병제도」 「징병제도」 「조선어교육폐지」 「조선어신문폐간」 「국어(일본어)상용」 「교육제도개편」 등 일련의 「황민화」 정책이 강행되었다. 해방 전 1년 남짓한 동안 우리 민족은 거의 허탈 상태에 빠져 있었다 해도 과언이 아니다. 그 당시 세상을 떠들썩하게 한 「조선어학회사건」이나 「신사참배거부사건」 등을 놓고 보더라도, 그것들은 민족의 해방을 위하는 등의 공격적 투쟁이 아니라, 우리의 말이나 신앙을 빼앗기지 않으려는 방어적 수세적 성격의 것이었던 것이다. 양식 있는 사람들은 형무소로 들어가거나 지하로 숨거나 하기 전에는 살아가기 힘드는 것이 당시의 정황이었다. 그러나 그렇다고 우리가 아주 저항을 포기하고 있었던 것은 아니다. 전기(前記)한 학병탈주사건(본서 전편 「마지막 저항」)도 그 한 예이어니와 이러한 사건은 특히 중국으로 배치된 부대에서 많이 일어났고, 학병을 기피하여 징용으로 끌려간 학생들의 노역장에서는 사보타주가 꼬리를 물고 일어나고 있었다.

1945년 봄 어느 날 나는 임화에게 이혁기 군 이야기를 하였더니 임은『막바지에 빠지면 직접행동밖에 수가 없나 봐.』하면서 그 며칠 전 자기 집에서 일어났던 일을 이야기하였다. 학병을 피해 산으로 들어가 광부 노릇을 하고 있는 한 청년이 무엇인가 무거운 궤짝을 지고 밤에 찾아와서 하룻밤을 자고 갔는데, 궤짝에 가득 든 것은 광산에서 쓰는 다이나마이트였다는 것이다. 이러한 막바지 상태에서 우리는 해방을 맞이한 것이었으니, 암흑의 동굴 속에 오래 유폐되었던 사람이 별안간 햇볕이 찬란한 동굴 밖으로 끌려 나온 때 모양, 우리 민족이 어리둥절하였던 것도 까닭 없는 일은 아니었다.

2. 혼란

그러고 보면, 해방과 함께 우리 사회에 잠시 동안이나마 혼란이 온 것은 거의 필연적인 일이었다 할 것인데, 그것을 극단화시킨 것은 이데올로기의 대립이었다.

이데올로기의 대립은 일제시대부터 격렬하였던 것이 사실이다. 3·1독립운동의 여파가 채 가시기도 전에 좌익사상은 우리나라로 들어와서 우익과의 사이에 치열한 민족해방운동의 주도권 쟁탈전을 별여온 것이었다. 다만 그때에는 좌익이고 우익이고 일본제국주의라는 공동의 적을 가지고 있었고, 일제는 또 거꾸로 한국인들끼리 좌우익으로 갈려 다투는 것을 역이용하려 하였기 때문에, 한국인들끼리의 좌우익 싸움을 정세를 따라 격해졌다 약해졌다 하기도 하고, 때로는 대립을 멈추고 통일전선을 형성하기도 하였던 것인데, 해방으로 일제라는 공동의 적이 없어지고 보니 좌우익의 싸움은 무작정 격화일로를 치달을 수밖에 없었다.

여기서 주목할 사실은 좌익은 실력을 신조로 하여 재외(在外)하는 민족해방운동과 아무런 연락 없이 재빠르게 조직에 착수하여 자기들의 조직을 기성사실화하려 한 데 대하여, 우익은 명분과 법통을 존중하여 충칭[重慶]에 있던 대한민국임시정부를 지지하고 그 환국을 기다리는 태도로 나온 점이다.

이러한 기본노선의 차이는 우선 조선총독부로부터 권력을 인계받는 과정에서부터 나타났다. 조선총독 아베 노부유키[阿部信行] 는 일본의 패망이 공표되던 수일 전에 고하 송진우를 초청하여 재류 일본인의 생명 재산 보호를 조건으로 권력인수를 종용하였으나, 고하는 대한민국임시정부가 염연히 존재하는 이상 자기가 나서서 권력이양을 받을 수 없다 하여 거절하였다. 그런데 이와 반대로 다음에 초치된 몽양 여운형(呂運亨)은 선뜻 이를 받았던 것이다.

여운형 씨는 자신이 공산주의자는 아니었지만 민족주의 좌익이라 할까 중간파라 할까 어쨌든 좌익과 협력할 수 있는 위치에 있는 인물이었는데, 최용달 군 등은 일제 말기부터 벌써 여 씨와 연락을 하고 있었다. 1945년 6월, 패전에 초조한 일본수상 스즈키 간타로(鈴木貫太郎)는 여운형 씨에게 「친서」를 보내어 모택동을 만나 일본의 대(對)미 · 영전쟁에 소련이 끝까지 참전하지 않도록 스탈린을 움직여 달라 부탁한 일이 있는데, 그때 여 씨는 그것을 수락하고 최용달 군 등과 함께 연안(延安)으로 갈 계획이었다. 이 이야기를 최 군으로부터 들은 나는 그것은 가망 없는 일이니 차라리 미 · 영 측에 대하여 소련과의 동맹 관계를 끊고 일본과 합작해서 소련을 치자 하는 편이 가능성이 있을 것이라 하였으나, 최 군은 그해 4월에 히틀러가 패망하던 때의 일을 인용하면서 미 · 영 측의 민주주의 옹호의 결심은 그만큼 굳기 때문에 결코 소련을 배반하는 일이 없을 것이라 하여, 7월 초순에는 여 씨와 함께 연안으로 떠날 계획이었다.

이 계획이 어찌해서 실현되지 않고 말았는지의 연유는 나는 모른다. 그러나 어쨌든 여운형 씨는 그만큼 해방 전부터 이미 좌익과 밀접한 연락을 가지고 있었고, 좌익은 정권획득 과정에서 명분이나 법통보다는 실력을 중요시하였기 때문에 여 씨로 하여금 선뜻 총독의 제의를 받아들이게 한 것이었다.

그리고 보니 해방 직후의 국내정치정세는 여운형 씨를 정상으로 하고 출발한 건국준비위원회의 가위 독단장(獨壇場)이라 할 만한 것이었다. 8월 16일 오후에는 소련군이 서울에 입성한다는 소문까지 퍼져서 서울의 거리는 인파로 메워지고 남대문에서 서울역에 이르는 사이에는 적기(赤旗)가 휘날려 서울은 적색혁명의 전야에 돌입한 감이었다.

일반정세에 관한 서술은 그만하고 나 개인의 이야기로 돌아가자.

8월 16일 이른 아침 뜻하지 않게 나는 임화의 방문을 받았다. 새 나라 문화건설을 위해 같이 나서자는 것이었다(「새벽의 두 방문객」, 졸저 「구름 위의 만상」 소수所收). 예상하지 않았던 일은 아니었다. 학생시대에 나는 마르크스주의를 받아들였던 것이 사실이며, 문단(文壇)관계에서는 「동반자작가」로 불려 왔고, 교우관계로 보더라도 최용달, 이강국(李康國) 등 해방 후 조선공산당의 핵심이 된 인물들과 정친한 사이였기 때문이다. 그러나 차차 나이가 들고 인촌과의 접촉이 밀접해짐에 따라 마르크스주의—특히 좌익 실천운동에 대해 차차 회의를 느끼기 시작하였다. 임화가 찾아왔을 때 내가 확실하게 「반공」을 결심했었다고까지는 말할 수 없지만, 적어도 내가 좌익 실천운동에 발을 맞추어 나갈 수 없는 인물이라는 자각은 이미 되어 있었다. 나는 앞으로는 교육과 학문연구에 전념할 생각을 이미 굳히고 있었다.

새문화건설운동에 함께 나서자는 임화의 제의에는 응하지 않았으나,『지금 사람이 없으니 어떻게 하느냐. 좌우간 이따 오후 1시에 계농(桂農)연구소로 잠깐 나와 달라』는 그의 말에는 그렇게 하겠다 대답해 놓고, 조반(朝飯) 후 나는 보성전문으로 갔다.

보성전문은, 그러나, 아직 잠자고 있었다. 인촌으로부터도 아무 연락이 없어서(그때 인촌은 아직 연천에서 돌아오지 않고 있었다), 그날 아침 학교에 나온 몇 사람이 만나 임시휴교의 결정만을 했던 것으로 기억한다. 나는 이미 자동적으로 교수 겸 법과과장으로 복직이 되어 있는 셈이었다.

오후 1시 나는 계농연구소로 갔다. 종로5가 청계천 변에 있는 계농연구소는 약학전문학교 도봉섭(都逢涉) 교수가 주재하는 조그만 생약연구기관이었다. 임화는 혼자 먼저 와 있다가, 지금부터 출발하는 새 문화운동의 성격을 묻는 나에게『조선혁명의 현 단계가 부르주아 민주주의혁명이니까…』하고 대답하였다. 그러자 뜻밖에 그 자리에 최용달 군이 나타났다. 최 군은 등 뒤에는 함병업(咸秉業) 군(보전서 오랫동안「국어」[일본어]를 가르치던 사람)이 땀을 뻘뻘 흘리며 가방을 들고 비서모양 따르고 있었다.

최용달 군은 임화와 나의 얼굴을 번갈아 보면서「이번 혁명이 부르주아민주주의혁명」이라는 뜻을 말하였다. 그러나 최 군의 태도는 친구 간에 그냥 자기 의견을 말하는 것이 아니라, 고위(高位)의 결정을 아래로 전달하는 인상이었다.

좌익이 주도하는 「새문화운동」은 그렇게 해서 시작되었는데, 해방의 감격에 문인, 화가, 연극인, 음악가, 영화인 할 것 없이 저절로 모여들어 「조선문학건설본부」, 「조선연극건설본부」 등등의 여러 단체가 삽시간에 결정되고, 그 단체들의 상위 통제기관으로 「조선문화건설중앙협의회」가 조직되었다.

좌익도 우익도 없었다. 좌익이 주도한다고는 해도 좌익도 「조선혁명의 현 단계는 부르주아민주주의혁명」이라 하는 이상, 좌우익을 구분해서 다룰 수 없었고, 그야말로 민족의 대동단결이었다.

권력기관으로 출발한 건국준비위원회가 조직된 과정은 나는 전연 모르나, 그것도 문화건설중앙협의회와 대략 비슷하였을 것으로 생각한다. 다만 건준(建準)의 경우에는 송진우 씨 등 민족주의 지도층이 처음부터 참가를 거부한 점이 문화건설중앙협의회와 다르다.

그 이튿날(8월 17일)에는 일본군대가 도로 거리로 출동해서 시내 중심부는 계엄이나 내린 것 같은 삼엄한 상태였는데, 그런 속에 현준혁(玄俊赫) 군이 한청(韓靑)빌딩(문화건설중앙협의회가 있던 건물)으로 나를 찾아왔다. 서대문형무소에서 복역 출감 후 여러 해 동안 소식을 알 수 없던 현 군이었다.

반가워서 나는 그를 데리고 한청빌딩 아래층에 있는 「아세아(亞細亞)」다방으로 갔더니, 자리를 잡자마자 그는 『유 형, 이렇게 됐으니 인제 우리 마음 놓고 공부나 같이합시다.』 하였다. 일제하에서 공산주의운동을 하다가 여러 해 징역까지 산 그가 인제 「공부」나 하자는 것이었다. 나는 더욱 반가왔다.

『생각 잘했소. 나도 앞으로는 학자 생활에 전심할 생각이오.』

『문화운동은?』

『여기는 어저께 오후부터 임화한테 끌려 나왔는데, 오늘로 손 떼고 학교로 돌아갈 생각이오.』

『생각 잘했소. 앞으로 우리 손 잡고 잘해봅시다.』

그리고 우리는 헤어졌다. 내가 여기서 현 군 이야기를 꺼내는 것은 현 군은 그 뒤 불과 며칠 안 돼서 평양으로 갔고, 거기서 그는 조만식(曺晩植) 씨와 합력해서 건준평남위원회를 조직해 활동하다가 얼마 안 되어(9월 초) 암살을 당했는데, 현 군이 평양으로 간 것은 당의 명령에 의해 부득이 취한 행동이요, 해방 직후의 그의 진심은 정치활동에서는 손을 떼고 학문의 길로 들어서려는 데 있었음을 밝혀 두기 위함이라. 나를 만날 필요가 있었던 것도 아니요, 내가 만나자고 청한 것도 아닌데 그 소란하고 분주스러운 가운데 일부러 나를 찾아와서 주고받은 이야기이니 그때의 그의 말에 거짓이 있을 수 없기 때문이다.

문화건설중앙협의회에 관해서는 한 가지만 더 이야기를 해둘 것이 있다. 현준혁 군이 다녀간 지 얼마 안 돼서 임화가 걱정스러운 얼굴로 말을 꺼냈다.

『정치라면 질겁을 해 외면만 하던 사람들이 이런 땐 되레 더 야단들이란 말이야.』

임의 말에 의하면 조금은 우선 모든 문화인이 무조건 대동단결해야 할 때인데, 일부 사람들이 무용의 조(趙)모, 연극의 김(金)모 등「친일분자」를 제거해야 한다고 떠들고, 그것을 또 모모하는 사람들이

거든다는 것이었다.

『조모가 문제라면 최승희(崔承喜)는 문제 아닌가.』

『최승희는 도쿄에 있으니까 두고 봐야지.』

그래서 임은 조모에게 당분간 표면에 나서지 말고 있다가 적당한 시기에 다시 만나자 했던 것인데, 김모에 관해서는 나더러 잘 알아듣도록 이야기해 달라는 것이었다.

김모는 전 보전 영어 선생으로 나와는 동료관계에 있던 사람이므로 나는 임화의 말에도 일리가 있는 것 같아서 그의 부탁을 수락하였다. 김이 연극에 관계하게 된 것은 보전에서 영어과목이 폐지되어 그가 실직했을 때 일제의 어용(御用) 연극통제기관에 「전무이사」인가 무엇인가로 취직한 때부터의 일이므로, 나는 그를 만나 보전으로 되돌아올 것을 권할 속셈이었다.

그러나 김의 반응은 의외로 나의 기대와는 딴판이었다. 그는 얼굴빛이 새파래지며

『나를 친일했다고 숙청한다면 유 선생은 친일 안 했나요? 임화와 친하니까 유 선생은 괜찮은 건가요? 임화는 또 친일 안 했나요?』

『그렇게 말할 것이 아닙니다.』하고 나는 그를 설득하려 별말을 다 하였다. 친일을 했다면 친일 안 한 사람이 누가 있겠느냐는 것, 그러나 그것을 문제 삼는 사람이 있는 이상에는 그렇지 않다 시비하느니보다는 조용히 물러나 있는 것이 현명할 것이라는 것, 더군다나 그는 본래 연극인이 아니라 생활의 방편으로 일시 연극에 관계했던 것이니, 해방된 마당에 구태여 연극을 붙들고 늘어질 것이 아니라 전공인 영문학자로 되돌아가는 것이 옳은 일일 것이라는 것, 나도 오늘로 문

화운동과는 손을 끊고 연구실로 돌아갈 결심이니 나와 함께 보전으로 되돌아가자는 것 등등 별말을 다 해가며 그를 움직여보려 하였으나 막무가내였다.

『김성수의 보성전문으론 안 돌아갑니다!』

하고 그는 자리를 차고 일어섰다. 그것이 그 후 그가 좌익에 가담하여 2, 3년 동안, 기회 있을 때마다 갖은 이유를 다 붙이어 글로 말로 나를 헐뜯고 비난하게 된 동기가 되었다.

문화건설중앙협의회와 손을 끊고 집에 들어앉아 있노라니 몸은 편했으나, 마음은 도무지 안정이 되지 않았다. 이 사람 저 사람이 쉴 새 없이 드나들며 끓는 가마 속같이 들끓는 세상 소식을 전하기 때문이었다. 그러자 이상한 소문이 들려왔다. 건국준비위원회에서 정부조직을 꾀하고 있다는 것이다.

나의 일신(一身)에 관계되는 일은 아니었지만 나는 걱정이 돼서 명륜동 김해균(金海均) 씨(보전 영어교수)의 집으로 최용달 군을 찾아갔다. 그때 박헌영(朴憲永)을 중심으로 해서 어느 틈엔가 벌써 재건된 조선공산당 간부들이 김 교수 집 2층을 쓰고 있다고 들었기 때문이다.

8월 19일이었다. 아래층 응접실에서 기다리노라니 최용달 군이 내려왔다. 눈코 뜰 사이 없이 바쁠 터인데 역시 친구란 고마운 것이로구나 생각하였다.

『자네들이 정부조직을 하려고 한다 해서 걱정이 되어 찾아왔는데—』

하고 내가 말문을 열자 최 군은 대뜸『왜? 무엇이?』하면서 되물었다.

최 군들이 정부를 조직하려고 하고 있다는 소문이 거짓이 아니었음을 눈치채고, 이거 정말 큰일 낼 사람들이로구나 생각하면서 나는 그를 찾아온 까닭을 이야기하였다. 내 생각 같아서는 건국준비위원회는 치안 유지에나 전념하고 있다가 정부를 조직하는 일은 중경, 연안, 소련, 미국 등 해외에 있는 혁명세력들이 귀국하기를 기다려서 하는 것이 옳다는 것이었다. 그렇게 해야 해내 해외에 있는 모든 혁명세력들이 공평하게 정부에 참여하게 되고, 따라서 말썽이 없을 것이라는 것이 그때의 나의 의견이었다.

정치가 무엇인지 모르는 책상물림의 의견이었지만, 나는 지금도 그때 내가 가지고 있던 생각이 옳았다고 생각한다. 정부를 좀 더 넓은 바탕 위에서 세워야 한다 한 점에 있어서 나의 생각은 적어도 좀 더 민주주의적이었다고 생각한다.

내 말을 다 듣고 나더니 최 군은『자네 말이 옳으네. 그러니까 우리는 지금 바로 자네가 말하는 대로의 노선을 따라 정부를 세우려는 것이네.』하고 대답하였다.

나는 최 군의 말을 잘 알아들을 수가 없었다.

『내 말이 옳다고 생각한다면 임시정부나 독립동맹이나 또 누구나 환국하기를 기다려야 할 것이 아닌가.』

『그들이 돌아올 때를 꼭 기다려야 할 이유가 무엇인가. 정부는 하루라도 없어서는 안 되는 것이니까, 우리가 올바른 노선을 따라 공정하게 조직하면 그만 아닌가.』

그래도 나는 납득할 수 없었다.

『하지만 사람의 생각은 사람마다 다르니까 문제란 말일세. 지금 자네들 생각에 가장 올바른 노선을 따라 정부를 조직한다 해도 미국이나 중경이나 연안에서 돌아온 사람들은 또 다른 생각을 가질 수 있는 것 아닌가. 그래서 나는 그 사람들이 돌아온 뒤에 충분한 협의를 거쳐서 정부를 세워야 말썽이 없을 것이라는 말이네.』

그랬더니 최 군은 정색을 하면서

『자네는 진리에 둘도 있고 셋도 있다고 생각하나? 우리가 진리를 따라 행동하는 데 무슨 이론(異論)이 있을 수 있나?』하였다.

『진리야 하나밖에 없겠지만 자네들이 진리라고 생각하는 것을 다른 사람은 진리가 아니라고 생각한다면?』

『진리를 진리가 아니라고 주장하는 사람은 몰락하는 수밖에 없지.』

최 군은 단호하게 선언하였다. 최 군은 원래 엄숙한 성격의 사람이었지만 나는 그때처럼 최 군의 무서운 얼굴을 본 일이 없다.

큰일 났구나! 나의 눈앞에는 민족의 피비린내 나는 분열이 선하게 보였다. 그러나 나로서는 그 이상 어떻게도 할 수 없는 일이었다. 나는 바쁜 중에 한 시간가량이나 시간을 내준 최 군의 후의(厚意)에 감사를 표하고 총총히 자리를 일어섰다.

이튿날 나는 계동댁으로 인촌을 찾아갔다. 사랑방으로 가득히 손님이 모여서 나라 걱정들을 하고 있는데 이야기는 결국 임시정부 지지와 건국준비위원회에 대한 비난으로 집결되는 것이었다. 거기다가 인촌은 2, 3일 전 연천에서 귀가하는 도중에 계동 어귀에서 일단(一團)의 청년들에게 수모를 당한 이야기를 하였다. 몽둥이를 든 청년들이 난데없이 길을 막으면서 못 간다 하기에 왜 못 가느냐 물었더니 근처에 있는 임(林)모의 집(그때 여운형 씨가 거처하던 집)을 가리키면서『저기가 바로 조각(組閣)본부입니다.』하더라는 것이다.

『여운형이가 정부를 조직해? 무슨 권리로 정부를 조직해? 일본에 대해 선전포고를 하고 수십개 국의 승인까지 받은 임시정부가 엄연하게 있는데 왜놈한테 수권을 받아가지고 여운형이가 정부를 조직해?』

손님 중 한 사람이 고함을 치면서 비분강개하였다. 감정들이 너무 격하고 화제가 너무 임시정부 지지 일변도로 흐르기에 나는 잠깐 말참례를 하였다.

『임시정부를 지지하는 것은 좋지만 국내에 있던 사람들이라고 발언권이 없을 거야 없지 않습니까? 미국에서 돌아오는 사람들도, 소련에서 돌아오는 사람들도 다 같이 발언권이 있어야 할 것 아닙니까?』

그랬더니 인촌은『허 저것봐. 유 선생도 벌써 물 먹었구먼.』하면서, 농조였지만 내 말을 못마땅해하였다.

요컨대 그때 민족의 비극은 벌써 뚜렷이 배태(胚胎)되고 있었던 것이다.

세상이 내 뜻과 다르게 돌아갈수록 나는 마음속으로 학문에 몰두할 결심을 더욱 굳히면서 날마다 책을 펴놓고 지냈는데, 9월 초 어느 날 국민학교 교원이라는 낯선 사람이 찾아와서, 국민학교 선생들이 지금 세상이 어떻게 돌아가는지 알 수가 없어서 답답해하니 세상 이야기, 특히 민주주의에 관한 이야기를 해달라 하였다. 날짜는 9월 5

일, 장소는 교동(校洞)국민학교, 나는 쾌히 승낙하였다.

그러나 약속한 날 약속한 시간에 교동국민학교로 가기 위해 종로에서 전차를 내렸다가 나는 세상이 내 생각과는 점점 더 다르게 돌아가는 광경을 목격하였다. 문화건설중앙협의회가 들어 있는 한청빌딩 벽에 내건 긴 플래카드에「문화를 인민에게」라 쓴 표어가 눈에 뜨인 것이다. 며칠 전 임화와 최용달 군을 만났을 때 그들은 확실히 조선혁명은 지금「부르주아 민주주의」단계라고 말하였는데……. 그러나 그것보다도 더욱 나를 놀라게 한 것은 교동 골목에 나붙은 나 자신의 강연에 관한 포스터였다. 제목이「세계정세와 교육자의 사명」이라 되어 있는 것까지는 괜찮았지만, 주최가「초등교육자동맹」(「동맹同盟」이라는 말은 그때 좌익단체들이 즐겨 쓰던 말이다)이라는 거창한 이름의 단체로 되어 있었다.

「좌익한테 드디어 나마저 업혀 나왔구나!」

그러나 세상은 내가 놀라는 것보다 더 빠른 속도로 변하고 있었다. 교동국민학교 교정에 들어섰을 때 나는 완전무장을 한 수백 명의 젊은 군인들이 그곳에 가득 찬 광경과 부닥친 것이다. 틀림없는 한국청년들인데, 어디서 별안간 이만한 군대가 솟아 나온 것인가. 그러자 멈칫하고 서 있는 내 앞으로 젊은 장교 한 사람이 다가오더니 거수경례를 하였다. 만면에 반가운 웃음을 띠고 있었다.

이혁기(李赫基) 군이었다(본서 138, 143면 참조). 그제서야 다소 안심이 된 나에게 이 군은 학병 나갔다 온 사람들끼리「국군준비대」라는 것을 조직하였다 설명하고, 우리도 독립이 되는 대로「국군」이 있어야 할 것인데 아직 정부가 수립되지 않았기 때문에 자기들은 우선 준비대를 조직해서 앞으로 창설될 국군의 준비를 하는 것이라 하였다.

그 길로 나는 강연회장인 강당으로 들어갔으나, 장내는 의외로 조용하였다. 주최자의 이름은 굉장하지만, 모인 사람들은 대부분 순진한 국민학교 선생님들 같았다.

강연이 끝난 후 나는 교장실에서 다시 이혁기 군을 만나 천천히 구회(舊懷)를 풀고 조용히 이야기할 기회를 가졌는데, 나는 이 군들의 활동을 격려하고, 그러나 군이 정치에 개입하면 나라가 망하는 것이니 국군준비대는 정부가 수립되기까지는 우익이고 좌익이고 절대로 정치에 관여하지 말라고 부탁하였다. 물론 그렇게 할 결심이라고 이혁기 군도 맹세하듯 하였다.

그 국군준비대가 그 후 얼마 안 가서 조선공산당의 전위실력부대로 변질될 줄이야 그때 어찌 알았으랴. 민족의 운명이 백척간두에서 왔다갔다 하는 순간이었다.

3. 북새통의 기담(奇譚)

이야기를 빨리 보전으로 돌려야 하겠으나, 그러기 위해서는 아직 좀 더 다른 이야기를 하여야 하겠다.

고려대학교 「육십년지(六十年誌)」에는 보성전문학교 교수들은 「[1945년 8월] 15일 정오의 라디오(일본 천황의 항복 방송)를 듣고 저마다 희망에 가득 찬 부푼 가슴을 안고 속속 안암 언덕에 우뚝 솟은 석탑 앞으로 몰려와 교장 김성수를 중심으로 교수, 학생이 한자리에 모여 국가와 학교의 장래를 축복하였다」(250면)고 기술되어 있다. 당시의 일을 몇 줄로 적자니 그렇게 쓰는 수밖에 없는 일이기는 하나, 조금 당시의 일을 자세히 들여다보면 그렇게 간단한 것은 결코 아니었다. 위에 기술한 바와 같이 우리나라는 해방과 함께 좌익독주 하의 무정부 상태로 빠진 가운데 민족의 운명이 유혈 대결로써 결정되려는 방향으로 급격히 움직이고 있어서, 단적으로 말한다면 학교일 같은 것은(!) 누구에게 있어서나 미처 큰 관심사가 되지 못하였다 하는 것이 진상(眞狀)에 가깝다.

학교에 관한 일이 다루어지기 위해서는 우선 질서가 잡혀야 했고

질서가 잡히기 위해서는 미군이 입성할 때까지 기다려야 했다.

오천석 씨의「한국신교육사」에는「해방 직후 서울에서는 미군이 머지않아 내도(來到)할 것을 예상하면서 한국인 사이에 장래에 할 한국의 교육을 설계하여 본 회합이 있었고 그 회합에 김성수, 유억겸(兪億兼), 백낙준, 김활란(金活蘭), 오천석이 참여하였다」하였으나(404면), 이곳에「해방 직후」라는 말도「미군 내도 직후」의 의미가 아닌가 한다.「해방 직후」의 우리나라 정세는 너무도 급박해서 사람들은 교육이네 경제네 하는 것으로 주의를 돌릴 마음의 여유를 가질 수 없었던 것이다.

대망의 미군은 해방 후 26일만인 9월 9일에서야 서울로 들어와서 당일로 조선총독의 항복 조인을 받고 군정을 폈는데, 그보다 하루 앞서 좌우 측은 9월 8일에「조선인민공화국정부」의 각료 명단을 발표하여「돌아오지 않는 다리」를 드디어 넘어서고 말았다. 얼마 전에 내가 최용달 군을 찾아「걱정」하던 일이 현실화된 것이었다. 이승만을 대통령, 김구를 내무부장, 김규식을 외무부장, 김성수를 문교부장, 김병로를 사법부장 등으로 앉혔으니 그것으로 가장「올바른」조각(組閣)이었다고 좌익은 자부하였는지 모르지만 그러한 일방적 조각에 전기(前記)한 인사들이 참여하리라고는 누구도 생각지 않았다.

국내 우익이 그렇게도「절대지지」를 외치면서 기다리는「대한민국임시정부」는 언제 환국하는 것인지 까마득한 채, 이때쯤에는 좌·우·중간을 표방하는 정당이 무려 수십 개나 나타났는데 9월 11일에는 드디어「한국민주당(韓國民主黨)」의 통렬한 성명문이 나붙었다. 한국민주당은 인촌, 고하, 설산雪山(장덕수張德秀), 낭산朗山(김준연金俊

淵) 등 일제지배 하에 살아오면서 혁명역량을 유지해 온 국내 인사들을 망라한 국내 최대의 우익정치세력이요, 좌익과 대결할 수 있는 실력을 갖춘 국내 최강의 민족주의 집단이었다.

이러한 정세 하에서 미군은 서울에 들어오고 곧 남한에 미군정을 폈는데, 그 어수선한 통에 나는 또 한가지 진기한 경험을 하였다. 서울 바닥에 앉아서 나는 소련 군대를 보고 접하고 하는 기회를 가진 것이다. 보전, 고대에 직접 관계있는 이야기는 아니지만, 하도 진기한 경험이었기에 이곳에 적어두고자 한다.

9월 12일이라면 미군이 입성한 지 사흘째 되던 날이다. 군정은 아직 말뿐이고 내가 살던 청량리 같은 데는 아직 5, 6명 정도의 미군인이 역 앞에 파견되어 있을 뿐이었는데, 오후 늦게 나의 매부(민병기閔丙琦)가 서재로 들어오면서 저 밖 큰길에 소련군 장교가 한 사람 나타났는데 말이 안 통하니 좀 나가보라는 것이었다. 나는 반신반의했으나 좌우간 나가 보았더니 사실이었다. 동네 사람들이 웅기중기 모여서 들여다보는 가운데 소련군 장교 한 명이 길가 구두 고치는 판잣집에 들어앉아서 한가하게 구두창을 고치고 있는 중이었다.

구둣방으로 들어서면서 『당신 영어를 할 줄 아느냐』 물었더니 『네티』(No)라 한다. 『그러면 독일어를 할 줄 아느냐』 물었더니 희색(喜色)이 만면해서 『다』(Yes) 하기에 이번에는 나의 서투른 독일어로 대화를 시도하였다. 그러나 그의 독일어란 군대용어(구령) 몇 마디뿐이어서 하는 수 없이 손짓 발짓으로 의사를 통하는 수밖에 없었는데 그렇게 해서 알아낸 것은 그가 베를린[伯林] 입성에 참가하였다는 사실뿐이었다. 어떻게 되어서 서울에 나타난 것인지는 알아낼 길이 없어 답답했는데, 구두를 다 고쳐 신고 나온 그는 동대문 쪽을 가리키면서 나더러 같이 가 달라 하였다. 까닭은 잘 모르겠으나 좌우간 따라갔더니 청량리역 앞에 미군 트럭(GMC)이 한 대 있는데 이번에는 그것을 같이 타자 하였다. 차는 틀림없이 미군 트럭이었으나 차체에 쓰인 글자는 소련 글자라, 나는 그것이 2차대전 중 미국이 소련에 쏟아넣은 군원품(軍援品)이로구나 하였다. 그때에서야 겨우 나는 그가 시내 어느 곳엔가 같이 온 차가 한 대 떨어져 있어서 그것을 찾으러 가려는 것임을 겨우 알았으나, 자세한 의사소통이 안 돼서 어디로 가려는 것인지 모르고 앉아 있노라니, 운전대에 앉은 그는 덮어놓고 차를 직선으로만 몰았다. 동대문을 지나고 종로를 지나고 서대문을 지나고 아현동을 지나도 그는 결코 십자로 뚫린 길들을 돌아보려 하지 않았다. 손가락질을 하며 그편으로도 큰길이 나 있음을 알려주었으나 그는 똑바로 앞만 내다보며 차를 몰았다. 이것이 슬라브족의 둔중성(鈍重性)인가 생각하고 있는데 공덕동 기차길 밑에 이르러 인가도 인적도 드물어지자 그제서야 그는 차를 돌렸다. 그러나 이번에도 또 직선운행이다. 아까 지난 길을 도로 거꾸로만 달리는 것이다. 길가에는 미군 MP[헌병]가 더러 보였으나 그렇게 먼 거리를 마구 달려도 이 GMC를 검문하려는 사람은 아무도 없었다. 누구나 아마도 미군 트럭으로 알았을 것이다. 어떻게 하려는 속셈인지 차차 불안해져 있는데 결국 종로4가 조흥은행(朝興銀行)지점 앞까지 도로 왔을 때 그는 길가에 서 있는 동료 차를 발견하였다. 그 차에는 졸병 10여 인과 복계(경원선)서부터 따라왔다는「통역」한 사람이 타고 있었는데, 그 통역이란 사람의 러시아어는 나만도 못해서 어째서 그들이 서울로 온 것인지도 모르고 있었다. 삼팔선에서 미군이 검문하지 않더냐 물었으나 그런 것 없더라는 대답이다. 무엇이 무엇인지 알 수 없었다.

그러나 소련군이 북한에서 행패한 소식은 나도 벌써 듣고 있었기 때문에 어둑어둑한 후 청량리로 돌아와서 나는 동네 자위대 청년들을 불러 졸병들을 큰 길가 대산의원(大山醫院)이란 집의 넓은 마루방에서 재우도록 하게 하고 장교만은 데리고 내 집으로 왔다.

『Europäisches Haus!』(서양식 집이로구나!) 그는 초라한 내 집 앞에서 우선 이렇게 외마디 독일어로 찬탄하고는 현관 밖에서부터 군화를 벗었다. 신발 벗는 곳으로 들어와서 벗으라 하였으나 하얀 타일 위를 구둣발로 밟기가 송구스러워선지 막무가내로 구두를 벗고서야 들어섰다(그 후 내 집을 찾아온 미국 군인들이 집 속까지 구두를 신은 채로 들어오려 하던 것과 어찌 그리도 대척적이었던지!). 장교의 뒤를 따라 졸병이 장교의 휴대품인 아코디언, 담요, 시커먼 흘레프(빵)와 막걸리병 하나를 들고 왔으나 그는 먹는 빵까지 신발 벗는 타일 바닥에 놓고 갔다.

장교의 계급은 중위였다. 나이는 33, 집은 오데사 항港(루마니아 접경). 직업은 심포니 지휘자라 했다. 저녁을 먹고 나서는 아코디온을 꺼내 켜기 시작했는데, 나는「볼가강의 뱃노래」라도 듣고 싶었으나 그는 다음다음 재즈곡만 켰다.『재즈는 미국 음악 아니냐』는 나의 물음에는『아니다. 재즈는 러시아 민중도 좋아한다. 재즈는 국제 음악이다.』라는 대답이다.

그렇게 해서 어떻게 된 까닭을 모르는 채 그를 하룻밤 내 집에서 재웠는데 이튿날 아침 그는「벤진」(휘발유)이 떨어졌다면서『여기 소련군사령부가 어디 있느냐』고 나한테 물었다. 무슨 소린지 알 수 없어 이상하게 생각하면서, 그런 것 여기는 없다 했더니,『그러면 영국군사령부는 어디 있느냐』고 물었다. 그런 것도 없다. 여기는 미국군 사령부밖에 없다 하였더니 그는 얼굴빛이 변하면서,

『여기 케이죠 아니냐?』

하였다. 금세기 초의 러일[露日]전쟁 이후 러시아에서는 우리나라의 지명까지도 모두 일본식으로 쓰고 부르고 해 오는 것을 나는 알고 있었기 때문에 서울(경성)을 그가「케이죠」라 한다 해서 놀라지는 않았다.

『그렇다. Keijo다.』

『아니, Xeijo 아니냐?』

그제서야 나는 그가 평양으로 간다는 것이 잘못 서울로 온 것임을 알았다. 러시아어에는 H음이 없고 H음을 표시해야 할 때에는 독일어의 CH처럼 발음되는 X자를 쓰기 때문에, 러시아인이 평양 즉『헤이죠』라 발음을 하면 듣는 사람은 그것을「케이죠」, 즉 서울로 잘못 듣게 마련인 것이다. 나도 금방 그랬거니와 복계서부터 따라왔다는 통역 씨도 그렇게 듣고 일행을 서울로 안내해 온 것임에 틀림없었다.

전날 밤부터 부슬부슬 내리기 시작한 비는 그날 아침에는 제법 주룩주룩 퍼붓고 있었는데, 아홉 시쯤 되었을 때 집 밖 골목길에 지프차가 와서 서는 소리가 요란하게 나더니 미군 헌병 몇 사람이 우르르 내 집으로 들어와 현관문을 난폭하게 두드렸다. 내가 직접 나갔더니 너의 집에 소련군 장교가 있지 않느냐 묻고,『있다』는 대답에 이리 나오라 해 달라 하였다.

그렇게 해서 소련군 장교는 미국헌병들 손으로 넘어갔지만 나의 진기한 경험은 이것으로 끝나지 않았다. 군인들이 떠나가자 내 집에는 동네 사람들이 몰려와서 불평을 털어놓기 시작했는데, 대산의원 마루방에 집어넣은 병정들이 가만히 자지 않고 어젯밤 이집 저집 돌아다니며 기웃거려서 혼들이 났다는 것이다. 그러나 그것보다도 걸작인 것은 큰 길가에 있는 판잣집 술집 주인의 무전취식 당한 이야기였는데, 웬 미국 병정들이 우루루 몰려들어 오기에 수가 난 줄로 알고, 술에 고기에 달라는 대로 막 내주었더니, 결국 술값을 한 푼도 받지 못했다는 것이다(나중에 알고 보니 그 군인들 중에는 어디서 어떻게 어울린 것인지 사실 미국 군인도 몇 명 끼어 있었다는 이야기였다.)

소련병의 무전취식사건은 그날 오후 소련 총영사관의「삽신」이라는 일본말 잘하는 부영사가 와서 술값을 치르고 동네집을 돌아다니면서 사과도 하여 수습이 됐지만,「삽신」의 출현은 이번에는 나에게 개운치 않은 뒷맛을 남겼다. 그는 동네 사람들 무마를 끝내고 내 집으로 와서, 중위 일행은 실은 함흥에서 평양으로 가는 도중에 행방불명이 되었던 것인데, 그것을 내가 구호해 주어 고맙다는 인사를 하고, 잡담모양으로 송진우, 여운형, 안재홍(安在鴻) 등 당시의 우리나라 정치지도자들의 인물에 관한 질문을 하기 시작한 것이다. 한참, 적당히 이야기를 주고받고 하였으나 나중에는 박헌영의 인물까지 화제에 올려가지고, 그가「전향」한 일이 있느냐 없느냐까지 캐어 묻는 바람에「아차!」하고 나는 생각하였다.

「외국첩보기관의 앞잡이가 된 사람들도 처음에는 이런 식으로 가까워진 것이 아니겠는가!」

나의 제6감은 정곡을 찌른 것이었다.「삽신」부영사는 그 이듬해 봄에 미 군정으로부터 스파이 행위로 추방을 당한「삽신」바로 그 사람이었던 것이다.

미 군정의 출발로 우리나라 지역에 쉽사리 공산정권이 세워지지 않으리라는 대체의 전망은 섰지만, 군정은「조선인민공화국정부」를 받아들이지 않는 동시에 민족진영이 지지하는 중경의 임시정부도 정부로 인정하지 않는 중립적 태도를 취하였기 때문에, 서울의 정정(政情)은 날로 더 어지러워져 가기만 하였다.

미 군정이 우리나라의 정부수립 문제를 민주주의적으로 처리하기 위하여 우리나라 정치의 방향이 한국인 자신에 의하여 윤곽이 잡혀지도록 기대한 것은 기본적으로는 옳다. 그러나 좌익이 현 단계를 좌익정권수립의 단계로 규정하고 당장 정권 탈취를 강행하려는 마당에 정치고 민주주의고 무슨 정상적인 것이 성립될 수 없음은 자명하다. 8월 15일 이후 거의 한 달 동안 우리는 완전한 무정부 상태 속에서 건설적인 일이라고는 아무것도 못 하고 지냈다.

9월 11일에서야 미 군정은 락카드 대위(E. L. Lockard)를 교육부문 책임자로 지명하고, 그를 따라 9월 15일 인촌은 보전 재건을 논의하기 위해 나를 자택으로 불렀다.

그러나 그때 인촌은 도저히 보전 문제에 전념할 수 없는 바쁜 몸이었다. 나는 오전 중으로 인촌댁에 갔으나, 미군인 장교와 요담 중이어서 만나지 못하고 오후에 다시 갔으나 이번에는 송진우 씨와 밀담 중이어서 양관(洋舘) 응접실에서 기다리고 있었는데, 여기서 또 진극(珍劇)이 벌어졌다.

마침 최두선, 변영태 등이 인촌을 찾아왔다가 응접실로 들어온 까닭에 나는 그분들과 이말 저말 이야기를 하고 있었는데, 그때 김무삼金武森(그때 우익을 한다고 뛰어다녔으나 얼마 후 좌익으로 넘어간 사람)이 응접실로 들어오더니 흘낏 우리들을 보더니

『왜놈 밑에서 갖은 못된 짓 다 하던 놈들이 지금 와서 또 미친개처럼 날뛰어!』

하고 느닷없이 고함을 쳤다. 세 사람이 다 무슨 영문인지를 몰라 그의 얼굴을 쳐다보고 있노라니까

『삐라는 그게 무엇이오?』

하고 그는 내게로 대들었다.

『삐라라니요?』

『지금 거리에 뿌리고 있는 삐라 말이오. 당신, 백남운 등 네 사람이』

김의 말에 의하면 지금 거리에서는 나와 백남운 등 네 사람의 이름으로 한국민주당한테 이름을 도용당했다고 한국민주당을 비난하는 삐라가 뿌려지고 있다는 것이었다.

놀랐다느니보다도 나는 내 신세가 측은해졌다. 일제에 저항하던 시절에 친하게 지내던 친구들은 지금 내가 그들과 보조를 맞추지 않는다 해서 나의 이름을 무자비하게 도용하고, 진상을 모르는 사람들은 그런 일을 계기로 해서 나를 침소봉대해 욕하고—

『내가 그런 삐라를 뿌렸다면 지금 이렇게 인촌댁에 와 있겠소?』

그 이상 더 변명할 방법이 없었다.

그런 나는 인촌과 함께 저녁을 먹으면서 보전 재건 문제를 논의하고, 밤이 늦어서 그대로 인촌과 나란히 잤는데, 그러는 동안에 나는

앞으로는 정치고 문학이고 저널리즘에 이름이 오르내리는 일은 일절 하지 않으리라 점점 더 굳게 마음먹었다.

4. 보전 재건

9월 15일 밤 인촌을 모시고 자면서 늦도록 한 이야기는 요컨대 보전을 나더러 「맡으라」는 것이었으나(이곳에 「맡으라」는 말이 보전 재건의 책임을 맡으라는 뜻이지 재단운영의 권한을 나에게 넘겨주겠다는 뜻이 아님은 물론이다), 화제가 보전 문제에 국한된 것은 물론 아니었다.

인촌을 만나 이야기할 때에는 문학(인촌이 흥미 없어 하는 것)과 이조백자李朝白磁(내가 모르는 것)만 빼놓고는, 정치나 경제나 사상이나 화제에 오르지 않는 것이 없는 것이 보통이었다. 특히 그날 밤은 때가 때인 만큼 무엇보다도 사상이나 정치 문제가 중요 화제로 올랐다. 나는 정치에 관여할 생각이 추호도 없었고, 인촌도 내가 교육계를 떠나지 않으려는 것을 도리어 다행으로 생각하는 눈치였지만(인촌은 단 한 번도 나에게 정치참여를 권한 일이 없었다), 정치나 사상 문제에 관해 나와 이야기하는 것만은 인촌도 즐겼다.

이 이야기 저 이야기 하는 동안에 나는 당면한 정치 문제에 관한 나의 생각이 인촌과는 거리가 근본적으로 먼 것을 느꼈다. 인촌은,

그때 정치무대에 나섰던 사람들이 좌우익을 막론하고 한결같이 주장하던 대로, 어떻게 해서든지 우선 정부를 수립하여야 한다는 생각이었지만, 나는 그것은 불가능한 일이다, 우선 선거부터 하여야 한다, 선거부터 하고, 그 결과를 기초로 삼아서 정부를 세워야 한다는 생각이었다.

『선거를 통하지 않고 정부를 어떻게 세웁니까? 각 당파가 아무리 협의를 한들 타협이 이루어질 수 없지 않습니까? 누가 왜 양보를 합니까? 좌우익이 모두 자기편이 국민의 절대지지를 받고 있다고 생각하고 있는 판인데, 어느 편이 정말 어느 만큼의 지지를 받고 있는지 누가 어떻게 판가름합니까?』

『그러길래 임시정부를 지지하는 것 아니오? 대한민국임시정부가 엄연히 있으니 그것을 그대로 우리 정부로 모시자는 것 아니오?』

인촌은 그때 우익에서 내걸고 있는 구호를 그대로 되풀이하였다.

『반대하는 사람이 없다면 그것도 가능한 일이지요. 그러나 좌익이 정면으로 반대하고 있지 않습니까. 임시정부를 그대로 정부로 인정한다 하지 않고, 자기들의 군정을 선포한 미국의 태도도 모호한 것이라고 나는 봅니다. 그래서 나는 정부수립의 방법은 선거밖에 없다고 생각합니다. 그것이 바로 민주주의 아닙니까? 선거를 해서 진다면 공산당도 할 말이 없을 것 아닙니까?』

그러나 인촌은 나의 말을 무책임한 것이라 해서 찬성하지 않았다.

『그러다가 우익이 지면 어떻게 하지? 아무 소리 못 하고 공산당 천하가 되게? 그러면 책임은 누가 지겠소? 유 선생 지겠소?』

8월 15일 이후 한 달 동안의 공산당 공세가 어떻게 격렬하였던지 인촌은 선거를 하더라도 공산당이 이길 가능성도 있는 것으로 생각하는 모양이었다. 나는 그렇지 않음을 역설하였으나, 인촌은 승복하지 않았다. 그러나 그렇게 생각하는 것은 인촌뿐 아니었다. 그 당시의 정치인들이 다 그러하였다. 공산당은 더욱 그러하였다.

보전 재건 문제도 결코 간단한 문제가 아니었다. 보전을 이야기하기 전에 우선 우리나라의 교육제도를 어떻게 할 것인가 하는 문제가 있었고, 다음 경성제대를 비롯해서 법전(法專), 의전(醫專), 고공(高工), 고상(高商) 등 텅텅 빈 관공립학교들을 어떻게 할 것인가 하는 방대한 문제가 있었다. 인촌은 나더러 보전을 맡으라 하지만 그 당시의 보전의 규모는 우리나라 고등교육 전체의 몇십분의 1밖에 안 되는 데다가, 이제는 관공립학교들도 다 우리의 기관이다. 일제 때에는 관공립학교는 전부 일본인의 기관이요, 조선사람은 발을 붙이려야 붙일 데가 없었기 때문에 나부터도 보성전문에 붙어 있었고, 또 그런 데 의미가 있었던 것이지만 넓고 넓은 교육계 전체가, 아니 우리나라 전체가 우리 것으로 되돌아온 마당에, 보전 하나만을 뚝 떼어가지고 그것만을 지키겠다는 결심은 나로서는 선뜻 서지 않았다. 인촌이 나를 알아주어 보전을 맡으라 하는 것은 고마왔지마는 나의 심중은 결코 그렇게 단순한 것이 아니었다.

그날 밤 나는 보전을 도저히 맡을 수 없다는 뜻을 말하였을 뿐 아니라 한 걸음 나아가 사립고등교육기관의 장래가 비관적이니 인촌 자신도 보전의 앞날에 너무 집착하지 마시라고까지 진언(進言)하였다.

사립고등교육기관의 앞날이 밝지 못하다는 것은 주로 영(J.T

Young)의 *The New American Government and It's Work*에서 얻은 지식이었다. 미국의 대학이라면 누구든지「하버드」「예일」「프린스턴」… 하지만, 「영」교수에 의하면 그러한 사립명문교 전성의 시대는 이미 지나가고, 그 대신 유수한 주립대학의 비중이 매년 향상되어 가는데, 그 중요한 원인은 자연과학의 발달에 따라 연구시설에 드는 경비가 방대화하여 국민으로부터 거둬들이는 세금으로 지탱하는 주립대학이 아니고서는 도저히 시대의 진운(進運)을 따라갈 수 없는 데 있다는 것이었다. 나는 보전 기본재산의 총액이 경성제대의 창설비(설립을 위해 써버린 경비)의 10분의 1도 못 된다는 이야기까지 하였다. 나의 생각이 그러하니 인촌과의 그날 밤 이야기에서 어떤 결론이 곧 나오기는 어려운 일이었으나, 어쨌든 보성전문학교를 재개하는 일에 전력을 다하겠다는 약속은 하였다.

집으로 돌아와서 곰곰이 생각해 보아도 내가 보전에 관한 책임을 맡아가지고 그것을 인촌의 기대와 같이「하버드」나「예일」, 또는「옥스퍼드」나「케임브리지」같은 무게 있는 대학으로 발전시킬 수 있으리라는 전망은 보이지 않았다. 발전은커녕 유지도 곤란할 것으로 생각되었다. 그때만 해도 학생 수입으로 학교경영은커녕 축재(蓄財)까지도 할 수 있다는 생각은 나는 꿈에도 할 수 없는 일이기 때문이다.

그런 때이었는데 어느 날 법과학생 서기원(徐起源), 한만년(韓萬年), 이세구(李世求) 세 명이 고무적 건의를 가지고 나를 찾아왔다. 학생신문을 발간하겠다는 건의를 하러 나를 찾아왔다. 학교를 지금 어떻게 하여야 할는지도 미결인데 학생신문이라니 말도 안 된다고 돌려보냈으나, 학생의 입에서 학생신문 이야기가 나오기는 그것이 우리나라에서 처음이었다.

그 무렵 나는 최호진(崔虎鎭) 군과 여러 번 만나 보전에 관한 이야기를 하고, 함께 인촌댁으로 가서 밤을 새워 의논해 보기도 하였다. 그러나 사립학교의 앞날에 관해서는 최 군도 나와 같은 전망이었다.

학교 일로 뛰어 돌아다니는 동안 가장 괴롭던 것은 타고 다닐 것이 없어서 이 끝에서 저 끝까지 반드시 걸어 다녀야 했던 일이다. 택시, 버스 같은 것은 물론 없었고, 유일한 교통수단이란 전차뿐이었는데, 그것마저 공산당 지령으로 하루 걸러 파업을 하는 바람에 나는 청량리 내 집에서 학교와 계동 인촌댁 사이를 언제나 도보로 내왕하는 수밖에 없었다. 매일 먼지를 쓰며 3·40리 길을 걷는 셈이었다.

그날(23일)도 인촌의 부름을 받고 오전 중 학교에 들러 사무 연락을 마치고 약속한 오후 4시에 계동으로 갔으나 인촌은 부재중이었다. 그날부터 미 군정 학무국장의 고문이 되었다는 이야기였다. 허탕을 치고 집으로 돌아와서 나는 다음과 같이 그날 일기에 썼다.

「한 시간 이상 기다렸으나 교장 불귀(不歸). 그대로 돌아오다. 고공(高工) 앞을 지나 충신동 방공도로를 터벅터벅 걸어오는데 새로 서대문 서장이 되었다는 최운하(崔雲霞)의 자동차를 만나다. (그의 호의로) 그 차로 청량리까지 오다. 감개무량.」

최운하의 이야기는 위에서도 나오거니와(본서, 전편 111면) 해방 전에는 총독부 경무국 속관(屬官)으로 직책상 가끔 나를 찾아오던 사람이다.

그러나 어떤 고난이 있거나 나는 보전을 재개하여야 했다. 해방과 함께 뿔뿔이 흩어져버린 여러 교수들과 연락도 취하고, 좌익에 가담한 박극채(朴克采), 윤행중(尹行重) 두 사람을 만나 보전으로 돌아오겠다는 약속도 받고, 「경성척식경제전문학교」를 「보성전문학교」로 환원하기 위한 학칙상의 준비도 끝마치고, 9월 27일에는 해방 후 처음으로 교수회를 여는 데까지 일을 밀고 갔다.

그러나 막상 교수회를 열고 보니 공기는 의외로 냉랭하였다. 「육십년지」에 씌어 있는 것같이 「저마다 희망에 가득 찬 부푼 가슴을 안고 속속 몰려와 교장을 중심으로 국가와 학교의 장래를 축복」하기는 커녕 그와 정반대였다. 「제반사(諸般事), 무풍(無風)리에 결정. 전원이 호기(好機)를 규(窺)하야 호시탐탐이어서 보전 건에 관하야는 표면 소극적이기 때문」이라고 나는 그날 일기에 쓰고 있다.

해방은 일정 하에서 갖은 고초를 함께 겪던 보전 가족에게 희망과 단결을 갖다 준 것이 아니라, 도리어 와해를 갖다 준 것이었다. 나부터도 인촌께 해방이 되었으니 나도 보전보다는 좀 더 큰일을 해야 하겠다는 뜻을 말한 바 있었거니와, 일정 하 인촌 밑에 오손도손 지내온 보전 가족은 지금 와서는 제각기의 꿈을 안고 각자의 길을 뿔뿔이 내달리려고 「호시탐탐」 하는 것이었다. 대통령이 될 것을 꿈꾸는 사람까지는 몰라도, 혁명가를 꿈꾸는 사람, 정치가를 꿈꾸는 사람, 고관을 꿈꾸는 사람, 교육계에 남아 있기는 하되 쩨쩨한 보전보다는 기성 된 국립대학 교수를 꿈꾸는 사람, 어쨌든 보전을 잘해보겠다고 열성을 내는 사람은 있는 것 같지 않았다. 사람의 속은 모르는 일이다. 그중에는 또 혹시 내가 인촌의 신임을 받아 학교 일을 좌지우지하는 것을 못마땅하게 생각하는 사람도 있었을는지 모르는 일이다.

어쨌든 그것은 보전으로서는 일종의 위기였다. 해방이라는 큰 기뻠을 소화해서 비약의 출발점을 만들기 위해서는 겪지 아니하면 안 되는 시련이었는지도 모른다.

10월 1일에는 비가 오는 가운데 백낙준 씨가 청량리 내 집을 찾아왔다(물론 걸어서). 군정청으로부터 경성제대 접수의 책임을 맡았기 때문에 나에게 협력을 구하러 온 것이었다. 나는 인촌을 찾아가서 경성대학 재건의 일에 백 박사와 협력하는 데 대한 양해를 구했으나, 그렇다고 내가 보전을 떠나려는 것이 아니라 보전일은 계속해 힘껏 보겠다는 약속을 다시 다짐하였다.

그러나 곧 이러한 나의 심중을 뿌리째 뒤흔드는 불쾌한 일이 일어났다.

10월 5일의 개학을 하루 앞둔 4일 오전 보전 교우인 박모 군이 헐레벌떡 내 집으로 뛰어와서 개학과 동시에 학생들은 곧 동맹휴학을 할 터인데 그때 나를 보전 교장으로 추대할 계획이라고 전하였다. 그 사람이 뒤에서 학생들을 조종하고 있는 것인지 또는 그냥 공을 세우노라 달려와 소식을 전하는 것인지는 알 길이 없었으나, 어쨌든 나는 기가 막혀서 고함을 쳤다.

『왜 나를 보전서 쫓아내랴고 드는 게야? 내가 교장 하고 싶어 보전에 있는 줄 아나? 나는 보전이 좋아서 보전에 있는 게 아니라, 인촌이 교장이기 때문에 보전에 있는 것이야. 인촌을 지주라고 배척하나? 그건 좌익소아병이라는 게야. 보전은 인촌의 보전이야. 인촌 없이 보전은 없어.』

교장 시켜준다는데 화를 내다니 구제받을 길 없는 노예근성이라고 생각하였을지도 모르지만 어쨌든 그렇게 해서 박모 군을 쫓아버렸다.

해방 후 처음 갖는 보전 시업식(始業式)은 예정대로 이튿날 오전 10시 본관 2층 강당에서 이상한 긴장 속에 거행되었는데, 국기경례, 교장훈화, 교원이동소개(장덕수, 옥선진 양 씨의 전출, 강사 이종우, 박희성, 이상은 세 분의 교수취임, 최정우 씨의 복직 및 홍봉진, 심현상, 이건호 씨의 신임 등이 그 내용이었다)에 이어 마지막 순서로 내가「교무에 관한 주의사항」을 끝마칠 때까지 식은 의외로 평온하게 진행되었다. 나의「주의사항」은 보전환원에 수반되는 제 문제, 학 · 징병, 징병기피, 징용 등으로 학적을 떠났던 학생들에 대한 복교조치, 국외 국내의 다른 학교에 다니던 학생들의 편입학 문제, 대학승격 문제, 학원의 정치로부터의 독립 등을 포함하는 장기간에 걸친 것이었던 것으로 기억한다.

그런데 그런 절차를 모두 끝내고 일동이 막 강당을 나오려는 순간이었다.『질문이 있습니다!』하고 별안간 한 학생이 고함을 치면서 일어섰다.

『지금 선생님 설명은 모호합니다. 야수적인 일본 제국주의가 이 땅에서 사라진 이상 학교 교육에도 마땅히 새 방침, 새 내용이 있어야 할 것인데 선생님 말씀에는 그런 것이 보이지 않습니다.』

그 어조, 그 눈초리는 완전히 그때 유행하던「투사」의 그것이었다.

나는 그때 일정 때부터 일제와 싸우던 진짜「투사」에게는 그의 노선이 무엇이든 간에 일단 경외를 품고 있었지만, 일제와는 싸운 일 없는 사람이「야수」가 사라진 뒤에 갑자기「투사」가 되어 날뛰는 데 대해서는 도저히 호감을 가질 수 없었다. 그러나 학생들에 대해서는

그런 말을 할 수는 없어서

『이 학교의 교육방침은 아까 명백히 설명하였소. 되풀이하거니와 교육이라는 것은 언제나 어떤 사상을 주입해 주는 것이 아니라, 배우는 사람이 어떤 사상이 옳고 그른가를 스스로 판단할 수 있도록 판단 능력을 길러주는 것이오.』

하고 식장을 나왔다.

그러나 그 정도의 소동은 일종의 신호탄에 지나지 않았다. 이튿날은 학생들은 조조(早朝)부터 수업을 거부하고 회합을 하더니 오후에는 K, L, C 세 교수를 배척하는 진정서를 가져왔다. 이어 그 이튿날(일요)에는 학생들은 동맹휴업을 선언하였다.

5. 신교육의 진통

별안간 해방을 맞이했을 때 사람들은 누구나 무엇부터 손을 대야 할지 몰라서 어쩔 줄을 몰랐다. 전후좌우 사면팔방에 해야 할 일이 넘쳐 있었기 때문이다. 그러나 사람들은 실지로는 싸움부터 시작하였다. 건설이 아니라 파괴부터 시작한 것이다. 일을 하려면 일을 할 수 있는 위치에 서야 하는데, 위치를 노리는 사람이 너무나 많으니 싸우지 않을 수 없고 그러느라니 때려 부수지 않을 수 없다는 논법인 것 같았다.

그 중에도 공산주의자의 날뛰는 꼴은 참으로 놀랄 만하였다. 전에는 누가 무엇이라 해도 그들도 애국자요 민족해방의 투사였는데, 일제가 물러나자마자 그들은 권력탈취에 혈안이 되어 파괴와 민족분열에 전력을 기울였으니 말이다. 입으로는 부르주아 민주주의네, 통일 정권수립이네 하고 있지만, 뱃속은 프롤레타리아 독재정권을 세우려는 것이었으니 그럴 수밖에 없기도 하였겠지만, 일제 때에는 남의 등 뒤에 숨어서 숨도 크게 못 쉬던 패들이 갑자기 혁명가연(然)하여 남을 치고 욕하고 하는 꼴은 참으로 눈뜨고 바라볼 수 없는 광경이었다. 공산 집권에 공을 세워 집권 후에 한몫 보려는 입신출세주의의 망령배들이었다고밖에 설명할 길이 없는 것 아닌가.

해방 후의 혼란상을 그러한 눈으로 보고 있던 나는 그러한「혁명」풍조가 학원에까지 밀려 들어서 학생들이 뚜렷한 이유도 없이 무작정 동맹휴학부터 해놓고 보자는 태도로 나오는 것을 몹시 불쾌하게 생각하였다. 그러나 한편 교수들 사이에는 해방에도 불구하고 인촌이 학교운영에 새로운 구상을 제시하지 않는 데 대한 불만도 있었으므로, 동맹휴학에 대한 대책을 논의하기 위해 모였던 10월 8일의「교수 유지회(有志會)」(배척받은 교수들이 불참하였기 때문에 붙인 명칭)에서는 교장에게「자유로운 결단으로 새로운 출발을 할 수 있는 기회를 주기 위하여」전원 일단 사표를 낼 것을 결의하였다.

이 결의는 실행은 되지 않았지만 교장과 학생 양편에 모두 충격을 주어 맹휴(盟休)를 무력화시키는 데 큰 도움이 되었다. 인촌은 교장의 입장에서 교수들이 무조건 학생을 꾸짖어가며 맹휴를 진압하려 하지 않고 총사표를 내겠다는 데 대해 불만이었지만, 대학으로서의 보전의 장래에 대한 새로운 결의를 표명하였고, 학생들은 자기들의 지나친 행동은 학교를 파괴할 우려가 있음을 알고 행동을 자제하는 기회를 가지게 되었던 것이다. 그리하여 이 맹휴는 처음 기세와는 달리 터진 지 불과 2, 3일 후에 학생대표와 교수 전원이 교장실에 모여 교장의 훈시를 듣는 것으로 싱겁게 끝났다.

맹휴는 끝났지만 그렇다고 학교가 안정된 것은 아니었다.

바깥 세상의 자극이 너무 강해서 학생들은 각각 좌·우익의 정치 활동에 휩쓸려 다니느라 학교에 잘 출석하지 않는 데다가 교수들 역시 강의에 정신을 집중하기 어려운 세상 형편이었다.

이래저래 그해 가을 2, 3개월 동안은 보전으로서도 충실한 수업을 하지 못하고 지냈다. 그러나 보전이 그나마도 소강 상태를 유지하면서 조금씩이나마 건설의 발자국을 내디디고 있었던 것은 바깥세상이나 다른 학교들의 형편에 비하면 크게 다행한 일이었다. 특히 그때 구(舊)경성제대의 접수, 재건을 싸고 일어났던 회오리바람에 비한다면 보전은 무풍지대에 있었다 하여도 과언이 아니다.

무어니 무어니 하여도 보전은 주인이 있는 학교였다. 「소유주」가 있었다는 뜻이 아니라 창설 이래 오랜 동안 이민족 치하에서 갖은 풍상(風霜)을 겪어 오는 동안에 주체의식이 확고하게 안정된 학교였다는 뜻이다. 인촌은 속된 의미의 「교주(校主)」가 아니라 그렇게 해서 확고하게 정립된 주체의식의 상징이라는 의미에서 보전의 「교주」요, 「터줏대감」이었다.

나는 보전에 남아 학교를 재건하고 대학을 만드는 데 진력할 마음을 먹고 있었지만 그때의 우리나라 형편은 내가 보전에만 앉아 있도록 용허해 주지는 않았다. 해방되던 해 가을부터 이듬해 봄까지 나는 군정청 학무국(1946년 2월부터 「문교부」로 개칭)과 경성대학 일에도 보전에 못지않게 분주하게 쫓아다니지 않을 수 없었다. 그때 내가 세 군데를 위해 새긴 시간은 나의 총 시간의 각각 3분의 1가량이었다 할까. 보전, 경성대학, 군정청 학무국을 위해 나는 대략 비슷한 정도의 시간과 정력을 소비하였다.

해방조선의 신교육을 총지휘하던 학무국은 처음 락카드 대위를 책임자로 하고 급한 대로 김성수, 현상윤(玄相允), 백낙준, 김활란, 최규남(崔奎南) 등 교육계의 원로들로 「한국교육위원회」를 조직하여 관계사무를 처리하였는데, 11월이 되자 이병도, 백남운(白南雲), 윤일선(尹日善), 조백현(趙伯顯), 유진오 등 학계의 대표 15, 6명으로 「미국교육원조 한국위원회」(Korean Council on Educational Aid from America)를 조직하여 교육부문의 미국으로부터의 원조 문제를 심의케 하였다.

그러나 해방조선의 신교육 문제가 본격적으로 다루어지게 된 것은 11월 중순께 교육심의회가 발족된 이후의 일이다(12월에는 한국인 측 학무국장 유억겸, 동 차장 오천석 임명). 교육심의회는 우리나라 교육계, 학계의 지도적 인사를 총망라한 방대한 기구였을 뿐 아니라, 회합이 잦았던 점에서(다음 해 3월까지의 사이에 분과위원회가 105회, 전체회의가 20회나 열렸다—오천석, 한국신교육사 400면), 토의가 진지하였던 점에서, 그리고 심의된 문제들이 우리나라 신교육의 방향과 내용을 결정하는 중요한 것들이었다는 점에 있어서 당시의 우리 사회의 혼란상과는 대조적으로 해방을 맞이한 민족의 희망과 포부를 제대로 반영하여 활동한 기관이었다 할 수 있다.

교육심의회 위원에 교육계, 학계의 인사뿐 아니라 안재홍, 김준연, 최두선, 이극노, 조병옥, 장면, 장덕수, 백남운 등 그 후 다른 방면으로 나가거나 좌익에 가담하거나 한 인사들이 포함돼 있었던 것을 보면 그것이 사상의 차이를 초월하여 거족적인 의견을 반영할 수 있었던 기관임을 알 수 있다.

나는 고등교육 분과위원회에 속해 있었는데, 11월 17일 그 제1회 회합에 나가 보니 위원은 김성수, 조병옥, 윤일선, 이태규(李泰圭), 박종홍(朴鍾鴻), 백남운, 유진오의 7인이었다. 이 위원회에는 그 밖에 당시 경성대학 책임자로 있던「크로프트」소령이 수차 참석하였다.

고등교육 분과위원회에서 한 일 중 가장 근본적인 개혁은 대학교육에 있어서 종전의「단위」제도를 버리고 학점제도를 채택한 것이라 할 것이다. 이 위원회에서「대학령(大學令)」과「학위령(學位令)」초안을 만들 때에는 백낙준(미), 안호상(安浩相; 독), 이인수(李仁秀; 영), 정석해(鄭錫海; 불) 제씨의 각국 제도에 관한 이야기를 들어 내가 기초를 담당하였다.

교육심의회의 총회와 분과위원회에 참석하기 위하여 나는 매주 2, 3회씩은 반드시 중앙청에 나가야 했다, 어떤 때에는 일거리를 집으로 가지고 와서 밤을 새워서 일하기도 했다.

교육심의회의 활동에 관해서는 그 밖에도 교육이념(홍익인간), 교육제도(6 · 6 · 4제)의 채택과정 등 이야기할 것이 많으나 그만두기로 하고, 경성대학 문제로 넘어가기로 하겠다.

경성대학 문제에 관해서는 백낙준 씨가 나를 찾아왔던 다음다음날인 10월 3일에 주재황(朱宰璜), 이명선(李明善), 김수경(金壽卿) 등 해방 당시 연구실에 있던 사람들로 조직된「대학자치위원회」사람들이 보전으로 나를 찾아와서 내가 본격적으로 관여하게 되었던 것이다. 경성대학의 재건도 우선 교수진을 편성하는 일부터 착수하였음은 물론인데, 보전과 달라서 경성대학의 일은 주인 없는 학교에 새로 주인을 만들어 내는 일이라 처음부터 용이치 않을 것이 예상은 되었지만, 백남운 씨의 거취 문제로 한층 복잡해졌던 것이다.

백남운 씨는 그때 재빠르게 좌익계 사람들을 규합해서「학술원(學

術院)」과「신민당(新民黨)」의 두 단체(두 단체가 다 현재의 학술원, 신민당과는 무관)를 결성해 가지고 한쪽의 지도자로 군림하고 있었지만, 박극채 씨가 주도하는 공산당계의「과학자동맹」과는 달리 미 군정과 충분히 협력할 수 있는 위치에 있었고, 그런 까닭에 나는 신생 경성대학 법문학부에는 반드시 그를 참가시킬 필요가 있는 것으로 판단하여, 수차 그를 만나 절충한 결과 그도 참가할 의사가 있는 것을 확인하고「대학자치」를 관철할 것을 조건으로 그의 협력을 약속받았던 것인데, 그러한 내용을 모르는 미국인(위에서 말한 크로프트 소령 등)은 뜬 소문만 듣고 백 씨를 과대평가하여 경성대학 법문학부 교수진 편성의 전권을 그에게 맡길 것 같은 말을 흘림으로써 문제를 복잡하게 만들었던 것이다. 그러나저러나 11월 중순까지에 백낙준, 백남운, 이병도, 조윤제(趙潤濟), 유진오 5인의 손으로 법문학부 교수 인선을 하는 데까지 끌어간 것은 일단 성공이었다. 인선의 기준을 과거의 실적에 두다가 보니 일정日政 하 보전 교수로서 경성대학 법문학부로 옮기게 된 사람이, 유진오, 서재원(徐載元), 윤행중, 박극채, 안호상, 손진태(孫晋泰)의 6인이나 되었다.

6인 중 나는 임시겸임이므로 문제가 되지 않으나 오랜 동안 경험을 쌓은 유능한 교수를 일시에 다수 잃는다는 것은 보전으로서는 큰 타격이 아닐 수 없었다. 그러나 나와 같이 인촌께 특별한 부탁을 받고 보전에 머무르는 사람을 빼놓고는 교수들이 경성대학으로 옮겨가는 것을 막거나 나무랄 수는 없는 것이 그때의 실정이었다. 보전은 사립이요 전문학교인 데 대하여 경성대학은 국립이요 당시 우리나라 유일의 대학이었으니, 규모에 있어서나 권위에 있어서나 피차 비교가 안 되도록 큰 격차가 있었기 때문이다.

다수한 교수를 일시에 잃은 상처를 보강하고 앞으로의 웅비에 대처하기 위하여 보전으로서는 위에서 말한(본서, 200쪽) 인사 외에 계속하여 변영태, 이인수, 김안진(金安鎭), 구자균(具滋均), 이희봉(李熙鳳), 신석호(申奭鎬), 김형규(金亨奎), 윤세창(尹世昌), 한춘섭(韓春燮), 김용달(金容達) 등 기성과 신인을 대량으로 초빙하여 교수진을 강화하였다.

그와 동시에 나는 보전 주최로 전국중등학교 대항 체육대회를 개최할 것을 인촌께 건의하였다. 일정 하 수십 년의 고난을 겪어 온 민족의 학원으로서의 저력을 한번 시험해 보고 싶었던 것이다. 아니 그보다도 한편으로는 파괴적인 정치 활동으로만 쏠리는 학생들의 관심을 건설적, 거교적인 방향으로 돌리고, 한편으로는 유능한 여러 교수가 빠져나간 허탈감을 그렇게 한번 기세를 올림으로써 극복해 보고 싶었던 것이다.

「좋은 생각」이라고 인촌의 즉각 찬성을 얻어 열리게 된 동 대회의 정식명칭은 「제1회 전국중등학교대항경기대회」, 시일은 11월 24 · 5일 양일. 체육대회로서는 계절이 늦은 때이었으나 하는 수 없었다. 장소는 경성운동장(현 서울운동장). 주최는 보성전문학교와 동 학생회. 후원은 보성전문학교 교우회. 경기 종목은 축구와 육상경기.

그 극심한 혼란 속에 어떻게 될까 염려도 하였으나 대회는 예상보다도 훨씬 큰 성공을 거두었다. 참가를 신청해 온 학교가 너무 많아서 축구의 예선과 결승전은 대회와 따로 떼어 보전운동장에서 행하지 않으면 안 될 정도였다. 대회 첫날의 일기에서 나는 다음과 같이 썼다.

「오전 10시. 경성운동장에서 제1회 전선(全鮮)중등학교 대항경기대회 개막. 참가교(校) 36교. 선수 인원 2,400여 명. 보무당당한 입장식. 해방의 기쁨!」

「해방의 기쁨!」이라고 나는 적어 놓았다. 그것은 본부석에서 참가선수 2400여 명의 입장식을 지켜보면서 내가 느낀 감격을 기록한 것이다. 일제 하에서는 꿈도 꿀 수 없었던 보전의 영광! 피투성이 좌우싸움을 초월하여 보전만이 이룩할 수 있었던 민족의 기적!

이 대회는 26일 성남중학교 대 휘문중학교의 축구결승전에서 시비가 생겨 난투로 끝나기는 하였으나 어쨌든 그 시기에 보전으로서의 그 정도의 전국적 행사를 가질 수 있었던 것은 큰 성공이었다.

위에서 나는 이 대회의 공동주최자로 「보전학생회」의 이름을 들었지만 그것은 체재(體裁)상 그렇게 하였을 뿐이고 실지로는 보전학생회는 그때 성립되어 있지 않았다. 10월 초의 동맹휴학 소동 이래 좌우학생 간의 불화는 점점 더 격화되기만 하였는데 11월이 되자 그것은 학생회 조직 문제로 표면화되어 누차의 회합에도 불구하고 격렬한 대립만 계속할 뿐이었다.

정법과政法科(10월 보전 재개시, 보전은 정법 · 경상과 양 과로 개편한 것이었다) 학생들은 대체로 우익을 지지하고, 경상과 학생들은 좌익을 지지하던 것은 각기 지도자(우익 이철승 · 정법과, 좌익 김연성 · 경상과)의 속하는 과를 따랐던 것인지. 그러나 보전학생들이 그렇게 좌우익으로 갈라져서 학생회도 조직하지 못하는 상태에 있으면서도 교수들의 전출 문제에 대해서는 일치단결하여 전출을 만류하고 반대하는 태도로 나온 것은 역시 보전다운 이색적 풍경이었다. 보전의 좌우익은 전국에서도 가장 거세고 행동력 있는 좌우익이었음에 불구하고 학교를 아끼는 문제에 관하여서는 자제하고 일치단결할 수 있는 아량을 가지고 있었으니 말이다. 만일 우리나라의 정치상의 좌우익이 보전학생 같은 아량과 애국정신을 가지고 있었더라면 남북의 분단도 6·25의 참변도 없이 지금쯤 우리나라는 세계열강의 일원으로 세계를 움직이는 유력한 발언권을 가진 나라가 되어 있지 않았을까.

교수 전출 문제로 좌우익이 일치해 일어났던 보전학생들의 동요는 한동안 끌기는 하였지만, 결국은 그것이 부득이한 일이었음을 이해하게 되어 12월 22일 인촌의 훈시로 끝났다.

그러는 동안 나는 대학승격준비위원회를 구성하여(위원 김성수, 이상훈李常薰, 이인수, 이종우, 박희성, 유진오) 군정청 교육심의회의 신대학제도 심의과정과 보조를 맞추어 보전의 대학승격을 준비하고 있었다.

6. *All or Nothing*의 좌익

이렇게 보전은 해방된 지 수개월이 지나자 차차 정상적인 상태로 되돌아가고 있었지만 그것은 특수한 예외요, 전체로서는 우리나라는 건설은커녕 점점 더 심각한 혼란 속으로 빠져들어가고 있었다. 시간이 흐름을 따라 군정과 우익세력이 차차 자리를 잡아간 것은 사실이지만, 좌익도 그와 정비례하여 투쟁을 강화해 갔기 때문이다. 보전과는 달리 그러한 혼란상을 그대로 반영한 것이 당시의 경성대학이었다.

백낙준 씨와 협력하여 내가 경성대학 재건에 나선 이야기는 전에 이미 하였거니와, 2개월이나 걸쳐 11월 말에서야 겨우 교수진 편성을 끝마친 경성대학은 이번에는 총장임명 문제로 좀 더 큰 파동을 겪어야 했다.

경성대학 총장임명 문제가 당시 사회의 이목을 크게 끌게 된 까닭은, 경성대학은 그때 국내 유일의 대학이어서 경성대학 총장을 누구로 하느냐 하는 문제는 바로 이 나라 학문과 교육의 최고상징을 누구로 하느냐 하는 것이 될 뿐 아니라 그 임명절차의 여하는 바로 이른

바「대학자치」의 문제와 직결되는 것이기 때문이었다.

그때 군정 학무국장 고문이었던 인촌은 어느 날 교육심의회 고등교육분과위원회의 회의가 끝난 후 경성대학 총장에는 누구를 임명하였으면 좋겠느냐고 나의 의견을 물었다. 학무국장 고문으로서 적임자 한 사람을 추천하여야 할 입장에 있었던 것 같다. 그러면서「최남선 씨가 가장 적임인데 이일 저일로 시비가 많아 추천할 수 없으니 아깝다」는 뜻의 말을 하였다. 그 말을 받아 나는 홍명희(洪命熹) 씨가 어떻겠느냐고 대답하였다. 홍명희 씨는 본래 좌익계이고 그 후 결국 월북한 사람이지만, 성격상 공정한 학자 타입의 인물이라고 나는 생각하고 있었기 때문이다.

홍명희 씨의 이름을 들먹이면서도 나는 인촌의 반응이 어떨는지 확신을 가질 수 없었는데, 뜻밖에 인촌은 무릎을 치면서『아 그거 좋구먼. 그러기에 일은 여러 사람한테 물어보아야 하는 게야.』하고 찬성하였다. 인촌의 이러한 사고방식이 통하는 세상이었더라면 이 나라의 좌우 투쟁은 좀 더 양상이 달라졌을 것이다. 홍 씨의 경성대학 총장을 저지한 것은 우익이나 군정이 아니라 당시의 좌익이었던 것이다.

홍명희 안(案)에 인촌의 찬성을 얻은 나는「대학자치」문제에도 비교적 낙관을 할 수 있었는데, 이것도 저지 않고 모든 것을 당장에 자기들 일파의 수중에 넣으려고 날뛰었기 때문에 결국은 미군을 따라 한국에 왔던 일개 미군 군목(軍牧)을 경성대학 총장의 자리에 앉히는 결과를 가져왔던 것이다.

「대학자치」란 본래 유럽과 일본의 대학에서 확립된 전통으로서

「교수회」에 의결권을 주어 대학의 중요한 일은 그 의결을 거쳐서 하도록 하게 하는 것인데 나는 교육심의회 고등교육분과위원회에서 이 문제를 몇 차례 논의라는 동안에 군정 당국의 생각은 대학자치와는 상당한 거리가 있는 것을 발견하고 내심 걱정하고 있었다. 미국 사람들은 유럽식 대학자치는 대학교육이라는 국가적 사업을 교수회라는 직업단체가 독점하려는 비민주적 제도라 하여 반대하고, 대학관리에도 국민의 대표가 참여하여야 한다고 주장하였다. 그것은 반드시 비민주적인 주장이라고는 할 수 없었지만「민족의 대표」를 선출하는 방도가 없는 때에는 대학을 정부가 직접 관리하여야 한다는 이론이 되는 까닭에 나는 걱정하고 있던 것이다.

홍명희 안에 대해 인촌의 동의를 얻고 나서 내가 대학자치 문제에까지 낙관하게 된 까닭은 홍명희 씨라면 교수회의 동의를 얻는 것이 무난할 것이므로 교수회에서 추천된 인물을 군정 없이 임명하는 결과가 되기 때문이었다. 과연 홍명희 안은 나와 백낙준, 백남운, 조윤제가 모인 자리에서 합의되었을 뿐 아니라 법문학부 교수회에서도 별다른 이의 없이 채택되었다.

이렇게 경성대학 총장 문제는 순조롭게 풀려나가는 중이었는데, 이곳에 갑자기 총장은 경성대학의「대학총회」에서 추천하여야 한다는 주장이 튀어 나왔다. 물론 외부의 지령을 받은 급진파 학생들이 들고나온 주장이었으나, 문제가 심각하게 된 것은, 의학부 교수들의 대부분과 이공학부 교수의 거의 전원이 멋도 모르고 그 주장에 동조하고 나섰기 때문이었다.

학생들의 주장은 교수(조교수 포함), 학생(조수 포함), 졸업생의 대표가 한자리에 모여「대학총회」를 구성해 가지고, 그곳에서 총장추천뿐 아니라 대학의 모든 중요 문제를 의결토록 하자는 것인데, 그러한 일은 혁명의 소용돌이 속에서나 있을 수 있을까, 평화시의 대학자치와는 인연이 없는 이야기였다. 당시의 경성대학 교수 중 외부에까지 알려져 있는 좌익교수는 백남운, 박극채, 윤행중 등이었는데, 이들도 참석한 법문학부 교수회에서 이 안을 단호하게 거부한 것은 당연한 일이었다. 그러나 대학자치가 무엇인지 모르면서 덮어놓고 급진적 주장만을 따라가는 의학부나 이공학부 교수들의 경우는 이야기가 달랐다. 학생들의 주장에 동조하는 그들은 끝판에 가서는「대학총회」의 개최를 법문학부 교수회에 일방적으로 통고해오는 사태에까지 이르렀다.

그렇게 되고 보니 법문학부 교수회도 그것을 그냥 내버려 둘 수는 없어서 이에 대표를 참석시키기는 하되, 나가서도 법문학부 교수대표는 대학자치란「교수회에 의한 자치」이므로 총장 후보를 선출하게 되는 경우에는 법문학부 교수대표는 퇴장할 것을 결의하고, 백남운, 조윤제, 유진오 외 2인(이희승, 윤행중의 2인이었던 것 같다)을 법문학부 교수대표로 선정하였다.

나도 그래서 그「대학총회」에 나가기는 하였으나 그것은 예상한 대로「우민 정치」또는「폭민 정치」라고 부를 수밖에 없는 난장판이었다. 학생, 졸업생, 조수, 부수(副手) 등 누가 누군지 얼굴도 알 수 없는 사람들까지 200명 정도나 모여서 무슨 이야기가 나오든지 덮어놓고「표결」만 하자고 덤벼들었다. 민주주의란 다수결 위에 비로소 성립되는 것이기는 하지만, 다수결을 할 수 있기 위해서는 먼저 참석자의 자격부터 결정하여야 하는 것이 아닌가. 나는 한마디도 발언하지 않고 앉아 있다가 중도에 퇴장하고 말았다.

그러나 그날 밤 백남운 씨가 찾아와서 「대학총회」 개신 각 학부마다 교수, 학생, 졸업생 및 직원(조교수, 조수, 부수, 강사 등)의 대표 5명씩을 뽑아 도합 60명으로 「전학(全學)대의원회」를 열겠는데, 그에 앞서 전학합동교수회를 열고 대학자치와 총장 후보 문제를 미리 의논하겠으니 꼭 참석해 달라 제의하였다. 급진파들이 일보 후퇴한 것으로 판단하고 이튿날(12월 11일) 나는 전학합동교수회에 나갔다. 이공학부의 도(都)모 교수 등 여전히 폭론(暴論)을 주장하는 사람이 있기는 하였지만, 교수들은 역시 대학총회에 모였던 사람들과는 달라서, 「대학자치란 교수회에 의한 자치」라는 법문학부 교수회의 결정을 전적으로 받아들임으로써 대의원회에 임하는 교수들의 태도만은 거의 통일될 수 있었다.

전학대의원회는 그날 오후 5시나 되어 의학부 계단 교실에서 열렸는데 이번에는 전날의 대학총회 때와는 달라서 제법 질서가 잡힌 가운데 회의가 진행되었다. 사회는 백남운. 졸업생 대표 중에는 이강국 군의 얼굴이 보였다. 그러나 학생 등 급진파들의 주장은 여기서도 전날 「대학총회」 때의 주장과 조금도 다름이 없었다. 대학자치란 교수회에 의한 자치이기 때문에 총장 후보의 선출은 교수회만이 할 수 있는 것이라는 법문학부 교수대표의 말을 전적으로 무시하고, 총장 후보를 그 자리에서 선출하자는 것이었다. 걸핏하면 「표결」을 외치는 태도도 전날과 다름없었다. 전학합동교수회에서 이 문제에 대한 교수 측의 태도는 이미 합의를 본 것이니, 급진파의 주장에 대해 교수들도 나서서 대학자치를 옹호해 주었으면 좋겠는데 법문학부 대표만 빼놓고는 그들은 꿀 먹은 벙어리였다. 여기서 패퇴하면 대학자치는 무너지는 것이고, 군정청에 대하여 대학자치를 치켜들고 싸울 수도 없게 되는 것임은 그들은 아는지 모르는지. 형세가 그렇게 되고 보니 나는 고군분투로 싸우지 않을 수 없었다. 나의 주장이 관철 안 되면 자리를 차고 일어서서 경성대학에서는 손을 뗄 작정이었으니 나 혼자만이라도 최후까지 물고 늘어지는 수밖에 없었다.

그렇게 해 논전(論戰)은 날이 캄캄해질 때까지 두 시간이나 계속되었는데 그러는 동안에 급진파들은 왜 토론을 종결시키지 않고 한없이 끄느냐고 사회를 보는 백남운 씨에게 대들기도 하였다.

그러자 그때까지 침묵을 지키고 있던 이강국 군이 일어섰다. 여태까지 여러분의 토론을 귀 기울여 들었는데 자기 판단으로는 법문학부 교수단의 주장이 옳다는 것이었다. 「여러분이 지금껏 총장 후보를 이 대의원회에서 선출하자 주장한 것은 결국 교수회를 불신하기 때문인데, 토론을 들어보니 현 법문학부 교수단은 진보적이며 양심적이어서 그러한 교수단이라면 불신할 이유가 없다. 『대학자치는 교수회에 의한 자치』라는 주장은 옳은 것이니까, 오늘 이 자리에서는 총장 후보를 선출하기는 하되 그것은 정식선출의 권한을 가진 교수회에 참고자료로 제출함에 그치는 것이 좋겠다」는 것이었다. 「양심적이고 진보적」인 교수회인 만큼 우리가 오늘 이곳에서 선출하는 총장 후보는 반드시 교수회에서 정식 후보로 받아들여질 것이라는 것이었다.

이 군의 말이 끝나자마자, 그때까지 그렇게 맹렬하게 나의 말에 맞서던 젊은 사람들 틈에서 일제히『옳소!』하는 함성과 함께 찬성의 박수가 터졌다.

어이가 없었다. 공산계열과 맞서서 토론을 펴는 것도 나로서는 그때가 처음 경험이었거니와, 공산주의자라는 것은 꼭두각시 모양으로 상부의 지령대로 움직이는 사람들이라는 것을 목도한 것도 그때가 처음이었다.

나는 여전히 그 자리에서 총장 후보를 선출한다는 데는 반대였으나 교수회의「참고자료」를 삼기 위한 것이라는 데까지 반대할 이유는 없어서 잠자코 있었는데, 그때 벌써 누군가가 총장 후보는 구두공천으로 하자고 동의(動議)를 냈다. 나는 그 동의의 가부를 미처 판단 못 해서「구두공천이면 먼저 호명된 사람에게 부당하게 유리할 것 아닌가」생각하고 있었는데, 이번에는 누군가가 인수를 제한하지 말고 차제에 경성대학 총장이 됨직한 인물을 얼마든지 구두공천해서 이름을 칠판에 모두 써놓고 그중에서 적임자를 골라 투표하도록 하자 하였다. 그러자 또 누군가가 후보를 한 사람만 뽑으면 교수회나 군정청에 대해 우리의 의사를 강요하는 것 같으니 후보자는 세 사람을 뽑기로 하자 하였다.

나는 그들의 빨리 돌아가는 머리에 탄복하였다. 그러나 그러면서도 일차투표로 세 사람을 뽑는다면 경우에 따라서는 우스운 결과가 되는 수도 있겠는데 하고 걱정하고 있었는데, 그때 벌써 또 누군가가 바로 내가 걱정하던 점을 지적하면서, 한번 투표에 한 사람씩을 뽑아, 세 번의 투표로 제1, 제2, 제3 후보를 뽑자 하였다. 정말로 일사천리의 의사진행이었다. 이 모든 동의(動議)와 개의(開議)는 불과 2, 3분

동안에 전격적으로 이루어져서 다른 사람들은 미처 시비장단을 생각해 볼 여유조차 없었다. 실은 이러한 선거방법은 후보 전원을 다수파가 독점하는 연기투표제(連記投票制)와 마찬가지 폐단을 갖는 것인데, 선거제도의 전문가로 자처하는 나조차 미처 그 생각을 못 하고 도리어 그럴듯한 방법이라 생각하고 있었던 것이다. 그러자 누가

『홍명희!』

하고 또 재빠르게 부르짖었다. 법문학부 교수회에서 내정하고 있는 후보의 이름을 그들의 입으로 맨 먼저 구두공천한 것이다. 그리하여 다음 14명의 이름이 다음다음 칠판 위에 적혀 나갔다.

홍명희(洪命熹), 김규식(金奎植), 박문규(朴文奎), 백남운(白南雲), 도상록(都相祿), 유진오(俞鎭午), 김성진(金晟鎭)
김성수(金性洙), 이강국(李康國), 김태준(金台俊), 최용달(崔容達), 여운형(呂運亨), 정한경(鄭翰景), 안재홍(安在鴻)

이 열네 개의 이름은 모두 젊은 급진파의 입에서 튀어나온 것이었지만, 그때 일반인의 인기투표를 해본다 하더라도 경성대학 총장 후보로 그 밖의 이름은 나오기 어려울 정도로 각 방면의 인물을 망라한 것이었다.

제1회 투표로 들어갔다. 김태준 38표, 홍명희 5표, 나머지는 산표(散票)의 결과가 나왔다. 홍명희 씨의 5표는 법문학부 교수들의 표일 것이니, 홍 씨를 맨 처음 구두공천한 사람의 표는 어디로 간 것인가.

제2회 투표로 들어갔다. 이번에는 홍명희 씨의 표가 올라가려니

했던 나의 예상은 빗나가고 이번에는 박문규 군이 38표로 제2 후보로 당선되고, 홍 씨는 여전히 단 5표에 머물렀다. 어리석은 나는 그제서야 속은 것을 깨닫고 분노가 치밀었다. 이것이 무슨 장난이냐! 민주주의의 형식을 도용한 사기극!

제3회 투표에는 이강국 38표, 홍명희 씨는 여전히 5표.

밤 9시 반이나 되어 전학대의원회는 산회(散會)하고 교수들은 총장관사에서 다시 합동교수회를 열었으나 아무도 발언하는 사람이 없었다.

어려운 여건하에서 어떻게든지 달성하려던 대학자치의 확립과 조선인 총장임명의 꿈은 이렇게 해서 자취도 없이 사라지고, 대신 군목으로 와 있던「안스테드」가 군정청에 의해 일방적으로 임명되었는데, 그리고 보면 그때 대학자치를 파괴하고 미국인 총장을 불러들인 책임은 누가 져야 한다 해야 할 것인지?

7. 격돌을 뚫고

해가 바뀌어 1946년이 되자, 격동하는 외부와는 달리 비교적 안정된 분위기에서 대학승격을 준비하고 있던 보성전문에도 교장이 갈리는 변동이 왔다. 일은 전해 12월 30일 새벽에 고하 송진우 씨가 암살된 데서부터 시작된다.「수석총무」(사실상 당수黨首)를 잃은 한국민주당이 인촌을 후계자로 선출한 것이었다.

그 당시의 끓는 가마 속 같던 정치정세를 어떻게 소상히 그려낼 수 있을까마는 굵은 줄거리는 여전히 좌우익의 싸움이었다 할 수 있겠는데, 삼팔선 이북에 진주한 소련군은 단호한 적화정책으로 이북 전역을 공산화해 버린 데 반하여, 남한의 미 군정은 민주주의를 한답시고 좌우익의 타협을 종용하면서 자신은 좌우익을 초월하여 중립을 지키는 것 같은 정책을 취하였기 때문에 결과적으로 남한의 좌익세력을 두둔해주는 것 같은 형세가 되었던 것이다. 말하자면 좌익은 이미 한반도의 4분의 3을 자기들 수중에 넣은 셈이니 나머지 4분의 1을 마저 입수하기 위하여 전력을 기울였던 것이다.

그런 데다가 나머지 4분의 1밖에 안 되는「우익」내부의 세력 관계가 또한 좋지 않았다. 남한 내의 좌익은 재빨리「재건파(再建派)」「장안파(長安派)」등의 내분을 극복하고 남조선노동당으로 세력을 통일한 위에 여운형 등의 중간 좌익까지 산하에 넣고 강력한 투쟁을 전개하고 있었지만, 그와 반대로 우익은 임정(臨政)을 주축으로 하는 한국독립당(韓國獨立黨), 국내 보수세력의 최대 집결체인 한국민주당(韓國民主黨), 중간 우익인 조선국민당(朝鮮國民黨) 기타 수많은 군소정당으로 분립되어 단결된 세력을 형성하지 못하고 있었다.

정당뿐 아니라 국내 우익이 절대적으로 지지하고 있던 임시정부도 알고 보니 결코 공고한 유대로 묶여진 통일체가 아니었다. 우선 임시정부와 일체인 것으로 생각했던 이승만 박사가 임시정부와 일체가 아닐 뿐 아니라, 임시정부 자체 내에도 김구 중심의 행동파적 우익, 김규식 중심의 중간우익, 신익희(申翼熙) 중심의 현실파, 김원봉(金元鳳) 등의 중간좌익 등 잡다한 요소가 동거하는 이완된 집단임이 드러난 것이었다.

그런 가운데 한국민주당은 점차 이 박사와 밀착하는 움직임을 보임으로써 김구 중심의 한국독립당과는 생리적으로 맞지 않는 경향을 짙게 해갔다.

1945년 12월의 모스크바 삼상회의(三相會議)의 한국에 대한 신탁통치안 결정은 우익을「반탁(反託)」으로 단결시키는 결과를 가져왔지만, 그러한 결론에 이르기까지에는 심각한 의견의 차가 있을 수 있었을 것으로 생각된다.「찬탁(贊託)」으로 표변한 좌익과 달리 우익은「반탁」의 입장을 굽히지 않았지만, 우익도 삼상회의 결정에 따른 미소공동위원회에는 참가할 수밖에 없었던 것을 생각한다면 저간의 사정이 복잡미묘하였음을 짐작할 수 있을 것이다.

정세가 그처럼 격동하는 가운데 송진우 씨 암살사건이 돌발한 것이므로 인촌이 한국민주당 수석총무를 수락하는 것은 평상시에 정당 당수가 되는 것과는 별다른 각오를 요하는 일이었다. 인촌이 수락의 결심을 하고 나서 가족을 모아놓고 유언을 했다고 전하는 것은 결코 이상한 일이 아닌 것이다.

내가 부름을 받고 인촌을 한국민주당(현 동아일보사)으로 방문한 것은 1월 18일의 일이었다. 나를 보자 인촌은 정계 일선 진출의 결의를 말하고, 그와 관련해서 보전교장을 그만둘 것인가 아닌가에 대해 나의 의견을 물었는데, 나는 즉답에 궁하였다. 사리상으로는 당연히 교장을 그만두는 것이 옳겠으나, 인촌 없는 보전을 나는 생각할 수 없었기 때문이다.

그러나 실은 그때 인촌은 벌써 자신의 거취에 관한 결단을 내리고 있었던 것이다. 그는 정계일선에 나가더라도 자신의 필생 사업은 보전인 만큼 보전 일은 끝까지 돌볼 결심이라 말하고, 현상윤(玄相允)씨를 자기 후임으로, 나를 부교장으로 하겠다는 복안(腹案)을 말하였다.

현상윤 씨는 인물로 보나 관록으로 보나 경성대학 예과부장으로 두기에는 지나친 인물이라는 이야기를 힘들여 하는 것으로 보아 인촌은 혹시 내가 현상윤 교장안에 대하여 반발이나 하지 않을까 염려하는 눈치였다. 나더러 부교장을 하라는 것도 그러한 배려에서 나온 것으로 짐작하였다.

그러나 그것은 인촌의 지나친 배려였다. 내가 보전에 남아 있는 것은 보전을 육성하겠다는 인촌의 뜻에 공명(共鳴)하였기 때문일 뿐, 감투와는 상관없는 일이기 때문이다. 나는 현상윤 교장안에는 즉각 찬의(贊意)를 표하였지만, 나의 부교장안은 강경하게 사퇴하였다.

그때 세상은「반탁」이냐「찬탁」이냐로 뒤끓고 있었다. 민족진영의「반탁」은 우리나라를 독립시켜 준다는 강대국가들의 결정에 항거하는 길이라 난관은 예상되었지만, 민족의 자주의사를 주장하는 노선인 까닭에 민족의 감정과 일치되고 민중의 의기(意氣)를 드높이는 작용을 한 데 반하여,「찬탁」은 그 반대의 인상을 씻을 길이 없는 데다가 민족진영과 마찬가지로 일단「반탁」을 표명하였던 좌익이 갑자기「찬탁」으로 표변하는 바람에, 이 문제를 계기로 해방 이후 줄곧 좌익이 독주하다시피 해 온 우리나라 정국에서 우익이 기세를 올리게 된 것은 특기할 만한 일이었다.

바깥 정세가 그렇게 돌아가는 판이니 그 영향이 그대로 학원에 미친 것은 조금도 이상할 것이 없는 일이다. 보전의 신학기는 1월 21일에 시작되었는데, 그날 개학식에서는 지금까지 보지 못하던 새로운 사태가 벌어졌다. 새해 초부터 벌어진 반탁운동의 여세를 몰아 이번에는 학원 내에서 우익이 공세를 취하기 시작한 것이다. 교장(아직은 인촌)의 훈화가 끝나자 돌연 이상훈(李常薰), 진승록(陣承錄)의 양 교수가 번갈아 등단하여 맹렬한 반공, 반소(反蘇)의 반탁연설을 하였는데, 이어 이철승(李哲承) 군(반탁학생총연맹위원장)이 등단하여 18일에 있었던 반탁데모와 인민보사(人民報社) 기타 좌익계열 기관을 습격 파괴한 일들을 보고 형식으로 연설하였다.

그러나 이러한 움직임에 좌익학생들도 가만히 있을 리 없어서 이번에는 좌익학생들이 단으로 올라가 반박연설을 하는 통에 개학식장은 수라장이 되었다.

2월 6일 현상윤 신교장의 취임식에서도 학생대표 이철승의 환영사 끝에 또 같은 소란이 일어났다.

그러나 대체로 말하여 1946년은 해방 후 좌익의 공세가 최고로 치열하게 전개된 해이었다. 해방 후 이 나라 좌익은 재빨리 「인민공화국」을 선포하여 미군에게 이를 기성사실로 인정케 하려다가 실패하기는 하였지만, 우익이 차차 태세를 정비하고 미 군정도 폭력을 용인치 않는 방향으로 정책을 강화하자 좌익도 어름어름 정부 행세하려던 술책을 집어치우고 본격적인 파괴투쟁을 첨예화하여 갔기 때문이다.

이러한 좌우격돌은 2월 14일 우익 측이 미 군정과 협력하여 「민주의원(民主議院)」을 개설한 데 대하여 좌익은 그 이튿날로 「민주주의 민족전선」을 결성함으로써 한층 본격화해 갔다.

그러한 판국이고 보니 학원은 글자 그대로 풍타낭타(風打浪打)의 고단한 신세였다. 우익학생은 좌익학생의 처벌을 요구하고 좌익학생은 툭하면 맹휴를 단행하여 수업이 엉망이 되었다. 그때처럼 나는 교육자의 비애를 절감한 적은 없다. 학생들은 학교 당국의 호소는 귓전으로도 들으려 하지 않고 외부 정객(政客)들의 말에만 맹종하니 말이다. 좌익은 물론 그러려니와 우익도 결코 예외는 아니었다. 정객만 영웅시하고 학교 선생은 낙오자시 하는 기풍이 학생들의 언동에 역력히 나타났다.

경성대학 쪽은 「안스테드」 총장이 임명된 후 그해(1946년) 3월부터 해방 후 처음으로 강의가 시작되었는데, 정치격동의 영향으로 분위기가 어수선한 것은 여전하였지만 강의만은 상당히 긴장된 분위기 속에 조용하게 진행되었다. 경성대학의 강의가 그해 여름방학 때까지 그런 상태로 계속된 것은 당시의 주위여건으로 보아 기적적이었다 할 수 있을 정도의 일이었다.

경성대학은 그해 9월부터 국립서울대학교로 개편 발족될 때까지만 1년밖에 존속하지 않았고, 그 1년 동안에도 강의를 실지로 할 수 있었단 것은 이 한 학기(3월-7월 초)뿐이었지만, 그 한 학기는 보통때보다도 도리어 충실하고 긴장된 한 학기였다. 기본적으로는 안정되었으면서도 좌우익이 치열하게 대립된 가운데 학교의 토대가 잡히지 않았으면서도 강의만은 이례적으로 충실하게 진행되던 경성대학과는 현격한 대조를 이루고 있었다.

경성대학이 그때 그러한 이례적인 안정(?)을 이룰 수 있었던 원인을 생각해 보면 몇 가지를 들 수 있다. 첫째는 경성대학은 그때 국내 유일한 대학이었기 때문에(보전, 연전延專, 이전梨專은 9월부터나 대학으로 승격 발족할 예정이었다) 그 점에서 오는 자존심, 즉 자기들은 정치투쟁과 학업을 분리해 생각할 수 있는 냉정한 이성의 소유자라는 생각이 학생들에게 있었던 것, 둘째로는 교수들에게는 우리나라 사람의 손으로 대학이라는 것을 운영하는 것이 그것이 처음이라는 긴장감이 있었던 것, 특히 경성대학에는 그때 일본 등 외국대학에서 수학(修學)하다가 해방으로 귀국 편입된 학생이 많이 있었기 때문에 까딱하다가는 그들에게 외국의 대학교수보다 떨어진다는 인상을 주게 될지도 모른다는 일종의 경쟁의식이 교수들에게는 있었던 것 등을 들 수 있는 것으로 생각한다.

그러나 경성대학의 그러한 일시적 안정은 결국은 화병에 꽂힌 뿌리 없는 꽃에 지나지 않았다. 좌익의 끈질긴 말썽으로 그해 4월에는 그동안 대학재건에 고심해 오던 백낙준 씨가 법문학부장을 팽개쳐 버려 경성대학은 9월의 「국대안(國大案) 반대투쟁」의 소용돌이를 향해 서서히 전진하고 있었다. 나한테 법문학부장을 맡으라는 교섭이 있었으나 나는 물론 맡지 않았다.

경성대학과 관련해서 당시의 정치적 혼란을 전해주는 한 에피소드가 있다. 「안스테드」 총장이 취임한 지 얼마 안 되었을 때의 일이니까 1946년 3월 초 경이라고 기억하는데 어느 날 「민전(民戰)」(민주주의민족전선) 사무국장을 맡아보던 이강국 군이 나를 만나자 하여 「백합원(百合園)」(종로 YMCA 맞은편 골목 안에 있던 양식점)으로 갔더니, 나더러 경성대학 총장을 맡으라는 것이었다. 이 군으로서는 나를 생각해서 하는 말이었는지 모르지만, 민전이 어떻게 경성대학총장을 냈다 뗐다 하는가. 결국 그 말은 혁명이 성취하면 경성대학 총장을 시켜 줄 터이니 나더러 지금 좌익진열에 참여하라는 뜻으로밖에 해석되지 않았다.

나에 대한 좌익의 유혹은 그뿐이 아니었다. 문학가동맹위원장을 맡으라는 교섭도 왔고, 조선민주주의인민공화국헌법을 기초해 달라는 부탁도 왔었다.

헌법기초에 관한 이야기가 났으니 말이지, 나는 그때 국내 「유일」한 헌법학자였기 때문에 이 문제는 어지간히 시달림을 받았다. 해방 후 제1착(着)으로 나한테 헌법기초의 교섭이 온 것은 임시정부 내무부장 신익희 씨로부터였는데 해공(海公)은 입국 후 첫 사업으로 구일본고등문관시험 합격자들을 모아「행정연구회」라는 것을 조직하고 헌법기초 등을 작성시키면서 나한테도 그 위촉장을 보내왔던 것이다. 두 번째는 임시정부 계통의「비상국민회의」로부터였는데(법제위원장 김병로金炳魯), 나는 이것도 거절하고 응하지 않았다. 나의 판단으로는, 그것은 정말로 헌법을 기초하는 것이 아니라 정치조직에 가담하는 것이 되기 때문이었다. 그러고 보면 좌익으로부터 왔던 헌법기초 교섭은 나에게는 세 번째 것이 되겠는데, 그것은 1946년 3월 제1차 미소공동위원회의 개막을 10일 가량 앞둔 때의 일이었다. 하루는 박문규 군(뒤에 민전 제2대 사무국장)이 나를 찾아와서 미소공위가 열리면 민전 측의 헌법초안을 제출해야 하겠는데, 허헌(許憲) 씨(민전의장단民戰議長團의 1인)가 써 보았으나 만족스럽지 않으니 나더러 하나 작성해 달라는 것이었다. 그 부탁도 나는 물론 거절하였다.

그해 7월 보전입학시험(실은 9월부터 개교될 고려대학교의 제1회 예과입학시험)에서 부정사건이 일어난 것도 그러한 혼란된 세상(世相)을 반영한 것이었다 할는지. 내가 아는 한 이 사건은 고려대학교의 지금까지의 역사 위에 남겨진 유일한 오점이었다. 이 사건은 미수로 끝나기도 하였고, 지금 그 내용을 파헤치고 싶지 않으나 이에 관계된 한 젊은 교수가(그는 그 사건으로 학교를 물러났지만) 경위를 캐묻는 나에게「여름방학에 피서갈 돈을 마련하려고 한 일」이라고 태연하게 말하는 데는 나는 정말 아연(啞然)하였다.

그해 여름에(8월 18일) 전 보전 동료인 김광진(金洸鎭) 군이 나를 찾아왔던 일도 또한 그때가 아니고는 있을 수 없는 일 중의 하나였다. 해방 직후 평양인민위원회 간부로 활동하던 김 군은 그때 김일성대학 창립사무를 보고 있었는데, 교수진을 스카우트하기 위해 서울에 왔다는 소문을 듣고 있었지만 내 집에 찾아오리라고는 의외였다.

그때 삼팔선은 개방돼 있는 것도 폐쇄돼 있는 것도 아닌 상태에 있었다. 왕래가 자유인 것도 아니나, 왕래할 의사가 있는 사람은 어떻게든 왕래할 수 있는 그러한 상태였다. 서울에서의 행동도 자유인 것도 자유가 아닌 것도 아닌 모호한 상태였다.

어쨌든 전에 친하게 지내던 사이이므로 김 군을 만나 나는 오래간만에 술을 나누고 저녁을 같이 먹으면서 여러 시간 이 이야기 저 이야기를 주고받고 하였는데, 이상하게도 그는 전과 달라 말에 힘이 없고 김일성의 귀에 들어가도 문제가 안 될 정도의 말밖에 하지 않았다. 북쪽 사정에 어두운 때이었던 만큼 김일성대학 창립위원으로 교수진을 스카우트하러 서울까지 온 사람이라면 의기헌앙(意氣軒昂)할 것으로 누구나 생각하였었는데 내가 본 김 군은 그렇지 않았다. 헌앙은커녕 몹시 소침(銷沈)하고 복장도 초라하였다. 서울에 남아 있도록 붙들면 붙들릴 것도 같았으나, 혹시 말썽이 생기는 경우에 내 힘으로는 그의 신변을 보호해 줄 자신이 없어 못하였다.

그렇게 혼란이 거듭되는 가운데도 고려대학교 개교의 준비는 착착 진행되어 9월 2일에는 개교식을 거행하고 5일에는 예과 신입생 입학식을 치른 뒤 6일부터는 전면 개강으로 들어갔다.

창설 당시의 고려대학교의 내용에 관하여는 고려대학교사(육십년지)에 상세하므로 이곳에 되풀이해 기록하지 않겠으나 그때 신설 문과대학장 인선에 관해 있었던 일을 한 가지 이야기해 두어야 하겠다. 인촌은 변영태, 이종우 양 씨의 이름을 말하면서 두 사람 중 누가 더 적임이겠느냐고 나의 의견을 구하였는데, 나는 이종우 씨를 추천하였던 것이다. 나는 변영태 씨의 강직한 지사적 인격을 존경하였고, 또 변 씨는 중앙고보 시절 이종우 씨의 선생이었던 것도 알고 있었지만, 행정 능력의 면에서 이종우 씨를 택하였던 것이다. 내 눈에 고려대학교 문과대학장으로도 수완이 부족할 것같이 보이던 순 학자형의 변영태 씨가 그 후 이승만 대통령 밑에서 외무장관과 국무총리를 여러 해 동안 역임한 일을 생각하면 사람의 일은 모르는 것이라고도 하겠고, 또는 그것으로 이 대통령의 인물 쓰는 방향을 짐작할 수 있다고도 하겠다.

8. 안정 못 찾는 학원

고려대학교로 출발하던 당시의 일들 가운데 몇 가지는 이 기회에 더 이야기해 두어야 하겠다. 우선 출발 당시의 고려대학교의 규모가 대단히 작았던 이유인데, 그것은 털끝만큼도 문교부 등 외부의 간섭을 받았던 것이 아니라 순전히 학교 자체의 자주적인 생각으로 그렇게 된 것이었다. 고려대학교뿐 아니라 그때 함께 대학으로 승격 출발한 연세대학교(그때는「연희」)와 이화여자대학교도 고려대학교와 마찬가지로 기구나 학생정원을 허황되게 늘어놓지 않았는데, 그것은 세 학교가 다 그 당시의 제한된 재정 형편과 시설 및 교수진 등을 고려하여 무리한 확장을 시도하지 않았기 때문이다. 무턱대고 학생을 대량 입학시켜놓고 그들에게 받은 등록금으로 대학을 경영하는 것 같은 일은 누구의 염두에도 없는 것이 그때의 상황이었다. 기구도 학생정원도 마음대로 확장할 수 있었는 데도 이들 세 대학은 자발적으로 그런 일을 하지 않았던 것이다.

대학의 편성과 학생정원 등이 엄격한 문교부의 통제를 받게 된 것은 6·25 동란이 터진 이후의 일이다. 대학생에 대한 징병유예가 제도화되자 대학 지원자의 수가 급격히 늘어나서 대학의 영리적 경영이 가능케 되고, 그를 따라 문교부는 강력한 통제권을 가질 필요가 생기게 된 것이다.

우리나라 대학교육의 급격한 팽창 원인을 병역의무에만 결부시키는 것은 근시안적인 관찰이고, 아무래도 그것은 해방을 맞이한 독립한국의 필연적인 현상이었던 것으로 보아야 할 것이지만, 그러한 새로운 사태에 응해 나가는 과정에 있어서 문교부가 강력한 통제권을 지나치게 발동하여, 한편으로는 새로운 대학설립인가를 남발하면서, 한편으로는 기성대학의 팽창을 억제하는 모순된 정책을 계속한 것은 큰 잘못이었다 아니할 수 없다. 한때 우리나라 대학교육이 질적으로 저하되고 대학건물이「우골탑(牛骨塔)」운운의 지탄을 받게 된 중요한 원인은 그러한 곳에 있었던 것으로 나는 생각한다.

대학의 이름을「고려」로 정한 것은 인촌의 발상이었다는 것도 이 기회에 말해 두어야 할 일의 하나다. 보성전문학교를 대학으로 승격하는 마당이므로「보성대학교」란 이름도 일단 생각은 되었지만 인촌은 보전을 인계받던 당시부터 보성이란 이름을 별로 좋아하지 않았던 것이다(본서, 전편「새 보전의 출발」36면 참조).「조선(朝鮮)」,「안암(安岩)」등의 이름도 당연히 거론되었지만 인촌은 서슴지 않고「고려(高麗)」를 주장하였다.

우리가 만드는 대학은 반드시 우리나라나 민족을 대표하는 대학이 되도록 하여야 하겠는 만큼 교명도 반드시 그러한 뜻을 나타내는 것이 되어야 하겠는데,「조선」이나「한국」은 역사상 이민족에게 수모를 당한 일이 있어서 싫고,「고려」도 실은 여진, 몽고 등의 시달림을 받은 일은 있지만「고구려」의 영광을 계승하여 좋다는 것이 그 이유였다. 우리나라의 외국어 명칭인 Korea, Corea, Corée도「고려」의 음을 표기한 것이 아니겠느냐는 것이었다.

그때 인촌은 앞으로 세워질 통일국가의 국호도「고려」로 하고 싶은 복안을 가지고 있었던 것으로 나는 추측한다. 사실 1948년 우리 헌법을 국회에서 심의하던 당시 인촌이 영도(領導)하던 한국민주당은 국호를「고려」로 하자는 수정안을 제출하기까지 하였던 것이다.

교수진에 보성전문학교 출신자를 많이 채용하는 방침을 세운 것도 그때의 일이다. 그전에도 보전출신자를 채용하려는 생각이 없었던 것은 아니나 교수의 정원이 워낙 적어서 못하던 것인데, 대학으로 승격하는 마당에 교수도 대량으로 증원되는 판이니 차제에 아무쪼록 모교 출신자를 많이 기용하여 재학생과 졸업생 사이의 유대를 강화하고 모교애를 불러일으키자는 것이었다. 다만 이 문제는 까딱 잘못하면 정실(情實)에 흐를 우려가 있으므로 이 점을 경계하면서 실력이 객관적으로 증명된 사람부터 점진적으로 실시해 나가자는 것이 그때의 방침이었다.

이렇게 해서 고려대학교는 새로운 대학으로서의 면모를 갖추고 순조로운 발전의 길로 나가려 하였으나, 계속 혼돈만을 되풀이하는 우리나라의 전체 정세는 일개 학원만의 안정을 결코 허용하지 않았다. 정부수립을 위한 미 · 소공동위원회가 열렸다 깨어졌다 하고,「좌우합작」이 되는 듯했다 안되는 듯했다가 하고, 공산당 지령 하의 파업과 폭동은 이곳저곳에서 연달아 일어나고 하는 판이니 무슨 건설적인 일이 될 리가 없는 것은 당연한 결과였다. 그런 중에도 그해 가을에는「국립서울대학교안(案)」이 좌익의 중요한 정치공세의 목표가 된 까닭에(소위「국대안반대투쟁」) 그 불똥은 고려대학교에도 튀어오지 않을 수 없었다.

국립서울대학교안이라는 것은 군정 문교부가 1946년 9월을 기하여, 서울 지역에 있는 일정 때의 경성제국대학(京城帝國大學), 경성의전(京城醫專), 경성법전(京城法專), 경성고상(京城高商), 경성고공(京城高工), 광산전문(鑛山專門), 수원고농(水原高農) 등 국립(관립)고등교육기관과 사립인 치과의전(齒科醫專), 약학전문(藥學專門)까지를 통합하여「국립서울대학교」로 발족시키려는 계획을 말하는 것인데, 이 안이 전기(前記) 제(諸)학교의 교직원, 졸업생, 재학생들과의 치열한 반대에 봉착하게 되자, 좌익은 이것을 정치투쟁의 절호한 재료로 이용하였기 때문에 한동안 세상을 떠들썩하게 하였던 것이다.

이와 같이 국대안반대투쟁은 바로 좌우익의 정치투쟁화한 때문에 국립서울대학교 학생이나 관계자들에게만 국한되지 않고 다른 대학에도 파급되어 한창때에는 중등학교 학생들까지도「국대안 반대」를 부르짖고 동맹휴학을 단행하는 상태에 이르렀던 것이다. 맹휴에 참가한 학교가 전국에 400여 교에 이른 것을 보아도 얼마나 그것이 치열한 투쟁이었던가를 알 수 있을 것이다. 국대안반대투쟁 소동으로 서울대학교는 그해 9월부터 이듬해 2월에 이르는 한 학기 전 기간 동안 수업을 전연 하지 못하는 상태를 계속하였다.

그러한 외부 세계의 소동에 비하면 대학교로 새 출발을 한 후에 어쨌든 수업을 계속할 수 있었던 고려대학교는 훨씬 안정된 분위기이었다 할 수 있다. 그러나 고려대학교에서도 좌익계 학생들의 책동

(策動)은 끈질기게 계속되어 하루도 말썽이 없는 날이 없었다. 고대 내 좌익계 학생들의 그 당시의 트집거리는 대체로 두 가지가 있었다 할 수 있는데, 하나는 해방 후 1년이 넘도록 아직 조직하지 못한 학생회를 조직하여 그 주도권을 잡자는 것이고, 또 하나는 국대안 반대를 위한 투쟁을 고대에서도 전개하여 동맹휴학을 하려는 것이었다.

학생회 문제에 관해서는 학교로서는 학과별 학회조직만 용허하고 총학생회조직은 용인하지 않는 방향으로 지도하였는데, 그 이유는 학생들의 민주주의에 대한 자각과 훈련이 전혀 되어 있지 않아서 다수한 학생들이 모인 자리에서 극소수의 극렬분자가 격렬한 언사로 선동 연설을 하면 다른 학생들은 속으로는 어쨌든 겉으로는 감히 소신을 말하지 못하고 그들이 선동하는 방향으로 질질 끌려가는 상태이었을 뿐 아니라, 그렇게 되면 이번에는 우익 과격학생들이 주먹을 휘두르고 나서서 회합이 수라장화하고 말기 때문이었다.

우익계 학생들도 물론 여러 번 자기들 지도하의 학생회를 조직하려 하였으나 학교에서는 그것도 허락하지 않았다.

좌익계 학생들은 또 국대안 반대를 내걸고 고대에서도 동정맹휴(同情盟休)를 하기 위하여 어지간히 책동하였으나 그 책동은 고대에서는 번번이 실패로 돌아갔다.『서울대학교 문제에 왜 고려대학교 학생이 참섭하려 드느냐, 고려대학교에 문제가 생겼을 때 서울대학교 학생들이 동정맹휴를 해줄 줄 아느냐.』하면 대부분의 학생이 그 말을 수긍하기 때문에 좌익의 선동이 씨가 먹히지 않았다.

그러나 해가 바뀌어 1947년 2월이 되어 학기말시험이 가까워 오자—그때는 2월 말이 제1학기 말이었다—좌익학생들은 시험을 싫어하는 일반 학생들의 심리를 이용하여 고대에서도 드디어 국대안 반대의 맹휴소동을 일으키는 데 성공하였다. 다만 이 맹휴는 여러 가지 점에서 고대 내 좌익운동이 수그러지기 시작하는 계기가 되었던 것으로 생각된다. 우선 그 맹휴책동은 우익계 학생들이 퇴장하여 계속 등교를 결의하는 바람에 회장에 남아 있던 좌익계 학생들만으로 맹휴조건도 내걸지 못하고 덮어놓고 맹휴만을 결의하고 총총히 산회(散會)하는 추태를 연출하였다.「국대안 반대」를 구실로 내걸자니 씨가 먹히지 않고, 그렇다고 시험준비가 고통스러우니 맹휴를 하자는 말은 차마 할 수 없어서 빚은 좌익의 추태였다.

어불성설의 좌익맹휴에 대하여 학교로서는 학기말시험 강행으로 맞섰다. 다만 시험기일을 일주일 연기하지 않을 수 없었던 것과 응시 학생이 재학생 총수의 1할 남짓한 120, 30명밖에 안 되었던 것은 좌익의 완전 패퇴라고 할 수 없지만 그 정도의 일은 그때의 사정으로는 부득이한 일이었다.

좌익학생들의 이러한 무리한 맹휴는 또 뜻하지 않게 해산 후 새로 채용한 소장(少壯)교수 중에 좌익계가 섞여 있었던 사실을 노정(露呈)하는 결과를 가져왔다.

학생들의 맹휴결의 직후 학교에서는 주동 학생 7명에게 전격적으로 퇴학처분을 결정하였는데, 그때 그 교수회에 참석하지 않았던 일부 소장교수들은 결정을 정식으로 선포하기 전에 학교 간부가「교육자적 아량」으로 주동 학생들을 면담하여 의견을 교환하는 것이 옳다고 주장하였다. 그리하여 학교 측은 주동 학생들을 불러들였는데, 그 면담은 아무런 효과도 가져오지 못하였을 뿐 아니라, 도리어 학생과 교수 간의 사이만 더 멀리하는 결과만 가져왔다. 학생들의 퇴학처분이 발표된 후 학생들과의 면담을 주장하던 교수 중 몇 사람은 자진하여 학교를 물러났고, 몇 사람은 6 · 25 때 월북한 것으로 보아 그들이 주장하던「교육자적 아량」이란 실은 어떻게 해서든 맹휴학생들의 편을 들어 주려는 의도였음이 확실하다.

맹휴학생 대표들과의 면담석상에서는 보통 상식으로는 상상도 할 수 없는 불쾌한 장면이 벌어졌었다. 변영태 교수는 학교의 행정 책임을 맡고 있는 것은 아니었지만 노장교수의 대표 격으로 그 자리에 함께 있었는데, 학생들의 부조리하고 무리한 언동을 듣다못해 몇 마디 그들을 나무라는 말을 하였다가 한 학생한테 형용할 수 없는 모욕을 당한 것이다.『선생님은 배가 불러 걱정이 없으니 그런 말씀을 하시는 겁니다!』하고 다혈질의 한 학생이 고함을 치면서 변 교수한테 대어든 것이다. 학생들의 정치적 맹휴와 배가 부르고 고픈 것이 무슨 상관이 있다는 것인가. 변 교수의 초라한 옷차림과 누런 혈색과는 대조적으로 당시 유행의 새「마카오 양복」에다가 이글이글 타오르는 혈색을 한 학생과의 대비는 차라리 희화적(戱畵的)이었다 할밖에 없다.

고려대학교가 이렇게 맹휴도 아니고 맹휴가 아닌 것도 아닌 혼미 상태를 계속하고 있는 데 비해 정작 문제의 발상지인 국립서울대학교에서는 3월 신학기부터는 강의가 제대로 진행되어 또한 대조적이었다. 문리대(文理大)의 경우「국대안반대투위(鬪委)」의 삐라는 아직 교정에 요란하게 나붙어 있었고, 강단에 나서서 강의를 강행하는 교수들에 대한 악평은 자자하였지만, 그렇다고 좌익학생이 교실에 뛰어들어 강의를 방해하는 것 같은 일은 일어나지 않았으며, 학생들의 출석률도 시일과 함께 개선되었다.

서울대학교의 점진적인 질서회복은 해방 후의 혼란이 고비를 넘기고 각 방면에 차차 건설이 시작되었음을 의미한다. 그와 함께 나의 생활은 점점 더 바빠져 갔다. 그때 나는 고려대학교의 정법대학장직과 강의책임 외에 서울대학교(문리대, 법대, 대학원)의 헌법, 법철학 및 비교정부론을 맡고 있었는데, 노트를 작성하기 위해서만도 오전 1, 2시까지 책상 앞에 앉아 있어야 했다. 정부 관계의 일로는 신교육제도를 마련하던 교육심의회의 일은 대충 끝이 났으나 그 대신 그해(1947년) 3월에는 군정 사법부(과장 김병로) 안에「헌법기초위원회」가 조직되었는데(위원은 김병로—사법부장, 김용무金用茂—대법원장, 이인李仁—검찰총장, 서광설徐光卨—변호사, 강병순姜柄順—변호사, 유진오의 6인), 이번에는 행정연구회나 민전에서 헌법을 기초한다 하던 때와는 달리 정말로 무슨 일이 이루어질 것 같아 참가하였더니, 위원회에서는 초안작성을 전적으로 나에게 맡긴 까닭에 나만 한층 더 바쁜 몸이 되었다. 그 밖에도 나는 변호사 시험위원까지 맡은 때문에 그해 6월 답안을 채점하던 때에는 거의 십여 일을 계속해 밤을 새우다시피 하는 형편이었다.

이런 등등의 일로 나는 눈코 뜰 새 없이 바쁘게 지내면서도 고려대학교의 일만은 내 깐에는 충실하게 하느라 애쓰고 있었는데, 그해 7월의 입학시험 때에는 남의 속도 몰라주는 불유쾌한 사건이 일어났다.

운동선수에 대한 특별고려 문제는 입학시험기가 되면 해마다 되풀이되는 일이지만, 그해(1947년)에는 다음 해 봄「런던」에서 열리게 된「올림픽」대회를 앞두고 예년에 없는 다수의 학생을 특별케이스로 입학시켜 달라는 강력한 요구가 있어서, 나는 그것을 요구하는 학생, 교우 및 일부 교수들과 싸우지 않을 수 없게 되었던 것이다.

내가 그 문제를 다루는 주역을 하게 된 까닭은 그때 고려대학교에는 교무처장제도가 없고 교무에 관한 일은 3학장(유진오, 이상훈, 이종우)이 공동으로 처리하고 있었는데, 그 경우에 내가 사실상 주도역을 하고 있었기 때문이다.

나도 운동선수에 대한 특별고려를 하지 않겠다는 것은 물론 아니었다. 다만 무조건 입학시키라는 학생의 수효가 너무 방대하여 신입학생 정원의 거의 3분의 1에 달하는 때문에 그렇게는 못하겠다 하여 갈등이 생긴 것이다.

그러나 그 때문에 입학시험이 시작되는 첫날(7월 6일) 아침에 나를 배척하는 삐라가 일부 학생들에 의하여 교내에 살포되는 사태까지 터져날 줄이야 정말 의외였다.

9. 몰아치는 반격

고려대학교에서 입학시험 때에 운동선수를 특별고려하는 것은 벌써 수십 년째 내려오는 일종의 전통이었다. 1932년 봄 내가 보성전문학교에 처음 발을 들여놓았을 때에 벌써 그러하였으니 그러한 관례는 그 이전부터 있어 오던 것이 사실이다. 요새같이 학교 당국이 유망한 선수를 물색해서 적극적으로「스카우트」하는 일은 없었지만 입학원서를 제출한 지원자 중에서 쓸 만한 선수를 골라「특별고려」로 입학시키는 것이 그때의 관례였다.

운동선수를「스카우트」또는「특별고려」하는 일은 외국대학에서도 보통 하는 일이 지난 일제하의 보성전문에서 그것을 한 데는 특별한 의미가 있었다 할 수 있다. 일제의 철저한 민족차별정책 밑에서는「조선사람이 경영하는 조선인을 가르치는 사립학교」라면 그것만으로 벌써 아무 데를 가도 천대를 받게 마련이었는데, 스포츠의 세계만은 유일한 분야였기 때문이다. 이곳에도 이따금「심판의 불공정」이란 함정이 없는 것은 아니었지만 그래도 심판인 이상에는 불공정에도 저절로 한계가 있는 법이어서, 압정(壓政) 하의 조선사람이 일본인과 실력으로 자웅을 결(決)할 수 있는 유일한 길은 오직 스포츠뿐이었다. 당시의 보성전문이 스포츠를 통해 국내는 물론 일본에까지도 명성을 떨치던 이야기는 본서 전편에서 이미 언급한 바이다.

그러므로 유능한 운동선수를 입학시키기 위하여 특별고려를 한다는 원칙에는 아무도 이의를 가진 사람이 없었다 하겠는데, 그러함에도 불구하고 이 문제에 해마다 말썽이 따른 까닭은 운동선수 입학을 추진하는 측에서는 아무쪼록 많은 수의 선수를 넣으려고 하는 데 반해 입학시험을 관리하는 측은 그 수를 적당하게 제한하지 않으면 안 되기 때문이었다. 그리하여 해마다 입학시험 때가 되면 양측은 무슨 큰 이해대립이나 있는 것처럼 한동안 옥신각신하는 것이 매년 되풀이되는 예(例)였다.

운동선수 문제는 그런 식으로 해마다 한 번씩 말썽이 되게 마련이었는데 1947년에는 다음 해에 열리게 된 런던 올림픽대회를 앞두고 운동 관계자들의 요구가 너무 커서 학교 측과 충돌을 일으키는 데까지 확대된 것이었다.「학교 측」이라 하였지만 그때 고려대학교에서 입학시험에 관한 실무를 주로 책임 맡아 보는 사람은 나였으므로 이 충돌은 나와 운동 관계자들, 그 중에도 특히 열성파 학생들과 충돌하는 결과가 되었던 것이다.

그러나 1947년의 말썽은 결코 운동선수 문제만으로 일어난 것은 아니었다. 해방 이후 극성을 부리던 좌익의 파괴 활동이 미소공동위원회의 실패, 1946년 10월의 대구폭동사건 이후의 연달은 탄압으로 고개를 숙이게 되자 우익의 반격이 차츰 강화되었는데, 그 정치바람이 학원으로 불어닥친 것이었다. 좌익학생이 맹휴네 무어네 까닭도 없이 말썽을 부리던 때 우익학생들은 매를 맞아가며—물론 서로 때렸지만—학교를 지켰다. 운동선수는 대부분 우익의 행동부대이니 과거의 공로를 생각해서라도 운동선수를 대량으로 입학시켜라—하는 것이 운동선수를 미는 우익계 학생들의 주장이요, 요구였다.

그러나 그것은 안 될 말이다. 대학이 어떻게 우익의 행동부대 훈련소가 될 수 있느냐, 학원은 우선 학업성적을 기준 삼아 학생을 뽑아야 한다—는 것이 나의 주장이었다. 수효가 적다면 어느 정도 특별 고려를 할 수도 있는 일이지만, 입학정원의 3분의 1이나 4분의 1에 해당하는 다수한 학생을 운동선수다 우익이다 해서 특별입학시킬 수는 없는 일이다—라고 나는 맞섰다. 뿐만 아니라 특별입학시켜 내라고 우익학생들이 조르는 학생들이 과연 모두 특별입학시킬 만한 운동선수요 유능한 우익계 학생인지도 알 수 없는 일이라고 나는 속으로 생각하고 있었다.

운동선수에 대한 특별전형의 방침에는 현상윤 총장 이하 학교 간부들의 의견이 일치되어 있었고, 인촌도 아무 이의 없었는데, 특별입학을 추진하는 학생이나 기타 사람들의 원한이 나에게로 집중된 이유는 무엇이었을까. 분규가 지나간 뒤 한 학생은 나에게 술회하기를, 인촌이나 현 총장을 만나 조르면 자기들의 요구를 들어줄 법도 한 인상을 받는 데 반하여 나한테 오면 딱 걸리고 마니 진짜 장애물은 유진오라고 단정할 수밖에 없었다 하였다. 그런 점도 없지 않았었겠지만 인촌이나 현 총장은 누가 보아도「우익」에 동정을 안 할 인물이 아닌 데 반하여, 나는「학원의 자유」를 고수하여「우익」이네「좌익」이네 하는 것으로 학(學) 측의 운용을 이리저리하지 않으려 하던 것이 진짜 원인이었던 것으로 생각한다.

1947년 7월 6일 아침이었다. 입학시험이 시작되는 첫날이었으므로 보통 때보다도 약간 일찍이 등교할 차비를 차리고 있었는데 학교로부터 전화가 왔다. 7, 8명 학생이 나와 그 밖의 몇 명 교수를 규탄하는 삐라를 트럭에 싣고 와서 교내에 마구 뿌리고, 한 명은 교무과로 뛰어 들어와서 입학원서철(綴) 한 권을 탈취해 가지고 뒷산으로 달아났는데 그것은 직원이 쫓아가서 되빼앗았다는 연락이었다.

나는 정이 딱 떨어졌다. 나는 단호하게 고려대학교를 그만둘 결심을 하였다. 해방 전 보전에 같이 있던 동료들이 모두 다 좋은 곳으로 옮겨갔는데 불구하고 나 혼자 인촌의 만류와 나의 사명감으로 고대에 남아 고생을 하고 있는 판인데 그것은 알은 체도 않고 자기들의 생떼를 들어주지 않는다고 나를 배척하다니, 정말로 괘씸하였다. 인촌이나 현상윤 총장이 학생들한테 딱부러지게 학교의 방침을 천명해서 운동선수네 우익학생이네 자칭하는 자들을 무작정 입학시켜 주지 않는 것이 결코 유진오 혼자서 하는 일이 아니라는 것을 분명하게 알려주지 못하고 희미한 태도로 있는 것도 나에게는 불유쾌하였다.

그날 이후의 자세한 경과는 일일이 쓸 필요가 없으나, 어쨌든 그날부터 나는 고려대학교에 나가지 않았다. 김성수, 현상윤, 김영주(金泳柱), 이상훈, 이종우, 이건호(李建鎬), 심현상(沈鉉尙), 서임수(徐壬壽), 김경수(金敬洙), 홍봉진(洪鳳珍), 박희성(朴希聖), 김성식(金成植), 이상은(李相殷), 이용한(李容漢)의 여러분과, 학생으로는 김요건(金堯建), 신범식(申範植), 김용문(金容文), 정병환(鄭炳煥), 김진웅(金

振雄), 임경규(林炅圭), 이재구(李載九) 등 제군이 내 집으로 뛰어와서 극소수의 철없는 학생들이 한 짓인데 노엽기는 하겠지만 어서 도로 학교로 나오라 하였으나 나는 응하지 않았다.

마침 하기휴가라 나는 집에 들어앉아 「법정」 잡지를 위하여 「우리 헌법의 윤곽」(「법정」, 1947년 9월호, 졸저 「헌법의 기초이론」 소수)을 집필하였다. 대한민국 정부가 수립될 구체적인 전망이 서 있는 것은 아니었지만 「헌법기초위원회」(전출(前出) 237면)의 위촉으로 그때 내가 구상하고 있던 내용을 골자로 한 것이었다. 내가 일부 학생에게 배척당한 것은 우익반격의 오발탄에 잘못 맞은 것이었지만, 그때 몰아치는 우익의 반격은 최절정에 달해서 7월 19일에는 여운형 씨가 피격되어 운명하였다.

7월 말에는 신설 부산대학의 초청으로 강연을 하게 되어 있었으므로, 22일 나는 어수선한 서울을 떠나 부산으로 갔다. 여운형 씨의 암살로 부산 거리도 어수선하였으나, 나는 모르는 체하고 부산대학에서 25일까지 야간강연을 계속하였다. 그러면서 그때 부산대학 책임자로 가 있던 최태영(崔泰永) 씨에게 고대로 돌아와서 나의 후임을 맡기를 극력 권하였으나 승낙을 받지 못하고 27일 귀경하였다.

8월 1일에는 서울대학교 교무처장 최규남(崔奎南) 씨가 나를 찾아왔다. 내가 고려대학교를 그만둔다는 소문을 듣고 총장 이춘호(李春昊) 씨의 내명(內命)을 받아 서울대학교 문리과대학이나 법과대학의 책임을 맡아줄 수 없느냐는 교섭을 하러 온 것이었다. 고려대학교를 떠날 것인가, 그대로 있을 것인가, 나는 망설이지 않을 수 없었다. 극소수일망정 나를 싫다고 하는 학생이 있는 고려대학교에 남아 있을 이유가 무엇이 있는가. 더군다나 그들은 잘못 생각일망정 인촌이나 현 총장이 자기들 편이라고 생각하고 있지 않는가. 그 학생들을 타일러서 대학이라는 곳은 정치행동부대를 수용하는 곳이 아니라는 것을 깨닫게 하기도 무망(無望)이었다. 그리하여 나는 8월 한 달 동안 한편으로는 인촌, 현상윤 총장, 고대 동료들, 학생들과 만나고, 다른 편으로는 서울대학교 이춘호 총장, 최규남 처장, 기타 관계자들을 만나고 또 만나면서 고민하였다.

8월 말에 이르러 삐라사건의 주모자인 L, C, S 3군과 그들을 배후에서 조종하던 체육의 김모 교수가 나를 찾아와 사과를 하여 나는 인촌이나 현 총장에 대하여 더이상 고대를 그만두겠다고 뻔대기 힘들게 되었으나, 학생들이나 김모 교수나 아직은 자기들의 행동을 진심으로 반성하고 있는 것은 아니었다. 그들은 나에게는 더 와서 귀찮게 굴지 않았지만 인촌이나 현 총장 기타 운동 관계 선생들을 여전히 찾아다니며 7월에 입학시키지 못한「운동선수」와「우익학생」들을 추가 입학시키도록 압력을 가하고 있었다. 부득이 나는 교무에는 초연한 태도로 고려대학교와 서울대학교의 강의에만 정력을 기울였다.

9월 11일의 나의 일기에는 그날 저녁때 현상윤, 이상훈, 이상은의 세 사람이「축구부 일 때문에」나의 집을 찾아왔던 것이 적혀 있다. 아마도 축구선수를 추가 입학시키거나 하는 문제 때문에 불긍(不肯)하는 나를 설득하러 왔던 것으로 생각된다.

그러나 학교 당국이 운동선수나 학생들을 컨트롤 못 하는 불합리한 상태가 오래 계속될 수는 없는 일이다. 아니나 다를까 10월 18일(토)의 고·연대 축구전에서 뜻하지 않았던 불상사가 터졌다. 그날 나는 강의와 회의로 서울대학교에서 하루를 보내고 오후 늦게서야 서울운동장에 들렀는데 내가 들어간 지 얼마 안 되어 양교 응원단 간에 유리병을 던지는 등 처참한 난투가 벌어진 것이다. 원인은 심판에 관한 시비 때문이었지만 시비가 벌어지기 전에 고려대학교 학생들은 이미 극도로 흥분되어 있었다. 그때 갑자기 축구에 열을 내어 고려대학교 타도에 열을 내고 있던 서울대학교 상과대학 학생들이 경기장에 몰려 들어와서 연대 측 응원단에 가세하여 고려대학교 측에 심한 야유를 퍼붓고 있었기 때문이다.

지금 그때 일을 회상하면 서울상대(商大) 학생들의 그러한 태도도 좌우 정치투쟁의 한 분파행동이었던 것으로 생각된다. 서울상대가 그때 갑자기 축구에 열을 내고 있었던 것은 사실이지만, 그것보다도 서울상대에는 아직도 좌익 영향 하에 있는 학생들이 많아서 그들은 대체로 우익 일색화된 고대 학생들을 미워하고 있었던 것이다. 서울상대 학생 전체가 좌익, 고려대학교 학생 전체가 우익이었다고 말하는 것은 잘못이겠지만, 적어도 양교의 중요한 위치에 있는 학생들이 서로 대립되어 으르렁거리고 있던 것은 사실이다.

다음 월요일에는 나는 문교부와 법전편찬위원회의 회의로 하루 종일을 보내고 화요일에야 학교에 나갔더니 전날 고려대학교 학생들이 서울상대를 습격하여 교사(校舍), 교구(校具)를 때려 부수고 학생들끼리 난투를 벌이는 등 대사건이 터졌다는 이야기였다. 난동을 제지하려던 서울상대 학장 박용하朴容夏(보전 교우) 씨와 교수 정내길丁來吉(보전에도 오래 강사로 나오던 분) 씨도 폭행을 당해 부상을 입었다는 것이었다.

어처구니없는 일이었다. 좀 더 이야기를 들어보니 상대(商大) 습격의 직접동기는 그날 미하영(美夏永)이라는 자가 고대로 달려와서 지금 고대 학생 몇 명이 서울상대 학생들에게 납치되어 갔으니 구출하러 가자고 소리를 쳤기 때문이라는데, 조사해 보니 미하영이라는 자는 고대 학생명부에는 없는 것이 판명되었다. 그렇다면 이 불상사에는 학생답지 않은 불순한 정치 책략의 손마저 움직이고 있는 것이 확실하였다.

나는 이상훈, 이종우의 양 씨와 함께 급한 대로 우선 시민병원(현 메디칼센터 자리)에 입원해 있는 고려대학교 학생들을 위문하고 이튿날은 서울상대를 사과차 방문하였다. 처참한 모습이었다. 유리창이란 유리창은 투석으로 다 부서지고 교사 앞마당에는 무기로 쓰던 부서진 책상다리가 산란(散亂)해 있었다. 박 학장의 부상 정도는 심하지 않았지만 정내길 교수는 머리가 터져서 온 얼굴을 눈만 내어놓고 붕대로 감고 있었다.

그러나 그러한 사태를 저질러 놓고도 학생들은 조금도 잘못을 뉘우치기는커녕 도리어 좋은 기회라고 생각하였는지 학장실(3학장이 공동으로 쓰던 방)로 들어와서 「이게 다 운동선수를 넣어 주지 않았기 때문에 일어난 일」이라고 고함을 치면서 운동선수의 「특대(特待)」를 요구하였다.

학교에서는 이례적으로 인촌이 참석한 가운데 교수회를 열어 주동학생의 처벌을 논의하고, 경찰에 연행되었던 20여 명의 폭행 학생들은 검찰로 넘어가고 하였는데, 그래도 난동 학생들의 기세는 조금도 꺾이지 않았다. 그들은 지금 와서는 나나 다른 학장들뿐 아니라 고려대학교 당국 전체를 규탄하면서, 학교 측의 제지도 듣지 않고 「학생대회」를 열어 운동선수의 「특대」를 외쳤다.

극우 반동의 정치 폭풍은 바깥세상에서도 계속 세차게 불고 있었다. 11월 22일에는 서울사대(師大) 부교장이요 부속고등학교 주사主事(교장)인 신기범(愼驥範) 교수가 학생들에게 장작개비로 타살당하였다. 12월 20일에는 한국민주당 간부로 활동하던 설산 장덕수 씨가 극우파 학생에게 자택에서 총격을 받아 암살당하였다.

생각하면 1947년은 고려대학교를 위하여 일종 위기의 해였다. 「도전」이 있으면 「반응」이 있는 법이라는 역사가의 말대로, 해방 이래 2년여를 좌익이 계속 학교를 온통 뒤흔들어 놓았으니 이번에는 우익의 반격이 있을 것은 이(理)의 당연이기도 하였다. 더군다나 우익은 좌익이 날뛰던 시절에 항상 학교 편을 들어온 세력이니 학교 당국을 무슨 원수 대하듯 하고 덤비던 좌익보다도 다루기가 더 힘들 것이 사실이었다. 다행히 고려대학교는 어떠한 어려운 때에도 학생들과 불순한 관계를 맺고 학생들을 떳떳지 못하게 이용하는 일을 절대로 하지 않은 것이 큰 힘이었다. 좌익의 파괴적 행동에 대하여 언제나 학교를 감싸준 우익계 학생들의 힘을 입어 온 것은 사실이지만 고려대학교는 결코 학생들에게 용돈이나 주어 가면서 어용부대를 만든 일은 없다.

그러나저러나 여태까지 학교 편을 들어오던 학생들이 비록 소수일망정 이번에는 학교를 공격하고 나서는 판국이 되었으니 학교로서는 난처한 입장이 된 것이 사실이었다. 공격의 초점은 처음에는 나였으나, 나에 대한 공격으로 목적을 달성할 수 없음을 알게 되자 이번에는 화살을 엉뚱한 곳으로 돌려, 드디어 언제나 우익의 선두에 서오던 이상훈 학장이 사표를 내던지고 먼저 학교를 떠나고 말았다. 나는 더 말할 것도 없다. 인촌이나 총장이나 동료들이 아무리 만류한다 하더라도 이번에야말로 고대를 떠날 결심을 하고 있었다.

사태가 그쯤 되자 드디어 결심한 인촌은 11월 11일 오후 별안간 고려대학교에 나타났다.

그때 인촌은 이승만 박사에 버금하는 우익 지도자로서 반공 투쟁과 정부수립 문제에 여념이 없는 판이었지만 학교 일을 그 이상 내버려 두고 볼 수 없다 판단한 것이었다.

학생들은 마침 학교 측의 제지를 듣지 않고 2층 합동교실에서 불법 집회 중이었다. 인촌은 다짜고짜로 집회장으로 들어가더니 단 위로 올라 한복 소매를 걷어 올리면서,

『너이들은 고려대학교를 망쳐먹을 작정이냐!』

호통을 치면서 주먹으로 탁자를 내리쳤다. 옛날 사랑방 호령식이었다. 그래놓고 나서는 차분한 목소리로 되돌아가 학생들의 경거망동을 계칙(戒飭)하였다.

그것이 고비였다. 학생들은 「우익」을 두둔해주지 않는다고 불평을 하는 판이었는데 우익의 최고지도자가 나타나서 호통을 쳤으니 더할 말이 없게 된 것이다.

이 소동이 이렇게 끝나자 그때까지 뒤에서 학생들을 부채질하던 체육 관계의 김모 교수는 학교를 떠나고 말았지만, 여기서 특기해 두어야 할 것은 체육부 주임교수로서 다음 해 런던올림픽대회에 한국 선수단 단장으로 가게 되어 있던 이병학(李丙學) 교수는 이 분쟁에

시종 말려들지 않았다는 사실이다.

이병학 교수 이야기가 났으니 한 가지 일화를 소개하고 넘어가야 하겠다. 그해(1947년) 9월 내가 고대에 한창 정이 떨어져 있을 때, 나는 그때 도미(渡美)를 앞둔 친구 C 군의 송별을 겸하여 문교부 체육관으로 있던 스메들리 양(Miss Smedley)과 이병학 씨를 함께 청량리 집으로 초대한 일이 있었다. 운동선수를 대량 입학시키라고 떠드는 학생들은 내가 고려대학교 체육부를 탄압이나 하고 있는 것같이 비탄했지만, 실은 나는 고대 관계 선수들이 반 이상이나 되는 우리나라 선수단의 파영(派英)을 돕기 위하여 그 인솔자로 예상되는 이병학 씨를 스메들리 양에게 가깝게 소개해 주려는 것이었다. C 군의 송별을 겸한 이유는 C 군과 스메들리 양이 친한 사이였기 때문이다.

스메들리 양과 이병학 씨는 곧 친숙해져서 그날 밤 모임의 목적은 달성되었으나 이병학 씨는 대취(大醉)하여 두 사람이 자리를 뜬 후에도 혼자 남아서 늦도록 일어서려 하지 않았다. 오전 한 시가 지나서야 그는 겨우 일어났는데, 워낙 몹시 취해 몸을 가누지 못하기 때문에 나는 그를 부축하여 내 집골목을 나서서 청량리 큰길까지 나갔다. 청량리 큰길은 마침 그날 낮에 미군이 콜타르를 갖다 들이부어 놓은 까닭에 끈적끈적하고 번지르르하였는데 이병학 씨는 몇 발짝 비틀비틀 걷다가는 그대로 그 위에 드러눕곤 하였다. 나는 죽을 힘을 다해 그를 부축해 일으켰지만 나의 약한 힘으로는 육중한 이병학 씨의 몸을 지탱해줄 도리가 없어서 올림픽대회를 간다고 신조(新調)해 입은 씨의 양복은 순식간에 콜타르투성이가 되었다. 힘겨운 레슬링을 하듯 하는 나의 조복(朝服)도 물론 콜타르투성이가 되었다. 그렇게 하면서 가까스로 둘이 성동역(城東驛) 앞에 다다랐을 때 나는 기진맥진해서 더이상 씨를 돌보아주는 것을 단념하고 그를 역 앞 대로상에 내버려 둔 채 집으로 돌아왔다. 그곳으로부터 이병학씨 댁까지는 과히 멀지 않는다는 계산이 내 뇌리에 있었던 것은 물론이다. 돌아와 보니 오전 3시였다.

이튿날 아침 나는 온몸이 아프고 쑤시어 아직 자리 속에 누워 있었는데 누군가 또 손님이 왔다는 전갈이다. 나가 보니 이병학 씨였는데, 이것이 어찌 된 일인가. 어젯밤 콜타르로 형편없이 되었던 이 씨의 양복은 새것같이 깨끗해지고 바지에는 칼날 같은 금까지 서 있는 것이 아닌가. 그러고는 태연하게 오늘 아침 9시에 군정청에 가지고 갈 올림픽대회 참가서류를 내 집에 놓고 갔다는 것이다. 어제밤 술 마시던 방으로 가보니 누런 봉투에 든 서류는 과연 그곳에 있었다.

나중에 들은 이야기지만, 그 양복의 비밀은 사실은 이병학 씨의 부인의 덕택이라는 것이었다. 부인은 그 양복을 물에 빨 듯 휘발유에 담가 빨아가지고 밤새도록 만지고 다리고 하여 새것같이 만들어 놓았다는 것이다. 어쨌든 오전 3시에 콜타르 투성이었던 양복이 오전 8시에는 새 양복으로 둔갑한 것만은 내 눈으로 직접 본 거짓말 같은 정말이다.

10. 정부 수립

1947년은 좌익의 공세가 쇠퇴하고 우익의 반격이 격화된 해였는데, 우리나라의 정세가 그렇게 변화한 원인은 근본적으로는 해방 후 3년 동안(만 2년간) 계속된 좌익의 횡포에 국민이 염증을 느낀 데 있었다 하겠지만, 보다 직접적인 원인은 그해 7월에 제2차 미소공동위원회가 또다시 실패로 돌아간 후, 미국이 한국정부수립 문제를 UN으로 옮겨갈 움직임을 보이기 시작한 데 있었다 하겠다. UN으로 문제를 옮겨간다는 것은 미국이 소련과의 섣부른 타협 시도를 단념하고 한국 문제에 관하여 확고한 태도를 굳힌 것으로 보아야 할 것이었다.

나는 여전히 정치에는 아무 관계도 하지 않고 있었지만 미국의 이러한 태도 변화에는 누구에게도 지지 않게 찬의를 가지고 있었다. 그것은 해방 직후에 좌우익을 막론하고 정치한다는 사람들이 저마다 자기들끼리 협상을 해서 정부를 세울 수 있을 것으로 생각하고 날뛰던 때로부터, 그러한 방법으로는 정부는 세워질 수 없고 정부수립의 유일한 길은 선거뿐이라고 생각하고, 그러한 기회는 문제를 UN으로 가져감으로써 생길 수 있는 것으로 생각하였기 때문이다.

이러한 나의 생각을 해방된 지 한 달도 안 되었을 때 인촌께 전한 이야기는 전에 이미 썼거니와(본서 후편 193-194면), 그 후 얼마 안 되어 모스크바삼상회의가 한국정부수립을 위하여 미소공동위원회를 열 것을 결정하고, 그 결과 미소공위로 정말 정부가 수립되는 것으로 알고 천지가 온통 발칵 뒤집혔던 때에도, 나는 미소공위는 반드시 실패할 것을 확신하고 있었던 것이다.

선거가 아니고는 정부를 수립할 수 없다는 나의 신념의 근거는 간단하다. 해방 후 수백 개나 되는 정당 또는 유사단체들이 조직되어 저마다 인민의 총의(總意)를 대변한다고 날뛰면서 각각 방대한 수의 소속 인원을 과칭(誇稱)하였지만, 그 단체들이 정부조직에 참여하는 기회가 온다 가정하더라도 그들의 비중을 결정할 방법이 전연 없기 때문이다.

모스크바삼상회의는 미소공동위원회가 「조선임시정부 구성을 원조할 목적으로 먼저 적의(適宜)한 방책을 연구 조정하기 위하여」 「조선의 민주주의정부 및 사회단체와 협의」하여 어떤 제안을 작성한다 하였는데, 그것도 전연 실현성이 없는 결정에 지나지 않았다. 어떤 단체가 「민주주의」이고 아니고를 누가 어떻게 심사해 판정하는 것이며, 또 그 단체의 비중은 누가 어떻게 결정한다는 말인가.

미소 양국 중 어느 한 편이 한반도를 상대편의 세력권으로 양보해 줄 결심이 서 있다면 어떻게든 타협이 이루어질 수 있겠지만, 그렇지 않은 한, 타협의 가능성은 없다는 것이 나의 관측이었다. 그러한 실현 가능성이 없는 결정을 삼상회의가 채택한 것은 단지 문제의 해결을 뒤로 미룸으로써 동(同)회의의 결렬을 피하려는 외교적 농간에 불과하였던 것이다.

미소공동위원회가 남북을 통한 민주적 총선거로 정부를 수립한다는 결정을 내리는 것도 이론상은 가능한 일이지만 그러한 결정에 도달할 리도 만무한 것으로 나는 보았다. 왜냐하면 미국도 소련도 선거의 결과 각각 자기편을 들어주는 쪽이 승리할 것을 확신하지 못하는 한, 그러한 결정에 동의할 리가 만무하기 때문이다.

선거로써 정부를 세운다는 것은 정부를 국민의 의사에 따라 세운다는 민주주의 정신에 합치하는 일일 뿐 아니라, 미소 양국이 각각 자기들의 국익을 기준 삼아 우리 정부수립을 좌우하는 것을 배제하고 우리의 일을 우리 손으로 결정하는 민족자결의 원칙에도 부합되는 것이 아닌가.

그러나 나의 이러한 지론(持論)은 그때에는 나 혼자만의 탁상공론에 지나지 않았다. 좌익은 물론이요, 우익에도 나의 말에 귀를 기울이는 사람은 없었고, 미국 측도 그러한 방안은 생각지도 않고 있었음이 분명하다. 1946년 초 반탁운동이 불같이 일어나고 있던 어느 날, 나는 인촌을 만나 또 나의 지론을 되풀이하고, 미소공위네 무어네 떠들 것 없이 선거로 통일 정부를 세우는 방안을 제시하는 것이 최상임을 역설하였으나, 인촌의 반응은 여전히 부정적이었다. 그러다가 빨갱이 정부가 서게 되면 어떻게 할 것이냐는 것이 인촌의 지론이었다. 나는『전 국민이 빨갱이 정부를 원한다면 그것도 할 수 없지 않습니까』하고 받아넘기고『그러나 그렇게 될 리는 절대로 없습니다. 지금 신문, 잡지나 표면에 나타난 활동상을 보면 좌익이 우세한 것 같지만, 정말로 공명(公明)한 선거를 한다면 민족진영이 절대로 이길 것입니다. 선거로 정부를 세우는 데 한사코 반대하고 나설 것은 사실은 공산당입니다. 공산당이 떳떳하게 선거로 승부를 결정짓기를 회피하고 협상으로 정부를 세우자고 고집하는 것은 사실은 그들의 약점이기 때문에, 우익은 그 약점을 찔러서 선거를 주장해야 합니다. 만일 공산당이 이론에 몰려 선거에 동의하게 된다면 그것으로 문제는 해결되는 것입니다. 아무리 공산당이라고 해도 선거만 치른다면 다시는 더할 말이 없을 것입니다. 그렇게 되면 소련도 할 말이 없을 것입니다.』

나는 확신을 가지고 선거안을 인촌께 진언하였다. 인촌은 전보다는 그럴싸해 하는 눈치였으나 결국은『글쎄—』하는 정도로 확실한 대답을 하지 않고 말았다.

그러나 그런 지 몇 달 뒤, 제1차 미소공위가 나의 예상대로 보기 좋게 결렬되어 버렸을 때, 인촌은 학교 일로 찾아간 나에게 느닷없이

『하지(중장 · 당시의 주한미군최고사령관) 보고 이야기를 해 봤지. 요전에 유 선생이 말하던 총선거안 말이야. 그랬더니 하지도 그러다가 전 조선이 모두 새빨갛게 돼버리면 어쩔라고 그러느냐 하더구먼.』

하였다. 인촌과 하지 중장 사이에 어떤 종류의 대화가 오갔고, 어떤 말 끝에 총선거안 이야기가 나왔는지는 나는 모른다. 그러나 몇 달 전에 내가 인촌께 한 이야기를 인촌이 하지에게 하고, 몇 달 전에 인촌이 나한테 한 대답을 이번에는 하지가 인촌께 한 것은 사실이었다.

내가 인촌께 말하고 인촌이 하지에게 말한 총선거안이 한국 문제를 UN으로 옮겨가는 미국의 태도 결정에 영향을 미쳤는지 안 미쳤는지 나는 모른다. 그러나 한국 문제를 다루게 된 UN은「UN 감시 하의 남북총선거」를 결정하였고, 그것을 북한이 거부하여「선거 가능 지역만의 총선거」로 대한민국 정부가 수립된 것은 지금 역사상의 기록이 된 까닭에 이곳에 이 이야기를 적어두는 바이다(그때 미소공위로는 한국정부의 수립이 불가능하다 하여 이승만 박사는 공위에 반대하고「단독정부론」을 주장하였는데, 그것은 나의 이야기와는 아무 상관없는 이야기다).

고대교우록(錄)을 보면 보전법과 제36회 졸업생에 S모라는 사람이 있다. 재학 시절 성적도 좋고 인품도 얌전한 사람이었는데, 환도 이듬해인 1954년 봄 아무 예고 없이 갑자기 학교로 나를 찾아왔다. 나의 묻는 말에 청량리역 근처에서 장작장사를 하고 있다 하였으나 장작장사로 일생을 보낼 사람은 아니었다. 그 후 어떻게 되었는지, 전연 소식이 없어서 나는 지금 그의 생사여부도 모르고 있으나, 그때 그가 한 말이 잊혀지지 않는다. 그는 그저 지나는 길에 들렀다면서

『여러 해 동안 두고두고 선생님 말씀 생각이 나서 오늘 지나는 길에 잠깐 뵈러 들른 것입니다. 해방 직후 그 어수선하던 때에, 정부는 선거로 세워야 한다는 말을 하는 사람이 전 세계에 한 사람도 없던 때에, 선생님은 통일 정부를 세우는 길은 선거밖에 없다 하시기에 저는 무슨 뜻인지 잘 몰랐었는데, 그 후 10여 년 동안 갖은 풍파를 다 겪고, 전쟁까지 치른 끝에 오늘 와서는 선생님이 말씀하시던 그 길만이 통일 정부를 세우는 길이라는 것을 아무도 의심치 않게 되었으니 감

개가 무량합니다.』

나는 잊고 있었으나, S군도 해방 직후에 나를 찾아왔다가 나의 선거론을 듣고 간 사람 중의 하나인 모양이었다. 내 자랑을 하는 이야기같이 되어 미안하나 회고록이니 실지로 있었던 일을 기록하는 정도는 용서될 것으로 생각한다.

1948년 1월포에 남북총선거를 위하여 UN임시한국위원단이 내한하자 법무부 법전편찬위원회에서는 나에게 전에 위촉한 헌법초안 작성을 빨리 하도록 독촉이 왔다. 제1회 초안을 혼잣손으로 끝낸 나는 제2회 초안작성 때부터는 그때 입법의원 법무사로 있던 황동준(黃東駿), 윤길중(尹吉重) 양 씨의 협력을 얻어 문안을 다듬었다. 그러고 있는 중에 3월경 인촌으로부터도 헌법 초안을 작성해 달라는 부탁이 오고 그 후 얼마 안 되어 신익희(申翼熙) 씨(독립촉성국민회 부총재—총재는 이승만)로부터도 같은 부탁이 왔다.

그리하여 나는 그때「선거 가능지역」, 즉 남한만의 총선거를 추진하는 삼대 정치세력이던 미 군정, 이승만 영도(領導) 하의 독립촉성국민회 및 김성수 중심의 한국민주당의 말하자면 공동위촉을 받은 셈이 되었던 것이다.

헌법초안작성에서 심의, 채택, 공포에 이르기까지의 상세한 경과는 나의「헌법기초회고록」(「법정」, 1966, 3월-9월호)에서 이미 서술한 바가 있으므로 이곳에서는 생략하기로 하고, 다만 그 당시의 정치정세의 윤곽만을 간단하게 이야기하고 넘어가려 한다.

처음부터 확고하게 공산주의로 터전을 굳힌 북과는 달리 남에서는 그동안 갖은 층절(層折)을 다 겪은 끝에 겨우 정부수립의 대방점을 세운 것이었지만 그것으로 정국이 안정된 것은 아니었다.

우선 공산세력은 남한만의 정부수립을 「단독정부 단독선거」(단정단선)라 해 배격하면서 선거를 실력(테러)으로 파괴하기 위해 전력을 기울였다. UN위원단의 감시 아래 남북을 통한 총선거로 정부를 세우는 것을 반대하고 일부러 파견돼 온 위원단이 북으로 들어가는 것조차 거부하면서, 그렇다면 남한만이라도 선거를 하겠다는데 그것은 「단정단선」이라 하여 배격하니 그러면 어떻게 하자는 것인가. 정부는 자기들이 내세우는 조건을 따라서만 세워야 한다는 것이었다.

공산당은 테러를 강화하였다. 그들의 테러 활동을 저지하는 경찰수뇌(조병옥, 장택상)의 암살을 시도하는 한편 제주도에서는 대규모의 반란폭동사건을 일으키더니(4월), 드디어 5·10 선거 그 자체를 실력으로 파괴하려 들었다. 그 때문에 선거는 무장경관의 엄중한 경계하에 시행될 수밖에 없었는데, 그래도 공산분자는 각지에서 투표소를 습격하여 적지 않은 부상자를 내었다. 거기다가 임시정부의 영도자인 김구, 김규식 양 씨가 공산당의 「단정단선」 구호에 동조하면서 「남북협상」을 주장하고 나섰기 때문에 정세는 한층 어지러워졌다. 양 김씨가 공산당과 협상차 평양까지 갔다가 공산당에게 우롱만 당하고 만 것은 지금 세상이 다 아는 일이다.

정세가 혼돈할 뿐 아니라 그 당시 남한의 생활상은 여러 해에 걸친 혼란, 무질서와 미 군정의 무위무책 때문에 형편없는 상태에 빠져 있어서, 어떻게든 국면을 타개하지 않고는 더 견디어 나가기 어려운 처지에 있었다. 미군이 갖다 주는 잉여농산물과 전쟁잉여물자 덕택에 겨우 기아는 면하였지만, 전기, 전화, 교통, 체신(遞信), 교육 등 공공사업을 비롯하여 산업, 농업 등 생산 활동이 전면 마비 상태에 있었고, 악성 인플레의 폭발적 진행으로 물가는 나날이 뛰어 올라가고 있었다.

북에서 보내오던 전력을 사정없이 끊어버린 결과 각 가정에서는 저녁마다 촛불, 석유등, 일정 때 광산에서 쓰던 아세틸렌등(燈) 등으로 겨우 칠흑을 면하는 상태였다.

악성 인플레의 원인은 여러 가지 있었겠지만 그중에는 북에서 밀송해 온 막대한 양의 조선은행권도 큰 역할을 한 것으로 안다. 북에서는 소련군이 진주하자 재빨리 조선은행권의 유통을 금지하고(그 대신 소련군의 군표軍票, 뒤에는 북괴의 새 지폐를 유통), 휴지화(化)한 「조선은행권」을 몽땅 남으로 보내어 공산당의 활동자금으로 마구 뿌렸던 것이다.

미 군정이 무슨 이유로 새 지폐를 발행하지 않고 휴지화한 북괴의 조선은행권을 전액 남한에서의 유효한 「돈」으로 쓰게 하였는지 나는 지금도 이해할 수 없다. 「정판사(精版舍)」에서 위조지폐를 막 찍어 내는 것을 그대로 두는 것과 무엇이 다르단 말인가.

그러나 그러한 무질서 속에서도 남한에나마 선거를 단행하여 정부를 세우겠다는 노선이 확고하게 서고 나니까 국민의 마음은 안정을 되찾은 것 같았다. 심한 생활고와 좌익의 피비린내 나는 파괴 활동에도 불구하고 5·10선거가 완수될 수 있었던 것은 그 때문이었다.

헌법 초안의 작성과정으로부터 그것이 채택되기에 이르기까지의 경과는 일체 생략하기로는 하였지만 몇 가지 이야기는 그래도 해두어야 하겠다. 그해 6월 3일 국회헌법기초위원회가 처음으로 회의를 열던 날 회의에 앞서서 전문위원들은 국회의장실로 불려가 의장의 사령장(辭令狀)을 받았는데, 이 박사는 자필로 쓴 사령장을 한 사람씩 주고 나서 감개무량한 얼굴로 자기도 옛날(구한말) 중추원의관(中樞院議官) 벼슬을 해서 우리나라의 사령장을 받아본 일이 있지만 그동안 우리 민족은 우리 자신의 손으로 된 사령장을 준 일도 받은 일도 없었는데, 지금 여러분은 오래간만에 우리 민족으로서는 처음으로 우리 손으로 된 사령장을 받은 것이라 말하였다.

내가 초안한 내각책임제(의원내각제) 헌법이 이 박사의 고집으로 하룻밤 사이에 대통령제 헌법으로 변모한 이야기는 지금 세상이 다 아는 바이지만 내가 보는 바로는 이 박사의 주장이 그렇게 관철될 수 있었던 것은 그의 고집도 고집이려니와 그 당시의 정치정세가 또한 크게 작용하였던 것 같다. 이렇게 말하는 까닭은 그때 국무총리 후보로 누구의 눈에나 뚜렷하게 부각되었던 것은 김성수 씨와 신익희 씨의 양인이었는데, 이 박사는 이 양인 간의 경쟁을 자신의 목적을 위해 잘 활용하였던 것으로 나는 생각하기 때문이다.

인촌과 해공(海公) 사이에 경쟁이 있었다는 것은 세상에 알려진 이야기가 아니고 나의 추측에 지나지 않지만, 나로서는 그렇게 생각할 만한 근거가 있어서 하는 것이다.

그 근거를 밝히려면 불가불 제헌 당시 내각책임제냐 대통령제냐를 가지고 벌이던 논쟁으로 소급하지 않을 수 없는데, 당초에 내가 내각책임제로 초안을 작성한 것은 결코 나 혼자 독단으로 한 일은 아니었다. 물론 나는 이론상으로나 우리나라의 시정으로 보나 내각책

1948년 7월 19일 대한민국헌법 공포기념방송

임제가 가장 우리나라의 사정에 적합하다고 생각해서 한 일이지만, 실제로 초안을 작성하던 때에는 사전에 정치지도자들의 의견을 타진(打診)해 보고 그들의 동의를 얻어서 한 일이었다. 인촌도 해공도 내각책임제에 찬성하였음은 물론이요, 나중에 이를 반대한 이 박사도 처음에는 찬성하였던 것이다. 다만 이 박사와는 그때 직접 접촉이 없어서 해공을 통해 그의 의향을 알아본 것인데, 해공은 그 일로 일부러 이 박사를 만나고 와서 이 박사도 찬성이라는 회답을 전하였던 것이다.

그런데 그 이 박사가 국회헌법기초위원회의 초안작성이 다 끝나갈 무렵(제3독회)에 이르러 갑자기 단호하게 내각책임제를 반대하고 나섰기 때문에 문제는 미묘해진 것이었다. 나는 정권에 참여하고 싶은 욕심이 없는 사람이기 때문에 문제가 없었지만, 인촌이나 해송

같이 자타가 국무총리 후보로 다 같이 인정하는 위치에 있는 사람으로서는, 이미 대통령이 된 것이나 다름없는 이 박사에 대하여 그분의 주장을 반대하기는 상당히 거북한 일이었을 것으로 생각된다.

이 박사의 강압에 먼저 굴복한 것은 신익희 씨였다. 그때 국회부의장이던 해공은 이 박사와 함께 국회헌법기초위원회 회의장에 나왔다가 이 박사가 자기는 내각책임제 헌법 밑에서는 여하한 정부의 지위에도 취임하지 않겠다. 민간으로 물러가 개헌국민운동을 일으키겠다는 초강경 의사표시를 하고 퇴장하자, 『자기(해공)도 원래는 내각책임제에 찬성이었지만 이 박사의 태도가 저러하니 대통령제로 바꾸는 수밖에 없다고 생각한다』고 말하고, 겸연쩍은 표정을 하고 나의 자리까지 와서 악수를 청해 흔들고 퇴장하였던 것이다.

그렇게 되고 보니 한국민주당은 궁지에 빠졌던 것으로 생각된다. 그 일양일(一兩日) 후 집에 있노라니까 자정이 가까워서 인촌댁으로부터 차가 왔기에 무슨 일인가 하면서 갔더니, 인촌 이하 서상일(徐相日), 김준연, 조헌영(趙憲泳) 등 한국민주당 간부들이 저마다 헌법초안의 심의용 유인본(油印本)을 들고 둘러앉아 있다가, 김준연 씨가 손질한 수정안을 가지고 내 곁으로 와서 나의 의견을 구하는 것이었다. 내가 초안을 대통령제로 바꾸는 데는 찬성할 수 없다 하였더니, 아니 그것은 알겠으나 이렇게 수정하는 경우에 조문 간의 모순이나 상충은 없겠느냐 하기에, 『권력의 기본구조가 바뀌는 판에 조문 간의 모순이나 상충이 무슨 큰 문제 될 것 있느냐』 대답하고 집으로 돌아왔던 것이다. 그리고 보면 1948년 헌법의 권력 구조는 마지막 김준연 씨의 터치로 결정된 셈이 된다.

그러나 정치적 술수에 관한 한 이 박사는 인촌이나 해공의 적수가 아니었다. 대통령에 취임한 이 박사는 국무총리 선임에 있어서 김 씨도 신 씨도 다 제쳐 놓았던 것이다. 그분들과는 반대로 끝까지 대통령제에 반대한 나는 국무회의의 말석(末席) 구성원인 법제처장의 감투나마 썼으니, 그것도 정치의 한 아이러니라 할는지.

법제처장으로 임명된 후에는 매일 이화장梨花莊(조각組閣 본부)으로 나아가 이 박사의 법률자문에 응하였는데, 며칠 그러는 동안에 나는 잊혀지지 않는 실수(?)를 한 가지 저질렀다.

장장 10여 일을 끌던 조각이 끝나던 날 오후의 일이다. 이 박사가 나 있는 방으로 들어오더니 느닷없이

『서광설(徐光卨)이란 분이 어떤 분이지? 대법원장으로 임명하려는데 말이야.』하였다.

법률자문이 아니라 인사자문이다. 서광설 씨는 보전 동료 서재원(徐載元) 씨의 아버님이고 나도 잘 알고 존경하는 분이다.

즉석에서 나는 대답하였다.

『공평무사한 점잖은 분입니다. 정치적 추진력이라 할까 그런 것은 잘 모르겠습니다만.』

이 박사는 좋아하면서

『그러면 됐어. 대법원장이 공평무사하면 됐지, 추진력은 있어 무엇하나.』

그리고 곧

『석오(錫五)—』

하고 비서로 있던 윤석오 씨를 불렀다. 바깥마당에서 대기하고 있

는 수십 명 기자에게 나가서 발표하라 하려는 것이었다.

『잠깐』하고 나는 말을 끼었다.『헌법에 대법원장은 국무회의의 의결을 거쳐서 임명하도록 되어 있습니다. 조각이 인제 끝나서 국무회의가 곧 열릴 것이니까 이왕이면 헌법 절차를 밟아서 하시는 것이 좋을 것입니다.』

그랬더니『그렇다면 그렇게 하지.』라고 이 박사는 간단하게 나의 말을 받아들여서 서광설 씨의 대법원장 임명은 그날 발표가 보류되었던 것인데, 그것이 내가 그 임명 자체를 방해한 결과가 될 줄이야 몽상(夢想)도 못 하였던 것이다.

이튿날 아침 나는 중앙청으로 나가는 길에 인사차 인촌댁에 들렀더니, 시간이 이른 때문도 있었겠지만 해방 후 3년 동안 언제든지 사람이 득시글거리던 인촌댁 사랑에 손님이 하나도 없어 쥐죽은 듯 고요하였다. 인심이란 그런 것인가. 총리 임명에는 빠졌지만 인촌은 여전히 민족의 중진이요 정계의 거물인데 이럴 수가 있는가. 그렇다면 여태까지 이른 아침부터 밤중까지 득실거리던 그 많은 사람들은 모두 엽관운동배(獵官運動輩)들이었단 말인가.

그날 아침 인촌은 맥이 탁 풀린 사람같이 기운이 없었다.

『조각 인선이 그게 무엇이오? 법제처장 하나 빼놓고 적재적소라 할 인물이 하나나 있소?』

씹어 뱉듯 말하고는 시계를 보면서

『아니 유 선생은 국무회의에 안 나가시오? 10시부터 국무회의를 한다고 방송하던데.』

『네?』

나는 놀랐다. 손목시계를 보니 10시가 한 5분 지났다. 그러나저러나 국무회의를 국무위원들에게 방송으로 알리는 법이 어디 있단 말인가.

급히 일어나 중앙청으로 갔더니 국무회의는 벌써 열리고 있었다. 옆자리에 앉은 김동성(金東成) 씨(공보처장)에게 그동안의 경과를 물었더니 대법원장 임명안이 가결되었다 한다.

『서광설 씨 말이죠?』하는 물음에

『김병로(金炳魯) 씨가 되었습니다.』

나에게는 큰 충격이었다. 김병로 씨도 내가 잘 알고 존경하는 분이다. 그분의 대법원장 임명에 이의가 있을 리는 없는 것이지만, 하루밤 동안에 어떻게 해서 서 씨가 김 씨로 바뀐 것인가. 나는 내가 서광설 씨의 일을 방해한 결과가 된 것을 몹시 미안하게 생각하였는데, 더군다나 그분이 그대로 민간에 있다가 6·25 때 피난할 기회를 잃고 북괴에게 납치당한 일을 생각하면 죄책감마저 느낀다.

며칠 후 8월 15일에는「대한민국정부수립 국민축하회」가 중앙청 앞마당에서 열렸는데 나는 그 날의 감격을 잊을 수가 없다.

3년 전 8월 15일과 꼭 같이 덥고 쾌청한 날씨였는데 청사 정면 현관 포치 위에 가설(架設)된 단상에서 내려다보니 세종로 큰길은 그대로 인산인해였다. 일정이 광화문을 철거해 버린 채로 있던 때이므로 그 수십만 군중은 그대로 축하회장에 연결된 느낌이었다. 단상도 물론 만원이었다. 주둔지 도쿄에서 일부러 날아온 맥아더 장군이 이승만 대통령과 나란히 앉고 그 옆과 뒤로 각료들, 정부수립의 산파역(産婆役)을 맡아 준 주한미군의 고급 장성들, 사진 찍기에 바쁜 신문

기자들……

『이것이 독립의 영광이로구나.』

벅적거리는 틈바구니에 앉아서 나는 혼자 끓어오르는 감회를 되씹고 있었다.

11. 창업의 혼돈

해방 후 만 3년 간에 걸친 말할 수 없는 혼란과 악조건을 무릅쓰고 대한민국 정부는 1948년 8월 15일로써 그 성립을 정식으로 내외에 선포하였다. 그러나 창업에는 혼돈이 따르는 법이라 그것만으로 정정(政情)이 안정될 수 없던 것은 당연한 일이었다고도 하겠으나, 대한민국 정부수립 때의 특수한 사정을 몇 가지 추려보면 다음과 같다.

첫째는 여전히 끈덕지게 계속되는 좌익의 파괴 공작이다. 좌익은 전기를 끊어 암흑천지를 만들고 폭력으로 5·10 선거를 파괴하려다가 실패하였으나, 대한민국 정부 전복을 결코 단념하지 않고 있었다.

정부수립 전 4월에 일어난 제주도 폭동은 정부수립 후에도 계속되고 있었을 뿐 아니라, 좌익은 국회에「프락치」를 넣어 정부를 내부로부터 붕괴시키려는 음모를 진행시키고 있었다. 그보다 먼저 헌법채택 단계에서 벌써 좌익은 국회에 선을 뻗치고 있었으니, 뒤에「국회 프락치」사건의 중심인물이 된 이문원(李文源) 의원은 헌법의 마지막 기립표결 때에 일어서지 않고 버티고 앉아 있던 유일의 인물이었다. 그때 의장 이승만 박사는 방망이를 치면서「만장일치 통과」를 선포하였지만, 나는 그때 이 의원이 버티고 앉아 있는 모습을 내 눈으로 똑똑히 보았다.

남북협상을 주장하며 5·10선거를 보이콧한 김구, 김규식 양 씨를 중심으로 하는 중간세력도 정국불안의 중요 원인이 되고 있었다. 그들은 일종의 「야당」이라 볼 것이었지만, 그 당시의 「중간파」라는 것은 좌익과 명확하게 구별되는 정파가 아니라 우익과 좌익의 중간에 서서 우익인 것 같으면서도 좌익의 대변도 하고 좌익에 이용도 당하는 세력이었기 때문에 마치 대한민국의 테두리를 벗어난 존재인 것 같은 성격을 띠고 있었다.

그러나 신생 정부의 무엇보다도 결정적인 약점은 신생 국군의 내부에 있었다. 미 군정 기간 중 경찰에 쫓긴 좌익분자들은 추적을 면하기 위해 대거 「국방경비대」로 잠입하였었는데, 국방경비대가 국군으로 개편되자 그들은 그대로 군 내부에 남아 이곳 실정에 어두운 미국인 고문들 등 뒤에 숨어 있었기 때문이다. 국방부 장관을 겸하고 있던 이범석(李範奭) 씨는 여러 차례 그들을 숙청하려 하였으나 그때마다 미국인 고문관에 의하여 저지당하였다. 불순분자를 숙청하려 하면 으레 『안됩니다, 그는 좋은 사람(good man)입니다.』하고 미국인 고문이 가로막아 선다는 것이었다. 그러고 있는 중에 여수·순천반란사건이 터졌다(10월 19일). 제주도 폭동을 진압하기 위하여 그곳으로 파견하기로 된 여수주둔 부대가 반란을 일으킨 것이었다.

그때 마침 총리 겸 국방부 장관이 사건을 보고하고 대책을 논의하였는데, 이(李) 총리에 의하면 국군의 M1 소총은 거의 다 제주도 토벌대(반란군)에게 넘겨주었기 때문에 반란군 토벌대가 가지고 있는 무기는「카빈」소총밖에 없다는 것이었다. 그러나 그러면서도 그는 테이블 위에 지도를 펴놓고 반란군이 지리산으로 둔입(遁入)하지 못하도록 우선 그쪽 길을 차단하여야 하겠다고 역설하였다.「군인은 역시 다르구나」하고 나는 속으로 감탄하였다.

그러나 이 사건을 계기로 국군 내부의 숙청이 제대로 진행되기 시작한 것은 불행 중의 다행이었다. 그 많은 좌익분자들을 그대로 국군 속에 안은 채 6·25를 맞이하였더라면 하고 생각하면 눈앞이 아찔하다.

정정이 쉽사리 가라앉지 않은 둘째 원인으로 나는 그때 정부 요직에 있던 사람들이나 일반 국민이나 한결같이 정치에 경험이 없어서 정부라는 것을 어떻게 꾸려나가야 하는 것인지 전연 백지상태였던 점을 들고 싶다. 최고지도자인 이승만 대통령만은 구(舊)한국시대에 중추원의관을 지낸 일이 있다 하였지만, 그 자리는 아직 자신이 책임을 지고 국가의 운명을 좌지우지하는 자리는 못 된다. 각료나 국회의원들 중에는 일제 하의 관리 생활의 경력을 가진 사람이 약간 있었지만 식민지 통치기구의 말단 관리의 경험이 신생 민주국가 운영에 큰 도움이 될 수는 없는 일이었다.

헌법, 정부조직법을 기초하고 법제처장의 자리에서 신생국가의 골격을 만들어 나가는 대선생연(然)하고 있던 나부터 아는 것이라고는 책을 통해 얻은 지식일 뿐, 현실정치라는 것은 꿈에도 해본 일 없는 인물이었으니 한심한 일이었다. 그나마 나의 지식이라는 것은 주로 법의 이론과 법 제도의 역사적 변천에 관한 것뿐이었는데, 대통령 이하 각료고 국회의원이고 쉴 새 없이 나에게 물어오는 것은 모두가 일상생활법률편람 같은 책에서나 찾아볼 수 있는 소소한 실정 법규상의 문제였으니 나로서는 기가 막히는 노릇이었다. 심지어는 대통령, 국무총리, 국무위원의 직인은 몇 치 몇 푼 각(角)으로 해야 되며, 공무원의 사령장 형식(크기, 서식 등)은 어떻게 해야 하느냐는 등의 질문까지 해오는 데는 정말 질색이었다.

각료나 국회의원들이 그러했으니 일반 국민의 정부에 대한 인식은 더군다나 말할 나위도 없었다. 신문이나 잡지는 민주주의가 어떻네, 공산주의가 어떻네 떠들어댔지만 일반 국민의 마음속에 있는 것은 옛날 관존민비 사상의 잔재뿐이어서 중앙청은 한자리해보겠다고 경향 각지에서 모여드는 엽관(獵官)운동자들로 그해 가을 서리가 내릴 무렵까지 도떼기시장같이 붐볐다. 나는 매일 9시, 10시가 되도록 관청에 있었지만 내객(來客) 등쌀에 사무를 볼 수 없어서 정작 일거리는 집으로 가지고 와서 처리하는 수밖에 없었다.

그런 데다가 미국 사람들이 행정권을 좀처럼 넘겨주지 않고「점진적으로 이양」한다 해서 사태를 더욱 혼란하게 만들었다.

미국 사람들은 한국인이 행정 경험이 없어서 정부의 권한을 한꺼번에 넘겨줄 수 없으니, 신정부 각료들은 미 군정 하에서 경험을 얻은 미 군청부처장들 옆에 책상을 놓고 사무 처리하는 모습을 한동안 견습하고 난 후에, 자기들 눈에 사무를 처리할 만한 능력이 생겼다고 보여질 때에 차차 권한을 이양하겠다 하였다.

한국 사람이 행정 경험이 없는 것은 사실이었지만 정부의 장관들을 보고 사무를 견습하라니, 이것은 모욕이요, 정부 장관을 은행의 신입사원쯤으로 아는 인식 부족이었다. 그러나 안 넘겨주는 권한을 억지로 뺏을 수도 없는 노릇이라 부처마다 한동안 장관이 둘씩 앉아 있었으니 부처마다 옥신각신이 일어날 수밖에 없었다. 새 장관 밑에 새로 임명된 직원들과 구(舊)부장 밑에 있다가 떨려 나가게 된 직원들 사이에 마찰이 끊일 사이 없이 일어났다.

그해 가을 한미 양국 간의 원조협정(조약 제2호) 교섭을 하고 있을 때의 일이었다. 나는 우리 측 대표의 한 사람으로 매일 미국 측과 회담을 하고 있었는데(우리 측 수석대표 이범석 총리, 미 측 헬믹 준장), 어느 날 오후 난데없이 아직 「군정장관」으로 있던 딘 소장이 시뻘겋게 흥분된 얼굴로 회의장으로 뛰어 들어와서 주먹으로 책상을 치면서 우리들(한국 측 대표)을 보고 고함을 쳤다.

『당신네들 보스턴 마라톤에서 한국선수들이 왜 참패한지 까닭을 아느냐!』

보스턴 마라톤대회에서는 그 전해(1947년)에 서윤복(徐潤福) 선수가 1등을 하여 기염을 토했기 때문에 그해에도 우리 선수들에게 우승의 기대가 걸려 있었는데, 뜻밖에도 그들은 3명 모두 20등 아래로 떨어지는 참패를 기록한 것이었다. 우리들은 그 사실을 물론 알고 있었지만, 그들이 왜 참패했는지 그 까닭은 물론 알 길이 없었고, 더군다나 딘 소장이 협상테이블에 뛰어들어 그런 소리를 하는 이유는 전연 상상도 할 수 없는 바이었다. 그랬더니 그는 「한국선수들은 다른 나라 선수를 상대로 경주를 하지 않고 한국선수들끼리만 경쟁하느라고 서로 견제를 일삼았기 때문에 모두 20등 이하로 밀려난 것」이라면서 한국선수 참패의 이유를 설명하였다.

그것만으로 그가 왜 그 자리에 뛰어들어 왔는지, 왜 우리들을 보고 그런 소리를 하는 것인지 충분히 알겠는데, 그는 친절하게도 왜 한국정부의 새 장관들과 미 군정의 부장들은 조용히 사무 처리하는 법이나 가르치고 배우고 하지 않고 싸움박질들만 하고 있느냐, 당신네들이 그러기 때문에 정권 이양이 자꾸 늦어지는 것 아니냐고 설명을 덧붙였다. 어처구니없는 장면이었다. 그러나 그에 대한 이범석 씨의 답변이 걸작이었다. 이 총리는 비뚤어진 얼굴에 미소를 띠고

『경주란 이기기도 하고 지기도 하는 것 아니오?』

하고 가볍게 받아넘겼던 것이다.

그렇게 정신을 차릴 수 없는 판이었지만, 한편 나는 헌법의 해설서를 집필하기에 날마다 밤잠도 제대로 자지 못했다. 다른 법령은 아직도 일본법과 군정법령이 유효하기 때문에 별 지장이 없었지만, 헌법만은 종래의 일본 헌법(메이지明治 헌법) 교과서로는 전연 참고도 안 되는 새것이기 때문에 우리 헌법의 해설서의 필요가 시급한 것이었기 때문이다. 교수, 학생, 공무원, 변호사, 경찰관, 군인 할 것 없이 빨리 우리 헌법의 해설서를 내달라고 아우성이었다.

법제처 일만 해도 가끔 밤을 패는 판인데 새로 헌법해설서를 쓰다니 어림도 없는 소리였다. 그리하여 「헌법해의(憲法解義)」 초판은 결국 내가 책의 대강만 구성해서 구술하고, 실제 집필은 대부분 당시 법제처 행정법제국장이던 황동준 씨에 의하여 이루어진 원고를 교정 과정에서 내가 대폭 수정 가필(加筆)하여 출판된 것이다(그 책이 완전히 나의 저서라고 할 수 있게 된 것은 1952년 「신고新稿헌법해의」의 이름으로 개판 되었을 때부터이다).

국회전문위원과 법제처장을 통해 1년 동안의 관직 생활에 농사를

팔아 겨우 생활의 자(資)를 삼은 것도 이곳에 기록해 둘 만한 일이 될는지.

내가 정권에 참가한 것은 교원생활을 청산하고 생활의 방향을 바꾼 것이 아니기 때문에, 관직에 있는 동안에도 나는 고대의 교수와 정법대학장직을 그대로 겸하고 있었는데, 관직을 물러날 계기를 미처 붙잡지 못하고 있는 동안에 이듬해 이른 봄 나는 국회에서의 맹렬한 정치공세의 과녁이 되었다. 정부수립 직후부터 맹렬한 정부비판을 계속해 오던 국회는 이미 교통부 장관 민(閔)모를「친일파」로 공격하여 사임하게 하였는데, 다음 공격의 화살을 나한테로 돌려온 것이었다. 그때의 공격은 사실은 남로당(南勞黨)의 배후조정이었는데(「다리」지誌 1972년 7 · 8월호「국회프락치사건 판결문」), 그것이 공산당의 음모에 의한 것이었든 아니든 간에 나는 정부를 물러날 좋은 기회라 생각하고, 3월 말경 이 대통령에게 사의를 표명하였다. 그러나 이 대통령이 곧 사표를 수리하지 않아서 질질 끌다가 국회의 공세가 사그라진 그해 6월 6일 나는 퇴관(退官)을 결행하고 고려대학교로 돌아왔다.

이리하여 나의 정계 참가는 헌법기초전문위원 시대로부터 기산(起算)하여 만 1년 정도로 끝났지만, 그동안에 내가 이룩한 업적은 적지 않았던 것으로 자부한다. 헌법을 내 손으로 기초한 것 외에도 정부조직법을 역시 내가 직접 구상하였으며(기초는 윤길중尹吉重), 공포식령公布式令(대통령령 제1호), 감찰위원회직제(대통령령 제2호), 남조선과도정부기구 인수에 관한 건(대통령령 제3호, 기안은 이건호李建鎬) 등 정부 초창기의 화급한 법령이 모두 직접 내 손을 거친 것들이다.

한미 양국간의「원조협정」등 신생 정부의 디딤돌이 된 조약 제1호와 제2호의 체결에도 나는 일비지력(一臂之力)을 다하였다.

위에 열거한 것 외에도 국회법, 헌법위원회법, 탄핵재판법, 각부처직제, 국군조직법, 농지개혁법, 귀속재산처리법, 지방자치법 등 중요 제법안이 법제처장 재임 중 내 책임 아래 기초된 것들이다(법제처장 시대의 나의 한 일에 관해서는 졸고「법제처창설전후」,「법제에 골몰한 십개월」, 졸저「민주정치에의 길」소수).

일반 민간인의 활동을 직접 규제하는 민법, 상법, 형법, 민사소송법, 형사소송법 등에는 직접 손을 대지 못하였는데, 그것은 이들 제(諸)법은 대법원 소속(군정 때 법무부 소속이었으나 정부수립 후 대법원으로 이관)의「법전편찬위원회」의 사업으로 되었을 뿐 아니라 기초에 오랜 시일이 걸려서 나의 법제처장 재직중 초안이 끝나지 않았기 때문이다.

정부수립 직후부터 내가 직접 이 대통령에게 건의하여 거의 실현될 뻔하다가 실패로 돌아간「원로원 직제」에 관해서도 한마디 추가해두는 것이 좋겠다.

정부수립 과정에서 많은 정치지도자들(김구, 김규식, 안재홍 등)이 정권에서 탈락되어 총력집결에도 마이너스가 되고 국민 불만의 근원이 되고 있는 사실을 감안해서 나는 대통령 자문기관으로「원로원」을 둘 것을 여러 차례 건의하였는데, 대통령은 그때마다 가부간에 대답이 없더니 그해 가을 어느 날 무슨 생각이 들었던지 별안간 원로원직제를 만들어 보라 하였다. 우리 정부조직법상 자문기관의 설치와 조직은 대통령령으로 할 수 있는 일이므로 대통령이 하라는 이상 다 된 것이나 마찬가지였다.

곧 나는 직접 내 손으로 초안을 만들어서 한 통을 이 박사에게 제출하고 한 통은 처장실 나의 테이블 서랍에 넣고 채웠는데 어떻게 된 일인지 그 극비의 초안이 그 이튿날 신문에 터졌던 것이다. 그 때문에 내가 대통령에게 나무람을 들은 것은 상관없지만 그 때문에 모처럼 구상했던 원로원설치가 영영 유산이 되고 만 것은 유감이었다. 원로원이 되었다 해서 그 후 얼마 안 되어 일어난 백범(白凡) 암살사건이 안 일어났으리라고 말할 수는 없지만, 그래도 정국에 무슨 변화를 일으키는 계기가 되었을지도 모르는 일이기 때문이다.

1949년 6월 법제처장의 감투를 벗어던지고 나는 홀가분한 마음으로 고려대학교로 돌아왔다.

12. 짧았던 안정기

정부수립에 관계되는 이야기를 되도록 간단히 하다가 보니 지나치게 간단하게 된 것 같다. 몇 가지만 더 이야기하고 학교 이야기로 되돌아갈까 한다.

정부는 섰어도 정치나 행정에 경험들이 없어서 곤란을 겪었다는 말은 위에서 이미 말한 바 있지만 그러한 곤란 중의 가장 기본적인 것은 그 때문에 정부 전체의 통일성이 결여 내지 박약한 점이었다.

대한민국 정부가 민주와 반공을 기본으로 해서 수립된 것은 문제의 여지가 없는 바이었지만, 그러한 방향의식을 빼놓고는 정부 각료들을 횡적으로 연결하는 연대의식은 거의 결여되었다 할 정도로 박약하였다. 헌법상 각료들은 「국무위원」의 자격으로 「국무원」을 조직하여 국가정책을 의결하고 그 의결의 테두리 안에서 각부 소관의 행정사무를 처리하게 되어 있었는데, 각료들은 행정 각부 장관 노릇은 열심히 하려 했지만 국무위원으로서의 자각과 책임감은 거의 가지고 있지 않은 것으로 나는 느꼈던 것이다.

대통령제 헌법하에서 그것은 당연한 일이 아니겠느냐고 생각할 사람도 있을지는 모르지만, 아무리 대통령제 헌법하일지라도 정부로서의 통일성은 있어야 할 것인데, 그 위에 우리 헌법은 미국 헌법과는 달리 대통령제에다 국무원제도를 가미하고 있었기 때문에 국무원의 통일성은 헌법상의 요구사항이기도 하였던 것이다(졸고「종합행정의 원리」, 졸저「헌정의 이론과 실제」소수).

국무위원의 연대의식 결여로 벌어진 난센스 하나를 소개하여야 하겠다. 국무위원을 겸한 국회의원은 정부의 시책이 국회에서 비난이나 비판에 봉착하는 경우에 비록 그 시책이 자기가 소관하는 부처의 것이 아닐지라도 다른 국회의원과 함께 그 비난이나 비판에 가담하지 못하는 것이 상식이요, 또 법리상 당연한 원칙이다. 왜냐하면 그는 행정 각부의 장으로서는 그 시책에 대하여 책임이 없을지 모르지만, 국무위원으로서는 그 시책의 토의 결정에 참여한 까닭에 비록 그 토의, 결정 과정에서 그것에 반대하였을지라도 일단 그것이 국무원의 시책으로서 결정된 다음에는 국회나 기타 외부에 대하여 자기도 다른 국무위원과 연대하여 책임을 져야 하기 때문이다.

사리가 이렇게 평명(平明)함에도 불구하고 국무위원을 겸한 국회의원이 인기를 얻기 위하여, 또는 그 시책의 행정상 책임자인 장관(같은 국무위원)에 대한 분풀이를 위하여 다른 국회의원과 함께 정부에 대한 비난, 비판에 열렬하게 동조하는 광경을 나는 몇 번이고 본 일이 있다. 더욱 해괴한 것은 그러한 국무위원의 행동을 동료 국회의원도 매스컴도 이상해하기는커녕 도리어 잘하는 것으로 보는 것 같은 태도를 취하는 점이었다.

1년간의 관리 생활은 인간사회의 실정을 아는 데도 나에게는 크게 도움이 되었다. 그러한 유(類)의 이야기 중에서 적산처리에 관계된 것 하나를 이야기해 두려 한다. 미 군정이 군정법령 33호로 종전의「일본 및 일본인 재산」(국공유재산과 일본인의 사유재산)을 몰수해서 마음대로 처분(불하)하다가 남은 것을 대한민국 정부에 인계한 것은 지금 세상이 다 아는 일이지만, 워낙 방대한 재산을 해방의 혼란기에 이곳 사정을 전혀 모르는 미국인이 한 일이라 그 소위「적산불하(敵産拂下)」(전에 일본인의 사유재산이었던 것을 민간에 불하한 것)는 심대한 추문을 낳았었다. 해방 후 우리 민족의 도의가 땅에 떨어지고 민족정신이 해이해진 한 중요한 원인은 바로 여기서 시작된 것으로 나는 보고 있을 정도이다.

적산 불하를 둘러싼 추문은 미군정기간에 벌써 파다하였지만, 대한민국 정부가 선 후 미 군정이 정부의 권한을 선뜻 우리 측에 넘겨주지 않고「점진적 이양」이라는 이름 밑에 여러 달을 질질 끌던 기간 중에 절정에 다다랐었다. 적산관리에 관한 권한은 미국 측이 맨 마지막까지 쥐고 안 내놓던 권한이었다.

그러한 어느 날 대통령이 부른다 하기에 갔더니 지금 미군이 하고 있는 적산처분을 전무 무효화하는 법안을 마련하라는 명령이었다. 이 박사에 의하면 지금「몹쓸 놈」들이 술과 돈과 계집으로 미군인을 매수하여 적산을 마구 도둑질해 먹고 있으니 그러한 일을 그대로 내버려 둘 수 없다는 것이었다.

대통령의 말은 열 번 수긍이 가는 말이었다. 다만 미군이 행해버린 처분을 덮어놓고 무효화 한다는 것은 법리상 무리한 점이 있어서 나는『잘 연구해보겠습니다.』대답해 놓고 나왔다.

그랬더니 그 소문이 어떻게 해서 퍼진 것인지 2, 3일도 안 되어 나에게는 사방으로부터 압력이 들어왔다.「지금 당신이 불하된 적산을 무효화 하는 법안을 만들고 있다는데 그런 짓 하면 좋지 못하다」는 협박들이었다. 적산모리배(敵産謀利輩)들이 와서 하는 짓이라면 또 괜찮겠는데, 종래 내가 점잖은 사람으로 알던 법조계, 교육계의 선배들의 입에서 그런 소리가 나오는 데는 나는 정말 실망하였다.

그러자 그때 진행 중이던 한미 양국 간의「재정 및 재산에 관한 최초협정」의 교섭 과정에서 미국 측의 초안이 제출되었는데, 그 제5조에

> 대한민국 정부(大韓民國政府)는 재조선(在朝鮮) 미군정법령(美軍政法令) 제33호(第三十三號)에 의하여 귀속(歸屬)된 전(前) 일본인 공유(日本人公有) 또는 사유재산(私有財産)에 대하여 재조선미군정청(在朝鮮美軍政廳)이 이미 행(行)한 처분(處分)을 승인(承認)하고 비준(批准)함.

이라는 규정이 있었다. 우리 정부가 적산에 관해 미군이「이미 행한 처분을 승인하고 비준한다」는 이 조문을 받아들인다면 그것을 무효화 하라는 이 박사의 방침은 구체화할 수가 없게 된다. 나로서는 으레 그러한 안(案)이 제출되려니 하고 예상하던 바이지만, 그것이 미측에서 정식으로 제안된 이상에는 대통령에게 보고하고 명명(命命)을 고쳐 받지 않으면 안 되게 되었다.

여기서 나는 또 한 번 인생 공부를 하게 되었는데, 같이 회의대표로 나가 있는 총리도 외무부 장관(장택상)도 이 문제를 가지고 대통

령을 만나기를 꺼렸고, 두 사람이 다 『법제처장이 명령을 받은 것이니 법제처장이 해결하시오.』 하는 것이었다. 하는 수 없이 초안을 들고 내가 대통령을 찾아가 미군이 행한 처분을 무효화 하는 입법을 하기 위해서는 우선 그 제안을 거부해야 하는 까닭을 설명하고 대통령의 결단을 청하였으나, 대통령은 끝내 명확한 답변을 하지 않았다.

대통령이 거부하는 지시를 하지 않는 이상에는 그 안을 수락하라는 뜻으로 해석하는 수밖에 없으므로 그 조문은 그대로 받아들여졌고, 그리해서 그 「최초협정」은 1948년 9월 11일 조인된 것이었다.

그러나 그런지 며칠 안 돼서 뜻하지 않은 사태가 벌어졌다. 국무회의를 하기 위해 각료들이 모여 앉았는데 노발대발한 안색으로 대통령이 회의장에 들어오더니 자리에 앉지도 않고 선 채 마침 맞은편에 앉아 있는 나를 손으로 가리키며 호통을 쳤다.

『법제처장은 무엇을 하고 있는 거요? 지금 협잡꾼 놈들이 미국놈들을 끼고 적산을 다 해 먹고 있는 판인데 미군이 불하한 적산을 모두 무효화하는 법을 만들라 한 지가 벌써 언제요?』

필시 누가 또 대통령한테 가서 가장 긴한 체 모리배들이 협잡해 먹는 이야기로 불을 지른 모양이었다. 흥분되었을 때의 버릇으로 이 대통령은 왼편 볼 근육을 실룩실룩하고 있었다.

그러나 무정지책(無情之責)도 유만부동이지 그 분풀이를 나한테 하는 것은 당치도 않다. 나에게 무슨 잘못이 있는가. 불하적산 무효화의 입법을 청했을 때에 거부하라는 지시를 하였어야 할 것이 아닌가.

나는 벌떡 일어섰다. 나에게도 입이 있는 이상에는 사리를 사리대로 따질 작정이었다.

그러나 그때 양옆에 앉은 사람들(왼편 장택상 외무, 오른편 김동성 공보—그때만 해도 초창기라 국무회의 때 정해진 좌석이 없었다)이 나의 양편 양복 포켓 아구리를 힘껏 잡아당겨 나를 끌어 앉혔다.

『앉아요, 앉아요. 저 양반도 다 알면서 그러는 줄 알지 않소?』

나는 양복 왼편 주머니 아구리가 뿌지직 조금 찢기는 소리를 들으면서 도로 앉는 수밖에 없었다.

1년 만에 고려대학교로 돌아와 보니 캠퍼스 안 공기가 전과는 판이하게 달라 조용하였다. 좌익도 우익도 잠잠해진 것이다. 정정의 안정이란 이렇게도 위대한 영향력을 갖는 것인가. 이제는 대학건설을 위한 정지작업이 끝난 것 같은 느낌이었다.

학교로 돌아와서 내가 첫 번째로 한 일은 세 학장의 집무실을 따로따로 마련한 것과 대학원을 개설한 것이었다. 고려대학교는 처음부터 정법, 경상, 문과의 세 단과대학으로 구성되는 종합대학교로 출발하였지만, 그것은 기구상의 일일 뿐, 실제 시설 면에 있어서는 보전시대의 그것을 그대로 쓰고 있었다. 건물이라고는 본관과 도서관의 두 채밖에 없었는데, 도서관은 학교행정이나 강의와는 직접 관계없는 건물이고 보니, 도서관 이외의 고려대학교의 모든 기능은 결국 본관 속에서 이루어지고 있는 셈이 된다. 학장들을 위해 따로 집무실이 없는 것은 고려대학교의 형편으로서는 지극히 당연한 일이었다. 학장 세 사람은 보전시대에 법·상 양 과장이 함께 쓰던 과장실에다「학장실」이란 문패만 갈아 달고 세 사람이 의좋게 책상을 나란히

놓고 함께 앉아 있었다. 그러던 학장실을 도서관으로 옮겨 서고 밑에 나란히 있는 방 셋을 세 학장에게 하나씩 배정한 것이었다.

고려대학교의 시설 확충 문제는 이 정도로 해결되는 것이 아니기 때문에 나는 여러 차례 인촌을 찾아가 학교에 대한 재정적 뒷받침을 호소하였으나, 인촌에게도 별 방안이 없을 것은 뻔한 일이었다. 정치에 바쁜 인촌은 『조금만 참으시오, 우선 나라부터 바로 세워놓아야 할 것 아니오? 나라가 바로 서면 학교는 저절로 잘 될 것 아니오?』할 뿐이었다.

대학원을 그해(1949년)에 개설한 것은 그해 7월에 처음으로 법·정·경 등 사회과학 계통의 「대학」 졸업생이 나왔기 때문이었다. 내가 대학원장을 겸하고 개설하기는 하였지만 대학원도 물론 명목뿐이었다. 특별한 시설도 없었고 입학생도 한동섭(韓東燮; 법·고대 교수), 김민채(金民彩; 경·현 경희대학교), 주종정(朱鍾政; 경)의 세 명뿐이었다.

그러는 한편 나와 현 총장은 함께 「중앙교육위원회」 위원으로서 뻔질나게 문교부를 드나들었는데, 그때 중앙교육위원회에서는 「대한민국교육법」을 기초 중이어서(기초위원 현상윤, 유진오, 백낙준, 오천석, 장이욱) 현 총장이나 나나 고려대학교 일이 본업인지 문교부 일이 본업인지 구별을 할 수 없을 정도로 분주하게 지냈다.

마침 그때 미국 정부에서 한국 교수들을 초청해서 1년씩 유학, 연구시키는 교환계획이 발표되었다. 현 총장도 나도 새삼스레 외국 유학 갈 처지는 아니었지만 둘이 다 일본계통의 교육밖에 받은 일이 없어서 신생한국의 교육을 위해 일하기 위해서는 구미(歐美)의 교육계,

학계를 한번 돌아보고 와야 할 필요를 절감하고 있던 때이기 때문에 체면 불고하고 둘이 다 응시하기로 결심하였다. 지금과 달라서 그때는 자기 자신이나 학교의 비용으로 외국을 나간다는 것은 꿈도 꿀 수 없는 일이었기 때문에 체면을 차리기 위해 그러한 기회를 그냥 놓쳐버릴 수는 없는 터였다.

영어시험의 관문을 통과하여야 하는 것이 한층 체면에 걸렸으나 그런 것도 따지고 앉았을 때가 아니었다. 10여 년 전에 미국에서 PH. D.를 마치고 온 박희성 교수나 서울대학교의 영어영문학 교수인 이양하(李歇河) · 이종수(李鍾洙) 씨들도 영어시험을 치르는 판인데, 현 총장이나 내가 영어시험을 치른다는 것은 도리어 당연한 일이었을는지도 모른다.

시험을 치른 결과 고려대학교에서는 나와 박희성 교수만 합격하고, 현 총장은 신체검사에서 떨어졌다. 젊었을 때 앓은 일이 있는 결핵의 상흔(傷痕)이 X선 사진에 나왔다는 것이었다. 그때는 미국의 입국자에 대한 규제가 어떻게 까다로운지 입국자에게는 반드시 폐의 X선 사진을 휴대케 하고 사진에 조금이라도 결핵의 흔적이 보이면 입국을 불허한다는 것이었다.

그러나 그해(1949년)에는 나와 현 총장은 색다른 경험을 한 가지 하고, 그 일로 생각지도 않았던 거금을 벌었다. 정부수립으로 사회의 모든 방면이 정돈되어 감을 따라 각급 학교 교과목의 교수요목(教授要目)이 제정되어 출판사들은 새 교수요목을 따른 교과서를 출판하느라 분주하였는데, 민중서관에서 나한테 와서 졸라서, 나의 권유로 현 총장, 한춘섭 교수와 나의 세 사람이 한 세트의 중등학교 학생용

사회과 교과서를 각각 한 권씩(1학년용 문화—현상윤, 2학년용 공민—유진오, 3학년용 경제—한춘섭) 집필한 것이다. 그런데 그것이 예상 밖으로 히트가 되어 1950년 새 학기가 가까워 오자(그해에는 학년 초를 9월부터 4월로 변경하기 위한 과도조치로 6월부터 새 학년이 시작되게 되어 있었다), 우리들 세 사람은 각각 예상 밖의 돈을 받게 된 것이니 「횡재」라 할 수밖에 없다. 나는 그래도 「인세(印稅)」라는 것이 때로는 상당한 수입을 가져올 수 있는 것임을 알고 있었지만, 그러한 것을 처음 경험하는 현 총장은 믿어지지가 않는 모양이었다.

『이 돈이, 이만한 돈이 정말로 들어오는 것이오?』

현 총장은 몇 번이고 나한테 다짐해 물었다.

그러나 그 횡재한 돈이 미처 절반도 들어오기 전에 6·25 남침을 당할 줄이야 어찌 뜻하였으랴. 나 혼자 부산으로 피난하는 바람에 서울에 남아 근교로 이리저리 쫓겨 다니던 나의 가족은 그 돈 덕택에 석 달 동안 아사를 면할 수나 있었지만, 현상윤 총장의 경우에는 돈이 문제가 아니라 자신이 납북되고 말았으니 가슴 아픈 일이다.

13. 6·25 동란

1950년 6월 25일(일), 나는 찾아오는 손님들과 잡담을 하다 바둑을 두다 하면서 이따금 목수가 일하는 것을 나가 보고 지시를 하는 등으로 평온하고 한가한 하루를 보냈다. 새 학기 등록도 끝나고 좌우익 싸움으로 시끄럽던 학생들도 잠잠해지고 교과서 인세로 몽상도 못하던 대금이 들어오게 되고 한 까닭에 느긋한 마음으로 오래 벼르던 집수리를 시작한 것이었다.

6·25의 느닷없는 청천벽력은 그러한 평화와 방심의 한 복판을 내리쳤다. 오후 5시나 되어 밖에 나갔던 여학교 다니는 딸이 들어오더니 괴뢰군이 삼팔선 전역에 걸쳐 남침해 왔다고 고하였다. 지금「문안」에서는—그때 나는 청량리에 살고 있었다—벽보가 붙고 신문 호외(號外)가 돌고 야단들인데 삼팔선 부근 지도에다가 괴뢰군이 침입해 들어오는 방향을 이리저리 시꺼먼 화살로 그려놓았더라는 것이다.

무슨 말인지 곧이들리지를 않았다. 그러나 급히 거리로 나가 신문을 구해다 보니 딸의 말이 사실이었다. 놀라 일어서는 손님들을 보내고 방에 혼자 누워 있노라니 멀리 동북쪽으로 원뢰(遠雷)와 같이 쿵쿵하는 소리가 은은히 들려왔다. 틀림없는 대포 소리였다. 삼팔선이 가까운 줄이야 알고 있었지만 이렇게도 가까운 것이었던가.

6·25 동란이 터지던 때의 충격은 나의 「서울탈출기(脫出記)」(졸저 「구름 위의 만상」에 수록)에 자세히 기록하였으니 지금 그것을 다시 옮겨놓을 생각은 없다. 다만 6·25사변이 일어나게 된 원인에 관해서만 몇 가지 말을 해두고자 한다.

그 근본 원인이 북괴와 그를 뒷받침해 주던 소련 및 중공의 이데올로기의 탈을 쓴 무력팽창주의였음은 말할 것도 없거니와, 우리 정부와 우리를 뒷받침해 주던 미국 측이 그에 대한 대비를 하지 않았던 것도 원인이 되었다 하지 않을 수 없다. 다만 우리 정부는 그때 정치·경제·군사 등 모든 면에 있어서 가위 절대적으로 미국에 의존하고 있었으므로 우리 정부보다도 미국 측의 실수에 더 큰 책임이 있었던 것이라 말할 수 있는 것으로 생각한다.

그러나 따지고 보면 참변의 원인은 사실은 한반도를 미소 양국이 분단 점령하던 때에 이미 배태되어 있던 것이라 할 수 있는 것이다. 소련은 처음부터 벌써 점령정책이 확고하게 서 있어서 괴뢰 김일성을 내세워 공산 독재의 기반을 확립케 하고 군비 강화에 광분하였는데, 이에 반하여 미국은 한반도 내의 일은 한국인의 손으로 처리케 한다는 원칙 이외에는 공산주의의 무력팽창정책에 대비할 아무런 계획도 없이—미군 점령 하의 남쪽 절반을 계속 미국의 영향권 내에 둘 것인가, 그렇지 않으면 포기할 것인가의 근본 방향조차 결정함이 없이—막연하게 점령을 계속하고 있다가 정부가 수립되어 명목상의 책임이나마 밀어붙일 상대가 생기자마자「양군철수(兩軍撤收)」의 미명 하에 갑자기 한반도로부터 군대를 철수하였으니, 그러한 군사적 불균형상태에서 어떠한 일이 일어날 것인가는 자명한 일이다.

대한민국 정부는 무엇을 하고 있었느냐고 말할 사람이 있을지도 모르나, 미국이 한국의 군비 강화를 기뻐하지 않는 상태 하에서 극심한 공산파괴를 겨우 극복하고 수립된「민주 정부」가 1년 반밖에 안 되는 기간에 자력으로 군비를 갖춘다는 것은 상상도 할 수 없는 일이다.

미국은 1948년 가을부터 벌써 한국으로부터 일방적으로 중무장을 철수하더니 익년 여름에는 소수의 군사고문단만을 남기고 전면 철수를 단행하고, 1950년 1월에는 한 걸음 더 나아가 국무장관 애치슨으로 하여금 한국은 미국의 방위선 밖에 있다고 선언케 함으로써 사실상 한반도를 포기하였으니, 그 선언이 김일성이나 스탈린에게는 와서 남한을 가져가라는 초대장같이 들렸을 것도 있을 수 있는 일이다.

사변이 터진 후로 나는 현상윤 총장과 영영 못 만나고 말았는데 사정은 이러하다.

26일(월) 아침에는 공무원 훈련원에 강의가 있었고, 오후 2시부터는 문교부에서 중앙교육위원회가 열리게 되어 현 총장은 거기서 만날 생각이었는데, 공무원 훈련원의 강의가 끝난 후 어수선한 분위기 속에 중앙교육위원회가 예정대로 열릴는지 어떨는지 미심쩍어 문교부로 전화를 걸어보았더니 장관도 차관도 연락이 안 될 뿐 아니라, 회의가 열릴지 어떨지 확실치 않다는 직원의 대답이었다. 그래서 나는 공연히 문교부로 가서 시간을 허비하느니보다는 집으로 돌아가 가족과 함께 있는 것이 낫겠다 판단하고 집으로 돌아왔던 것인데, 사태가 시시각각으로 급박해지는 까닭에 오후 6시경 윤 총장댁으로 전화를 걸었더니 총장은 그 날 중앙교육위원회에 나갔었다면서(위원회는 성원미달로 유회), 좌우간 내일 아침 학교에서 만나 다시 이야기하자고 서로 약속하고 전화를 끊은 것이었다. 그것이 현 총장과의 마지막 대화가 되고 말 줄이야—.

27일 새벽 나는「적(敵)이 수도 서울에 접근하였으므로 정부는 수원으로 이전한다」는 라디오 방송을 듣고 벌떡 일어나 그대로 피난길을 떠났다. 학교 일은 고사하고 가족도 책도 집도 다 버리고 말이다. 차마 발길이 안 떨어졌지만 그렇다고 집에 머물러 있을 수도 없다는 것이 그때의 나의 판단이었다. 내가 집에 남아 있으면 공산군이 서울을 점령한 경우에 가족들의 고생은 도리어 심할 것으로 판단한 것이다. 과연 공산군은 서울에 입성하던 날(28일) 오후로「영명하신 김일성 장군의 명령으로 유 선생님을 뫼시러 왔다」면서 청량리 내 집으로 승용차를 보내와서(내 가족들은 이미 그 전날 밤으로 풍비박산해 버린 후였다), 동네 사람들은 영문도 모르고「유진오는 이승만 밑에서도 잘해 먹더니(법제처장 다닌 것을 의미), 김일성 밑에서도 또 해먹는구나」했다는 것이다.

모든 것을 포연탄우(砲煙彈雨) 밑에 내버려 두고 일정한 방향 없이 혼자 떠나가는 도망군의 심정! 천신만고해 걸어서 수원까지 이르러 요행 보전 교우 이기덕(李起德) 군을 만나 그의 호의로 그의 아우 집에서 며칠 지낸 것까지는 좋았으나, 거기서 하마터면 또 한 번 나는 위기를 당할 뻔했다. 7월 1일 아침 부슬비가 내리는 가운데 먼 대포 소리가 이따금 창을 흔들어서 며칠 조용하던 적이 새 공격을 시작하였나 의아해하고 있었는데, 11시경 신범식(申範植), 계봉혁(桂鳳赫)의 두 학생이 바쁜 걸음으로 마당으로 들어섰다. 두 사람은 그 전전날 내가 그 집에 있는 것을 알고 자기들은 서울 탈환 작전에 참가하겠다면서 서울 방면으로 떠난 것이었다.

『그것 봐, 계시지 않어?』

두 사람은 내가 있는 것을 반가워하면서 어저께 영등포에서 공산군의 맹렬한 포격을 만나던 이야기를 하면서 나더러도 어서 일어나 남(南)으로 가자 하였다. 수원 사람들도 모두 피난길을 떠나서 지금 수원도 텅 비었다는 이야기였다. 두 학생을 따라 큰길로 나갔더니 정말 아슬아슬한 고비였다. 시민들은 어느새 다 빠져나가고 인영(人影) 드문 길 위에는 부상병, 패잔병들이 드문드문 무거운 다리를 끌고 있을 뿐이었다.

겨우 수원역에 이르렀더니 그곳만은 아직 사람들이 득실거리고 있었으나, 지붕까지 피난민을 가득 실은 마지막 피난 열차가 아직 못 떠나고 있어서 군경은 힘을 합해 사람들이 역 구내로 몰려드는 것을 막고 있었다. 그러는 동안에도 적의 야크기(機)는 머리 위를 돌고, 피를 흘리는 부상병은 버스에 실려 오고 하였다.

우리들은 우선 역 앞에서 주먹밥을 사서 한 덩어리씩 나누어 먹고, 이리저리 부탁해 겨우 구내로 들어가기는 했으나, 차 칸으로는 도저히 끼어들 틈바구니가 없어서 이미 콩나물시루같이 사람이 가득 찬 화물차 지붕으로 기어 올라가 끼어 앉았다. 그런 채로 몇 시간

따가운 여름 볕이 사정없이 내리쬐는 것을 그대로 맞고 있었는데, 차는 오후 4시나 되어 겨우 움직이기 시작하였다.

그러나 고생은 그것으로 끝난 것이 아니라 그때부터 시작된 것이었다. 헐떡거리는 차가 오산을 지나 얕으막한 고개를 넘어 내리막길에서 차차 속도를 더하고 있을 때 나의 주변에서는 별안간 아우성 소리가 터졌다. 차의 지붕이 무너진다는 것이었다. 사람들은 저마다 앞차 쪽을 보고 차를 세우도록 해달라 소리를 질렀지만 일각일초(一刻一秒)를 다투어 멀리 달아나야 하는 판이라 앞차 지붕에 탄 사람들은 모르는 체하고 고개도 돌리지 않았다.

겨우 차가 평택역 구내에 들어섰을 때 이번에는 군경이 지붕 위로 총을 겨누고 빨리 내려오라 호통을 쳤다. 내려와 보니 지붕 위보다도 차 칸 속이 더 야단이었다. 지붕이 내려앉는다고 아이 어른 할 것 없이 울부짖으면서 떠다밀고 짓밟고 그대로 지옥의 양상이었다.

대전역에 도착한 것은 한밤중. 탈옥수와 편의대(便衣隊)를 색출한다고 야단법석을 치는 속을 겨우 빠져 나와 역전 조그만 여관 단칸방에 여섯째 손님으로 끼어들었다.

이튿날은 대전에서 검사로 있는 정윤모(鄭潤模) 군(31회 · 법) 집에서 일박하고 7월 3일 목천교 근방 화전여관(花田旅館)으로 가서 제헌 국회의원인 김동준(金東準) 씨(충남 서산 을구)와 한방에 들었는데, 김 의원이나 나나 가족을 버리고 혼자 피난 나선 처지가 같아서 두 사람은 함께 신세를 한탄하였다. 김 의원은 가족들을 전부 시골집에 그대로 둔 채라서 나보다는 사정이 덜 절박하였지만, 바로 그 때문에 그가 한층 참혹한 지경을 당할 줄이야 어찌 알았으랴. 서울이 수복된 후 그해 11월에 김 의원은 나를 찾아와서 자기 아버님을 위해 만장(輓章)을 써달라 하였다. 그의 양친과 부인, 자녀를 포함한 전 가족이 동네 「빨갱이」한테 몰살을 당했다는 것이었다. 김 의원은 쇳덩어리 같은 단단한 체격을 가진 사람이었지만 그 후 얼마 안 되어 그 자신마저 세상을 떠났으니 정신적 타격이란 참으로 무서운 것이다.

대전에서는 그 후 곧 이종우 씨, 변영태 씨, 그리고 인촌댁에서 자주 만나던 송필만(宋必滿) 씨를 만나 공동으로 방 하나를 얻어 며칠 함께 뒹굴었다. 그러는 중에도 전세는 날로 불리해져서 춘천, 수원, 평택, 조치원, 제천, 단양이 차례로 떨어지고, 적에게 포로가 된 조소앙(趙素昂), 김효석(당시의 현직 내무부 장관) 양씨의 방송이 나오고, 박순천, 모윤숙 양 여사의 피살설이 나돌고 하였다.

7월 10일 나와 이종우 씨는 함께 부산으로 갈 것을 결심하고 이리저리 뛰어다닌 끝에 남행하는 군용 화물차칸에 끼어들었다. 이재학(李在鶴) 군(당시 국회의원)도 함께 타려 하였으나 가족을 데리고 있는 까닭에 실패하여 뒤로 처졌다. 그러나 부산행도 순탄하지는 않았다. 대구역에 이르렀을 때 한 칸에 탔던 사람들이 어느 결엔가 다 없어지고 나와 이종우 씨만이 남았길래 알아보니 이 차는 여기까지밖에 더 안 간다는 것이었다. 우리는 당황해 대전서부터 들고 다니는 헌 가마니 짝(방석 대용으로 들고 다니던 것)을 각각 하나씩 든 채 이리 뛰고 저리 뛰어 겨우 맨 끝 승차장에 서 있는 무개화차(無蓋貨車)에 올라탈 수 있었다. 땀과 때에 찌든 여름옷을 걸치고 헌 가마니 짝 하나씩을 들고 뛰는 광경을 사진으로 찍어 두지 못한 것이 한이다. 우리가 탄 무개화차에는 우리들 두 사람 외에 20이 갓 넘어 보이는 젊은 여인이 두 사람 탔을 뿐이었다. 둘이 다 군인 가족이라 하였다.

해가 질 무렵 화물차는 낙동강 가를 남으로 달리고 있었다. 나도 이종우 씨도 혹시 이것이 마지막 보는 것이 될지도 모르는 조국 하늘의 저녁놀을 쳐다보며 소리 없이 울었다.

부산진역에 도착한 것은 자정이 넘어서였다. 대합실에는 발 들여놓을 곳도 없어서 역 바깥으로 나섰더니 광장 건너편에 깜빡거리는 촛불이 보였다. 술을 파는 판자집이었다. 무작정 그곳으로 들어가 술을 한 컵씩 마셨더니 조금 생기가 도는 듯이 느껴졌다. 그리고는 그 집 주인에게 부탁해서, 벽에 붙은 문을 열고 3평 남짓한 천정(天井)이 몹시 얕은 방으로 들어갔다. 선객(先客)이 벌써 10여 명이나 되었으나 우리는 염치 불고하고 비집고 들어가서 각각 들고 다니는 가방을 베고 차가운 방바닥에 누웠다.

그 이튿날 나는 대학 동창인 김처순(金處洵) 군(당시 부산대학 교무처장) 집으로 가고, 이종우 씨는 「고향 친구」의 집을 찾아갔는데(그 「친구」라는 사람은 의사 안남규安南奎 씨—그분이 여러 해 뒤에 나와 사돈 관계를 맺게 될 줄 어찌 또 알았으랴), 차차 알고 보니 고대 관계자로서 부산까지 피난 온 사람은 인촌을 비롯해 나와 이종우 씨, 그리고 김상협(金相浹), 한춘섭 교수 등 몇 명에 지나지 않았다.

이렇게 해서 고난과 초조의 피난 생활이 시작되었는데, 그 3개월 동안에도 몇 번 고비가 있었다. 전 남북을 완전 제압한 공산군이 경남 하동까지 쳐들어 와서 육군 총참모장 채병덕(蔡秉德) 소장이 전사하던 7월 말, 대구에 있던 국회마저 부산으로 쫓겨오던 8월 중순, 포항, 영천서 혈전이 벌어지던 9월 초순 등이 그것이다.

그러나 마음의 초조가 정작 극에 달했던 것은 9월 15일 미군과 국군이 인천에 상륙한 이후의 일이다. 그때 나는 세상에 태어난 후 처음 겸 마지막으로 김처순, 이재학 군 등과 돈내기 마작을 하였다. 이 걱정 저 걱정에 그렇게라도 하지 않고서는 한순간 한순간을 보낼 도리가 없었던 것이다.

서울이 탈환되어 정부 선발대 틈에 끼어 내가 배편으로 인천에 상륙한 것은 10월 1일이었다. 벽이 부서진 여관방에서 하룻밤을 지내고 이튿날 새벽 교통부 직원들이 무개화차를 긁어모아 편성한 기차를 타고 서울로 향했을 때에는 정말로 감회가 복잡하였다. 늙은 아낙네들이 연도(沿道)로 나와서 기관차에 달린 태극기를 향해 땅바닥에서 큰절을 하고 또 하고 하는 광경을 보고는 눈물이 주르르 흘렀다. 오류동을 지나 영등포역으로 향하던 도중에 샛푸른 하늘 밑에 북한산 연봉(連峰)이 바라보이던 때의 감격! 가을 하늘을 배경으로 한 북한산이 서울의, 아니 한국의 상징임을 나는 그때 처음으로 느꼈다.

그러나 기차는 영등포까지밖에 통하지 않았기 때문에 거기서 기차를 내려, 걷고 나룻배로 강을 건너고 또 걷고 하느라고 청량리 내 집에는 그 이튿날(10월 3일)에야 도착하였다. 식구들이 모두 살아서 전날 집으로 돌아와 있었다! 산에서 자고 들을 헤매면서 구사일생을 얻은 나의 처, 나의 자식들이었다.

그날 오후로 고려대학교로 갔다. 그러나 교사에 들어 있는 미군이 길을 막아 하는 수 없이 학교 뒤 오일철 씨(서무과장) 집으로 갔더니 식구들이 주인 오 씨와 현상윤 총장의 납북소식을 전하였다. 애기릉 재실(齋室)에 학교직원들이 있다 해서 그리로 갔으나 아무도 없어서,

동대문 밖 김순식(金洵植) 학장 집을 찾았다. 그러나 김 학장도 집에 없어서 그날은 허탕을 친 채, 발이 부르터서 청량리 집에도 못 가고 신설동 누이 집에서 하룻밤을 잤다.

이튿날(10월 4일)은 시내로 들어가서 우선 문교부를 찾았다. 정부가 임시로 들어 있다는 시청으로 갔으나 문교부는 명동 국립극장에 있다 해서 폐허의 거리를 걸어 명동으로 가서 겨우 문교부 직원들과 각 대학교수들을 만날 수 있었다. 오후, 아픈 발을 끌고 다시 애기릉 재실로 갔더니, 오늘은 김영주, 김순식, 박희성 등 동료 교수들이 와 있어서 서로 부둥켜 안고「살아서 다시 만난」감격을 나누었다. 사변 중 여러 교수들이 자의 또는 타의로 월북한 소식도 그 날 처음으로 들었다. 심현상, 윤종섭(尹鍾燮) 양 교수는 전해 10월에 시 경찰국에 검거된 것을 내가 여러 번 말해서 겨우 석방된 일이 있었는데, 역시 그들은 전부터 좌익과 관계가 있었던 것인가. 그러나 영문학의 이인수(李仁秀) 교수가 미군에 피검된 소식은 정말로 의외였다. 며칠 후 이 교수가 인촌 앞으로 한 부 보내온 영문 탄원서를 보니 그가 영어 방송을 한 것은 역시 본의 아니였음이 확실하였다. 인촌을 필두로 여러 사람이 구명운동을 하였으나 성공을 못 하고, 얼마 후 그가 총살을 당한 것은 가슴 아픈 일이었다.

나는 문교부의 지시를 따라 총장이 없어진 다른 학교의 예와 같이 「고려대학교 임시관리책임자」로 임명되어 애기릉 재실 마당에 테이블을 놓고, 교직원 몇 명과 함께 속을 잘 아는 학생들의 협력을 얻어 찾아드는 학생들에게 학생증을 내어주는 일부터 시작하였다.

14. 1·4 후퇴

그러나 학생증을 내어주는 일도 결코 수월하지 않았다. 학적부 등 서류가 없으니 고려대학교 학생인지 아닌지 확인할 수 있는 확실한 방법이 없는 데다가, 학생 중에는 부역(附逆)한 사람도 있어서(소위 의용군으로 공산군에게 끌려간 사람과 자진 월북한 사람은 학교에 나타날 리도 없지만) 하는 수 없이 무슨 방법으로든 고려대학교 학생인 줄 확인할 수 있는 사람이면 무조건 학생증을 내어주는 수밖에 없었다. 그러나 그 때문에 우(禹)모라는 가짜 학생에게 학생증을 내어주고 1·4후퇴 후 부산에서 여러 사람이 골탕을 먹는 희극도 있었다.

학교건물을 쓰던 미군 부대가 전선으로 이동하여 사무실을 본교로 옮긴 후에는 학적부 등 서류를 가지고 일을 하게 되어 기분은 제법 내 집으로 되돌아온 것 같았지만, 학교를 재건하여 수업을 시작하는 등의 일은 아직 생각도 할 수 없었다. 우선 누가 집어갔는지 책상과 의자 등이 모두 없어져서 본관 건물은 텅텅 빈 껍데기뿐이었다. 도서관은 한층 더 심하였다. 서고 속이 뒤죽박죽이 되고 민속참고품실의 소장품이 콘크리트 바닥에 마구 뒹굴어서, 어디서부터 어떻게 손을 대야 할는지 그저 처참하기만 하였다.

그런 중에도 10월 말에는 국군과 유엔군이 압록강, 두만강까지 진격하여 국토통일이 눈앞에 다가온 듯 우리들의 사기도 높았지만, 곧 중공군의 개입으로 전황이 급속도로 악화하였기 때문에 인심은 다시 흉흉해지고 학교재건이고 무엇이고 일이 손에 잡히지 않았다.

12월 초 중공군이 평양까지 들어온 소식이 전해지자 서울시민들은 앞을 다투어 피난길을 떠나기 시작하였다. 지난여름에 피난을 못했다가 공산당 치하에서 혼들이 난 끝이라 이번에는 서울에 남아 있을 사람이 없을 성싶었다. 고려대학교도 다소의 돈을 마련해 교직원에게 얼마씩 나누어 주고 나서는 도로 뿔뿔이 사방으로 흩어지는 수밖에 없었다.

이번에는 지난 6월보다는 시간적으로 여유가 있어서 긴요한 서류를 챙겨가지고 피난길을 떠나는 학교들도 있었지만, 고려대학교는 돈이 없어서 그렇게 못하고 인촌께 상의하여 학적부를 땅에 묻기로 하고, 서무의 오인갑(吳仁甲) 씨를 시켜 애기릉에 묻게 하였다. 영하 10도를 넘는 추위 속에 인기척 없는 애기릉에서(그때 그곳에는 아무 건물도 없었다) 학적부를 땅에 묻노라니, 흡사 고려대학교를 땅에 묻는 것 같은 감이 들었다. 다시 돌아와서 이것을 땅에서 파내고 고려대학교의 문을 다시 열게 될 날이 있을 성싶지 않았다.

학적부는 그렇게 해서 겨우 산일(散佚)을 막기는 하였으나 이듬해 가을 대구에서 임시개교할 때에 가져다 보니 옛날 것 중 한 권이 없어져 있었다. 보조자료를 가지고 보충해 넣기는 했지만, 학적부 원본 한 권이 그렇게 해 없어진 것은 영원히 돌이킬 수 없는 유감된 일이었다.

나는 가족들을 인촌의 가족과 함께 12월 20일경 인천을 떠나는 배편으로 부산으로 보내고 나 혼자 서울에 남아 뒷일을 처리하다가, 12월 말에서야 김모라는 사람의 트럭 편으로 서울을 떠났는데, 그때는 때가 이미 늦어서 영등포에 이르니 벌써 미군이 길을 막았다. 유엔군이 국도를 사용 중이기 때문에 일반 차량의 통행은 안 된다는 것이다. 여러 가지로 사정해 보았지만 막무가내여서 하는 수 없이 차 머리를 인천으로 돌렸지만, 인천으로 가면 배를 탈 수 있으리라는 무슨 계획이 있는 것은 아니었다.

그러나 하늘이 무너져도 솟아날 구멍이 있다더니 인천에서는 요행에 요행이 거듭되어 나는 12월 30일 한밤중에 인천을 떠나는 마지막 피난선을 탈 수 있었다. 다만 나를 믿고 함께 피난길을 떠났던 트럭 주인과 트럭에 실린 짐들만은 버리지 않을 수 없었는데, 짐은 그렇다 치더라도 트럭 주인에게는 몹시 미안하였으나 도리가 없었다.

그 버리고 떠난 트럭 주인을 다시 만나고, 단념했던 나의 짐들을 도로 찾게 될 줄이야! 이듬해 4월 어느 날 저녁때 우거(寓居) 중이던 남부민동 박모 씨 댁으로 돌아왔더니, 나 없는 동안에 트럭 주인이 나의 짐들을 그곳으로 갖다 놓고 간 것이었다. 그뿐 아니라「좀 더 빨리 가져왔을 것인데 대구에서 피난살이를 하고 있기 때문에 늦어져서 미안하다」는 말까지 남기고 간 것이었다. 서울에서 피난 차편을 구하고 있던 판에 우연히 알게 되었던 그분의 너그러운 마음씨에 나는 감격하지 않을 수 없었다. 전쟁 때면 사람이 악독해질 대로 악독해지는 것도 사실이지만 미덕도 최고도로 발휘되는 것이라는 사실을 나는 그때 알았다.

이번에는 피난에 시간적 여유가 있었던 관계로 전란이 처음 터졌던 때와는 달리 피난 나온 고대 교수들도 제법 많았다. 그때의 나의 수첩에는 박재섭(朴在灄), 황산덕(黃山德), 이건호(李建鎬), 현승종(玄勝鐘), 변우창(邊宇昌), 김상협(金相浹), 이희봉(李熙鳳), 윤천주(尹天柱), 김경수(金敬洙)(이상 정법대학), 김영주(金泳柱), 김순식(金洵植), 조기준(趙璣濬), 김의도(金義燾), 육지수(陸芝修), 이용한(李容漢), 한춘섭(韓春燮), 김효록(金孝祿), 조동필(趙東弼)(이상 경상대학), 이종우(李鍾雨), 이상은(李相殷), 신석호(申奭鎬), 최재희(崔載喜), 이호근(李皓根), 김준엽(金俊燁), 김학엽(金學燁), 김정학(金廷鶴), 박광선(朴光善), 정재각(鄭在覺), 김성식(金成植), 김춘동(金春東), 박종서(朴鍾緖), 조지훈(趙芝薰), 구자균(具滋均), 김경탁(金敬琢)(이상 문과대학) 제씨의 이름이 보인다. 그 밖에 군에 들어가 군과 함께 이동하던 사람도 몇 분 있던 것으로 안다. 전에 나와 함께 미국 가는 시험을 치른 박희성 교수는 1·4후퇴 전에 서울서 미국으로 떠나고 없었다.

피난지 부산에서 교수들이 제1착(着)으로 한 일은「대한민국교수단」을 결성한 일이었다. 침략자에 대한 적개심이 불타오른 때문도 있으려니와, 그런 때를 당하고 보니 교육자의 무력을 뼈저리게 느꼈기 때문이었다. 다 같이 피난살이를 해도 공무원이나 실업계에 있는 사람들은 단체 피난의 혜택도 입었고 부산에 와서도 과히 군색스럽지 않은 생활을 하고 있는 데 반하여, 교육자들은 버려진 헌신짝 모양으로 아무도 돌보아주는 사람이 없는 가운데 춥고 배고픈 전시의 고난을 혼자 짊어지고 있는 것 같았기 때문이다.

대학교수라면 단체에 가입하는 것을 꺼리는 것이 보통인데, 교수간 결성대회에는 각 대학의 교수들 수백 명이 누구의 권고도 없는 가운데 자발적으로 모여들었다. 뿐 아니라 교수단 결성에 반대하는 사람도, 이론을 캐 따지는 사람도 없어서 그 날의 회의는 일사천리로 진행되어 규약이 채택되고 임원이 선출되었다. 내가 단장이 되고, 방종현(方鍾鉉; 서울대), 이정규(李丁奎; 성균관대), 김기석(金基錫; 서울사대) 씨 등이 간부로 뽑혔다.

며칠 뒤 교수단은 토성동 광장에서 시국대강연회를 열었는데 천여 명의 청중이 모였다.

날씨가 차차 풀리게 됨에 따라 아무리 전쟁 중이라 해도 대학교육을 중단된 채 무한정 내버려 둘 수는 없다 해서 2월 말경「전시연합대학」이 조직되고, 문교부로부터 내가 그 학장으로 임명되었다. 법적 문제를 따질 것 없이 응급조치로 국내 모든 대학의 교수와 학생들을 한데 모아 대학교육을 재개하려는 것이었다. 경비도 법적인 제(諸) 문제를 떠나 서울대학교의 예산으로 충당하기로 되었던 것이다.

나는 곧 서울대 문리대학장이던 방종현(方鍾鉉) 씨를 부학장으로 하고, 각 대학의 원로교수들을 모아 전시연합대학 개강에 착수하였다. 강의실로는 우선 부산시청 앞 광복동 들어가는 어귀에 있는 조그만 극장을 쓰기로 하고, 강사로는 윤일선(尹日善), 이병도(李丙燾) 등 원로를 동원하고(물론 나 자신도 강사로 나섰다.), 학생들에게는 두 시간 강의만 들으면 한 학점씩 주어 각각 소속대학의 학점으로 통용하게 하여 흩어진 학생들을 주워 모으기 시작하였다.

평시에는 생각도 할 수 없는 엉터리 조치였다. 그러나 전선에서는 밤낮없이 전투가 계속되고, 부산 바닥에는 수백만의 피난민이 들끓어 생지옥을 연상케 하는 판에 대학교육을 재흥(再興)하자니 어쩔 수 없는 편법이었다.

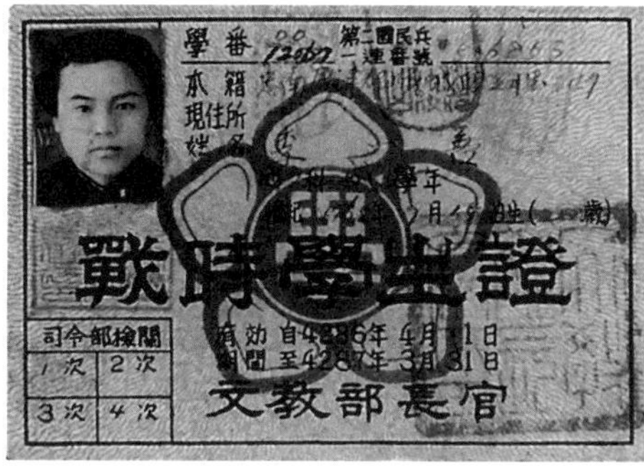

전시학생증

그러나 그러한 편법을 써도 학생들은 잘 모이지 않아 하는 수 없이 나는 방종현 씨와 문교부 고등교육국장(김두헌)을 대동하고 경남지구 병사구(兵事區) 사령관 김종원(金宗元) 대령(「백두산 호랑이」라 불리던 사람)을 찾아가 수업 중인 대학생에 대한 징병보류를 교섭하였다. 같은 나이 또래의 청년들이 일선에 나가 피를 흘리는 판국에 대학생에게는 징집을 보류하라는 것은 모순된 일 같지만 나의 요청도 생떼만은 아니었다. 학생들 중에는 자진해 총을 들고 일선으로 나간 사람도 많이 있었지만 총 후(後)에서 빙빙 도는 사람이 더 많았는데, 그런 학생들을 자격지심에 빠져 쭈뼛거리고 시간을 보내게 하느니보다는 정식으로 징집보류의 특전을 주어 전시연합대학으로 모아가지고 한편으로는 대학교육을 계속하면서 한편으로는 군사훈련을 실시하다가 필요할 때에 일선으로 동원한다면 일거양득이 아니겠느냐는 것이 나의 이론이었다.

나의 제의는 정식으로 제도화까지는 되지 않았지만 군 당국의 사실상의 승인을 얻게 되어 뿔뿔이 흩어졌던 대학생들을 긁어모아 대학교육을 재개하는 데 도움이 되었다. 그리하여 그해 6월 대신동 공설운동장에서 대통령, 부통령(인촌) 임석(臨席) 하에 대규모의 사열식을 거행하였을 때에는 참가한 학생의 수가 천여 명에 도달하였다.

한편 나는 갑자기 대일평화교섭 문제에 말려들었다. 3월 말의 어느 날 법무부 법무국장 홍진기(洪璡基) 씨가 한 장의 일본신문을 들고 나를 찾아와서『이거 큰일 났습니다.』하고 내밀었다. 미국 측이 제안한 대일평화조약 초안의 일역(日譯)이 실린 신문이었다.「큰일」이라는 것은 그 초안 속에 한국 내에 있는 일본 및 일본국민의 재산(귀속 재산, 즉「적산」)을 앞으로 한일 양국 간의「협의」로 처리하도록 되어 있기 때문이었다.

한국 내에 있는 일본 및 일본국민의 재산은 군정법령 제33호에 의하여 미 군정청에「귀속」되었다가 대한민국 정부가 수립되자 1948년 9월 11일 조약 제1호「한미 간의 재정 및 재산에 관한 최초협정」에 의하여 우리 정부에 무조건 양여(讓與)된 재산이므로(「적산」에 관해서는 본서 후편 271면 이하 참조), 무슨「협의」할 문제가 있다면 미일간에는 있을 수 있을지언정, 한일간에는 있을 수 없는 성질의 것이었다. 만일 초안에 있는 대로 이 문제를 가지고 한일 간에 협의를 한다하면 우선 일본에 있는 한국의 재산이「협의」의 대상에 오르게 될 뿐 아니라, 일본은 막대한 금액에 달하는 재한(在韓) 재산을 포기하는 대가로 어떤 요구를 해올는지 알 수 없는, 우리 측을 위하여 불리하기 짝이 없는 결과가 될 것이다.

이 문제에 관한 자세한 경과는 과거에 이미 글로 발표한 바 있으므로(①「한일회담이 열리기까지」, 졸저「구름 위의 만상」수록, ②「대일강화조약 초안의 검토」, 졸저「민주정치에의 길」수록 등) 이곳에 되풀이하지 않겠으나, 좌우간 당시의 우리 정부는 이 문제에 관하여 한심하도록 무지하고 무능하였다. 신문을 들고 나는 장면(張勉) 총리를 찾았으나 취임한 지 며칠 안 되는 총리는 아무것도 모르고 있었고, 내 말에 놀란 총리가 서둘러 알아본 결과, 벌써 도착한 이 초안이 십여 일 동안이나 어느 대통령 비서의 책상 서랍에서 잠자고 있는 것을 수일 후에서야 찾아 내었던 것이다. 나는 법무부 장관(김준연), 외무부 장관(변영태), 동아일보 사장 최두선 제씨의 협력으로 외무부 안에 「외교위원회」라는 것을 만들게 해 가지고, 아직도 문제의 소재를 정확하게 이해하지 못하는 이 대통령을 주한미대사 무초까지 동원해 설득하여 초안에 대한 우리 정부의 각서를 미국 정부(덜레스) 앞으로 보내게 하였다.

이 각서에 의해 대일평화조약에는 「일본은…미 군정에 의하여 행해진 일본과 일본국민의 재산처리의 효력을 승인한다」는 조항(제4조 B항)이 신설되어 일본은 한국 내 일본재산에 관하여 왈가왈부할 법적 근거를 상실한 것이었다. 아무런 법적 근거가 없는데도 일본은 그 후 여러 해 동안 이 문제를 가지고 물고 늘어졌던 것이니, 한국 내 적산이 당초의 초안대로 한일 양국이 협의하여 처리하도록 되었더라면 어떠한 결과가 되었을는지 아무도 자신 있게 대답하지 못할 것이다.

5월에는 인촌이 국회에 의하여 제2대 부통령으로 선출되었다. 그때 국회는 대통령제 헌법을 내각책임제로 개헌하는 문제를 가지고 대통령과 극한적으로 대립되어 있었는데, 인촌은 내각책임제를 주장하는 야당 세력에 의하여 부통령으로 선출된 것이었다.

부통령을 수락하기로 하고 진해 우거로부터 부산으로 돌아온 인촌은 어느 날 아침 나를 토성동 자택으로 불렀다. 내가 갔을 때 마침 인촌은 「율리시즈」(Ulysses)의 첫 장면 모양으로 얼굴에 비누칠을 하고 거울을 들여다보면서 면도를 하고 있었는데, 그 자세를 고치지 않은 채로 거울 속으로 내 얼굴을 간간이 보면서, 부통령은 국무회의의 필요 구성원이 아닌데 그래도 국무회의에 출석해야 하느냐 안 해도 좋으냐고 나의 의견을 물었다. 나는 출석하여야 할 것이라고 대답하였다. 첫째, 초대 부통령 이시영(李始榮) 씨가 그렇게 했고, 둘째, 부통령은 국무회의에서 표결권은 가지지 않았지만 대통령에 버금가는 정치적 영향력을 가진 사람이므로 그 힘을 발휘해 국정에 기여하는 것이 옳고, 셋째, 부통령은 대통령 유고(有故) 시에 대통령을 대리하는 사람이므로 항시 국정의 현황을 정확하게 파악하고 있어야 하는데, 그러기 위해서는 항상 국무회의에 참석하여야 할 것이라고 설명하였다.

인촌은 나의 말대로 그 후 국무회의에 계속 출석하여 필요하다고 느낄 때면 자신의 소신을 피력하였는데, 그러다가 이듬해 봄 신성모(申性模) 씨의 주일대사 임명 문제로 이 대통령과 정면충돌하여 흥분한 나머지 쓰러져서 내내 회복하지 못하고 4년 후 별세하시었다. 공연한 조언을 드렸던 것으로 나는 지금도 후회를 한다.

6월에는 나는 최남선 씨와 함께 군(軍)에서 제공해 준 트럭을 타고 각기 장서(藏書)를 가지러 서울을 다녀왔는데, 그때 일도 「서울을 다녀와서」(「구름 위의 만상」 수록)라는 나의 글에 자세히 썼으므로 이곳에는 되풀이하지 않겠다. 다만 그때 최남선 씨는 부산으로 돌아오지 않고 서울에 머물러 매일같이 청계천 변 등지에 널려 있는 노점고물상(대부분 장물 파는 집들)을 돌아다니며 책을 무더기로 사서 지게꾼에게 지워가지고 돌아가던 이야기는 해두어야 하겠다. 인영 드문 서울에 남아 그런 일을 하기란 어려운 일이지만 생각해 보면 그런 기회가 아니고는 희서(稀書), 진서(珍書)를 싸게 대량으로 구할 수 없는 것이니 수긍이 가기도 하는 노릇이다.

7월에는 나는 모든 것을 다 집어치우고 일본을 가야 했다. 이 대통령이 한일회담을 열 방침을 굳히고 나와 임송본(林松本) 씨(그때 한국식산은행 두취頭取)에게 도쿄로 가서 회담개최의 준비를 하고 오라 하였기 때문이다. 전시연합대학 일은 방종현 씨에게 맡기고, 고려대학교 일은 이종우 씨에게 맡긴 채, 나는 일본행의 길을 떠났다. 도쿄에 도착해 보니 쓰레기통을 뒤집어 엎어놓은 것 같은 부산과 비교해 모든 것이 별천지 같았다. 태평양전쟁에서 입은 참화를 아직 완전히 벗어난 것은 아니었지만 한국전쟁으로 「특수(特需)경기」를 누리는 판이라 도쿄 천지는 온통 증권시장 모양으로 활기에 차 있었다. 숙소인 「기산(岐山)호텔」은 옛날 모리(毛利) 공작의 저택을 그대로 쓰는 「호텔」이라 건물은 옛날 건물 그대로였지만, 그 대신 옛 영화(榮華)의 모습은 그대로 지니고 있어서 그 호화스러움은 당목(瞠目)할 정도였다. 총화강석(總花崗石)으로 된 넓은 욕실의 큼직한 욕조에는 언제나 맑고 뜨거운 물이 철철 넘쳐 흘러서 그 속에 몸을 담그려면 그저 송구스럽기만 했다. 남부민동 우거에서는 목욕은커녕 밥 짓는 물을 얻기 위해 식구들이 물통을 들고 졸졸 나오는 샘 앞에 줄을 지어 늘어서서 밤을 새워야 했는데…… 8월 말께 도쿄에서 돌아와 보니 9월부터 전

대구 원대동 임시교사

시연합대학은 발전적으로 없어지고 각 대학들이 각각 따로 개강하게 되어 있었는데, 서울에 있는 대학들은 대개 부산에서 개교할 예정이었지만 고려대학교만은 대구에서 개교할 준비를 하고 있었다. 인촌은 국사에 바쁘고 「임시관리책임자」는 일본에 가 있으니 그렇게 된 것인 성싶었다.

그러나 어쨌든 이종우, 이상은 두 분의 진력(盡力)으로 고려대학교는 그해 9월부터 대구 원대동(院垈洞) 어떤 공장 건물을 얻어 개교하였는데, 나는 「임시관리책임자」의 감투를 벗고 「총장서리」가 되고, 이종우 씨는 부총장, 이상은 씨는 학생감의 진용(陣容)이었다.

15. 정치파동, 나의 도미(渡美)

고려대학교가 대구 임시교사에서 열리자 나는 부산에서 통근하게 되었다. 1주일에 한 번 대구에 가서 학교 근처 여관에서 이틀 밤을 자면서 학교 일을 보고 저녁때 부산으로 돌아오는 것이었다. 부산에서는 통근하는 교수는 나 외에도 김성식, 조기준 등 여러 사람 있었다.

그러나 10월 하순(1951년) 한일회담이 정식으로 열리게 되자 나는 다시 도일(渡日)하지 않으면 안 되게 되었다. 수석대표는 주미대사 양유찬(梁裕燦) 씨가 맡았지만 나와 임송본, 홍진기 세 사람은 실질적으로 한일회담을 준비해 온 관계로 대표단에 끼이지 않을 수 없는 처지였다.

일행은 10월 중순, 수행하는 신문기자들과 함께 떠났는데, 40여 년 만에 열리는 한일 양국 간의 외교회담에 임하는 길이라 해서 KNA(신용욱愼鏞頊 씨가 경영하던 대한민국 항공사) 소속의 낡은 쌍발(雙發)에 새로 도장(塗裝)을 하고 양쪽 날개에 태극을 선명하게 그린 비행기가 수영(水營)비행장에 기다리고 있었다. 청명한 가을 하늘 아래 해군군악대가 애국가를 연주하는 가운데 목에는 화환이 걸리고 보니 미상불 다소의 흥분과 긴장을 느끼지 않을 수 없었다.

그리하여 나는 이듬해 4월 말 제1차 한일회담이 결렬되기까지 약 반년 동안을 일본에서 지내게 되었는데, 그동안 우리나라의 정국은 글자 그대로 파란만장의 소용돌이를 치고 있었다.

문제의 중심은 개헌을 둘러싼 대통령과 국회의 충돌이었다.

헌법을 기초하던 당시 나는 대통령제 헌법 하에서는 대통령과 국회의 충돌을 순리적으로 해결할 길이 없을 것을 염려해서 내각책임제를 주장했던 것인데, 이승만 박사의 주장대로 대통령제 헌법이 채택된 결과, 내가 염려했던 충돌은 현실로 나타난 것이었다. 다만 우리 헌법은 순수한 미국식이 아니라 내각책임제의 요소가 많이 가미된 것이어서 운영 여하에 따라서는 대통령과 국회의 충돌은 피할 수도 있는 것이었는데, 대통령도 국회도 그러한 노력은 하지 않고 자꾸 그 반대방향으로만 나갔기 때문에 양자의 정면충돌은 조만간 크게 일어날 것이 예견되어 온 것이었다.

대통령의 독주에 대하여 국회가 더 이상 참을 수 없다 하여 개헌을 결의하고 내각책임제 개헌안을 처음 국회에 제출한 것은 실은 6·25가 일어나기 전 1950년 2월이었다. 그때 제헌 당시 헌법기초위원장이던 서상일(徐相日) 씨는『헌법제정 당시에 좀 더 버티지 못 하고 양보한 것이 우리들의 잘못이었소. 그러니 우리 임기가 끝나기 전에(제헌의원의 임기는 2년이었다) 헌법을 고쳐 뒤늦게나마 속죄를 해야 하겠소.』하고 나에게 술회(述懷)하던 것을 나는 기억하고 있다. 그때의 국회 공기로는 대통령에 대한 반감이 심해서 이 개헌안은 3분의 2

이상의 다수로 국회를 통과할 것이 확실하였는데, 막판에 가서 조봉암(曺奉岩) 의원의 지지세력이 기권을 함으로써 부결되었다. 그러나 조봉암 씨도 내각책임제에 반대인 것이 아니라 그때 정세 하에 내각책임제로 개헌을 하면「정권을 한국민주당에게 넘겨주는 결과가 되므로」기권하였다는 것이었다.

제2대 국회도 이 대통령과 대립되기는 마찬가지였으므로, 정부 측은 선수를 치기 위하여 대통령선거기가 다가온 1951년 11월 대통령 직선제를 골자로 하는 개헌안을 국회에 제출하였다. 대통령 선출의 권한을 국회로부터 박탈하여 국민의 직선제로 하면 이 박사의 재선이 확실한 것으로 믿었기 때문이다. 그러나 이 개헌안은 익년 1월 18일 압도적 다수로(가 19표, 부 143표, 기권 1표) 무참하게 부결되고 말았다.

그리고 보면 그해 4월 야당 측이 또다시 내각책임제 개헌안을 제출한 것은 세(勢)의 당연이라 하겠는데, 정부 측도 이에 굴하지 않고 또다시 대통령직선제 개헌안을 제출하여 정부와 국회는 정면으로 대립됨에 이르렀으니 정쟁은 점점 더 백열(白熱)의 도(度)를 가하지 않을 수 없었다.

한일회담의 결렬로 내가 일본으로부터 돌아왔을 때에는 부산 바닥은 이 문제로 온통 물끓듯 하고 있었다. 4월 하순에는 장면 씨가 면직되고(그때 장면 씨는 내각책임제 개헌안이 통과되면, 이시영 씨, 김성수 씨와 함께 유력한 대통령 후보로 지목되고 있었다) 대신 장택상 씨가 국무총리로 임명되었는데, 그때 대구에 있던 나는 장 총리로부터 긴급 내부(來釜)하라는 연락을 받았다. 무슨 일인가 하고 이튿날 총리실을 찾아간 내 앞에 펼쳐진 것은 소위「발췌개헌안」초안이었다. 나를 오라 한 것은 그 안(案)에 나의 찬성을 구하기 위한 것이었지만 나는 거부하고 자리를 떴다.

5월 초 이범석(李範奭) 씨가 내무장관으로 취임하면서부터는 여야의 싸움은 직접 행동화하여 소위「땃벌떼」,「백골단(白骨團)」등 테러단체가 난무하고, 경남, 전북 일대에는 계엄령이 선포되는 사태에 이르렀다. 야당 측도 지지 않고 인촌이 격한 어조의 성명서를 내던지고 부통령을 사임한 것을 비롯하여 몽둥이, 주먹, 똥바가지의 세례 속에「반독재 호헌 구국투쟁」집회가 강행되는 등(소위 국제구락부사건) 물정(物情)이 소연해졌다.

정부는 드디어 폭압으로 나왔다. 끝까지 강경한 국회의원들을 버스에 실어 무더기로 헌병대로 끌어가고, 수백 명의 폭한(暴漢)들로 하여금 국회를 겹겹으로 포위케 하였다. 이렇게 해서 통과시킨 것이 소위「발췌개헌안」이다.

비록 전쟁의 주역은 미군이 맡고 있었다 하지만 부산에서 불과 얼마 안 되는 거리에서 공산침략군과의 혈투가 벌어지고 있는 한복판에서 이러한 사태가 벌어진 것은 한심한 일이었다.

고래 싸움에 새우 등 터지는 격으로 이 통에 이상은 교수가 말려들어 곤욕을 당한 것은 웃지 못할 난센스였다. 7월 어느 날 대구를 갔더니 이상은 씨가 한 뭉치의 원고와 중국정치사 책을 내보이면서, 신해혁명(辛亥革命)으로 임시정부 총통이 된 손문(孫文)을 몰아 내고 스스로 대통령이 되는 데 성공한 원세개(袁世凱)가, 이번에는 황제가 되고 싶어서 헌법을 그렇게 고치려고 괴한들을 시켜 국회를「중중포위(重重包圍)」하는 등 저지른 사적(事蹟)이 이번에 부산에서 일어난 일과 꼭 같은데, 그 이야기를 소개하는 글을 썼으니 고대신문에 내는 것이 어떻겠느냐고 나의 의견을 물었다. 이상은 씨의 글은 조작도 창작도 아니요, 역사상의 사실을 쓴 것이며, 더군다나 중국학자의 저서에 있는 것을 그대로 소개한 것이었으므로 상관없을 것 같아서 그대로 내자 하였던 것인데, 글의 내용이 부산에서 일어났던 사태와 어떻게도 똑같았던지 그것이 문제가 되어 이상은 씨는 경찰로, 검찰로 불려다니는 곤욕을 치렀던 것이다. 결국 이 사건은 불기소처분으로 끝났지만, 이상은 씨나 고대신문으로서는 엉뚱한 필화(筆禍)사건을 치른 셈이다.

8월 초에 시행된 대통령선거 때에 나는 노진설(盧鎭卨), 최두선, 조동식(趙東植) 씨 등과 함께 중앙선거위원을 맡고 있어서 이 박사의 고압적 아집, 대담하게 이 박사에 도전해서 대통령에 출마한 조봉암 씨의 행동 등을 목도해서 가지가지의 이야기 거리를 가지고 있지만, 그런 이야기는 이 책의 범위를 너무 일탈하는 것이기 때문에 그만두고 나 자신의 이야기나 계속하겠다.

전국(戰局)과 정국(政局)이 모두 소강 상태로 들어간 기회에 나는 2년이나 미루어 온 미국행을 결행하기로 하고 외무부에 여권을 신청하였더니 외무부에서는 여권을 다 만들어놓고도 차마 나한테 내주지를 못하였다. 그동안 험난한 정치파동이 있었기 때문에 내가 혹시 정치파동에 관계하지 않았나 해서 나에게 여권을 내주었다가 혹시 이 박사한테 혼이나 나지 않을까 두려워하는 눈치였다. 변영태 씨는 부재중이고 실무자들 상대로는 졸라도 소용없을 것 같아서 나는 한

일회담대표를 사임한다는 것을 구실로 이 대통령을 찾아갔다. 나는 정치파동에는 아무 관련 없었지만, 그래도 나에 대해 대통령이 불만을 가지려면 가질 일도 있기 때문에 이 대통령이 그런 불만을 터뜨리면 어떻게하나 하는 불안도 없지 않았었는데, 뜻밖에 이 대통령은 흔연히 나를 맞아들여

『교환교수로 미국 간다고? 하버드대학이라지? 브라보. 연구 많이 하고 돌아와서 우리나라 율사(律師)들 좀 잘 깨우쳐 주어.』

하고 격려하였다. 그때 서민호 사건 재판으로 대통령의 뜻대로 움직여주지 않는「율사들」(재판관들)에 대한 불평이었다. 마침 그때 새로 부통령이 된 함태영(咸台永) 씨가 찾아왔다. 이 대통령은 나는 기다리게 해놓고 함태영 씨를 만나러 옆방으로 가더니 조금 후에 방문을 열고 나를 그 방으로 오라 해놓고, 함 부통령을 보고『헌법 문제 같으면 이 사람(나를 가리키며)하고 의논해 보시지요.』하였다.

함 부통령은 대통령이 헌법 문제를 함부로 다루는 데 불만을 품고「헌법연구회」같은 기구를 만들어 평소에 신중하게 연구, 검토케 하는 것이 좋을 것이라는 진언을 하러 왔던 것인데, 이 대통령은 그 진언이 귀에 거슬렸던 것이다.

9월 초 나는 고려대학교 총장으로 정식 임명을 받아 새로 부총장으로 임명된 이종우 씨와 함께 대구 임시교사에서 피난통 치고는 화려한 정(正)·부총장 취임식을 거행하였다. 그리고 수일 후 미국으로 떠났는데, 떠날 때 현상윤 전 총장의 저서「한국유학사」에 대하여 고려대학교 최초의 박사학위를 수여하도록 이종우 부총장에게 부탁하였다.

하버드대학에서는 「연구원」(Research Fellow)의 사령(辭令)을 나에게 보내와서 무엇인가 했더니, 가보니 「연구원」이란 제법 우대해주는 경우에 붙이는 명칭이었다. 신분상 소속은 하버드 연경학원(燕京學院)이었지만 Langdell Hall(법과대학)과 Littauer Center(행정대학원)에 각각 하나씩 연구실을 두 개나 배정해 주었다.

돈 한 푼 없이 맨손으로 떠난 미국행이었지만 10개월간의 체미(滯美)는 나에게는 커다란 수확을 가져다준 것으로 생각한다. 시험 삼아 들어본 강의는 잘 알아 들을 수 없었지만, 하버드대학을 비롯해서 대소(大小) 30여 개의 대학을 순방하면서 여러 학자, 교육자들과 대화를 나누는 동안에 나는 어떠한 독서나 연구보다도 다양하고 생생한 교훈과 계시를 얻었다.

그러는 동안에도 맹장수술을 받아야 했고, UN한국대표단의 법률고문도 해야 했고, 한국전쟁에 관한 강연에도 응하지 않을 수 없어서 나는 몹시 바쁜 시간을 보냈다. 귀국할 때에는 유럽의 여러 나라를 순방해서 또한 많은 것을 배웠으나, 그러한 것들은 일체 생략하기로 한다. 다만 고려대학교에 관계되는 이야기만은 몇 가지 적기(摘記)해야 하겠는데, 그 첫째는 전쟁으로 흐트러진 고대 도서관을 위해 도서를 수집한 일이다. 여러 출판사와 대학 및 대학교수들이 나의 호소에 응해주었는데, 그 중에도 Prentice Hall과 The Foundation Press는 다량의 책을 기증해 주었다. The Foundation Press의 사장 Loren R. Darr 씨는 자사발행의 책을 기증했을 뿐 아니라, American Law Book Co. 에 말해서 방대한 Corpus Juris Secundum 한 질(帙)을 기증받게 해주었다. 개인으로는 앰허스트대학의 Loewenstein 교수가 상당한 양의 책을 기증해

주었다.

책을 기증받고 보니 그것을 한국으로 가져갈 운임이 문제였는데, 뉴욕에 있는 이원순(李元淳) 씨(보전 초창기에 재학한 일이 있는 분으로 현재는 추천교우)가 나의 호소에 응해 선뜻 200달러짜리 수표를 끊어주었다. 도미한 후에 처음으로 인사한 분이었는데 참으로 고마웠다. 그때 마침 뉴욕에 와 있던 박승완(朴勝玩) 교우(법 33회)도 책의 수송을 도와 주었다.

둘째는 고려대학교의 재단 확충을 위해 약간의 말이 오고간 일이 있었다. 이야기의 발단은 1952년 5월 대학순방 도중 시카고대학을 찾아갔다가 그곳 심리학 교수인 염광섭(廉光燮) 씨(해방 후 잠깐 귀국하여 서울대학교에서 교편을 잡은 일이 있는 분)를 만난 데서 시작된다. 농지개혁으로 중앙학원의 기본재산을 사실상 상실한 후로 고려대학교의 경영재원을 어떻게 할 것이냐 하는 문제는 국내에 있을 때 인촌과도 항상 걱정하던 것인데, 하루 저녁 염 교수댁에서 향응을 받고 나서 잡담하는 중에 그 이야기가 또 나와서, 염 교수로부터 Congregational Churches(조합교회)에 돈이 많은데 자기가 그 이사회 의장과 친하니 고려대학교에 출자하도록 권고해 보겠다는 말을 들은 것이었다.

나는 이 이야기를 곧 인촌께 편지했더니 인촌은 조합교회 측의 출자를 전적으로 환영한다, 출자금액을 따라 재단이사회의 구성비율을 정하도록 하겠다는 적극적인 취지의 답장을 해 왔다. 나는 용기를 얻어 곧 염광섭 씨에게 편지하고 조합교회 측과 접촉하기를 청했으나 이사회 의장이 이미 하휴(夏休)로 유럽여행을 떠나고 없으니 가을

안암동 교정에 미군 진주

에나 보자는 회답이 왔다. 그러나 나는 7월 중순에는 미국을 떠나야 하는 까닭에 이야기는 여기서 끊어지고 말았다.

내가 외국에서 1년 동안을 그렇게 보내고 있는 사이에 본국에서는 휴전을 앞두고 고등교육을 확충하는 계획이 대대적으로 진행되고 있었다. 도(道)마다 국공립 종합대학교가 신설되는 동시에 사립대학도 또한 많이 신설 또는 확충되었다. 이종우 부총장의 노력으로 고려대학교에는 농과대학이 신설되고 문과대학이 문리과대학(文理科大學)으로 확충 개편되었다.

그해(1953년) 7월 말 휴전협정이 조인되자 8월에는 고려대학교도 피난생활을 청산하고 서울로 돌아왔다. 그러나 9월 초 내가 귀국했을 때에도 고려대학교는 아직 안암동 캠퍼스로 돌아가지 못하고 계동 중앙중·고등학교의 뒤쪽 교사의 일부를 얻어 아직도 피난살이를 계속하고 있었다. 안암동 교사를 미(美)제5공군이 쓰고 있기 때문이었다.

환도를 했다면서 자기 캠퍼스로 돌아가지 못하다니 불만스러운 것은 말할 것도 없었지만, 그때에는 고려대학교뿐 아니라 다른 대학 건물들도 많이 미군이 점령 사용하고 있었기 때문에 한동안 참고 지내는 수밖에 없는 것으로 생각하고 있었는데 10월 초 어느날 청천벽력같은 소식이 나한테 들어왔다.

그날 나는 송현동 미대사관 모씨 집에서 열린 교육 · 문화관계자들의 파티에 참석하였었는데, 그 자리에서 모윤숙(毛允淑) 여사를 만났더니, 여사는 불쑥 나보고『고대총장은 뭘하고 있는 거예요? 학교 건물을 뺏기게 되는 판인데.』하였다. 그리고 여사는 고려대학교는 건물이 좋아서 미군이 탐을 내는 데다가 다른 대학들이 모두 자기 대학 건물을 도로 찾기 위해 고려대학교 건물이 좋다고 미군을 고려대학교로 몰아붙이고 있는 판이라고 귀띔을 해주었다. 미국 측이 계산하는 대로 UNKRA(휴전 후 설치된「유엔한국부흥위원단」)가 고대건물을 쓰게 된다면 고려대학교는 반영구적으로 캠퍼스를 찾지 못하게 될 것이라는 것이었다.

나는 짚이는 점이 있었다. 고려대학교의 약점은 구미 관계의 인연이 적어서 해방 직후로부터 시작하여 6 · 25동란이 계속되는 동안 쏟아져 들어오는 미국원조의 혜택을 전연 입지 못하였다. 현상윤 총장과 내가 창피를 무릅쓰고 미국 가는 경쟁시험을 치른 것도 그러한 약점을 의식하고 미국이나 미국문화에 친숙해보고 싶은 생각이 없지 않아 있었던 것인데, 지금 와서 미국의 혜택을 받기는커녕 제 힘으로 지어놓은 집마저 빼앗기다니…… 고려대학교는 가뜩이나 대미(對美)인연이 별로 없는 데다가 인촌은 와병하고, 구(舊)총장은 납치되고, 신(新)총장은 부재중이고 보니, 여러 대학들이 저마다 살려고 경쟁하는 가운데서 설움을 받게 되는 것도 당연한 귀결인 것 같기도 하였다.

나는 나의 책임이 가볍지 않음을 느꼈다. 동시에 귀국 도상(途上) 일본 도쿄에서 있었던 촌극이 결코 난센스가 아니었음을 깨달았다. 도쿄에서는 우연히 한미재단의 이사장 러스크 박사를 만났는데, 그는 휴전 후의 한국교육재건을 위한 원조를 위하여 한국고등교육을 시찰하고 돌아가는 도중이었다. 그는 내가 Korea University의 총장이라는 김용식(金溶植) 공사(公使)의 소개를 받자마자『이거 총장이 자기 대학에 굉장한 원조가 가게 된 것도 모르다니.』하면서 농(弄)을 걸어왔다. 고려대학교가 미국의 원조를 대규모로 받게 되다니 기쁜 소식이기는 하나 무슨 영문인지를 몰라 내가 미처 대답을 못하고 있노라니까, 김 공사는 황급하게『아니요, 유 박사는 고려대학교 총장입니다. 고려대학교는 사립대학이지요. 대규모 원조를 받게 된 대학은 국립서울대학교입니다.』하고 러스크 박사에게 해명을 해주었다. 그제서야 나는 러스크 씨가 Korea University라는 말을 듣고 나를 국립서울대학교 총장으로 잘못 알았던 것임을 알았다.

뿐 아니라「한미재단」이라면 나는 씁쓸한 기억을 가지고 있었다. 몇 달 전 고려대학교 일로 염광섭 씨와 편지 왕복을 하고 있던 무렵 나는 전후 한국에 대한 교육 · 문화 방면의 원조는 한미재단으로 일원화한다는 소문을 듣고 뉴욕에 있는 그 재단의 본부를 찾아간 일이 있는데, 베비스(Bevis)라는 사람이 나에게 말하기를『교육에 관하여는 이번 여름에 조사단을 한국으로 보낼 예정이지만(러스크 조사단은 그리하여 한국에 파송된 것이었다), 여타 대학들은 별로 큰 기대 걸지 말라, 이승만 대통령이 인천에다 M.I.T.에 비길 수 있는 공과대학을 세우겠다고 후원을 청해 왔으니까』, 하면서 이 대통령의 사인이 있는 편지까지 꺼내 보여주었다. 나는 불쾌한 생각이 들어서『한국에 대한 원조라면 한국교육 전체를 상대로 해주어야지 어떻게 대통령이 원하는 한 개 기관에만 집중시킬 수 있단 말이냐.』하였는데, 베비스 씨도 혀를 차면서『그러게 말이오.』하고 맞장구를 쳤던 것이다.

나중에 안 일이지만 고려대학교는 그때 아무런 원조를 받지 못했을 뿐 아니라, 러스크 박사가 작성한 한국고등교육기관에 관한 두꺼운 보고서에 이름조차 빠졌던 것이다. 이종우 씨의 말에 의하면 러스크 조사단은 대구에도 들르기는 했지만, 신설 경북대학교 외 다른 대학들만 돌아보고 원대동(院垈洞) 공장건물에서 피난살이를 하고 있는 고려대학교에는 그림자도 비치지 않았다는 것이었다.

16. 환도(還都)와 재건

여러 가지를 종합해서 그때 나는 고려대학교가 일대분발(一大奮發)을 하지 않으면 안 되는 고비에 처해 있는 것을 느꼈다. 대미 관계의 생소(生疏), 인촌의 와병, 야당계 대학이라는 낙인 등 불리한 조건을 안고 있는 위에, 우후죽순같이 우루루 생겨난 수많은 대학들 틈바구니에서 경쟁을 해 나가야 하는 판국이니 고려대학교는 자칫하면 낙오자가 될지도 모르는 처지에 놓여 있는 셈이었다.

말 없는 가운데 학생들도 그것을 느끼는 모양이어서 중앙중학교 뒷뜰에서 나를 붙들고 고려대학교가 2류대학이 됐네, 3류대학이 됐네 하고 불평하는 학생들도 있었다.

그러나 고려대학교가 이류, 삼류로 떨어진다는 것은 있을 수 없는 일이다! 일제 36년 동안도 고군분투해 살아남은 고려대학교가 아닌가.

어쨌든 교사(校舍)를 되찾는 일이 급선무였다. 어떤 기관을 찾아가 누구를 접촉하여야 하는 것인가를 생각한 끝에 나는 우선 미국대사관을 찾아갔다. 초면의 다울링(Dowling) 대사는 친절하게 대해주기는 했지만, 고대캠퍼스 사용 문제는 자기도 모르는 일이니, 경제원조 관계 기관이 입주할 예정이라면 경제조정관(經濟調整官)을 만나보는 것이 좋지 않겠느냐 하였다.

그래서 나는 경제조정관 타일러 우드(C. Tylor Wood) 씨를 찾아갔던 것인데, 우드 씨는 내가「고려대학교 총장」이라는 명함을 들여보냈고, 구두로도 그렇게 자기소개를 했는데도 불구하고『음―고려대학교 총장―. 동대문 밖 어딘가 있다는 남자 고등학교 말이냐?』(Hmmm··· President of Korea University··· The boy's high somewhere outside the East Gate?) 하였다.

몹시 불쾌했던 것은 말할 것도 없지만, 고려대학교라는 것이 미국인들에게 이렇게까지 알려지지 않았나 생각하니 기가 막혔다. 결국 대학 캠퍼스 사용 문제는 전쟁에 관한 일을 총괄하고 있는 미8군 사령관을 찾아가 알아보는 것이 좋을 것이라는 결론이 되어, 이번에는 테일러(Taylor) 대장을 찾아갔는데, 테일러 대장은 내 이야기를 듣고 나서 그런 문제는 미국대사관에 가서 이야기하는 것이 좋을 것이라 하였다.

결국 나는 대사관→경제조정관실→8군사령부→도로 대사관. 이렇게「조리돌림」을 당하였는데, 그러는 동안에 차차 똑똑하게 알게 된 것은 현재 고대에 들어 있는 미군 부대는 1954년 1월 중에는 다른 곳으로 이동할 것이지만, 그 뒤에는 UNKRA가 고대로 들어와서 반영구적으로 사용할 계획임이 역시 확실하다는 것이었다.

고대를 위해서는 치명적인 계획이었다. UNKRA가 한국의 전재(戰災) 복구와 경제원조를 위해 내한한 기관인 줄이야 잘 알지만, 고대에는 건물이 두 개밖에 없는데 그 두 건물을 몽땅 반영구적으로 쓰겠다니 고대는 어떻게 하라는 말인가. 미국 사람들이 그런 계획을 세우도록 조언해준 한국 사람들이 원망스러웠다. 그때만 해도 고대에는 영문 비서도, 영문 타이피스트도 없었기 때문에 나는 내 손으로 탄원서를 작성하고, 내 손으로 타자기를 쳐야 했다. 총장용 차도 없어서 나는 낡아빠진 택시를 잡아타고 돌아다니는 수밖에 없었다.

그해 12월에 겨우 헌 지프차 하나를 샀더니 학생들이 자기들의 납입금으로 산 차라고 투덜거리며 틈을 노려 차를 가지고 장난들을 하였다.

그러고 있는데 해가 바뀌어 1월이 되자, 고려대학교로서는 한층 억울하게 느끼지 않을 수 없는 사태가 벌어졌다. 테일러 대장은 UN군이 사용해 오던 한국 대학들의 건물은 점차 학교로 돌려줄 방침이라는 성명을 발표하고, 그 본보기로 서울대학교 문리과대학 교정에서 서울대학교 캠퍼스를 학교로 돌려주는 식(式)까지 거행하면서, 고려대학교 캠퍼스에 관해서는 일언반구도 언급하지 않았다.

강력한 투쟁을 하지 않고서는 고려대학교의 캠퍼스를 되찾기 어렵다는 것을 나는 깨달았다. 민주방식이란 원해 그런 것이지만, 동양식으로 점잖게 앉아서 사필귀정 되기만 기다리다가는 제 모가치도 못 찾아 먹게 되는 것이 민주주의인 것이다. 투쟁의 첫걸음으로, 나는 영문으로 강경한 내용의 교사반환요구성명서를 작성하여 학생들의 영자신문인 *The Granite Tower* 특별 호에 실어 수천 장을 미 대사관, 8군 사령부, OEC(경제조정관실) 등에 뿌리게 하였다.

한편 교우회에도 응원을 청하였더니 교우회에서도 적극적으로 호응해 주었다. 긴급이사회를 열어 이사장 황태연(黃台淵) 씨 등을 대책위원으로 뽑아 각 요로(要路)를 방문 진정(陳情)해주었다.

그러한 적극적인 운동이 주효한 것인지 어떤지 고려대학교 캠퍼스는 그해(1954년) 2월에 학교 손으로 되돌아왔다. 나중에 알아보니 UNKRA는 고려대학교 대신 을지로 6가에 있는 서울대학교 사범대학 건물을 사용키로 하였다는 것이었다.

그런 식으로 고려대학교는 아직 학교 캠퍼스도 되찾지 못하고 허덕거리고 있는 중이었는데, 한편 학생들의 기강(紀綱)이 말이 아니었다. 3년간의 전쟁을 겪고 난 끝이라 그럴 수도 있는 일이지만 나는 그것이 1년 동안의 총장 부재로 인해 한층 심해진 것으로 느끼고 몹시 책임을 느꼈다.

아직 중앙고교에서 뒷방살이를 하던 때의 일인데, 그 학교 강당을 빌려 졸업식을 하려는데, 졸업생들이 식장에 들어오지 않아 문교부장관이랑 내객들 앞에 큰 창피를 당한 일이 있다. 이유를 알아보니 졸업예정자 전원을 졸업시켜 주지 않는 데 대한 불평 때문이라는 것이었다(학교에서는 당연한 처사로 학점미달이 된 학생에게는 졸업장을 주지 않았던 것이다).

그때 우리나라의 대학교육은 형편없이 부패되어 있어서 대학에 다닌 일도 없는 사람에게 학사증을 팔아먹는 일이 성행하던 판이니, 고대 학생들이 학점미달쯤 대수롭지 않은 것으로 생각하고, 학점이 모자란다고 졸업장을 주지 않는 학교의 처사에 불평을 품은 것은 당연한 일이었는지도 모른다. 그러나 어쨌든 이 사건은 졸업예정 학생들이 졸업식 도중에 식에 참석함으로써 더이상 악화되지 않고 수습되어 다행이었다.

그때 우리 정부에서는 대학생에 대한 징집유예제도를 정식으로 실시하기 위해 대학의 교련을 강화하고 이따금 사열식을 거행하였는데 교련을 받는 학생들의 태도도 말이 아니었다. 교련을 하면 하고 안 하면 안 하고 경계가 뚜렷하여야 하겠는데,「차렷!」하는 교관의 구령이 떨어져도 학생들은 얼른 바른 자세를 취하지 않고 언제까지나 이리 건들 저리 건들 하였다.

나는 크게 학풍을 진작(振作)하여야 할 필요를 느끼고 우선 학교 행정기관의 개편부터 착수하였다. 처장제(處長制)를 신설하고, 교무위원회를 창설하는 한편, 총장 이하 행정책임자의 임기제를 도입하였다. 행정책임자, 특히 총장의 임기제는 나의 오랜 주장의 하나였다. 나는 전부터 이를 주장하였으나 인촌은 구미에서는 사립학교에는 임기제가 없다면서 농조(弄調)로『왜? 임기가 차면 도망가려고?』하고 나의 말을 받아들이지 않았던 것이다.

총장의 임기제가 실시된 후에도 나는 두 기(期)나 더 총장직을 맡아 보았는데, 그것은 학교 이사나 교직원들이 나를 아껴준 때문임은 물론이지만, 내깐으로는 내가 임기제를 주장한 것이 결코 임기가 끝나면 도망가려는 속셈에서 한 노릇이 아님을 실증하겠다는 생각도 없지 않았던 것이다.

안암동 캠퍼스로 돌아오자 전란으로 파괴된 학교환경을 정리하는 일이 무엇보다도 급한 일이었다. 미군이 운동장 이곳저곳에 지어 놓았던 군용 콘센트를 철수할 때 마구 뜯어가서 운동장은 온통 부서진 콘크리트 투성이어서 사용 불능 상태이었고, 도서관 속은 한서(漢

書)고 양서(洋書)고 귀중 도서고 할 것 없이 쓰레기더미같이 뒤범벅이 되어 쌓여 있어서 발을 들여놓을 곳도 없는 상태였다. 그런 중에도 가슴 아픈 것은 안함평(安咸平) 여사의 특지(特志)와 인촌의 특별한 배려로 20년 동안 수집해 온 민속 참고품 실이 처참하게 흐트러진 광경이었다. 인촌은 특히 이조가구(李朝家具)를 좋아해서 참고품 실 소장품 중에는 값진 옛날 장롱, 탁자, 목기(木器) 등이 많았는데, 주둔해 있던 미군들은 그러한 물건들을 마구 집어내다 실용으로 쓰고 있었는지 이 방 저 방에 되는대로 흩어져 있는 것이었다. 파손된 그런 장 위에 이조화병(李朝花瓶)이 올라앉은 것은 그래도 운치나 있었다 하겠지만, 화병이나 자기의 깨어진 조각이 콘크리트 바닥에 흐트러져 있는 광경은 보는 사람의 가슴을 아프게 하였다.

그러나 기구개혁이나 환경정리와 달라서 학교의 교실 부족 문제는 성의나 노력만으로는 어떻게도 할 수 없는 중대 문제였다. 고려대학교의 규모는 그동안 4대학, 17학과, 3300여 명의 학생정원으로 늘어났는데, 학교의 건물이라고는 2학과에 정원 600명이던 보성전문 시대의 본관과 도서관밖에 없었으니 말이다.

1954년 봄, 안암동 캠퍼스로 돌아오는 즉시로 우선 동란 전에 일부 자재까지 사들였다가 중단된 서관(계단교실 부분)의 건축을 시작하였지만, 학교책임자로서는 여기에도 고민이 많았다.

자금은 달리는데 증축은 시급히 해야 하겠으니 당장의 필요를 위해서는 아무쪼록 싸고 넓은 건물을 빨리 지어야겠는데, 그런 건물은 기존하는 석조의 본관 및 도서관과 조화가 되기 어렵고, 기존건물에 조화되도록 좋은 건물을 짓기 위해서는 막대한 경비가 필요하기 때문이었다. 사실 화강암으로 서관(계단교실 부분만 건평 약 400평)을 지을 돈을 가지고 철근 콘크리트 건물을 지을 것을 건의하였으나 인촌은 석조를 고집하였다.

재정 문제는 그때 나의 앞길을 가로막고 있는 제일 크고 험준한 장벽이었다. 세상에서는 아직도 고려대학교를「부자학교」로 알고 있었지만,「농지개혁」으로 학교의 기본재산을 상실하고 지가증권(地價證券)을 받아쥔 이후의 고려대학교는 해방 후 또는 사변 중에 우후죽순같이 새로 생긴 여타의 대학들과 재정 면에 있어서는 아무런 차이가 없게 되었기 때문이었다. 농지개혁 후 고대 재단은 지주로부터 근대적 기업가로 전환하기 위한 노력의 일단으로「전주방직」을 불하받았지만 지주가 기업가로 전환하려 하다가는 십중팔구는 실패하는 것이 역사상의 정칙(定則)인 데다가, 해방 후 여러 해 동안 방치상태에서 황폐할 대로 황폐해버린「전주방직」은 그 수입으로 학교재정을 돕기는커녕 공장을 정상적인 상태로 돌아가게 하기 위해서만도 계속적으로 막대한 추가투자를 하지 않으면 안 되는 형편이었다.

그리고 보면 고려대학교도 다른 대학들과 마찬가지로 학교재정을 전적으로 학생등록금에 의존할 수밖에 없게 되어 있었으므로 학교재정의 팽창에 대응하기 위해서는 학생정원을 늘리는 수밖에 없게 되었는데, 그때(1954년 봄)에는 이 문제는 엄격한 문교부의 통제하에 놓여 있어서 학교의 임의로 할 수 없게 되어 있었다. 6·25 동란 전에도 학생정원은 문교부의「인가」를 받게 되어 있기는 하였지만, 그때의「인가」는 형식적인 것으로서 학생정원은 실상은 학교에서 자율적으로 정하는 것이나 다름이 없었는데(그러므로 고대고 연대고 이대고 동란 전에 학과나 학생정원수를 최소한도로 억제해 온 것은 문교부의 통제 때문이 아니라 학교의 시설, 교수진 등을 고려하여 학교 측에서 자율적으로 그렇게 한 것이었다), 동란 중 재정적 기초도 없이 새 대학들이 학생등록금 받아들이는 것을 목표로 해서 쏟아져 나오고 보니, 대학은 영리 사업화하고, 학생정원은 이권화하여 학과증설이나 학생정원 증가는 문교부의 강력한 통제하에 놓이게 된 것이었다.

그리하여 학과나 학생정원 문제는 어느결에 학원이나 문교 행정의 부패의 원천이 되고 있었는데, 문교부는 이 문제를 다루는 데 있어서 묘하게 언제나「공평」한 정책을 취하였다. 즉 역사가 오래고 신용이 있어서 지원생들이 많이 몰리는 학교나 그렇지 못한 학교나 똑같이「공평」하게 다루어, 어린아이들에게「사탕」을 나누어 주듯 학과나 학생정원을 각 학교에 비슷비슷하게 갈라주는 것이었다.

이 문제를 각 대학의 자유경쟁에 맡기어 버렸더라면 흥할 학교는 자연히 흥하고 망할 학교는 자연히 망해서 대학이나 대학생의 과잉 문제는 나오지 않았을 것인데,「대학망국론」이 귀가 따갑게 일어나는 데도 문교부는 그런 소리에는 아랑곳없이 각 대학을「공평」하게 육성하는 데만 주력하여, 결과적으로 신용 있는 학교의 성장과 확대를 억압하고, 그렇지 못한 학교를 보호육성하는 기괴한 행정을 폈던 것이다.

그러고 보니 그래도 신용을 지키려는 대학들의 피해는 막대하였다. 소문에 의하면 그 시기의 대학들 중에는 기백 장 기천 장의 학사증(졸업장)을 팔아먹는 대학, 전임교원 한 명도 없이(전임학장까지도 두지 않고) 시간강사로만 강의시간을 채우는 대학, 수십 명 정원에 수백 명 학생을 입학시키는 학과 등, 상식적으로는 생각도 할 수 없는 난행(亂行)을 자행하는 대학들이 허다하였는데, 그래도 대학의 체면을 지키려는 대학들은 그들의 흉내를 낼 수도 없고, 문교부가 「인가」해 주는 학생정원을 꼬박꼬박 지킬 수도 없는 고민 속에서 허덕이고 있었다.

그때 「전국대학협의회」라는 것이 조직된 일이 있었다. 명목상 백낙준 씨가 회장, 내가 부회장으로 되어 있었으나, 한두 차례 나가 보니 교육자인지 아닌지 알 수도 없는 젊은 사람들이 잔뜩 나와 시장판같이 떠들어 대서, 나중에는 백 박사도 나도 참석지 않았다. 입으로는 「교육의 자유」 「대학의 자율」을 내걸고 떠들었지만 실속은 나와 백 박사를 방패막이로 내세워 놓고 「대학기업(大學企業)의 자유」를 관철하려는 것으로밖에 생각되지 않았기 때문이다.

일반의 분위기가 그런 때이었는지라 고려대학교 관계자들 중에도 내가 재정의 궁핍에 고민하면서 시류에 발맞추어 입학이나 졸업장을 돈 받고 팔려 하지 않는 태도를 견지하는 데 대하여 몹시 못마땅해하는 사람도 없지 않았다. 그중에는 직접 나를 찾아와서 『다른 대학들은 돈도 막 받고 정원초과도 막 해서 건물도 자꾸 짓고 교세를 활발하게 확장해 나가는데, 고대는 어쩌려고 그러느냐. 아직은 인촌 선생이 해 놓으신 것이 있으니까 큰 문제 없는 것 같지만, 이대로 5년, 10년 나간다면 고대는 형편없이 낙후되고 말 것 아니냐.』고 정색하여 직간(?)하는 사람도 있었다.

그러나 나는 믿는 바가 있었다. 고려대학교 총장을 그만두면 그만두었지 내가 총장으로 앉아 있으면서 고려대학교를 그러한 모리(謀

利) 판으로 바꾸어 놓을 생각은 없었다.『돈이나 건물이 바로 대학인 줄 아시오? 교풍과 학문적 전통이 확립되어야 대학 아니오? 건물이나 시설은 하루아침에 이룩할 수 있는 것이지만, 교풍이나 학문적 전통은 오랜 동안 공을 쌓아야 되는 것이오.』 대학운영의 방향전환을 권하는 사람에게는 나는 그렇게 대답했었다.

한편 나는 고대 교수들의 외국 유학 내지 시찰을 촉진하기 위해 노력을 기울였다.

미국에서 돌아온 후 나는 백낙준, 김활란, 최규남(崔奎南) 씨 등과 함께「스미스 먼트 계획」의 교환교수 선발위원이 되었는데, 그 계획을 통하여 고대의 이종우 부총장과 이상은 교수가 도미할 수 있도록 주선하였다. 경제학의 조기준(趙璣濬) 교수는「한국경제사」특강을 위하여「자유베를린대학」으로 파견하였는데, 그것은 그 전해(1953년) 내가 그 대학을 방문했을 때 총장「로데」(Rohde) 박사와 맺은 약속에 의한 것이었다.

1955년은 고려대학교 창립 50주년을 맞이하는 해라, 나는 그것을 기회로 교풍쇄신을 위한 여러 가지 구상을 하고 있었는데, 해가 바뀐지 얼마 안 되어(2월 18일) 뜻밖에 인촌이 서거하셨다. 보전-고대에 내가 몸을 담은 이후로 나를 이끌어주고 뒷받침해 주고 격려해주던 나의 정신적 지주가 무너진 것이다.

17. 창립 50주년

인촌 김성수 선생의 인물과 사적(事蹟)에 관해서는 이곳에 새삼 쓸 필요가 없다. 인촌이 작고하시자 이승만 대통령은 계동 인촌댁으로 문상을 와서

『애국자가 돌아갔어.』

한마디 말을 남기고 갔는데, 그 말은 역시 인촌의 전 생애에 대한 평으로 적절하였던 것으로 생각된다.

애국에도 여러 가지가 있다. 자기의 생명을 바치는 순교자적 애국, 적의 생명을 뺏는 영웅적 애국, 혁명을 승리로 이끌어 나가는 투쟁적 애국—인촌은 그러한 애국의 어떤 타이프에도 속하지 않지만, 있는 힘과 정성을 모두 기울여 민중과 더불어 한평생을 건설에 힘써 온 인촌의 경세가적(經世家的) 애국은 그 뿌리가 깊고 영향이 길게 미치는 점에 있어서 실은 그 어떤 애국보다도 실속이 더 있는 것으로 생각한다.

인촌을 잃은 나는 한동안 나침반을 잃은 항해자 같은 허탈감에 빠졌다. 그러나 어쨌든 눈앞에 닥쳐온 50주년 기념행사를 위해 최선을

인촌 장의 행렬

다하고, 그리고 난 후에 동란을 전후해서 침체상태에 빠진 고대의 교풍을 진작하기 위해 노력하는 것이 인촌의 유지(遺志)를 받드는 길이라 생각하였다.

50주년을 기념하기 위하여 방대한 기념논문집을 창간할 것을 비롯한 여러 가지 계획은 전해부터 이미 진행하고 있었지만, 인촌이 작고하신 후로 내가 특히 깊이 생각하기 시작한 것은 앞으로 고려대학교의 좌표를 어디다 두어야 할 것인가 하는 문제였다. 민족의 대학으로서의 고려대학교의 좌표는 설정된 지 이미 오래다 할 수도 있었다. 그러나 내가 생각한 것은 어떻게 하면 그것을 좀 더 뚜렷한 형태로 누구에게나 설득력을 가진 것으로 부각시킬 수 있는가 하는 것이었다.

그때 마침 나에게 귀중한 암시를 제공해 주는 자료가 입수되었다. 그해 봄에 창간된 매천 황현(梅泉 黃玹)의 「매천야록(梅泉野錄)」이 그것이었다. 그 책에서 나는 보성전문학교의 창설자 이용익(李容翊) 선생이 1907년(광무 11년) 해삼위(海蔘威)에서 객사할 때에 임금께 「광건학교(廣建學校) 하야 교육인재(敎育人材) 하야 이복국권(以復國權)」(「널리 학교를 세워 인재를 교육하여 국권을 회복」하기를 청하는) 유소(遺疏)를 남겨 놓은 사실을 알았다.

보성전문학교 연혁에는 전부터 「내장원경(內藏院卿)」 이용익 씨가 1905년에 보전을 창설한 기록이 전해오고 있었고, 을사조약 후 그분이 해외로 망명한 뒤에는 천도교가 경영을 인계받은 관계로 손병희, 박인호(朴寅浩) 씨 등의 이름이 학교경영의 책임자로 나와 있었는데, 천도교와 손병희 선생이 3 · 1운동 때에 중추적 역할을 한 일은 세상이 다 잘 아는 바이지만, 이용익 씨에 관해서는 「내장원경」이라는 높은 관직이었다는 것과 그분이 「함경도 물장수」 출신의 「괴걸(怪傑)」이요 「풍운아」였다는 뜬소문밖에는 별로 알려진 것이 없었던 것이다. 그러므로 「매천야록」의 기사로 인하여 이용익 씨가 고종황제의 측근자로서 드물게 보는 풍운아였을 뿐 아니라, 해외 망명지에서 최후의 숨을 거두는 순간까지도 「교육구국」을 염원하던 위대한 애국자였다는 것을 알게 된 것은 나에게는 커다란 발견이었다.

나는 고려대학교의 전통을 이용익-손병희-김성수, 이렇게 역대 교주 세 분의 인물과 업적을 중심으로 부각시킬 것을 결심하였다.

내가 그때 고려대학교의 좌표를 어느 곳에 어떻게 설정하였는가는 1955년 5월 5일의 50주년 기념식상에서 행한 기념사에 잘 나타나 있으므로 좀 길지만 다음에 그 전문을 인용하기로 한다.

내외귀빈, 교우, 학부형, 교직원 제위, 학생 제군.

오늘 우리가 이렇게 한자리에 모여 고려대학교 창립 제50주년의 기념일을 축하하게 된 것은 우리들의 큰 기쁨이 아닐 수 없습니다. 한 대학의 창립 오십 주년은 오륙백 년 내지 이삼백 년의 역사를 자랑하는 구미의 저명한 대학에 비하면 비교가 안 될 만큼 짧은 역사입니다. 그러나 오십 년이란 세월은 인간의 수명으로 보면 결코 짧은 동안이 아닐 뿐 아니라, 근대적 문물제도의 채용이 비교적 뒤늦은 우리나라에 있어서는 고려대학교는 가장 오랜 대학 중의 하나 또는 가장 오랜 대학인 것입니다. 오늘 이 자리에 모인 사람 가운데 지금부터 다시 오십 년 후 고려대학교의 창립 백주년 기념식에 또 참석할 수 있는 사람은 많지 않을 것이니, 오늘은 역시 우리들에게 있어서 최대의 기쁜 날이 아닐 수 없습니다.

창립기념일을 맞이하고 보니 우선 우리는 과거를 회상하지 않을 수 없습니다. 이 세상의 어느 대학치고 독특한 역사를 가지지 않은 것이 없겠지만 그중에서도 고려대학교는 가장 특이한 사명을 띠고 탄생하여 가장 특색있는 발전과정을 밟아 온 것입니다.

우선 이 대학교가 창립된 것은 광무 9년(서기 1905년) 4월이었는데, 광무 9년이라면 노·일 전쟁이 일본의 승리로 끝나던 해입니다. 19세기 말로부터 한국을 무대로 전개된 열강의 각축이 일본의 승리로 끝나서 그해 9월에는 포츠머드조약에 의하여 한국이 일본의 세력범위로 들어가게 되던 비극의 해입니다. 무자각한 우리나라의 지도자 중에는 이 새로운 침략세력 앞에 무조건 무릎을 꿇거나, 이것을 역이용하여 자가(自家)의 사사세력(私私勢力)이나 확대하려는 사람도 없지 않았으나, 새로운 침략자로 인하여 위태롭게 된 조국의 운명을 바로잡기 위하여 분기(奮起)한 애국자도 많았습니다.

고려대학교의 전신 보성전문학교를 창설한 이용익(李容翊) 선생은 그러한 애국자의 한 사람이었습니다. 애국자일 뿐 아니라 국가와 민족의 장래를 광구(匡救) 하는 길은 교육밖에 없다 하여 구미의 신교육제도를 따른 학교를 창설하신 점에 있어서 선생은 또한 민족의 선각자이시었던 것입니다.

그러나 불행히도 때는 이미 늦어서 보성전문학교가 창립된 지 불과 반년이 지나지 않아 포츠머드조약은 조인되고, 일본은 정면으로 우리나라를 침략하기 시작하였던 것입니다. 대세 이미 기운 것을 보고 선생은 표연(漂然)히 우리나라를 떠나셨지만 교육구국의 선생의 근본신념에 변화가 있었던 것은 아닙니다. 최근 국사편찬위원회에 의하여 발간된 전남 구례(求禮)의 애국지사 매천 황현 선생의「매천야록」에 의하면, 이용익 선생은 광무 11년(서기 1907년)에 해삼위 객창(客窓)에서 별세하셨는데, 그때 황제께 유소(遺疏)로써「광건학교, 교육인재, 이복국권」하시기를 청하셨다 합니다. 이 얼마나 거룩한 말씀입니까. 국권을 회복하는 길은 교육밖에 없다는 것이 선생의 최후까지의 신념이시었던 것입니다. 보성전문학교는 이러한 분의 이러한 신념 밑에 세워진 학교인 것입니다.

여기서 잠시 우리는 머리를 돌려 이용익 선생이 신교육제도를 채택함으로써 시정하고자 한 것이 무엇이었던가. 환언하면 우리나라를 쇠운(衰運)에 빠뜨리고 드디어는 침략자의 희생이 되게 한 원인이 무엇이었던가를 생각해 볼 필요가 있을까 합니다. 이 학교의 전(前) 총장 현상윤 박사의「조선유학사(朝鮮儒學史)」에 의하면 그것은 이조시대에 숭상하던 유학의 말폐(末弊) 때문이라 하였는데, 구체적으로 말하자면 첫째 문벌취인(門閥取人), 둘째 지나친 가족주의, 세째 당쟁(黨爭), 네째 문약(文弱), 다섯째 빈궁(貧窮)이 그것이라 하였습니다.

그러고 보면 이용익 선생은 신교육제도를 채택함으로써 첫째, 널리 인재를 등용하지 않고 문벌에 의하여 정부의 직위를 주는 부패된 봉건정치를 타파하려 하였던 것이고, 둘째 자기와 자기의 가족만을 알고 국가와 국민이 있는 줄 모르는 이기주의를 배제하려 하였던 것이고, 셋째 당동벌이(黨同伐異)하여 화충협동(和衷協同)의 미덕을 잃고, 학문연구에는 정당한 비판이 행해지지 않으며 국정 논의에는 공평한 의견이 행해지지 않는 종파주의(宗派主義)를 타도하려 하였던 것이고, 넷째 병역을 천시하고 국방을 경홀(輕忽)히 하는 안일문약(安逸文弱)의 폐풍(弊風)을 일소(一掃)하려 하였던 것이며, 다섯째 상공업(商工業)을 힘쓰지 않고 빈궁을 합리화하는 염세 은둔의 사상을 타파하고 국가와 민족의 경제적 번영을 가져오려 하였던 것이라 할 수 있습니다. 일언이폐지(一言以蔽之)하여 종래의 부패된 봉건적 절대적 체제 대신, 인재를 양성함으로써 민족주의 · 민주주의의 제도를 수립하여 각인의 자각 위에, 언론의 창달(暢達)과 학문의 발전을 꾀하며 부국강병을 도모하려는 것이 이용익 선생의 신교육제도 창설의 목표이었던 것입니다. 그것은 50년이 지난 지금에 있어서도 또한 우리들의 교육목표가 아닐 수 없는 것입니다.

보성전문학교의 이러한 건학이념(建學理念)은 왜정(倭政) 36년간을 통하여 또한 그 교육의 밑바닥에 맥맥히 전해 내려왔습니다. 이용익 선생이 해외로 나가신 후 선생의 뒤를 이어 동교 경영의 책임을 맡으신 분은 즉 의암 손병희(義菴 孫秉熙) 선생이었는데, 의암 손 선생이 기미 독립운동의 최고지도자이시었던 것은 지금 천하가 다 알고 있는 사실입니다.

의암 선생 뒤에는 김기태(金琪邰) 선생 기타 다수 유지(有志)의 노력으로 학교재단이 성립되어 일시 소강상태(小康狀態)를 유지하였으나,

1929년의 세계적 대공황의 여파로 보성전문학교가 다시 경영난에 빠지자 사재(私財)의 대부분을 희척(喜擲)하여 동교의 경영책임을 담당하신 분이 즉 인촌 김성수(仁村 金性洙) 선생이었던 것입니다. 선생이 어찌해서 이 학교를 맡으시고 어떻게 이 학교를 경영하셨는가는 지금 또한 세상이 다 아는 바이므로 이곳에 반복하지 않겠습니다.

김성수 선생이 인계받으신 후로는 보성전문학교는 다시는 경영난을 걱정할 필요가 없게 되었습니다. 그러나 일본 지배자들은 면면한 전통을 지닌 보성전문학교가 민족의 최고학부로 비약적으로 발전하는 것을 보기 좋아하지 않았습니다.

김성수 선생은 인문사회학과 자연과학의 각종 학과를 병유(倂有) 하는 일대 종합대학으로 동교를 승격시키기 위해 만반의 준비를 완료하고 이를 허(許)하기를 그들에게 간원(懇願)하였으나 그들은 종내 이를 거부하였던 것입니다. 1944년에는 보성전문학교라는 간판까지 붙이지 못하게 하여「경성척식경제학교」라는 불명예스러운 명칭이 일제의 최후 1년간 본교에 붙게 되었던 것입니다. 그러나 간판은 무엇으로 변하든 본교가 일제 36년간 국내에 있어서의 항일 레지스탕스의 본원이었던 것은 부정할 수 없는 엄연한 사실입니다.

해방과 함께 보성전문학교가 고려대학교로 확장된 이후의 역사는 너무나 생생한지라 지금 이곳에 되풀이하지 않으나 한 가지 특기할 것은 본교가 해방 직후의 혼란기를 통하여 6·25사변에 이르기까지 시종일관, 확고부동한 반공의 대로(大路)를 걸어왔다는 사실입니다. 그것은 본교의 전통으로 보아 당연한 일이었지만 그러나 한편 초대총장 현상윤 박사의 헌신적이며 또 의연한 지도 밑에 비로소 가능하였던 것입니다.

숭고한 건학이념과 제(諸)선현의 탁월한 지도 밑에 고려대학교는 오늘 창립 50주년의 기념일을 축하하고 있는 것입니다마는 눈을 돌려 우리의 앞길을 전망할 때 우리의 앞에 놓여진 사명은 한층 무겁고 큰 것이 있음을 느끼는 것입니다. 그것은 지금 우리 한민족뿐 아니라 전 인류가 공통의 적—공산주의라는 공통의 적에 당면하고 있기 때문입니다. 구(舊)한국 말기에 이용익 선생이 보성전문학교를 창설함으로써 일제의 침략을 방지하려던 것같이 지금 우리는 다시 한번 교육의 힘으로써 인류 공통의 적, 공산주의를 물리치지 아니하면 안 되는 중대 사명을 부하(負荷)하게 된 것입니다.

민주주의의 찬란한 역사는 인간의 존엄의 기초 위에 형성된 것이며, 인간의 존엄은 자유의 확보 없이는 성립될 수 없는 것입니다. 옛날 어떤 철인(哲人)은 지식은 회의로부터 시작된다 하였거니와 회의야말로 자유로운 인간만이 가질 수 있는 특권인 것입니다. 자유로운 인간은 모든 것을 맹신하지 아니합니다. 모든 존재의 근원을 캐고 모든 가치의 정당성을 문제 삼습니다. 그리하여 그것이 이성의 거울에 비추어 정당한 것이라고 판단될 때 비로소 이를 받아들이는 것입니다. 이리해서 자유는 인간의 존엄의 기초가 되며 인류문화의 성립의 근본조건이 되는 것입니다.

공산주의는 교묘하게 학문적 체계의 탈을 쓰고 있지마는 그 궁극목표는 인간 자유의 말살에 있는 것입니다. 보십시오, 그들은 모든 사상과 학문의 자유 대신 지도자의 지시를 무조건 믿고 복종할 것을 요구하고 있으며, 인간의 권위를 시인하고 기본적 인권을 보장하는 대신 노예노동을 강요하고 있지 않습니까. 공산주의에의 굴복은 민족이나 국가의 종언(終焉)일 뿐 아니라 실로 인류문화의, 아니 인류의 종언을 의미하는 것입니다.

이렇게 보아 올 때 대학의 사명이 지금처럼 가중된 때는 없다 할 것입니다. 대학은 학문의 부(府)로서 인간 자유의 기초 위에서만 성립되는 것이며 동시에 대학은 인간 자유의 최후의 아성이기 때문입니다. 공산주의로부터 인류의 앞길을 구해 내는 길은 자유로운 대학을 진흥하여 인간의 자유를 불멸의 기초 위에 확립하는 곳에 있는 것입니다.

지금 철의 장막 저편에는 대학은 이름만 남기고 소멸되어 버렸습니다. 그들의 소위 대학은 대학이 아니라 기술원의 양성소에 지나지 않는 것입니다. 진정한 의미의 대학과 이름만의 대학은 훌륭한 건물의 유무보다도 실험설비의 충실 여부보다도 자유의 정신이 살아 있느냐 없느냐에 의하여 구별되는 것입니다.

이 기회에 대학에 있어서의 자유에 관하여 한마디 주의를 첨가하는 것은 결코 무용(無用)의 일이 아니라고 생각됩니다. 한때 일부 논자(論者)들은 대학에 있어서의 연구의 자유의 미명하에 국가에 대한 반역적 활동을 감행하는 사례가 없지 않았으나, 반역적 활동은 벌써 연구 자유의 범위를 일탈할 뿐 아니라, 대학에 있어서의 연구가 아무리 자유라 하여도 자유를 말살하는 방법의 연구까지 자유일 수는 없는 것입니다. 또 한 가지 대학과 정치의 관계에 대해 일언 하겠습니다. 대학은 인간의 자유를 옹호하고 그 노예화에 반대하는 것이기 때문에, 환언하면 공산주의라는 정치이념과 그 활동에 반대하는 것이기 때문에, 그 의미에 있어서는 정치와 관계가 없다 할 수 없습니다. 그러나 그 이외의 의미에 있어서는 대학은 여하한 현실적 정치세력과도 직접 연결되는 것이 아닙니다. 만일 대학이 어떠한 정당, 정파와 직접적인 연결을 맺고 그 희망하는 바 이론의 공급에 급급한다면 그것은 대학의 타락이요 대학의 자살입니다. 대학은 현실정치와 직접연결을 갖지 아니함으로써 비로소 인간의 자유를 옹호하는 본래의 목적을 달성할 수 있는 것입니다. (하략) (졸저「젊은 세대에 부치는 서書」소수)

고려대학교의 좌표를 이와 같이 이용익–손병희–김성수 세 분의 학교경영의 동기 및 그분들의 인물과 업적을 중심으로 부각시킬 것을 작정한 나는 50주년 기념행사의 가장 중요한 사업으로 세 분의 초상화를 작성할 계획을 세웠다. 이 생각을 하게 된 데는 1952년부터 53년에 걸쳐 구미 각국을 돌아보고 온 경험이 바탕이 되었다. 구미를 가니 대학을 가나 어디를 가나 그 기관을 위해 과거에 큰 공헌을 한 인물들의 초상이나 조각이 복도나 벽 위에서 그 기관의 빛나는 역사를 보여주고 있어서 그 위엄 앞에 방문자의 고개가 저절로 숙여지는 것이었다.

나는 인촌의 대형 입상(김인승金仁承 작)과 이용익(박득순朴得錞 작), 손병희(김인승 작) 두 분의 반신상을 만들어 중앙도서관 대열람실에 걸고, 별도로 인촌(김인승 작)과 현상윤 총장(박득순 작)의 반신상을 만들어 총장실 벽에 걸게 하였다. 욕심 같아서는 이, 손, 김 세 분의 조상(彫像)도 만들고 싶었으나 그 일은 뒤로 미루는 수밖에 없었다. (지금 본관 앞에 서 있는 인촌 동상은 1959년「인촌 선생 동상건립위원회」에 의하여 세워진 것이다. 동 건립위원회는 그때에 이용익, 손병희 두 분의 흉상도 함께 만들었다.)

다음 나는 교가를 새로 제정하기로 마음먹었다.「젊은 가슴 숨은 생명 힘 넘쳐 뛰노나」(지금 일반이「뛰노라」로 알고 있는 것은 잘못)로 시작되는 구(舊)보전교가는 춘원 이광수의 작사로 젊은 학생의 씩씩한 기상을 잘 표현하고 있었지만, 일제치하 때의 것이라 내용이 반항으로 일관되어 있어서 신생국가의 대들보 같은 대학으로서의 이상과 의욕을 상징하기에는 부족한 것이 있는 것으로 느꼈기 때문이다.

실은 인촌과 현상윤 총장도 같은 생각을 가지고 정인보(鄭寅普) 씨에게 신교가를 지어주도록 부탁하였었으나, 그것이 완성되기 전에 6·25 동란이 일어나서 교가를 새로 제정하지 못했던 기이다. 곡조(김영환金永煥 작곡)도 옛날 창가조(唱歌調)이어서 인촌, 기당(幾堂) 시대부터 새 시대에 맞도록 새로 작곡할 생각으로 있었던 것이다.

나는 조지훈 교수에게 신교가의 작사를 의뢰하였는데, 다른 조건은 아무것도 붙이지 않았으나「자유·정의·진리」와「마음의 고향」이란 말은 반드시 넣어 달라 하였다. 전자는 학원의 민주이념과 불굴의 용기를 높이 쳐들기 위한 것이요, 후자는 고려대학교가 학생들이 졸업한 후에도 영원히「마음의 고향」으로 가슴에 남아 있기를 바라는 마음에서 한 것이었다.

작곡은 사람의 소개로 신진 윤이상(尹伊桑) 씨에게 부탁하였는데, 얼마 후 윤 씨는 두 가지 곡조를 지어가지고 원남동 나의 우거로 찾아와서 스스로 피아노를 치며 스스로 불러 나에게 들려주었다. 윤 씨의 설명에 의하면 하나는 보통「교가」의 관념에 맞는 관례적인 것이요, 하나는 그러한 관념을 벗어난 새로운 시도를 담은 곡조라 하였다. 내가 듣기에도 그런 것 같아서 후자를 택하기로 하였다.

다음 나는 구미 제(諸)대학의 예를 따라 교색(校色)도 정할 필요가 있음을 느꼈다(그때 우리나라의 대학으로서 교색을 가지고 있는 학교는 연희대학교뿐이었다). 나는 내가 1년 동안 연구원으로 있던 하버드대학의 교색과 같은 진홍색(Crimson)을 고려대학교의 교색으로 채택하였는데, 그것은 결코 하버드대학을 맹종한 것이 아니라 오래전부터 고려대학교 학생들이 선수 복장이나 응원기 등에 관용해 오던 붉은 색을 그대로 쓰기로 한 것이었다.

교색을 정함과 동시에 교기(校旗)도 새로 제정하였는데, 교기에는 대학의 문장(紋章; arms, heraldry)이 표시되어야 하므로 이번에는 문장을 제정할 필요가 생겼다. 우리나라에는 문장을 쓰는 전통이 없었으므로 이것만은 구미의 것을 모방하는 수밖에 없어서 전통적인 방패(Shield)형 속에 윗쪽에는「자유」「진리」「정의」의 세 말을 넣고, 하부에는 고려대학교의 동물상징인 호랑이를 그려 넣었다.

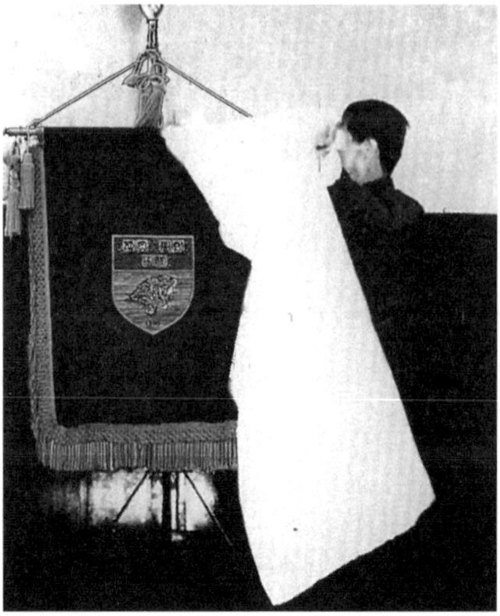

교기 제정

호랑이를 정식으로 동물상징으로 채택한 것도 이번이 처음이었으나, 그것도 사실은 훨씬 전부터 관용되어 오던 것을 정식으로 학교의 상징으로 정한 것에 지나지 않았다. 1932년 내가 처음으로 보성전문학교에 부임하였을 때 이미 학생들은 대교경기(對校競技) 같은 때에는 으레 호랑이를 그린 응원기를 들고 나서는 것이었다. 곁들여 말해 둘 것은 그때 학생들이 부르던 응원가는 법과 2년 학생 조병학(曺秉鶴) 군의 작곡이요, 교가 끝에 제창하던「입슬앤드 제 호……」하는 교호(校號)는 백상규(白象圭) 교수가 지어준 것이라 하였다.

교가, 교색, 교장, 교기, 동물상징 등이 정비되고 나니까 이번에는 학복(gown) 착용 문제가 일어났으나, 50주년 기념식 때에는 우선 총장, 학장 등 행정책임자들만 착용하기로 하고 일반 교수와 학생의 학복은 좀 더 연구하기로 하였다(1957년 가을 영국 정부의 초청으로 방영訪英하였을 때 나는 미국을 돌아 귀국하면서 여러 대학의 학복에 관한 자료를 수집해 가지고 왔으니까 고려대학교 교수와 학생의 학복 착용은 적어도 그 이후에 정해진 일로 생각된다).

가인 김병로에 1호 명예학위 수여

50주년 기념행사로 계획하고 있었던 것 중의 중요한 하나는 명예학위를 수여하는 일이었는데, 고려대학교에서 명예학위를 주는 일은 이번이 처음이었으므로 인선에 신중을 기하여야 할 것으로 나는 생각하였다. 실은 명예학위 제1호는 인촌께 드릴 생각을 하고 있었던 것이지만, 그해 2월에 작고한 고인에게 학위를 추증(追贈)할 수는 없는 일이므로 관계자들끼리 숙의한 결과 대법원장 김병로(金炳魯)씨에게 수여하기로 하였다. 그분의 성격으로 혹시 사퇴나 하지 않을까 걱정해서 내가 직접 찾아가 취의(趣意)를 설명하여 쾌락(快諾)을 얻었다.

1955년 5월 5일, 하늘은 맑게 개고 철쭉꽃이 교정을 붉게 장식한 가운데 고려대학교 창립 50주년 기념식은 성대하게 거행되고, 그날 저녁에는 중앙도서관 대열람실에서 내빈, 교직원, 교우 여러 백 명이 모여 대향연이 열렸다. 고려대학교가 발족한 이래 처음 가지는 성사(盛事)요, 오래간만에 맞아보는 희망과 광명의 하루였다.

18. 새 학풍의 건설

50주년 기념행사를 무사히 끝마치고 전례 없는 대향연까지 치르고 나니 고려대학교가 선진제국의 대학들과 어깨를 견줄 수 있는 외형적인 준비는 대략 갖추어진 것 같았으나, 인제 정말 어려운 과제가 눈앞에 다가온 것을 나는 느꼈다.

고려대학교를 정말 대학다운 대학이 되도록 새로운 학풍을 일으켜야 하겠다는 것이 그것이다.

보전 · 고대 50년의 역사를 통하여 고려대학교의 학풍이 뚜렷하지 않았다는 것이 아니다. 교육구국의 건학정신은 이미 이용익 선생에 의하여 명확하게 설정되었고, 그것은 그 후 손병희, 김성수 두 분에 의하여 계승되고 발전되었으며, 역대의 교수, 학생들은 그것을 또 그대로 실천에 옮기었다.

그러나 고려대학교의 학풍은 언제나 실천에 치우쳐서 이론의 뒷받침이 약함을 면치 못해 온 것이 또한 사실이다. 「보전 · 고대」하면 행동을 먼저 연상하는 것이 자타가 공인하는 이미지였다.

보전 · 고대의 학풍이 이렇게 행동에 치우치게 된 데는 여러 가지의 원인을 생각할 수 있었다. 우선 40년 동안이나 전문학교로 내려온 전통을 들어야 한다. 전문학교가 대학과 다른 것은 후자가 학문의 이론과 응용을 함께 존중하는 데 반하여, 전문학교는 기술 또는 실무교육에 치중하는 데 있다. 따라서 전문학교로서는 아무래도 학문의 기본이론에 소홀할 수밖에 없는 것이다.

보전을 창설한 근본 동기가 「교육구국」이라는 시급한 실용목적에 있었던 것도 보전의 학풍을 결정하는 데 크게 작용하였던 것으로 본다. 그것은 우선 보성전문학교가 처음 출발할 때 법과와 상과라는 두 개의 실용학과만으로 구성되었던 사실만으로도 알 수 있는 일인데, 인촌은 보전을 대학으로 승격시키거나 그것이 안 되면 학과만이라도 증설하기 위하여 있는 힘을 다 기울였지만, 어떤 경우에도 인촌이 기도(企圖)한 것은 우선 농학 관계 학과를 신설하려는 것이었다. 농과도 법과나 상과와 함께 실용학문에 속하는 과다. 그리고 보면 인촌도 실용적인 교육을 목표로 하는 점에 있어서 그의 선임자들과 마찬가지였다 할 수 있는데, 실용적인 학과만을 가진 학교의 학풍이 실천이나 행동을 앞세우는 방향으로 흘러나가는 것은 자연의 이치다.

생각건대 이러한 것은 보전이 창설되게 된 역사적 배경의 산물이라 할 수 있다. 보전은 인간 이성의 자각이라든가 과학적 사고의 욕구로 인하여 탄생된 아카데미가 아니라, 현세기 초두의 경각에 달린 국운을 광구(匡救)하기 위하여 부국강병의 일꾼을 시급히 양성할 목적으로 창황 중에 설립된 실무자 양성소이었던 것이다.

이러한 기관도 시간의 흐름에 따라 인간의 근본 문제를 탐구하는 아카데미로 성장 발전하는 것이 역사의 당연한 발전과정이지만, 보전의 경우에는 그러한 과정을 밟을 만한 시간적 여유가 없었다.

보전이 창설되던 이듬해에는 창설자는 해외로 망명하여야 하였으며, 그 또 4년 후에는 민족이 송두리째 남의 노예로 떨어지는 비운을 겪어야 하였으니, 어느 해가(亥暇)에 인간성이 어떻고, 「자연의 빛」(lumen naturalis, 이성理性)이 어떻고를 따질 겨를이 있었으랴. 행동과 반항 정신이 전 학원을 지배하게 된 것은 당연한 일이었다.

일제치하에 있는 동안 보전의 이러한 경향은 점점 더 격화될 뿐이었으니, 그것은 보전의 학생체(學生體)가 적어도 인촌이 학교를 인계받던 당시까지 정상적인 교육과정을 밟은 학생들보다도 격동하는 과도기에 적시 수학(修學)의 기회를 놓친 과년한 학생들과 관, 공립학교에 다니다가 동맹휴학, 기타 일제에 대한 반항으로 출(黜)·퇴학 처분을 당한 학생들에 의하여 움직여졌기 때문이다.

1932년 내가 처음 보전에 부임하였을 때에도 사정은 변치 않은 채로 있었다. 법과 3학년 반에는 나와 같은 나이 이상 학생이 3분의 2였고, 법과 2학년에는 이천진李天鎭(6·10만세 주동자의 일인), 기타 관, 공립학교에서 쫓겨난 학생들이 상당수 있어서 그들이 전체 학생의 기풍을 선도하고 있었다.

인촌이 인계받은 후로는 보전도 많이 전문학교의 정상적인 코스로 돌아갔지만, 그때까지 근 30년 동안에 굳어진 교풍은 쉽사리 변하지 않았으며, 그러한 사정은 해방이 되고 고려대학교가 되어도 마찬가지였다. 1947년 7월의 운동선수 문제로 인한 입학시험 때의 일부 학생난동 사건이나, 동(同)년 10월의 서울대학교 상과대학 습격 사건 등은 그러한 때의 그러한 기풍의 산물이었다(후편, 244면 이하 및

248면 이하 참조).

해방이 되고 고려대학교가 되었으니 인제는 원대한 안목으로 참다운 민주 조국의 중추적 일꾼이 될 인물을 길러내야 되겠는데, 그러한 새 학풍 건설의 길은 용이하지 않았다. 특히 문제인 것은 보전시대의 전통적인 학풍—감투(敢鬪)와 실천에 치중하는 학풍, 따라서 얌전보다는 굳셈을, 외식(外飾)보다는 내실을, 수입품보다는 우리의 전통을 존중하던 종래의 학풍을, 그 진수(眞髓)는 빼어버리고 막걸리나 마시고 조포(粗暴)하게(소위 와일드하게) 구는 것으로 착각하는 경향이 지배적인 점이었다.

막걸리도 좋고 와일드도 좋으나 그것은 어디까지나 불굴의 투지와 명확한 이론으로 무장된 확고한 신념의 표현이어야 되지 않겠는가.

그러나 새 학풍을 세우기 위하여 구폐(舊弊)를 시정한다고 해서 선불리 서둘다가는 교각살우 격으로 고려대학교 학생들의 특장인 굳셈과 소박함을 해치게 될 것이 염려스러웠다. 그리해 어떻게 하면 고려대학교 학생들의 장점을 그대로 살리면서 진용(眞勇)과 학문이 결합된 새로운 학풍을 건설할 수 있을 것인지 나는 고민하고 있었는데, 마침 그 무렵 학생신문에 「사색(思索)하는 고대」라는 표어가 나타나기 시작하였다. 주간(主幹) 오주환(吳周煥) 군이 생각해낸 말인지 그 밖의 어느 누가 만들어낸 말인지 나는 알 수 없었으나, 어쨌든 그 말은 고대도 인제는 「행동하는 고대」로부터 「학문하는 고대」로 전환하여야 하겠다는 나의 생각과 일치되는 것이었다.

그리고 보면 그때 그러한 생각을 한 것은 비단 나 한 사람뿐 아니라 교수나 학생이나 고대 관계자는 모두 일치해서 같은 생각을 하고 있었던 것으로 생각된다. 바꾸어 말하면 그것은 어느 개인만의 우발적인 생각이 아니라 고려대학교 자체가 그러한 역사적 발전단계에 도달해 있던 것을 의미한다.

그러나 새 학풍의 건설은 「새 술은 새 부대에 담아야 한다」는 옛말이 가르치듯 말만으로 되는 것이 아니라 그것을 뒷받침할 수 있는 실천적인 건설이 선행 또는 병행되어야 하는 것인데, 그때는 마침 그러한 건설을 가능케 하는 조건들이 갖추어져 있었다.

농지개혁으로 고려대학교가 여타의 대학들과 다름없는 재정적 궁지에 빠진 것은 이미 말한 바 있지만, 1953년 6 · 25동란이 종결된 이후에는 파괴된 국토의 부흥건설을 위하여 거액의 외국 원조가 들어오고 있었을 뿐 아니라, 국민들도 모두 희망과 열의를 가지고 조국재건에 매진하고 있었기 때문에 학생들의 향학열도 한층 고조되고 경제계도 활발하게 움직여, 고려대학교로 하여금 학생수입금만으로도 상당한 규모의 건설을 할 수 있게 하였던 것이다.

우선 그 몇 해 동안의 주요한 교사건축의 기록을 보면 다음과 같다.

1954 여학생 회관

1955 계단 교실(서관 일부) 및 이학부 실험실(현재는 철거)

1955 농대 본관 착공, 1956 완공

1956 대학 식당

1956 대강당

1957 중앙도서관 서고 증축

1957 의대(현 이공대) 착공, 1964 완공

1957 농대 실험실 착공, 1958 완공

1959 이학부(현 교양학부) 착공, 1960 완공

1959 서관 착공, 1961 완공

1961 박물관 착공, 1962 완공

이상과 같이 6·25 동란 때까지 두 채밖에 없었던 고려대학교의 건물은 그 5, 6년 동안 10여 채로 늘어났는데, 그중 약간 설명이 필요한 것은 1957년에 착공된「의과대학」건물이다.

대(大)종합대학교로 발전할 것을 기하는 고려대학교가 학문의 중요한 제(諸)분야를 망라하기를 희구(希求)하는 것은 당연한 일인데, 그런 의미에서 나는 50주년 기념행사를 끝마친 후부터는 고려대학교에 의과대학을 신설하는 방안을 모색하기 시작하였다. 서양 중세 이래 대학의 필수적인 구성 부분이 되어 내려온 의과 없이 어떻게 고려대학교를 민족을 대표하는 대종합대학교라 할 수 있는가. 여러 가지 의미로 누구나 고대와 비교하게 마련인 연희대학교는 벌써 전에 세브란스의과대학을 합병하여 교명까지 연세대학교로 고치고 명실상부한 종합대학교가 되었는데, 고려대학교만 의대 없이 나간다는 것은 어떤 모로 보더라도 안 될 일이었다.

그러나 의과대학은 다른 학과에 비해 돈이 많이 드는 대학이다. 다른 자연 과학계 대학은 우선 학교를 신설해 놓고 실험 실습 시설은 점진적으로 보충해 나갈 수도 있는 것이지만, 의과대학만은 그렇게는 되지 않는다. 졸업생이 사람의 생명을 다룰 수 있는 정도의 실력을 가질 수 있도록 하는 정도의 시설은 처음부터 완비해 놓지 않으면 안 되는 것이 의과대학이다.

나는 의학계의 원로일 뿐 아니라 사학경영에도 오랜 경험을 가진 김명선(金鳴善) 박사(전 세브란스의대 학장, 그때 연세대 부총장)를 찾아가 이 문제를 놓고 여러 번 상의해 보았다. 김 박사의 의견은 우선 종합병원을 신설하여 그것을 키우고, 그런 다음에 병원부속 모양으로(병원이 의대에 부속된 것이 아니라 의대가 병원에 부속된 모양으로) 의과대학을 시작하여 그것을 키워 나가는 것이 가장 틀림없는 방법일 것이라 하였다.

김 박사의 조언이 타당한 것이라 생각되어 나는 의대 신설 문제를 그러한 방향으로 구상하고 있었는데, 1956년 9월 초 뜻밖에 천주교의 노기남(盧基南) 대주교로부터 꿈도 꿀 수 없었던 기쁜 제안이 들어왔다. 성신대학(聖神大學) 의학부(현 가톨릭의과대학)를 고려대학교에서 맡아달라는 것이었다. 대학뿐 아니라 부속병원(성모병원)도 무조건 양도하겠으며, 양도 후에는 교인간호원(教人看護員; 수녀)들까지 계속 근무토록 하겠다는 것이었다. 현 관계자들(교수, 의사, 직원들)을 그대로 인계해 달라는 것 외에는 아무런 부대조건도 없는 깨끗한 제안이었다.

지금 그때의 일을 더 자세하게 쓸 필요는 없으나 어쨌든 나는 곧 그 일을 재단에 보고하여 동의를 얻은 후, 애기릉을 의대 부지로 정하고 방대한 의대 및 부속병원을 신축할 계획을 진행하는 한편, 이대(梨大)의 이세규(李世珪) 박사를 초빙하여 의대 신설의 책임을 맡기고, 새해가 되는 대로(그때는 2월이 신학년 초) 의예과 학생모집을 발표할 예정이었다. 12월 중순에는 성신대 의학부 관계자들의 명단까지 교부받아 24일(월)에는 양교 당사자들이 인계서류에 정식조인한 후 성대한 기념 파티를 열 합의까지 보았었다. 그렇던 이 계획이 최종 순간에 가서 어이없이 깨어져 버릴 줄이야 어찌 알았으랴. 조인예정 이틀 전인 22일에 이르러 돌연 노기남 씨로부터 대학을 인계하지 않기로 방침이 변경되었다는 통고가 온 것이다. 의대 동창회가 들고 일어났다고도 하고, 활동력이 강한 양(梁)모 신부가 미국에서 돌아와서 반대하고 나섰기 때문이라고도 하였는데, 그 진상은 나로서는 알 길이 없었으나, 어쨌든 그것으로 4, 5개월을 진행되어 오던 교섭이 어이없이 깨어져 버린 것이었다.

성신대학 의학부 인계 문제는 이렇게 싱겁게 틀어지고 말았지만 애기릉에 세우기로 한 의대신축 계획은 이미 예산 조치까지 끝나 있었기 때문에 그대로 추진해 나가는 수밖에 없었다. 지반이 약하다 하여 기초공사 때에 때려 박은 전주(電柱) 크기의 송재(松材)만 해도 수천 개가 된다. 그 많은 송재가 헐벗은 이 나라 북덕산의 어느 곳에서 왔나 싶었다. 물론 의대 신설을 계속 추진하겠지만 그것이 안 되는 경우에는 공대 또는 이공대로 전용(轉用)할 생각이었다.

그 무렵의 일로 또 한 가지 기록해 두어야 할 것은 1956년 7월 말에 신창재(愼昌縡) 씨로부터 다량의 고미술품을 기증받은 일이다. 그해 5월 말에 신도성(愼道晟) 씨(전 통일원 장관)가 와서 신창재 씨의 소장품 중 중요한 서화를 지금 덕수궁 미술관에서 전시 중인데 고려대학교에 기부를 권고하고 싶으니 같이 가보자 하였다. 이용희(李容熙 전 서울대 문리대 교수), 신도성 양 씨와 동도(同途)해 덕수궁에 가보았더니 우선 양에 있어서 압도적일 뿐 아니라 질도 좋았다.

신창재 씨에 의하면 그 수집품은 원래 박재표(朴在杓) 씨의 것인데 자기 손으로 넘어온 후에도 막대한 돈을 들여 수집을 계속한 것이라 하였다. 6 · 25 동란 중에 수집품을 보호하기 위해 고심한 이야기도 들었다.

고려대학교에는 원래 규모는 크지 않으나마 내외에 자랑하고 있는 민속 참고품실이 있었다. 안함평(安咸平) 여사의 독지(篤志)로 출발하여 인촌의 특별한 관심으로 수집된 물건들이었다. 그중에는 이조의 백자와 목기 등 미술품도 많았지만 대종(大宗)은 역시 민속 참고품이었는데, 거기다가 신창재 씨의 고미술품을 합친다면 질적으로나 양적으로나 어디다 내놓아도 부끄럽지 않는 일대 대학박물관을 이룰 수 있을 것으로 생각하였다. 나는 신창재 씨와의 교섭을 서둘러 씨의 전(全) 수집품을 신축된 고대강당에 전시해 놓고 전문가들의 감정을 거친 후 9월 중순에는 신 씨의 기부계약서를 받는 데까지 이끌어갔다(『육십년사』, 346면에 신창재 씨 소장품의 기증 일자를 1958년 2월이라 한 것은 오기誤記).

신창재 씨에게는 「고려대학교 박물관 명예 관장」의 칭호를 드리고, 씨의 수집품에는 영구히 「신창재 · 박재표 기증품」임을 따로 표시하여 전시하기로 하였다.

그때는 또 미국의 대한(對韓) 원조가 문화 · 교육 면에 있어서도 활발하게 전개되던 때라 이에 관계되는 일에 대해서도 한마디 해두어야 하겠다.

우선 미군에서 직접 맡아 하던 AFAK원조인데, AFAK은 각종 교육기관에도 상당한 원조를 하고 있었기 때문에 나는 혹시나 해서(혹시의대 건축용「시멘트」나 철재라도 얻을까 해서) 그곳에도 접근해 보았으나 그것은 완전히 실패하고 말았다. 미국인과 특별한 관계가 있거나 교제에 특별한 재능을 가진 사람이 아니면 몇만 불, 몇십만 불의 원조를 따내는 것은 도저히 불가능한 일임을 알았을 뿐이다.

아시아재단대표 로이(Rowe) 씨가 서울에 상주하게 되고,「록펠러」재단의 에반스(Evans) 씨와 파스(Fahs) 씨,「하버드」연경학원(燕京學院)의 라이샤워(Reischauer) 교수가 서울을 다녀간 것도 1955년 봄부터 가을에 걸쳐서였는데, 그때마다 나와 백낙준, 김활란의 3인은 각각 이분들과 가까이할 기회를 가졌으나, 고대도 연대도 이대도 그들로부터 개별적인 혜택을 받은 것은 없다. 다만 아시아재단으로부터는 상당한 금액을 출연(出捐)받아 한국의 대학 일반을 위하여「한국연구도서관」(현「한국연구원」The Korean Research Center)을 창설하였고,「록펠러」재단과는 내가 개인적으로「한국정부론」집필의 계약을 하였으며(단, 이 계약은 지금까지도 내 편에서 실행을 못 하고 있다), 하버드 서경 학원으로부터는 역시 한국의 학술연구 전반을 위하여 매년 수만 불의 연구비를 받기로 하고 그것을 관리하기 위하여「동아문화연구위원회」(영어 명칭으로는 Havard Council in Seoul)를 조직하였을 뿐이다.

미국인들과의 빈번한 접촉으로 고려대학교에서 얻은 것이 있다면 그 2, 3년 동안에 고려대학교의 존재가 재한미국인 사회에 확고하게 알려진 일이었다고나 할까. 1953년 겨울에 타일러 우드(C. Tylor Wood) 씨가 나를 보고『고려대학교라니—동대문 밖 어딘가 있다는 남자 고등학교 말이오?』하던 때와는(상게 제318면 참조) 천양지차가 생겼다 할 정도로 고려대학교의 이름은 연대, 이대와 함께, 동시에 그들과는 판이한 역사와 전통을 가진 대학으로 미국인 사회에 알려지게 된 것이었다.

그러는 동안에 연대, 이대, 고대의 세 대학은 그때까지 미국의 대한원조(ICA원조)가 정부 관계에만 편중된 데 대해 강력히 항의하고, 그것은 당연히 민간기관에도 주어져야 하며, 특히 연대, 이대, 고대 등 유력한 사학기관은 제외될 수 없는 것이라 주장하여, 처음으로 ICA원조자금을 사립대학을 위하여 배정케 하는 데 성공하였다. 이대는 간호학 발전을 위하여, 고대와 연대는 공동으로 경영학 발전을 위하여 ICA원조를 받게 된 것이 그것이다(그보다 앞서 연대는 이미 흉곽의원 건설을 위해 상당액의 원조를 받고 있었지만 그것은 ICA원조가 아니라 AFAK원조였다).

1956년 봄 우리나라의 경영학 발전을 위해 50만 달러의 ICA원조자금이 연대와 고대에 공동으로 할당되었는데, 그 후 이 원조는 ICA원조계획 중 가장 성공적이었던 것의 하나로 평가되어 제1차 계획이 끝난 후 두 번이나 연장되어 금액도 150만 달러에 이르렀다.

이 시기는 나의 신상에도 급격한 방향전환이 있을 뻔한 시기였다. 1956년 5월 5일(고대 창립기념일) 새벽에 나는 다년간 고대를 위하여 진심(盡瘁)한 교우회 이사장 황태연(黃台淵) 씨의 영결식에 참석하였다가, 그곳에서 신익희 씨가 열차 칸에서 급서(急逝)한 소식을 들었는데,「못살겠다 갈아보자」는 격렬한 선거구호와 한강 백사장에서의 30만 명을 넘은 대규모 유세로 대통령 선거전이 한창 백열(白熱)되어 있었을 때라, 불측의 사태라도 터질 것 같은 예감이 들었다. 아니나 다를까, 그날 밤 해공(海公)의 유해가 서울역에 도착하자 민중 폭동이 일어났던 것인데(이 폭동에서 고대 학생 정국로鄭國老 군이 주동자로 지목되어 체포되었다), 해공의 불의의 서거는 엉뚱하게 나의 신상에 정계 참가 권유의 소낙비를 몰아붙였던 것이다.

그때 나는 긴박한 정국과는 관계없이 2년간의 환거(鰥居) 생활을 청산하고 재혼하기 위해 여념이 없었는데, 해공의 장례식도 끝나기 전인 어느 날(하기는 해공의 장례식은 대통령선거일을 피하기 위하여 서거 후 2주일이나 천연遷延되었지만), 해공의 비서였다는 안(安)모 외 몇 사람이 나를 찾아와서, 해공의 서거로 공석이 된 광주(廣州)지구의 국회의원 보궐선거에 내가 출마하도록 권하면서, 겸하여 나를 중심으로 젊은 사람들을 모아「청년당」이라는 것을 조직하자고 제의하였다. 뿐 아니라 바로 같은 날 오후에는 손(孫)모, 전(田)모의 두 변호사가 나를 찾아와서 같은 권고를 하였으며, 며칠 뒤에는 조봉암(曺奉岩) 씨 측(진보당)에서 내가 민주당으로 광주에 출마하는 것을 지지한다는 뜻을 전해 왔다.

6월 초에는 드디어 민주당의 곽상훈(郭尙勳) 씨가 찾아와서 당의 의사로 나의 광주 출마를 권하고, 이어 광주군민대표라는 사람들이 연일 수십 명씩 몰려와서 역시 나의 출마를 권한 것으로 보아, 그때의 바깥 정세는 나의 정계 진출을 상당히 기대하였던 것 같다.

정계 진출설뿐 아니라 내가 문교부 장관, 외무부 장관 등으로 입각한다는 소문이 심심치 않게 신문 지상에 떠돌던 것도 그 무렵의 일이다.

후일(1966년) 내가 정계에 투신하게 된 일을 생각하면 혹은 그때에 국회의원이 되거나 장관으로 입각하거나 했던 편이 유리하였을는지도 모른다. 그러나 그때에는 나는 정치에 참가할 생각은 정말로 없었으며, 어떻게 해서는 고려대학교를 좀 더 대학다운 대학으로 발전 향상해 보겠다는 생각에 골몰할 뿐이었다.

1957년 봄(4월)에는「유엔기탁(寄託)도서관」이 고려대학교 안에 설치되었는데, 이것은 그때 체미(滯美) 중이던 민병기(閔丙岐) 교수(현 국회의원)의 활동에 힘입은 바 크다.「유엔기탁도서관」은 각국에서 하나씩(예외도 있지만)만 두기로 된 것인데, 그것이 우리나라에서는 고려대학교에 설치되게 되어 고려대학교의 *prestige*를 위해 대단히 기쁜 일이었다.

1956년, 7월부터는 대외적 체면이나 외형적 시설보다도 대학의 학문적 역량을 높이는 데로 노력의 중점이 옮겨갔다 말할 수 있을 것 같다. 그러한 노력의 일단으로 나는 우선 우수한 학생을 고려대학교로 끌어들이는 방안을 강구하였는데, 그를 위해 1956년부터는 소위 필기시험 면제제도를 실시하였고, 1960년부터는 안암장학생을 창설하여, 적극적으로 우수한 학생을 끌어들이려 노력하였다. 이 노력은 완전히 실패하였다고는 말할 수 없지만 그렇게 만족할 만한 성과를 거두지는 못하였다는 것이 나의 평가다.

한편 교수들의 연구의욕을 자극하기 위하여 나는「특별연구비」제도를 발족시켰다(1957년). 예산 관계로 수혜 인원을 많이 책정할 수는 없었지만, 여러 해 계속하는 동안 이 제도로 상당한 연구업적을 낸 교수가 수십 명에 이르고, 그 대부분이 학위청구논문이 되었으니 이 제도는 그만하면 성공하였다 할 수 있을는지.

이곳에서 특기하고 싶은 것은 우리 학계에서 수년래 고조되고 있는 한국학 내지 동양학 연구열을 위하여 고려대학교가 그때 중요한 선구적 역할을 하였다는 사실이다. 고려대학교는 1957년 5월「한국고전국역위원회」(그 후「민족문화연구소」로 개편)를 발족시키고, 6월에는「아세아문제연구소」를 창설하였는데, 이 두 기관이 우리나라에 있어서의 한국학 내지 동양학 연구의 선구가 되고 그동안 많은 업적을 내놓은 사실은 아무도 부정하지 못할 것이다.

지금 세상에 널리 알려진 두 기관에 관하여 긴 설명은 하지 않으려 하거니와, 하옇든 나는 그때까지 우리나라 사람들이 학문이라면 서양 것을 배우는 것이 전부라 생각하고, 자기 자신에 관한 연구를 경시해 오던 풍조에 대하여, 인제는 우리도 구미에서 배운 방법론과 가치관으로 우리 자신에 관한 것을 연구할 단계에 이르렀음을 강조하고 싶었던 것이다. 고전국역위원회 발족에는 이종우, 정재각(鄭在覺) 씨 등이 주로 참여하였고, 아세아문제연구소 창립에는 민병기, 조기준 씨 등이 주로 상의대상이 되었다(아연亞硏 초대소장이 된 이상은李相殷 씨는 그때 유미留美 중).

1958년 봄에 창설된「기업경영연구소」는 나의 발상이라기보다도 윤병욱(尹炳旭) 교수의 진력으로 된 것이다. 이것은 ICA원조에 의한 경영학의 발전이 가져온 부산물이었다 할 수 있다.

아연, 고전국역위, 기연(企硏)의 창립과 그 화려한 활동은 고려대학교의 관계자들을 크게 자극하여 고려대학교 안에는 각종 부설연구기관이 꼬리를 물고 생겨났으니, 행정문제연구소(1960년), 한국곤

충연구소(1963년), 사회경제연구소(1964년) 등이 그것이다.

이러한 대학 부설 연구기관의 설치 풍조는 또한 다른 제(諸)대학에도 파급하여 드디어 오늘날 우리나라에 있어서의 대학부설연구소 전성의 기운을 양성하고, 아울러 한국학 내지 동양학 연구의 부움을 불러일으킨 것이다.

[추기]

서관 옥상에 있는 「차임」 시계탑에 관하여 꼭 해야 할 말을 빠뜨렸으므로 한마디 이곳에 추가해 두려 한다. 학교에서는 탑만 세워 놓고 돈이 없어 시계를 설치하지 못하고 있던 중, 그 소식을 들은 고(故) 김성곤(金成坤) 교우가 비용을 전담하여 비로소 설치하게 된 것이었다. 「차임」에 쓴 곡조는 민족 고유의 것으로 하기 위하여 「새야 새야 파랑새야」(동학운동의 지도자 전봉준全琫準 장군이 활동하던 때에 유행하던 민요라 전해옴)의 곡조를 썼다.

19. 4·19와 그 이후

1958년과 1959년의 두 해는, 1959년 교우회가 주동이 되어 인촌 동상과 이용익, 손병희 두 분의 흉상을 제작한 외에는 별 색다른 일 없이 지나갔다. 1960년에 4·19의 큰 물결이 닥쳐온 것을 생각하면 이 기간은 폭풍전야의 정숙기였다고나 할까.

지금 생각하면 휴전성립 후 4·19에 이르기까지의 6, 7년간은 1930년대에 인촌이 보전을 인계 맡은 직후의 수년간과 함께 고려대학교의 전 역사를 통하여 유례가 드문 급속한 발전과 비약의 때이었던 것 같다. 전후 부흥의 기운을 타고 교직원·학생·학부형 할 것 없이 오로지 학교의 발전을 위해 총력을 기울일 수 있었던 기간이였으니 말이다. 마침 그러한 때에 총장의 자리를 맡아가지고 있던 나는 역시 운이 좋았던 것이라고 생각해 보기도 한다.

그러나 그에 뒤따르는 나의 제3기 총장 재임 기간(1960년 10월-65년 9월)은 그와는 반대로 일종의 반동기 또는 일종의 시련기였다 할 수 있을 것 같다. 4·19의 성공에 의기헌앙(意氣軒昂)한 학생들의 불타오르는 사회참여 의욕과 무력으로 권력을 잡은 군사정권과의 팽팽

한 대결로 학원이 혹심한 풍랑을 겪어야 했던 격동의 시기였으니 말이다.

그러나 이 시기의 일들은 아직 모든 사람의 기억에 새로우므로 나로서는 나에게 직접 관계되었던 일만을 몇 가지 추려서 간략하게 회고해 볼까 한다.

그보다 먼저 1959년 3월에 나는 장택상 · 최규남 양 씨와 함께 「재일한인강제북송반대국민대회」(대표위원 이기붕李起鵬 · 조병옥 · 장택상)에서 국제적십자 위원회로 보내는 「국민대표」의 1인으로 뽑히어 「제네바」를 다녀온 일이 있었는데, 문제가 악화되어 우리가 그렇게도 반대하던 「교포북송(僑胞北送)」이 실시단계로 들어갈 기미를 보이게 되자, 그해 8월 이승만 대통령은 돌연 허정(許政) · 장경근(張暻根) · 이호(李澔)와 나의 네 사람에게 이번에는 도쿄로 가서 직접 일본정부를 상대로 이를 저지하도록 명령하였던 것이다.

그래서 허정 씨를 수석으로 하는 대표단은 폭서(暴暑)를 무릅쓰고 도쿄로 가서 그때까지 임병직(林炳稷) 씨를 수반(首班)으로 하는 대표단이 여러 해를 끌어오던 한일회담을 가로맡아 대일교섭을 벌이게 되었는데, 재일교포의 법적 지위 문제는 1951년 한일회담이 처음 열렸을 때 내가 다루던 문제인 관계로 그들의 북송저지 교섭도 주로 내가 맡아서 하게 되었다. 지금 그때의 교섭 경과를 자세하게 쓸 수는 없으나, 어쨌든 교섭은 난항을 거듭하여 그해 연말에는 허정 씨가 귀국해 버리고, 남은 유, 장, 이의 세 사람도 이듬해 3월 초에는 마저 귀국해버려서 회담은 결렬상태로 들어갔던 것이다.

그때 우리나라는 대외대내로 극도의 혼란 상태에 빠져 있었다. 평화선(平和線)을 침범한 일본 어부를 억류 투옥하여 일본인의 감정을 자극한 데다가 일본의 대한(對韓) 강경 태도에 대처하기 위하여 대일(對日) 통상까지 단절하여 양국관계는 극도로 악화되어 있었으며, 대내적으로는 무리한 정(正)부통령선거로 민심이 흉흉하였다. 극도의 부정부패로 민심이 완전 이탈해버린 자유당 관료들이 노쇠·혼미한 이승만 박사를 업고 노골적 원색적인 부정선거를 감행하고 있었기 때문이다. 거기다가 민중의 유일한 희망이었던 야당 대통령 후보 조병옥 씨가 2월 중순 급서(急逝)해 버리자 민중은 한층 흥분하여 부통령후보 장면 씨의 연설회에는 그때마다 수십만의 군중이 모여들어 술렁거리고 하였다. 무슨 큰일이 일어나고야 말 그러한 형세였다.

그런 속에서 정(正)부통령 선거일(3월 15일)이 지나자 정부는 나와 장경근, 이호 세 사람에게 누차 다시 도일(渡日)하여 한일회담을 재개하도록 요청하였으나, 아무도 이에 응하지 않았다. 자유당의 간부인 장경근 씨만은 그렇게 할 처지가 못 되었지만 장 씨는 장 씨대로 부정선거 뒷처리에 바빴을 것이고, 나는 나대로 그러한 난장판에 그 이상 이 박사의 사자(使者) 노릇을 할 생각이 없었던 것이다.

그러고 있는 동안에 부정선거에 항거하는 학생과 시민의 데모가 이곳저곳에서 터지기 시작하였다. 데모는 선거 전부터 여수, 부산, 마산 등지에서 연속적으로 일어나더니, 선거가 지나자 이번에는「부정선거 다시 하라」는 것으로 구호가 바뀌어 날로 더 치열해질 뿐이었다.

사태는 날로 악화될 뿐이었다. 얼마나 악화되었던가는 주한미대사가 정치권 외에 있는 나에게까지 사람(Ranard 참사관)을 보내어 사태수습에 관한 의견을 채취(採取)한 것으로도 짐작이 갈 것이다. 물론 나는 정부통령선거를 다시 하는 것밖에는 수습의 길이 없을 것이라고 대답하였다.

그러자 불똥은 드디어 수도 서울로 튀는 데까지 이르렀다. 4월 10일 마산의 경찰은 학생들의 데모대열을 향해 마구 총격을 가했는데, 그러는 통에 고등학교의 어린 학생 김주열(金朱烈) 군이 피살되었다. 수일 후 소이탄(燒夷彈) 크기의 최루탄이 김 군의 한쪽 안공(眼孔)을 뚫고 후두부까지 관통된 참혹한 사진이 공개되자 전국의 민심은 폭발하고 만 것이다.

4월 18일의 고대생 데모를 최초로 나에게 예보(豫報)해준 것은 성북서(署)였다. 고대학생회(단과대학별) 운영위원장들이 모처(某處)에 합숙해 가면서 데모를 계획 중이라는 정보를 4월 16일(일) 성북서로부터 전해온 것이었다.

성북서에서 그러한 정보를 전해온 것은 물론 학교에서도 무슨 대책을 세우라는 의미였다. 그러나 「국민주권에 대한 포악한 강도행위」(3월 15일 민주당 성명)에 항거하여 일어나는 학생들을 누가 어떻게 막을 수 있으랴. 내가 책임을 맡은 학생들의 신상에 불상사가 없기를 기원할 뿐이었다.

운명의 4월 18일, 그 날은 고대학생회 주최로 신입생환영회가 열리게 된 날이었다. 오후 1시 학생들은 신입생 환영을 위해 준비했던 타월을 저마다 머리에 동여매고 성난 호랑이같이 거리로 뛰어나갔다.

「부정선거 다시 하라」는 구호를 외치며 교문을 밀려 나가는 학생

4 · 18 의거

들의 뒷모습을 바라보고 총장실로 돌아온 나는 몇몇 교수들과 함께 앉아 연이어 들어오는 데모대(隊)의 상황보고를 초조하게 듣고 있었다. 나도 뛰어나가 학생들의 뒤꽁무니라도 따르고 싶은 생각이 없지 않았으나 고려대학교의 총장으로서 나는 학생들의 전체상황을 언제나 파악하고 있어야 하는 책임을 느꼈다. 내가 학생들의 꽁무니를 따라다니다가는 고려대학교 학생 전체의 움직임을 알 수 있는 길이 없게 된다. 지금 신설동 로터리에서 경찰과 충돌이 벌어졌다, 지금 동묘 앞을 돌파하였다, 지금 동대문에서 또 충돌이 나서 여러 학생이 경찰서로 끌려갔다, 등등 계속해 들어오는 전화 보고를 들으며 나는 가슴만 죄었다.

학생들은 드디어 국회(현 시민회관 별관) 앞에 이르러 연좌데모를 벌이기 시작하였다. 그 수가 각각(刻刻)으로 불어나 드디어 2천여 명에 이르렀다.

오후 3시 내무부로부터, 총장이 와서 사태를 수습해 달라는 연락이 왔다. 총장이 가서 사태를 어떻게 수습하라는 것인가. 나는 아무 계획도 없었지만 어쨌든 자리를 일어서는 수밖에 없었다. 김순식(金洵植) 씨 이하 그 자리에 있던 17, 8명의 교수들이 우루루 모두 따라나섰다.

"부정과 불의에 항거해서 일어설 용기를 제군들이 가진 것을 고려대학교 총장으로서 나는 기뻐한다."

우리들은 그때 학교에 남아 있던 유일한 차량인 통근버스를 타고 갔는데, 일행이 시청 앞에 이르러 경찰저지선을 뚫고 들어가 차에서 내리니 벌써 텅 빈 광장, 저편 국회 앞 길바닥에 연좌해 있는 고대 학생들이 보였다. 가까이 가면서 보니 큰길은 저편에서도 차단되어 국회에서 동아일보사 앞까지도 환하게 비어 있는데, 학생들 둘레는 경찰이 겹겹이 포위하고 여러 대의 소방차가 그들을 뒷받침하듯 늘어서 있었다. 수만의 군중이 멀리서 이 광경을 지켜보고 있다.

삼엄한 일순(一瞬)이었다. 그러자 총장 일행이 가까워오는 것을 본 학생들은 일제히 박수를 쳤다. 물론 나를 환영하는 뜻이다. 나는 그때까지도 학생들 앞에 무슨 말을 해야 할는지 작정을 못 하고 있었지만, 이 박수 소리에 순간 마음이 작정 되었다. 마이크 앞에 섰다.

『부정과 불의에 항거해서 일어설 용기를 제군들이 가진 것을 고려대학교 총장으로서 나는 기뻐한다.』

나는 그때 내 마음속에 떠오른 생각을 그대로 솔직히 털어놓았다. 나중에 말썽이 되든 안 되든 그런 것을 생각할 여유는 없었다. 우뢰와 같은 박수와 환호성이 함께 터졌다.

그러나 어쨌든 학생들은 모두 학교로 데리고 돌아가야 하겠다. 경찰이 그렇게 요구한대서가 아니라 나는 내가 책임 맡은 고려대학교 학생들, 나를 믿고 나를 따르는 고려대학교 학생들을 더이상 폭력이나 총탄 앞에 노출시켜 둘 수 없다고 생각하였다. 나는 말을 이었다.
『이제 부정과 불의를 제거하라는 제군의 의사는 충분히 표명되었으니 그만 학교로 돌아가자. 날은 이미 저물어 가는데 더이상 큰길을 점령하고 온 장안(長安)의 교통을 마비시킬 수도 없지 않은가……』

학생들은 내 말을 그럴 듯이 듣기는 하면서도 손쉽게 해산하려 하지는 않고, 구속된 학생들을 전원 석방하여야 해산하겠다 요구조건을 내세웠다. 나는 곧 그렇게 할 것을 약속하고 시경국장과 담판하였더니, 그때에는 경찰도 하는 수 없어서 학생들의 요구를 듣겠다 하여, 나는 도로 학교 통근버스로 종로서와 동대문서를 돌아다니면서 구속 학생들을 인수해 가지고 와서 학생들에게 학교로 돌아갈 것을 다시 호소하였다. 학생들은 그제서야 자리를 털고 일어났다.

날은 이미 저물어 사람의 얼굴이 잘 보이지 않게 되어 있었다. 그러나 학생들이 데모를 풀고 학교로 돌아오기로 한 까닭에 나는 안심하고 먼저 학교로 돌아와 있었는데, 어찌 뜻하였으랴. 경찰 백차(白車)가 학생들의 행렬을 을지로4가에서 깡패들이 매복해 있는 천일백화점 앞으로 유도할 줄이야!

피바다가 된 청계천 변의 종로4가. 머리통이고 가슴이고 허벅다리고 닥치는 대로 쇠갈쿠리로 찍고, 벽돌, 자동차 체인 등으로 치고 해서 5, 60명의 고려대학교 학생들이 어둠의 길바닥에 늘비하게 쓰러졌던 것이다.

이튿날(4 · 19) 아침 온 장안의 학생들이 벌떼같이 일어나고 시민이 합세해서 우리나라 역사상 처음으로 민중봉기로 정권이 무너지는 사태를 초래한 직접도화선은 그날 밤의 고대생 피습사건이었다고 나는 확신한다.

고려대학교 학생들은 이렇게 해서 다른 어떤 학교 학생들보다도 가장 많은 수의 희생자를 내었고, 희생자 중에는 두부의 중상으로 그 후 2, 3년간이나 입원치료를 받은 사람도 있었지만, 그 사건으로 직접 생명을 잃은 사람이 없었던 것은 그야말로 천우신조였다고나 할 밖에 없다.

6월 19일에는 아이젠하워 미국 대통령이 내한하였는데, 20일 아침 미 대사관에서 열린 조찬회(朝餐會)에는 장면, 유진오, 최규남, 김재원(金載元), 강신명(姜信明), 장기영(張基榮) 및 서울공대학생 한 명이 초대되었다. 누가 인선한 것인지, 누가 좌석을 정한 것인지는 모르나, 아이젠하워 대통령의 바른편에는 장면 씨, 왼편에는 나의 자리가 마련돼 있었다. 장면 씨는 다음 정권을 담당할 유력한 야당지도자로서 당연한 예우를 받은 것이지만 나는 고려대학교 학생들의 덕을 톡톡히 본 셈이었다.

4 · 19혁명으로 이승만 정권이 무너지자 교육계도 대선풍(大旋風)이 불어서 전국각급학교 책임자들은 대부분 경질되었는데 대학총학장 중 그대로 제 자리에 남은 것은 나 한 사람뿐이었던 것으로

안다.

교원단체에도 대변동이 왔다. 그때 나는 서울시 교육회장을 3기째 하고 있었는데 5월 말 연례정기총회를 열었더니 「교원조합」원들이 들고 일어나서 회의는 쑥밭이 되고 말았다. 교원단체의 연합체인 대학교육연합회에도 바람은 불어와서 종래의 간부진이 모두 물러나는 바람에 9월 총회에서는 참석도 하지 않았던 내가 회장으로 선출되었다.

10월에는 나는 고려대학교 총장으로 3기째 임명되었으나 곧 장면 총리로부터 한일회담 수석대표를 맡아 달라는 간청을 받았다.

부득이해서 정부의 청을 수락하고 또 학교를 비우고 도일(渡日)하였으나, 일본에 가 있는 동안에도 나의 정신은 회담보다도 국내 일 걱정으로 가득 차 있었다.

그것은 첫째로는 국내인심이 한일회담에 대한 준비가 되어 있지 않았기 때문이었다. 우리 민족은 아직도 일본에 대한 적개심과 공포심으로 차 있어서 대일관계를 냉정하게 전망할 자신과 여유를 가지고 있지 못하였는데 정객(政客)들은 그 틈을 타서 한일회담을 정부 공격의 재료로 이용하는가 하면, 경제계 인사 중에는 한일관계 정상화 후의 경제협력에 성급한 기대를 건 나머지 맹목적으로 회담이 타결되기를 열망하는 사람이 많아서 또한 탈이었다.

그러나 그러한 것보다도 한층 심각하게 나를 걱정시킨 것은 국내 사상계의 혼란이었다. 4 · 19의 민주 승리로 우리가 「단군 이래의 자유」를 누리게 된 것은 기쁜 일이었지만, 그 통에 「피는 물보다 짙다」는 등 소박한 구호로 남북의 무조건 통합을 부르짖는 소리가 학생과

청년들 사이에 날로 강해져서 대한민국의 기본이 밑뿌리부터 흔들리기 시작하였기 때문이다.

정무(政務) 연락차 귀국할 때마다 정부의 지도층 인사는 말할 것도 없고 교수, 언론인들과도 사상계의 혼란에 관한 걱정을 나누어 보았으나, 아무도 이렇다 할 대책을 가지고 있지 못하였다.

그때 그러한 청년층의 동향에 한층 자극을 준 것은 도쿄에 있는 김삼규(金三奎) 씨(전 동아일보 주필—이 대통령 시대에 도쿄로 망명한 사람)의 「중립화통일론」이었으므로, 나는 그것이 못마땅해서 한번 김 씨를 만나고 싶었는데, 그해 5월 어느 날 그를 만났기에 따진 일이 있다. 『중립이란 것은 국제관계에서 성립되는 것이기 때문에, 우리나라가 통일된 후라면 나도 중립정책에 찬성하게 될지 모르지만, 통일의 원리를 중립에서 구한다는 것은 본말전도가 아니냐. 중립화통일론이라는 것은 언뜻 들으면 자본주의도 공산주의도 아닌 중립주의, 자유민주도 공산 전제도 아닌 어떤 제삼의 원리로 남북을 통일하자는 것같이 들리는데, 그런 제삼의 중립원리가 있을 수 있느냐? 있을 수 없는 것을 가지고 사상이 미숙한 청년학생층에 대하여 있을 수 있는 일같이 말을 유포시키는 것은, 중대한 남북통일 문제를 가지고 국민을 현혹시키는 것이 되지 않느냐』고 나는 따졌던 것이다. 그랬더니 의외에도 김삼규 씨는 나의 말을 일일이 수긍하면서 지금 국내에서 전파되고 있는 자기의 중립화통일론은 와전된 것이라 하여, 나는 무엇이 무엇인지 모르고 말았다.

김삼규 씨를 만나기 전인 그해 4월 15일에 나는 한일회담을 며칠 쉬기로 하고 일시 귀국하였다. 4·19 1주년에 제(際)하여 건립한 고려대학교의 4·18 기념비 제막식에 참석한다는 것이 구실이었지만, 실은 그날 무슨 일이 일어날지 걱정되었기 때문이었다.

그때의 4·18 기념비 제막식은 정부 요인이 대거 참석한 점에 있어서 아마도 고려대학교의 전 역사를 통하여 전무후무한 호화판 행사였다. 호화판이었을 뿐 아니라, 그 석상에서 국가의 최고 수뇌들 사이에 정치공방전이 벌어져서 흡사 의정단상을 방불케 하는 진풍경이 벌어졌던 것이다.

내빈 축사로는 민의원(民議院) 의장(곽상훈)만을 예정하고 있었는데, 개식 직전에 이르러 갑자기 대통령과 국무총리가 예고도 없이 들이닥쳤기 때문에 모처럼 참석한 대통령과 국무총리에게 축사를 청하지 않을 수 없어서 써 붙인 식순을 무시하고 그분들에게 먼저 축사를 청하였더니, 그분들의 축사는 삽시간에 정치공방연설이 되었기 때문이다. 그 통에 정작 축사를 하기로 예정돼 있던 국회의장마저 흥분해서 등단하자마자 『나도 할 말이 있다』면서 써가지고 온 축사를 옆으로 밀어놓고 즉흥 정치연설을 하였던 것이다.

모든 것이 나의 불안을 크게 할 뿐이었다. 나는 귀국하기를 잘했다 생각하면서 식이 끝난 후 다시 단상으로 올라가 학생들에게 가두(街頭) 데모를 벌이지 말도록 간곡하게 당부하였다.

나의 말이 통하였던 것인지 그 날은 무사히 지나갔다.

이튿날은 서울 운동장에서 시내 전 대학생들의 4·19 기념식이 있어서 또 걱정되었으나 그날도 큰일 없이 넘어갔다.

나는 가슴을 내리 쓸고 22일 도로 도쿄로 돌아갔다.

그러나 그 후 한 달이 채 지나지 못한 5월 16일 오전 6시 요란한 전화벨 소리로 나는 도쿄의 호텔 방에서 잠을 깨었다. 서울에서 군차(軍車)「쿠데타」가 일어났다는 합동통신 이상권(李相權) 기자의 연락이었다.

『좌익이오? 우익이오?』

그것이 나의 첫 반응이었다.

정권이 바뀌었으니 한일회담도 중단할 수밖에 없어서 5월 23일 귀국하였더니 세상은 4 · 19 후 1년 만에 또한번 뒤집혀서 김포 비행장에는 착검한 군인만 몇 사람 보일 뿐 인영(人影)마저 드물었다.

내가「재건국민운동본부장」의 책임을 맡은 것은 6월 10일이었다.

나의 국민운동본부장 취임에 관해서는 세상에 시비가 많았는데, 그중 최대의 것은 내가 장차 군사정권에 의해 그대로 대통령으로 추대되리라는 것이었다. 그러한 풍문이 백「퍼센트」무근한 것이라고는 할 수 없는 것이 그 취임교섭을 맨 먼저 나한테 하러 왔던 장익삼(張翼三) 군(정법 제39회, 연전年前에 대만서 비행기사고로 사망)은 확실히 나한테 그런 뜻을 비쳤기 때문이다. 그러나 나는 그의 말을 딱 잘라 막고 내가 국민운동본부장을 수락하는 진의를 설명하였던 것이다.

그보다 앞서 5월 21일 나는 도쿄에서 5 · 16의 급보에 미국여행을 중단하고 급거 귀국하는 곽상훈 씨를 숙소로 찾아가 만난 일이 있었다. 마침 그 자리에는 양일동(梁一東), 이철승, 박병배(朴炳培), 여운홍(呂運弘), 모윤숙 씨 등 7, 8명이 앉아서 곽상훈 씨와 함께 본국 사태를 걱정하고 있었는데, 누가 꺼낸 말이었는지 어쨌든 누군가가 무슨 말끝에 지금 이 정세 하에서 나서서 일을 할 수 있는 사람은 나(유진오)

뿐이라고 하자, 그 말에 동조해서 몇 사람이 고개를 끄덕인 일이 있었다.

그것이 구체적으로 무엇을 의미하는 말이었는지 알 길이 없었고, 설사 누가 그 말을 구체적으로 설명하고 나에게 「나서기」를 촉구하였다 해도 내가 그것에 응해 「나설」 만한 정치적 기반을 가진 것도 아니어서 나는 그때 그저 듣기만 하고 잊어버렸던 것인데, 6월 초 장익삼 군이 나를 찾아와서 국민운동본부장 이야기를 꺼냈을 때, 내 머리에 반사적으로 떠오르는 것은 10여 일 전 도쿄 여관방에서 있었던 그 일이었다.

나에게 무슨 「나서서」 시국을 수습해 보겠다는 류의 자신이나 포부가 있었던 것은 아니다. 다만 나는 그때 군인들이 배척하던 「기성(旣成) 정치인」이 아니기 때문에 국민운동본부장의 자리는 도쿄에서 여러 사람이 말하던 바로 그러한 일을 할 수 있는 자리같이 생각되어 일종의 사명감을 느꼈던 것은 사실이다. 말하자면 군인과 기성정치인의 중간에 서서 교량 역할을 해보려는 것이 내가 국민운동본부장을 수락한 진의였던 것이다.

그러나 취임 3개월 만에 나는 국민운동본부장을 그만두고 도로 학교로 돌아왔다. 나의 생각이 과대망상에 지나지 않는 것임을 깨달았기 때문이었다.

앞에서 나는 4 · 19 이후의 나의 제3기 총장 재임 기간을 고려대학교를 위해서는 일종의 시련기였다 말하였으나(상기, 후편 349면), 그 기간중에 생긴 일들을 돌이켜 훑어보면 그냥 어려운 일만 연속적으로 일어나서 학교가 곤경에 빠졌던 것은 아니다. 4 · 19 이후 학생들의 빈번한 가두진출로 학교가 정부와 학생의 틈바구니에서 여러 번 난처한 처지에 빠졌던 것은 사실이지만, 한편으로 생각하면 그것은 4 · 19의 성공에 도취한 학생들의 일시적인 탈선이었다 할 수 있고, 대학의 건설 면에서 본다면 그러한 여러 가지 층절(層折)에도 불구하고 환도 이후의 시설과 학풍 두 가지 면에 있어서의 노력이 결실하여 고려대학교는 점차 「대학다운 대학」의 면모를 갖추게 되었기 때문이다.

휴전 후 4 · 19에 이르기까지의 기간에 해 놓은 일들을 회고해보면 대개는 눈앞에 닥친 필요에 대응하기 위한 응급조처들이었다. 갑작스러운 기구확장과 학생증가에 따른 교실부족에 대처하기 위한 노력이 그 기간의 업적의 대부분이었다. 이학부 3학과를 위해 판자 가건물 세 채를 세운 것은 그 대표적인 예였다 할 것이다. 전시에 해이된 학풍을 정상화하고, 대학의 위신을 회복하기 위해 기울인 노력도 그러한 응급대책의 범위를 벗어나는 것은 아니었다.

그러나 4 · 19가 지난 후에는 제법 여유를 가지고 그동안 필요를 느끼면서도 미처 손을 대지 못했던 일들에 차차 손을 대었던 것임을 알 수 있다. 61년 5월에 서관을 완성한 일. 62년에 대학박물관을 완공 개관한 일, 63년에 보건진료소를 발족한 일, 같은 해에 농산품가공실 등 농대의 부속시설을 갖추고 농장용지와 방대한 실습림(實習林)을 사들인 일, 64년에는 현 이공대 건물을 완성한 일들을 생각하면 고려대학교의 건설이 그때까지의 응급단계를 벗어나 차차 본격적인 시설확충 단계로 들어갔던 것임을 알 수 있는 것이다.

그러나 나는 그때의 일을 가지고 자부할 생각은 추호도 없다. 같은 시기에 다른 대학들은 고려대학교보다도 더 많은 시설확충을 더 빠른 속도로 하였기 때문이다(상게, 후편 323면 이하 참조). 그 시기의 일에 관해 나에게 스스로 위로되는 점이 있다면, 내가 대학의 위신을 과히 떨어뜨리는 일을 함이 없이 제한된 재원으로 그 정도의 일이나마 해냈다는 것이다.

남보다 앞서서 4월 혁명의 봉화를 든 고려대학교 학생들의 자신감은 학교건설의 속도보다도 훨씬 빨랐다. 학생들은 그때까지 어딘지 모르게 꼬리를 끌고 있던 전문학교 시대로부터의 유물인 열등감을 씻은 듯이 청산하고 당당한 대학생으로서의 자신을 갖게 된 것이었다. 연대와의 정기경기가 대(對)사회적으로 무게를 더한 것도 그때의 일이고, 개교기념일 때의 축하행사가 「석탑축전」의 이름 밑에 한층 활기를 띠게 된 것도 그때의 일이다.

학생들의 이러한 기질변화는 1964-65년에 순전히 학생들의 창의와 노력으로 교정에 「호상(虎像)」을 건립하였을 때에 절정에 이르렀던 것으로 생각된다. 자신감은 또 애교심으로 발전하여 졸업반 학생들의 성의와 노력으로 「석탑장학회」가 설립되기도 하였다. 「고대신문」, 「고대문화」의 격조가 갑자기 높아진 것도 그때의 일이다.

그러나 학생들의 자신감 앙양(昂揚)은 한편으로는 격렬한 사회참여의욕으로 폭발되기도 하였다. 4·19의 성공에 기가 세어진 학생들은 중대한 정치 문제가 터질 때마다 자기들의 힘으로 이를 밀어붙이려 들었던 것이다. 1962년 6월의 한미행정협정 촉구데모, 1964년 3월의 굴욕외교 규탄데모(이 데모는 6월 3일의 계엄령 선포—소위 「6·3사태」로까지 발전), 1965년 8월의 한일협정 반대데모는 특히 격렬해서 드디어 군대가 고대캠퍼스를 점령하는 전례없는 불상사까지 불러일으켰던 것이다(나의 해외여행 중에 일어난 이 사건에 관해서는 뒤에 다시 이야기가 나온다).

데모에 나서는 학생들의 동기는 언제나 순수한 것(자발적인 것)이라고 나는 믿었다. 그러나 순수하다고 해서 그들의 행동을 언제나 옳다고 할 수는 없다는 것이 또한 나의 생각이었다. 데모가 그들의 의사를 표명함에 그치는 것이라면 또 모르겠으나, 그것이 아니라 학생들의 의사가 현실정치 위에 실현될 때까지 투쟁을 계속하여야 하는 것이라면 용이치 않은 문제가 그곳에 있는 것이다.

우선 문제의 중요성과 긴박성이 학생이 학업을 중단 또는 포기하고까지 나서지 않으면 안 될 정도로(예들 들면 3·1운동이나 4·19때와 같은 정도로) 중요하고 긴박한 것인가 하는 것부터 생각하여야 할 것이다. 만일 그런 생각을 하지 않는다면 인간사회에는 문제가 끊어지는 날이 없는 만큼 학생은 학업을 그만두고 직업혁명가로 나서야 한다는 결론이 되기 때문이다. 행동의 동기에 대해서도 냉철하게 자성(自省)함이 있어야 할 것이다. 참을래야 참을 수 없는 의분(義憤) 때문에 살신성인의 각오로 나서는 것인가. 그렇지 못하고 영웅심이나 기타 세속적인 동기가 그곳에 개재(介在)하는 것은 아닌가를 엄정하게 반성해 보아야 할 것이다.

이러한 나의 생각은 순전히 일개 교육자의 견해에 불과한 것임을 나는 잘 안다. 혁명가나 정치가는 학생의 일시적 학업중단이 문제가 아니라 일정한 정치적 목적을 달성하는 것이 지상목표이기 때문에 그들의 목적달성에 힘이 되는 것이라면 학생들의 활동을 언제나 환영할 것이다. 그러한 태도도 한계를 넘는 때에는 무책임의 비난을 면치 못할 것이다.

나의 이러한 데모관(觀)은 이미 행동을 개시한 젊은 학생들의 귀에 쉽게 들어갈 성질의 것도 아니요, 또 자칫하면 비굴한 타협주의의 비난을 받기 쉬운 것임도 나는 잘 안다. 그러나 할 말은 해야 한다. 1962년 6월의 현충일에는 학생들이 식이 끝나는 대로 한미행정협정 촉구데모에 나설 계획임을 알고 있었기 때문에, 나는 식사(式辭)를 끝내자, 곧 말을 바꾸어 학생들에게 자중(自重)을 요망(要望)하였다.

NATO국가형의 행정협정이 소망스럽기는 하지만 우리나라의 경우 그것이 달성될 가망이 없다는 것, 그러함에도 불구하고 학생들이 데모를 벌인다는 것은 정치적 혼란만 심화하고 잘못하면 맹방(盟邦)과의 우의를 손상할 염려가 있을 뿐이라는 것을 나의 성의와 언변을 다하여 호소하였던 것이다.

그랬더니 식을 마치고 운동장 계단을 올라오는데 학생회 간부로 보이는 한 학생이 나를 쫓아와서 물었다.

『선생님, 정말로 데모를 하지 말라시는 겁니까?』

『그럼, 정말이지.』

『총장의 입장 때문에 그러시는 건 아닙니까?』

『총장의 입장? 나는 총장 노릇하기 위해 마음에 없는 소리를 할 생각은 없어. 오늘 데모는 제발 하지들 말아주게.』

그러자 그 학생은

『벌써 결의들을 했는데요.』

난처한 듯이 말하고 도로 운동장으로 뛰어 내려갔다.

데모는 터지고야 말았다. 4 · 19 때와는 달리 이번에는 내 말은 통하지 않았던 것이다.

나의 세 번째 총장임기가 가까워오자 나는 이번 임기를 끝마치는 대로 총장을 그만둘 생각을 굳히고 있었다. 임기를 세 번이나 거듭하는 동안에 심신도 피로하고 능력도 한계에 가까워진 것을 통감하였기 때문이어니와 고려대학교를 위해서도 새 인물을 총장으로 맞이하여 공기를 바꿀 필요가 있는 것으로 생각한 것이었다. 그러나 나에게는 아직도 일종의 야심이 있었다. 나의 세 번째 총장 임기만료의 해(1965년)는 마침 고려대학교의 창립 60주년이 되는 해이므로, 특색있는 기념행사를 대대적으로 벌여 총장 15년의 도미(掉尾)를 화려하게 장식할 계획이었다. 그리하여 나는 창립60주년을 1, 2년 앞두고 벌써 60년사의 편찬, 대규모논문집의 간행 등 항례적인 행사를 준비하는 한편, 고려대학교 주최로 우리나라 초유의 대규모 국제학술회의를 개최해 보려는 계획을 추진하였다. 외국학자를 우러러만 보는 습성에서 벗어나서 그들과 대등으로 학술 문제를 토의하는 기회를 가져보려는 것이었다.

주최는 아세아문제연구소에 맡기기로 하고, 주제는 「한국의 근대화」를 잡았다. 때마침 정부가 경제건설계획을 「근대화」로 호칭하고 있는 때이었기 때문에 나의 주위 사람 중에는 남의 오해를 사지 않겠느냐 염려하는 사람도 있었지만 나는 개의하지 않았다.

나의 열의에 호응해서 60주년 기념행사에는 학생과 교우들도 각각 한 가지씩 뜻깊은 사업을 해냈다. 학생들은 전기(前記)한 호상을 건립하였고, 교우회에서는 장려(壯麗)한 교문을 건립하였다.

20. 퇴진

그러나 60주년 기념행사를 치르기 위해서는 나는 좀 더 값비싼 시련을 겪어야 했다. 전해의「6 · 3사태」이후 한동안 평온을 유지했던 학생들은 1965년 봄 한일회담이 마무리 단계로 들어가자 다시「대일저자세굴욕외교」반대데모를 시작하여 4월 중순부터는 고대 학생들이 다시 가두로 뛰어나가고, 단식농성을 벌이는 등 극한행동을 재개하였다.

민족의 사활이 걸려 있는 문제가 아닌 정치 문제를 학생들이 집단의 힘으로 결정지으려 해서는 안 된다고 나는 학생들을 타일러 진정시키려 하였으나 학생들은 그러한 설교에는 귀를 기울이려 하지 않았는데 그런가 하면 군경과 대치해 있는 데모학생들을 설득 귀교시키려 불려나간 나를 보고 흥분한 군인은『총장은 무엇하고 있느냐』고 나의 면상에 노호(怒號)를 퍼붓는 것이었다.

사태는 분명히 나의 손아귀를 벗어나 버렸는데, 책임은 똘똘 뭉쳐 나에게로만 떨어지는 그러한 괴이한 판국이었다.

한일회담에 대해서는 나는 그때 진행중이던 교섭내용에 관한 불만인 점에 있어서는 학생들의 주장에 수긍이 가는 점이 없는 것도 아니었지만, 학생들이 힘으로 자기들의 주장을 밀어붙이려는 데는 동정할 수 없었고, 더군다나 학생들이 한일회담이 조인되면 다시금 나라가 망하는 것같이 떠드는 데는 6·25동란 중 이 대통령으로 하여금 한일회담을 시발케 한 사람 중의 하나인 나로서는 도저히 동조할 수 없었다.

하는 수 없이 4월 17일, 나는 고려대학교의 일주일간 휴교를 결정하였다. 휴교로 문제가 해결되는 것은 아니지만 우선 좀 시간을 벌고 보자는 것이었다.

그러나 휴교기간이 끝났을 때 학생들은「언제 데모가 있었더냐 싶은」(그 당시의 나의 일기 속의 표현) 얼굴로 등교하였다. 한일협정반대보다는 모교의 60주년 기념행사 편이 더 중요한 것으로 판단을 한 것이었다. 덕택에 고려대학교의 창립 60주년 기념행사들은 모두 평온리에 거행되었다.

그해의 창립기념일을 전후해서는 저명한 외국인 하객들도 많이 내교하였는데, 그 중에도 그때 병고와 빈궁에 쪼들리는 객지생활을 하고 있던 스코필드 박사(Dr. Schofield—3·1운동 때에 우리를 많이 도와준 영국인 의사, 1958년에 다시 내한하여 그때 서울에 살고 있었다)가 빈곤한 고대 학생을 위해 써 달라고 미화 500달러를 희사(喜捨)해 온 일은 특히 내 기억에 남아 있다.

기념행사 덕택으로 5월은 무사히 지나갔으나 그러는 동안에도 외부의 정세는 결코 가라앉은 것이 아니었다. 야당계 인사로 조직된「굴욕외교반대투쟁위원회」는 고대 출신 국회의원들을 나한테 보내서 고려대학교 운동장을 궐기대회 장소로 사용하게 해달라는 교섭까지 벌이었다. 나는 물론 거절했지만, 교섭 왔던 국회의원들은 몹시 실망한 낯빛으로 돌아갔다.

거액의 경비를 들여가면서 오래 전부터 기획해 오던 한국근대화 문제를 주제로 한 국제학술회의는 참가하는 외국학자들의 시간형편으로 6월 28일부터야 워커힐에서 열리기로 되어 있었는데, 학생데모는 그때까지 기다리지 못하였다. 6월 18일에는 고려대학교에서도 데모가 재연(再燃)하여 학생들은 임박한 학기말시험의 거부를 결의하는 등 사태가 나날이 악화되더니, 28일에는 일부 학생이(고려대학교 학생은 아니었지만) 시내에서 폭동을 벌이는 사태에까지 이르렀다.

문교부의 종용을 따라 고려대학교도 29일에는 하기방학을 당겨서 선포하였다.

그러나 소란 중에도 국제학술회의만은 성황리에 진행되었다. 나는 주제발표나 토론에는 참가하지 않았으나 참석한 내외학자들을 접대하기에 바쁘게 지냈는데, 7월 3일 그 회의마저 끝마치고 나니까, 그제서는 공중으로 날아오르기라도 할 듯이 심신이 거뜬하였다.

이제는 고려대학교 총장을 명예롭게 물러나는 일만이 남았을 뿐이었다.

그때 나는 대한교육연합회 회장으로서 8월 3일부터 에티오피아의 수도 아디스아바바에서 열리는 세계교직자단체연합회(WCOTP)의 세계대회에 참석할 준비를 하고 있었는데, 그것이 끝난 후에는 9월 중순부터 2주일 동안 미국의 대학들을 시찰하고 돌아올 예정이었으므로, WCOTP 대회가 끝나고 미국시찰이 시작될 때까지의 한 달 동안은 그전 여행 때에 들르지 못한 이탈리아 북부지방과 남불(南佛) 각지 및 스페인, 포르투갈을 돌고, 그리고 나서는 남미로 건너가 브라질에 있는 딸을 만나고 멕시코를 거쳐 미국으로 갈 계획이었다. 간단하게 말한다면 교육자대회 참석차 서울을 떠나면 총장임기가 다 되는 9월 말까지 귀국하지 않을 예정이었다.

그리고 보면 총장임기 마지막 3개월을 여행으로 보내게 되는 셈이지만 7월부터는 하기방학이 시작되므로 정말로 학교를 빼먹는 것은 9월 한 달 뿐이라는 계산이 되었다. 15년 동안 수고를 한 끝이니 마지막 한 달쯤은 휴가로 보내도 누가 시비하지는 않으리라는 것이 나의 속셈이었다.

어쨌든 국제학술회의를 끝내고 나니, 나는 고려대학교 총장의 멍에를 이미 벗어버린 것 같은 홀가분한 기분이었다. 그러나 여행을 떠나기 전에 총장으로서 할 일이 아직도 남아 있던 것을 나는 예측하지 못했었다. 하기방학이 시작된 지 며칠 안 되는 7월 11일, 설악산에 갔던 고려대학교 남녀학생 10명이 폭우로 급류에 휩쓸려 변을 당하는 일대 참사가 일어난 것이었다. 학생들을 인솔하고 갔던 손명현(孫明鉉) 교수도 같이 물에 빠져 한참 떠내려갔으나 생명은 건진 모양이다.

이 사건으로 나는 또 며칠 뛰어 다녔으나 14일 유족들의 통곡 속에 젊은 희생자들의 집단영결식을 끝내고 나니 인제는 정말 총장으로서의 직책이 다 끝난성싶었다.

나는 우선 부재중의 사무인계를 이종우 부총장에게 하였는데, 그때 서울대학교, 연세대학교와 공동으로 추진중이던 780만 달러의 대미차관교섭에 관한 것이 제일 중요한 안건이었다.

한편 나는 재단에 대하여 이번 임기만료로 다시는 중임을 맡지 않겠다는 뜻을 정식으로 밝히고 후임자에 관해서는 처음 김상협 씨를 추천하였으나 김 교수가 완강히 거부해서 부총장 이종우 씨를 추천하였다.

이런 조치를 끝내고 나는 정말 총장을 물러난 기분으로 여행을 떠났던 것인데, 임기가 다 되기 전에 또 다시 복병이 나를 기다리고 있을 줄이야 어찌 뜻하였으랴. 여정을 예정의 3분의 2나 마치고 8월 30일 멕시코 시티에 도착하였을 때 그곳 오천석 대사가 5, 6일 전에 군대가 고려대학교 캠퍼스를 점령하였다는 청천벽력 같은 소식을 나한테 전하는 것이었다. 하휴(夏休)가 끝나고 학생들이 다시 학교에 모이자 한일협정반대의 데모가 다시 일어난 것이었다.

급한 대로 나는 우선 학교로 전보를 쳤다. 「신중하고 지혜롭게 대처하라.」(*Meet the situation with prudence and wisdom*)는 전문(電文)이었다. 「신중」이라는 말 대신에 「용기(勇氣)」(courage)라는 말을 쓸까도 했으나 데모를 격려하는 것 같아서 그만두었다(이 전보는 이렇게 내가 자발적으로 친 것인데, 그때 마침 고려대학교에서는 나더러 귀국하라는 전보를 워싱턴으로 친 직후이었으므로, 그 전보에 대한 답전答電으로 알았던 모양이다).

거기서는 그것으로 끝났는데 9월 3일 워싱턴에 도착하였더니 그곳 윤양헌(尹錫憲) 공사(교우, 법 38회)가 고려대학교로부터 나에게 곧 귀국하라는 전보가 와 있다는 말을 전해주었다. 아직도 임기가 끝나기 전이니 나더러 귀국하라고 할 수도 있는 일이기는 하지만, 떠나기 전에 그만큼 부재중의 조치를 해놓았는데 그래도 군이 나더러 돌아오라는 것은 이해하기 어려운 일이었다. 뿐 아니라 그때 나는 고려대학교의 비용으로 출장 나가 있는 몸이 아니었다. 총장 재임중 나는 여러 차례 외국여행을 다닌 일이 있지만, 한번도 학교일로 학교돈을 쓰면서 다닌 일이 없는데, 그때도 나는 WCOTP와 아시아재단의 돈으로 여행을 하고 있는 중이었다. 그러나 저러나 내가 고려대학교의 전보가 와 있는 것을 알았을 때는 군대가 학교에 진주한 지 이미 10일이나 지난 후였다. 그때부터 서둘러 귀국한다 해도 또 며칠은 걸려야 서울에 도착할 것 아닌가. 미국의 여러 대학과 여러 교수들과의 시간약속을 취소하는 것도 거창한 일이어서 미국을 훌쩍 떠날 수도 없는 형편이었다.

그러나 어쨌든 그때에는 사태가 차차 가라앉는 모양이었으므로 나는 사태의 추이를 바라보면서 예정한 미국내 여행을 그대로 계속하기로 하였던 것이다.

전후 72일간의 여행을 마치고 내가 서울에 귀착(歸着)한 것은 10월 5일. 고려대학교에는 내가 추천했던 대로 10월 1일로 이종우 씨가 총장에 취임하여 이미 집무하고 있었고, 학교도 사회도 태풍일과(颱風一過) 후의 고요한 상태였다.

그러나 그러한 가운데 나에게 대한 비난의 소리는 의외로 높았다. 60년 역사에 없는 불상사가 터졌는데, 귀국하라는 전보를 받고도 귀국하지 않았으니 무책임한 총장이라는 것이었다. 나를 모르고, 사정을 모르는 사람으로서는 그렇게 생각할 수도 있을 법한 일이다. 학교

일을 본다는 구실 아래 학교 돈을 가지고 호화롭게 해외유람을 돌아다니는 것으로 생각하는 사람이 많았을 것이기 때문이다. 그러나 나에 대한 비난의 연원(淵源)이 나를 잘 알고 그때의 사정을 잘 아는 사람들에게서 나온 것 같은 데는 나는 정말 놀라고 섭섭하였다. 내가 35년 동안 보전 · 고대에 바친 공이 일조(一朝)에 무너져버린 것 같은 느낌이었다.

그러나 그보다도 못지 않게 나를 아연케 한 것은 나의 입장을 잘 이해한다는 사람들 중에, 그때 내가 즉시 귀국해서 투쟁의 선두에 섰더라면「민주주의의 영웅」이 될 것을 그랬다고 안타까워하는 사람이 있었던 사실이다.

학생들이나 기타 투쟁에 참가한 사람들의 나에 대한 기대가 그렇게까지 큰 것이었다면 기대에 부응하지 못한 것은 미안한 일이다. 그러나 기본적으로 나는 대일굴욕외교 반대투쟁은 대중봉기로 민족의 생사를 걸고까지 전개할 성질의 것이 못되는 것으로 생각하고 있었기 때문에, 그런 사람들의 말대로 내가「그때 즉시」귀국하였더라도 나는 결코 학생 데모의 선두에 서서 진압대의 총부리와 대결하지는 않았을 것이다.

10월 7일의 이임식에서 나는 다음과 같이 말하였다.

『본인은 임기만료의 마지막 날까지 총장으로서의 책임을 다하고 싶었는데 그 맨 마지막 순간[중략], 전무후무의 불상사가 돌발하여 학생은 부상을 입고 몇몇 교수는 사임하는 사태가 벌어졌습니다. 본인은 이 최대의 불행을 동료 및 학생제군과 함께 나누지 못한 것은 유감으로 생각합니다. 공자가 말씀하신 대로「비여위산(譬如爲山)에 미성일궤(未成一簣)」한 감(感)입니다.』(졸저「구름 위의 만상(漫想)」473면)

총장을 그만둔 후에도 나는 만 1년간 대학원 강의를 계속하였는데, 1966년 10월 정계투신을 결심하고 계동 인촌 미망인께 작별인사를 갔다가 비로소 나는 고려대학교를 위하여 나의 일생을 바쳤구나 하는 느낌을 몸으로 느꼈다.

작별인사를 끝마치고 인촌댁 문간을 나오다가 문득 처음 보전취임 교섭을 받고 계동 인촌댁 문간을 들어섰을 때 나는 26세의 기예(氣銳)한 청년이었던 것을 생각한 것이었다.

부록(附錄)

1. 고려대학교론

1) 창학(創學)

애국은 때로는 밤하늘에 작열하는 불꽃 같아야 한다. 그것은 비장한 자기희생일 수도 있고, 귀를 멍멍하게 하는 경종(警鐘)일 수도 있고, 감분(感奮)과 행동의 기폭제일 수도 있다. 그 어떤 경우이든 그것은 만인이 우러러보는 가운데 펼쳐지는 숭고한 행동이며 겨레의 진로에 대한 예지의 번쩍임임에 변함이 없다.

그런 까닭에 사람들은 애국을 찬양하고 애국자의 뒤를 따르기를 원하고 있다. 인류사회의 발전을 따라 나라의 범위는 작은 것으로부터 큰 것으로 변천해 온 것이 사실이지만, 오늘의 민족단위의 국가제도가 좀 더 크고 넓은 것으로 변한다 하여도 애국은 언제나 여전히 거룩할 것이다.

그러나 생각해보면 이러한 형태의 애국은 일정한 조건이 성숙한 때와 곳을 전제로 해서만 눈부신 광망(光芒)을 낼 수 있는 것임을 알게 된다.

조건이란 정상적인 말과 행동으로는 들이닥치는 역리(逆理)를 물리칠 수 없는 그러한 절망적인 상황을 말한다. 말하자면 눈이 부시게 작렬(灼裂)하는 애국은 비극적 상황의 산물이라 할 수 있다.

본래 애국은 비극적 상황에서만 성립하는 것이라고는 할 수 없다. 얼굴 없는 다수인의 일상적 활동도 나라와 겨레의 앞날에 도움이 되는 한, 역시 애국이다. 또 애국은 밤하늘의 불꽃같이 사람들의 기억에서만 살아 남는 것이라고도 말할 수 없다. 행동으로써 비극을 깨고 역리를 순리(順理)로 바꾸어놓는 애국이야말로 실속있는 애국이라 할 것이다.

그러함에도 불구하고 대중의 일상활동이나 성공한 영웅의 업적에서는 눈부신 애국의 광망을 좀처럼 찾기 힘드는 것은 이러한 것으로부터는 비극의 요소가 제거됨으로써 그것이 산문화(散文化)되기 때문이다.

우리 민족은 역사상 수많은 애국자를 가지고 있다. 그것은 바로 우리의 역사가 수많은 비극으로 점철되어 있음을 말한다.

19세기 말엽 이후의 우리 근세사도 또한 수많은 애국자의 이름으로 장식되어 있다. 바로 그 시기에 우리 민족은 역사상 전례를 볼 수 없는 비극을 겪었기 때문이다.

1910년, 우리 민족이 독립을 상실하는 굴욕을 당한 것은 결코 우리에게 애국심이 결핍했기 때문은 아니었다. 민족의 역량에 비해 침략세력이 압도적으로 우세했던 까닭에 애국은 찬란하게 빛날 수 있었지만 민족은 굴욕의 구렁텅이로 떨어져 들어갈 수밖에 없었던 것이다.

말하자면 때가 늦었던 것이다. 19세기 중엽까지 우리와 대차없는 처지에 있던 일본이 부지런히 서양 근대문물을 섭취해 자신 침략세역의 일원으로 화할 때까지, 우리의 지배자들은 관료전제의 단꿈만 탐하고 아무런 준비도 하지 않았던 때문에 애국자의 피와 눈물만으로는 국운을 바로잡을 길이 없었던 것이다.

1905년 이용익(李容翊) 선생이 보성전문학교(普成專門學校)를 창설한 것은 때늦은 애국의 전형적인 예였다. 도적이 든 것을 보고 새끼를 꼬고 불이 난 것을 보고 우물을 파기 시작한다는 속담에도 비할 수 있는 행동이었다.

그러나 그것을 몰라서 보전을 시작한 이용익 선생이 아니었기 때문에 그분의 애국충정(愛國衷情)은 한층 광망을 더하는 것이다. 비극을 눈앞에 보면서도 그것에 절망하지 않고 인재양성이라는 호흡이 긴 사업에 착수한 점에서 우리는 그분의 원대한 경세가적(經世家的) 포부를 보는 것이다.

신념 앞에는 절망이란 없다. 신념의 인(人)은 어떠한 절망적 사태를 당하여도 반드시 뚫고 나갈 길을 찾는다. 이용익 선생은 단순한 열혈의 애국자이었을 뿐 아니라 또한 신념의 지도자이었던 것이다.

2) 학풍(學風)

보성전문학교-고려대학교가 창설된 유래와 이용익-손병희-김성수로 이어지는 역사에 관해서는 이미 널리 알려진 바이라 더 긴 말을 하지 않으려 한다.

특히 최근에 발간된 「고려대학교 70년지」는 보성전문학교의 건학 정신과 일정하(日政下) 손병희 선생의 고투상(苦鬪相) 및 김성수 선생에 의한 민족역량의 조직화 노력이 각기 시대적 배경과의 관련하에서 여실하게 묘파(描破)되어 있어서 나로서는 더 첨언할 말이 없다.

내가 지금 시도하려는 것은 보성전문학교-고려대학교 건학목적의 역사적 의의와 그것이 그후의 보성전문학교-고려대학교의 학풍 형성 위에 끼친 영향을 생각해 보려는 것이다.

보성전문학교가 「인재를 양성하여 국운을 바로잡기 위해」 세워진 학교하는 것은 이미 세상이 다 아는 바이어니와, 이 건학목적의 특색은 그 실용적인 데 있다 할 수 있다. 그런데 이러한 목적의 실용성은 구미 대학들의 창설목적과는 거리가 있음을 주의할 필요가 있다. 물론 실용가치 없는 대학이 지상에 있을 수는 없지만 구미의 대학들은 근대계몽정신, 인간이성의 탐구와 과학발전을 직접적인 목적으로 삼았던 데 반하여, 보성전문학교는 그러한 것보다는 서양근대문명의 결과를 하루바삐 섭취하여 우리나라의 국운만회(挽回)를 도모하자는 실용적인 곳에 창학(創學)의 목적이 있었던 것이다.

이 점은 개교 당시의 보성전문학교가 법과(法科)와 상과(商科)로 구성되어 있었다는 사실로 단적으로 뒷받침될 수 있거니와, 이것은 다시 보성전문학교보다 약간 뒤늦어 국권이 이미 상실한 뒤에 미국 선교사에 의해 설립된 연희전문학교와 비교해 봄으로써 더욱 명백해진다.

1915년에 창립된 연희전문학교는 문과, 이과, 상과의 세 학과로 출발한 것이었다. 그 중에서 특히 우리의 고찰을 위해 의의가 있는 것은 연희전문학교가 보전에는 없는 문과, 이과를 가지고 출발하였다는 점이다.

연희전문학교가 창설 초부터 문과와 이과를 가지고 있었다는 것은 미국의 대학들이 문리과대학을 중심으로 삼는 관례를 따른 것으로 생각되거니와, 문리과대학이란 도대체 합리적, 민주적 인간을 양성하려는 서양근세의 계몽정신을 따른 것이므로 연희전문학교는 그 창립자들이 의식적으로 의도하였든 안 하였든 간에 처음부터 근대적, 도시적인 냄새를 풍기는 학교였다 할 수 있다. 이와는 대조적으로 보성전문학교의 경우에는 근대적이냐 전근대적이냐 또는 민주적이냐 봉건적이냐가 문제가 아니고, 오로지 「민족」이 문제요, 민족이 살아 남느냐 못하느냐는 민족의 *Survival*(살아 남는 것)이 문제였던 것이다.

나는 일찍이 3·1 독립선언서를 분석하여 거기서는 「민족의 자유」는 추구되었어도 각 개인의 자유는 전혀 의식되어 있지 않았다고 말한 바 있는데(졸저 「헌법해의」), 그것은 바로 그 당시의 우리 민족의 정신적 기후(氣候)였고 보전의 정신상태였던 것이다.

연전이 서구적, 도시적, 근대적인 데 비해 보전이 토착적, 농촌적, 지사적(志士的)인 인상을 풍기었던 것은 단순히 설립자가 외국인이냐, 내국인이냐 하는 것에만 연유하는 것이 아니었던 것이다.

보전의 학풍이 그렇듯 토착적이요, 농촌적이요, 구풍(舊風)이었다 하면, 보전은 처음부터 보수적 전통문화적이었어야 할 것도 같으나 그것은 또 그렇지 않았다. 그것은 유교에 바탕을 둔 전통문화는 보전 건학의 목적인 국력의 급속한 배양을 위하여 도리어 장애물이 될지언정, 촉진제가 되지 못하였기 때문이다. 여기서 보전의 학풍은 전통적인 것에 대한 무관심 속에서 자라나게 된다.

전원 일본 유학생으로 구성된 초창기 보전 강사진은 아무도 민주주의를 입에 올려 말하지 않았지마는 그들이 강의하는 대륙계통의 법률학과 구미 근대경제학은「경국대전(經國大典)」이나 개성상인(開城商人)의 부기술(簿記術)과는 아무런 관련도 없는 구미의 학문이었다. 그것은 조금만 더 성장해서 그것을 배운 사람들이 실사회에서 실효적인 활동을 하게 되는 때에는 전통문화와는 조만간 대립관계로 들어갈 수밖에 없는 그러한 성질의 것이었다.

여기서 또한번 보전의 학풍은 연전의 그것과 호대조(好對照)를 이루게 된다. 보전이 전통문화에 대한 무관심 내지 대응관계 속에서 출발한 것과는 달리, 연전은 구미대학의 계보 위에서 세워지고 또「구국」등의 숨가쁜 실용목적에 의하여 채찍질받지 않았던 만큼, 우리의 전통문화에 대하여 처음부터 상당한 관심을 가지고 출발하였던 것이다. 주시경(周時經) 이하 일군의 국학자(國學者)를 연전이 처음부터 교수진에 포함하고 있었던 사실은 이 경위를 설명하고도 남음이 있다.

도대체 우리나라의 전통문화에 대한 관심 내지 연구가 우리들 자신보다 까맣게 앞서서 불미(佛美) 등국의 선교사들에 의하여 시작된 것을 생각하면 저간(這間)의 소식은 저절로 밝아질 것이다.

3) 관학(官學)과 사학(私學)

보전과 연전, 고려대학교와 연세대학교의 학풍의 밑바닥에는 위에 지적한 바와 같은 차이의 잔재가 지금도 깔려있는 것으로 생각되거니와 해방은 우리 민족에게 전혀 새로운 문제를 가져다주었다. 그것은 종래 우리나라 고등교육의 대부분을 점령하고 있던 관학이 일조(一朝)에 우리들의 손으로 옮겨졌기 때문이었다.

전(全)고등교육기관이 우리 손으로 들어오고 전고등교육기관을 우리 사람으로 채워야 하게 되고 보니 그 일은 우리나라 교육계뿐 아니라 민족의 전 역량을 기울여야 겨우 해낼 수 있는 벅찬 것이었다. 실지로 군정 초기에 설치되었던 교육자문위원회나 그 후 우리나라 교육제도의 기본을 심의하기 위해 조직되었던 교육심의회는 교육계뿐 아니라 정치, 문화, 언론, 종교 등 각계의 지도적 인사를 총망라한 것이었다. 후일 공산당에 투신하거나 동조한 사람들도 교육에 관련있는 사람이면 빠짐없이 포함된 것이 교육심의회였다(자세한 것은 오천석 저「한국신교육사」).

이렇게 해서 해방은 우리나라 교육계의 총력을 모으는 계기를 마련하고 우리나라 전교육기관을 같은 조건 위에 올려놓는 결과를 가져왔다.

그러나 그와 동시에 해방은 관학 대 사학의 관계를 어떻게 조정해 나갈 것이냐 하는 새로운 문제를 제기하였던 것이다.

전에는 관학은 일인(日人)의 기관, 사학만이 우리의 기관, 이렇게 간단히 생각하였기 때문에 그 차이와 이동(異同)이 뚜렷하였지만 관학도 사학도 다 우리의 기관이 되고 보니, 그 관계가 문제 안 될 수 없는 것이었다.

실은 이 문제는 공식적으로는 한 번도 논의된 일이 없었다. 다만 나는 종래 사학 관계자이었고, 또 인촌께 보전에 남아 대학 승격 등 앞으로 닥쳐올 일들을 맡아 보아줄 것을 강력하게 요청받았던 때문에(해방 전 보전 전임으로 해방 후 계속 보전에 잔류한 것은 나 한 사람뿐이었다) 나와 인촌 사이에서만 이 문제가 심각하게 논의된 일이 있을 뿐이다(그때의 일에 관해서는 본서 후편 189면 참조).

그때 나는 두 가지 이유를 들어 보전의 앞날을 신중하게 생각하도록 인촌께 말씀하였다. 첫째는 관학도 사학도 다같이 우리 기관이 되었기 때문에 일정시대와는 달리 앞으로는 사학에 종사한다고 해서 특히 민족을 위해 일하는 것이라 할 수 없게 되었다는 것, 둘째로는 미영(美英) 등 수백년래 사학이 우위를 차지해 온 국가에서도 사학은 점차 그 지위를 관학에 양보하고 있다는 것이었다. 그런 중에도 사학은 과학기술의 발달을 따른 점증하는 시설경비를 도저히 감당할 수 없는 것이 가장 큰 애로점이라는 것을 나는 인촌께 말씀드렸던 것이다.

그러나 실지에 있어서는 관학 대 사학의 관계는 내가 전망한 것같은 양상을 그렇게 쉽사리 노정(露呈)하지는 않았다. 그것은 첫째로는 그때 우리나라의 교육계를 지배하던 사람들이 전부 과거 사학에 관계하던 사람들이었던 것과, 둘째로는 새로 구성된 관학들이 미처 자체(自體)를 정비, 확립할 겨를이 없었기 때문이다.

이 두 번째 점, 즉 당시의 관학들이 미처 자체를 정비할 겨를이 없었다는 점은 당시의 각 대학 교과과정표를 일람하면 단번에 알 수 있는 일이다.

고대, 연대 등의 교과과정표는 비교적 간출한 것이었지만, 그 대신 교과과정표에 있는 과목은 실지로 거의가 개강되는 것이었음에 반하여, 서울대학교의 그것은 대학의 과정으로 생각할 수 있는 한도 내의 과정은 거의 다 망라하였다고 할 수 있을 정도로 방대한 것이었지만, 그 중에 실지로 개강된 과목이 얼마나 되었던지는 의문인 것이다. 이러한 차이는 결국 고대, 연대 등 전통있는 사학은 운영주체가 확고하게 틀이 잡혀 있었음에 반하여 새로 구성된 국립대학은 아직 그렇지 못했음을 말하는 것이다.

그런 데다가 당시의 관학은 예산 면에서도 사학에 비하여 별로 풍족하다 할 수 없었다. 예산의 절대액은 사학보다 많았는지 모르지만, 그 운용이 재정법규에 얽매여 형식주의에 흐르고 탄력성을 결(缺)한 결과, 사학이 얼마 안 되는 예산을 가지고도 비교적 활발하게 실험기재나 도서 등을 구입할 수 있었던 것과는 반대로 관학은 그런 일에는 손도 못 대고 오랫 동안 겨우 교직원의 봉급이나 지불하는 상태에 머물러 있었다.

이러한 여러 가지 이유로 해방 직후의 우리나라 사학은 미영 등의 명문사학에는 비할 수 없어도 일본의「게이오」(慶應)나「와세다」(早稻田)가 도쿄제대(東京帝大), 교토제대(京都帝大) 등 관학과 대비해서 가지는 것보다는 높은 위치에 있었던 것으로 나는 생각한다.

사학이 국민들의 의식 속에서 얼마만한 비중을 차지하고 있는가는 사학이 얼마만한 우수한 학생을 유인하는가에 의하여 그대로 숫자로 표시된다. 고려대학교로 승격 개편된 지 얼마 안 되는 어느 해 나는 입학시험 발표 직전에 수험생들의 성적표를 가져오라 하여 훑어본 일이 있는데, 보아 내려가다가 나는 깜짝 놀랐다. 비슷비슷한 성적이 잔잔한 물결같이 계속되는 가운데 별안간 일단의 학생들이 히말라야나 알프스 연봉같이 우뚝 솟아나 다른 학생들과는 비교를 절(絶)한 우수한 성적을 자랑하고 있기 때문이었다.

커닝? 시험문제 누설? 갖은 불길한 생각을 다 하면서 입학원서철을 갖다 보았더니, 커닝도 문제 누설도 아니요, 그 학생들은 전부 모「일류고교」의 우등 졸업생들이었다.

이러한 일은 그때에도 일반적 현상을커녕 예외 중의 예외였다고 할 수 있다. 그러나 이 이야기는 해방 후 한때는 고려대학교가 비록 일부 국민 사이에서나마 일류 중의 일류대학으로 생각되었던 것을 증명하는 것이다.

그러나 이러한 우리나라 사학의 위치는—따라서 고려대학교의 그것도—휴전 후 몇 해 동안에 누가 어떻게 손을 써볼 여유를 주지 않고 급속하게 저하되었다. 그 원인으로는 그동안에 관학이 질서를 회복한 것, 사대(私大)의 등록금이 비싼 것, 사학 중에는 전중, 전후의 혼란기에 엄청난 부정을 저지른 곳이 적지 않았던 것 등을 들 수 있겠지만, 나는 우리 국민의 전통적인 관존민비의 사상이 근본원인이 된 것으로 생각한다.

물론 그렇다고 나는 오늘날 고대나 연대 등 소위「명문사학」의 위치가 아주 땅에 떨어졌다고는 보지 않는다.

다만 그들의 위치는 지금 일본의「와세다」나「게이오」보다 나을 것이 없게 된 것이 사실이고, 그 위에 신설지방관학들과 다른 사학들이 점차 강력한 경쟁자로 등장하고 있어서 일순도 방심을 불허하는 현실에 처해 있다는 것만은 지적해두고자 한다.

4) 좌표(座標)

위에 논한 것 같은 것이 고려대학교의 전통과 위치에 대한 나의 평가요, 분석이었기 때문에 나의 총장재임 중 노력의 목표는 당연히 그 장점을 그대로 보지(保持)하면서 단점을 보광(補匡)하여 민족의 대학으로서의 올바른 좌표를 확립하려는 것이었다.

이용익-손병희-김성수로 이어지는 고려대학교의 정신 방향은 이미 굳어진 역사적 사실일 뿐 아니라, 어느 누구도 용훼(容喙)할 수 없는 최고의 지도노선이다. 이 정신 밑에서 영광의 보전-고대사는 이루어져 왔고, 학생과 졸업생은 용감하게 민족의 앞장에 서서 싸워왔으며, 때로는「와일드」와「막걸리」로 울분을 달래기도 하였다. 춘원(春園)이 작사한 구(舊)교가는 그러한 보전의 반골정신(反骨精神)을 완벽하리만큼 잘 표현하고 있다.

「젊은 가슴 숨은 생명, 힘넘쳐 뛰노나／이 힘이여 이 생명을, 펼 곳이 어데냐／눌린자를 쳐들기에 굽은 것 펴기에／쓰리로다 부리리라 이 힘과 이 생명」

그러나 위에서 이미 말한 바와 같이 보전건학의 목적은 학문적인 것보다도 실천적인 곳에 더 치중했던 것이니만큼, 고려대학교가 민족의 대학으로서 완성되기 위해서는 초창기에 등한시되었던 근대 학문의 기본인 인문사상의 연구에 좀 더 힘을 기울이고, 결여된 과학 부문 제(諸)학과를 신설 확충하며, 급변하는 세계 정세에 대응하여 자유와 평등의 현대적 의의를 천명 제고함으로써 공산주의와의 대결 리(裡)에 있는 신생 자유민주독립국가의 최고학부로서의 내용과 형식을 구비토록 함이 필요한 것으로 나는 판단하였다.

이러한 새로운 좌표 설정은 쉽게 말해서 전문학교 시대의 구각(舊殼)을 탈피하고 정말 민족의 대학으로서의 권위를 확립하려는 것이었으므로 고대관계자는 누구나 당연한 일로 받아들이고 쉽게 찬동하는 바이었으나 이것을 학생들에게까지 납득시키는 일은 반드시 그렇게 쉬운 일은 아니었다. 툭하면 직접행동으로 뛰어나가려는 학생들에게 자제와 사태의 이론적 학문적 파악을 먼저 권하는 것이기 때문이다. 차라리 행동을 아주 막아버리려는 것이라면 도리어 용이하겠는데 기개는 장하다 하면서 행동은 신중하라 하는 것이기 때문에 혈기에 찬 젊은 학생들에게는 얼른 받아들이기 어려운 점이 있었던 것이다.

막걸리를 마시고 꽹과리를 치는 것도 좋으나 대학생의 그것은 옛날 우리 조상이 무지와 빈곤 속에서 그것을 최고 유일의 오락으로 삼고 놀던 것과는 달라야 할 것 아니냐, 스포츠로 청춘의 생명력을 발산하는 것도 좋으나 맹목적인 주먹은 거리의 부랑배나 휘두르는 것이 아니냐, 특정한 정치목적을 위해 대학생이 거리로 뛰어나가는 것도 때로는 최고의 애국이 될 수도 있는 것이지만 대학생의 행동은 얼굴 없는 대중과는 달리 고차원적인 사상과 신념의 발현이어야 할 것 아니냐—이러한 것이 그때 내가 항상 학생들에게 들려주던 말이었다.

말썽은 특히 운동선수 특수입학문제를 둘러싸고 자주 일어났다. 학생이나 운동관계 교우들은 언제나 더 많은 운동선수를 입학시키고 싶어하는 데 대하여, 학교는 그것을 필요한 최소한도로 줄이려 하기 때문이었다. 지금은 이 문제에 관해 일종의 불문율이 성립되어 있는 것 같은데, 그것은 이런 식으로 여러 해 동안 밀고 당기고 한 경험의 소산인 것이다.

그러나 곧 나의 노력은 대부분 학생들의 호응을 얻었다. 특히 「고대신문」을 중심으로 하여 학생들이 「사색하는 고대」라는 표어를 들고 나온 것은 고대의 새 좌표를 굳히는 데 큰 힘이 되었다.

김상협 총장은 「지성과 야성」이라는 상충되는 듯한 표어로 학생지도에 노력하였는데 그것은 이렇게 설정된 고려대학교의 좌표를 한층 더 높은 차원에서 계승발전시키기 위한 것이었던 것으로 안다.

다음은 고대 아카데미즘의 새로운 방향이다. 1955년의 창립 50주년 기념을 전기(轉機)로 하여 고려대학교는 한국고전국역위원회와 아세아문제연구소를 창설하여(1957년, 한국고전국역위원회는 1963년에 민족문화연구소로 개편) 우리 전통문화 연구에 본격적으로 나섰는데, 그것은 창립당시의 보성전문학교가 전통문화에 대한 무관심 내지 잠재적 대항 속에서 발족하였던 것과는 정(正)히 대조적인 일이었다.

그러나 그것이 전통의 맹목적인 묵수(墨守)나 찬양에서 나온 것이 아니라 근대학문의 방법으로 우리 전통의 진가를 재정리, 재평가하려는 데서 나온 것임은 물론이다. 고려대학교는 창립 후 50년 동안 구미 근대학문 습득에 몰두하고 난 뒤에 드디어 자기 자신을 알기 위한 노력을 시작한 것이다. 그것은 비단 고려대학교뿐 아니라 우리나라 전체의 학문이 드디어 그러한 단계로까지 성장한 것임을 의미하는 것으로 해석되어야 할 것이다.

5) 앞날

이상 나는 고려대학교의 과거와 현재에 관하여 내깐에는 냉철한 객관적 입장에서 내 나름의 분석과 평가를 시도하였다. 그 결과 도달한 결론은 지나간 70년 동안의 고난과 영광이 엎치락뒤치락하는 발전과정을 통하여 고려대학교는 이제 민족의 대학으로서의 실질을 갖추고 바야흐로 세계의 대학으로 비약할 전야(前夜)에 처해 있다는 것이다.

그러나 여기서 우리가 직시해야 할 것은 고려대학교는 지금 아이러니컬하게도 재정적 난관이라는 중대한 벽에 부딪쳐 있다는 사실이다.

1932년 인촌의 쾌거로 재정적 기반을 굳힌 이래 근 반세기 동안 순탄한 발전의 길을 걸어온 고려대학교지만 1950년의 농지개혁과 그 후의 시세(時勢) 변천으로 지금 와서는 경비의 대부분을 학생등록금에 의존하게 된 점에 있어서 고려대학교도 다른 사학들과 다름이 없는 처지가 되었다는 이야기다.

이러한 것은 고려대학교 뿐 아니라 우리나라 모든 사학에 공통되는 문제요, 나아가서는 선진국가의 사학들도 다 함께 직면하고 있는 세계 공통의 현상이라고도 할 수 있다. 그러나 그렇다고 우리가 체념하고 무위(無爲)로 앉아 있을 수는 없는 일이다.

여기서 혹시 우리도 돈을 벌면 되지 않겠느냐 하는 사람이 있을지도 모르지만, 재정이 달린다 해서 고려대학교가 요새 흔히 듣는「학원모리배(學園謀利輩)」가 될 수는 없는 일이다. 비정상적인 방법으로 약간의 돈을 거두어 본댔자 그것으로 문제가 해결될 성질의 것도 아니다.

제2의 인촌 대망론(待望論)이 나옴직도 하다. 그러나 그것도 난망(難望)이려니와 독지가(篤志家)가 있다 하여도 반세기 전에 인촌이 보전에 대해 한 것 같은 기여를 현 규모의 고려대학교에 대해 할 수 있는 사람이 있으리라고는 기대할 수 없다.

여기서 나는 선인들의 봉공멸사(奉公滅私)의 정신을 되새겨보고 싶다. 이용익 선생이 보전 창설에 쓴 돈이 그 분의 사재(私財)이었는지 황실 비용이었는지는 분명치 않으나, 그분도 영손 이종호(令孫 李鍾浩) 씨도 보전을 빙자하여 사사명리(私私名利)를 꾀한 흔적은 없으며, 손병희 선생이 보전에 희척(喜擲)한 돈도 그분의 사재이었는지 천도교의 재산이었는지의 구별은 명확하지 않으나 그분도 천도교도 명리(名利)에 관해서는 참으로 담백하였다. 1920년 재단법인이 설립되던 때에는 천도교는 박인호(朴寅浩) 씨를 설립자의 일인으로 보냈을 뿐이었다.

김성수 선생에 이르러서는 더할 말이 없다. 막대한 사재를 내놓았을 뿐 아니라 당신의 몸과 마음을 통틀어 학교 일에 바쳤으니 말이다. 인촌 밑에서 일하면서 나는 재정상의 문제로 때로 불만을 가지는 일이 없지 않았지만 그분이 자기 재산을 내놓은 위에 한푼 보수도 없이 진심갈력(盡心竭力)하는 것을 생각하면, 감히 입을 열지도 못하고 지냈다.

그러한 분들의 무아(無我)의 애국정신이 오늘날 고려대학교의 정신적 지주를 이루고 있는 것이다. 그러한 정신적 뒷받침이 없었던들 고려대학교가 아무리 70년 역사를 자랑하고 민족의 대학임을 자처하여도 그 말은 오늘과 같은 광망을 발할 수 없었을 것이다.

고려대학교가 직면한 난관을 직시하면서, 선배들의 위대한 족적(足跡)을 뒤따를 결심으로 우리 모두 진지하게, 또 심각하게 고려대학교의 앞날을 생각할 때는 왔다고 생각한다.

2. 연대와 고대
—한민족 근대화를 위해 창설된 양교

연대와 고대는 여러 가지 점에 있어서 대척점으로 다르다고 말하는 사람이 있다. 왈(曰), 연대는 미국 선교사들이 세운 학교임에 반하여, 고대는 한국인의 손으로 세워진 학교다. 왈, 연대는 기독교 정신을 교육의 기본으로 삼고 있는 데 반하여, 고대는 민족주의 내지는 유교정신의 색체가 강하다. 왈, 연대는 서울 시가의 서쪽에 위치해 있는 데 반하여, 고대는 동쪽에 위치해 있다. 왈, 연대 학생은 스마아트하고 하이컬러 풍이 있는 데 반하여, 고대 학생은 좋게 말하면 실직(實直)하고, 나쁘게 말하면 촌스럽다. 왈, 연대 출신은 관계(官界)·실업계로 비교적 많이 진출해 있는 데 반하여, 고대 출신은 정계 또는 법조계에 비교적 많다…… 등등의 말이 그것이다.

연대와 고대는 확실히 서로 다른 점을 가지고 있다. 그것은 양교의 연혁·전통·경영자·학풍의 차이에서 오는 필연적 결과일 것이다. 그러나 양교의 차이가 이러한 점에 그치지 않고 운동 경기의 기술면 같은 것에서까지 나타나 있는 것으로 느껴지는 것은 어찌된 까닭일까. 운동 경기에 백지 상태인 내가 이런 말을 하는 것은 주제 넘은 일 같지만 하여간 나는 지나간 30년 동안 양교 축구팀의 경기를 볼 때마다 그러한 느낌을 되풀이하는 것이다.

다름 아니라 연대 선수들은 패스에 빠르고 적의 허를 찌르는 데 기민함에 반하여, 고대 선수들은 개인기와 공을 다루는 데 더 능숙하고 적의 허를 찌르는 데는 둔한 대신, 완벽한 수비진을 치고 있는 적전에서 우격다짐으로 득점을 하는 *toughness*에 있어서 일일지장(一日之長)이 있는 것으로 나는 언제나 느끼는 것이다. 이러한 대조는 양교 축구부 출신의 대선배요 대선수인 김성간(金成玕; 연대), 김용식(金容植; 고대) 양 선수의 경기 태도에 상징적으로 나타나 있는 것이다. 양교의 연혁이나 학풍의 차이가 어떠한 과정을 밟아서 이러한 데까지 미치는 것인지 신비스러운 일이라 하겠다.

그러나 나는 이러한 양교 간의 차이보다도 양교 간에 있는 뗄 수 없는 밀접한 상관관계를 더 생각하고 있는 사람이다. 그 가장 기본적인 것은 양교가 다 함께 한민족의 근대화라는 기본 목적을 위해 창설되었다는 점이다.

고려대학교의 전신인 보성전문학교를 창설한 이용익 선생이 1906년 해삼위(海蔘威) 객창에서 숨을 거두면서도「청광개학교(請廣開學校), 교육인재(敎育人材), 이복국권(以復國權)」이라는 유소(遺疏)를 남긴 일은 너무나 유명한 사실이지만, 세브란스의학전문학교를 창설한 언더우드 박사도 또한 근대화에 뒤늦은 까닭에 국권상실의 비운을 당한 한민족에게 구미의 신문물을 전수해 주기 위하여 그 사업을 일으켰던 것임은 너무나 잘 알려져 있는 사실이다.

연전과 보전이 일정 36년간을 통하여 눈 위의 가시 같은 대접을 받던 일, 또는 양교의 학생들이(연전의 한위건韓偉健, 보전의 강기덕康基德) 3·1운동 당시 전국 학생의 선두에 섰던 일 등은 결코 우연한 일이 아닌 것이다.

그러나 이러한 지나간 일들보다도 나는 양교가 처해 있는 환경 속에서 한층 절실한 양교의 공동사명을 느끼는 사람이다.

그것은 다름 아니라 양교가 함께 독립한국의 사학의 선두에 서서 이 나라 민주화의 역군(役軍)을 길러 내는 중대한 사명을 띠고 있다는 점이다. 이 나라의 앞날을 등에 지고 나설 역군을 길러 내는 일이 하필 사학에만 국한되어 맡겨져 있는 것은 아닐 것이다. 그러나 나는 우리나라가 민주국가인 만큼, 또는 민주국가를 지향하고 있는 만큼, 연대와 고대라는 전통 있는 사학기관이 지금 우리나라 교육계에서 무거운 비중을 차지하고 있는 것을 기뻐하는 것이다. 미구(未久)에 민족의 운명을 떠맡을 젊은 일꾼들이 사학의 자유로운 분위기 속에서 늠름한 모습으로 진리 탐구에 몰두한다는 것은 여간 중요한 일이 아니기 때문이다.

그렇다고 내가 양교의 학풍이 귀일(歸一)되기를 원하는 사람이냐 하면 그것은 아니다. 고려대학교는 시대의 진운(進運)과 함께 점차 국사적(國士的) 풍토에 동화되어 올는지 모르지만, 그러나 양교의 학풍은 역시 다른 대로 남아 있어야 할 것이요, 또 남아 있을 것이다.

그렇게 하는 것이 양교가 다 함께 이 나라를 위하여 보다 큰 기여를 할 수 있는 길일 것이다.

(1963·6「연세춘추」창간 10주년 축사)

◆연보

○표는 생활(生活), 직업(職業)관계 항목
◎는 저작(著作)관계 항목

○저자에게 직접 간접으로 영향을 미친 해외, 국내 및 고려대학교 관계 주요항목

연대(年代)	나이	생활(生活), 사적(事蹟)	배경(背景)
1906(병오) 광무10년	1	○ 5월 13일(음 4월 20일) 한성부 북부 가회방 재동 계맹현 제12통 제12반에서 부(父) 유치형(兪致衡; 궁내부 제도국 참사관, 보성전문학교 강사) 모(母) 밀양 박씨의 장남으로 출생	
1907(정미) 융희원년	2	○ 한성부 북부 가회방 재동 제3통 제11호로 이사	○ 외숙 박용화(朴鏞和; 시종원경侍從院卿, 궁내대신, 내각회계국장) 피살 ○ 헤이그[海牙]밀사사건 ○ 고종 양위(7월 20일)
1908(무신) 융희2년	3		
1909(기유) 융희3년	4		
1910(경술) 융희4년	5	○ 천자문 떼다	○ 한일합병(8월 29일)
1911(신해) 명치44년	6	○ 경성부 북부 양덕방 계동 제14통 제8호(뒤에 경성부 계동 101번지)로 이사 ○ 언문(한글) 배우다	○ 중국 신해혁명
1912(임자) 명치45년 대정원년	7	○ 국어, 국사, 일어, 산술 등 집에서 학습	
1913(계축) 대정2년	8	○ 부친 따라 유길준(兪吉濬) 병 위문	
1914(갑인) 대정3년	9	○ 재동공립보통학교 입학	○ 제1차 세계대전 터지다
1915(을묘) 대정4년	10	○ 조모 삭녕 최씨 별세	
1916(병진) 대정5년	11		

1917(정사) 대정6년	12		○ 러시아공산혁명
1918(무오) 대정7년	13	○ 재동공립보통학교 졸업, 연령미달로 중학 진학 못하고 1년간 휴학	○ 제1차 세계대전 종료(11월)
1919(기미) 대정8년	14	○ 경성부 화동 137번지로 이사 ○ 경성고등보통학교(후에 경성제1고보, 경기중학, 경기중고교) 입학 ○ 성진순(成辰順)과 결혼(12월)	○ 3·1 만세운동 ○ 경성고보학생 학제개혁을 요구하고 맹휴 ○ 조선총독에 사이토 마코토(齋藤實)
1920(경신) 대정9년	15	○ 조부 유윤환(兪胤煥) 별세	
1921(신유) 대정10년	16		○ 조선일보, 동아일보 창간
1922(임술) 대정11년	17	○ 일본 각지 수학여행	○ 신교육령 공포(일본일학교와 동등자격) ○ 서울청년회 결성
1923(계해) 대정12년	18		○ 조선물산장려회, 민립대학기성회 결성 ○ 일본관동대진재(大震災) ○ 박렬(朴烈) 사건
1924(갑자) 대정13년	19	◎ 이재학(李在鶴), 김주경(金周經) 등과 시지(詩誌)「십자가(十字街)」발행 ○ 경성제1고등보통학교 졸업 ○ 경성제국대학 예과문과A에 입학 ○ 대학예과조선인학생들로 문우회(文友會) 조직 ○ 경성부 운니동 67번지로 이사 ○ 가을 김성수(金性洙) 알게 되다	○ 상급학교 입학자격문제로 제1고보생 맹휴 ○ 경성제국대학 예과 개교(5월) ○ 화요회(火曜會), 북풍회(北風會) 결성
1925(을축) 대정14년	20	○ 이강국(李康國), 최용달(崔容達), 박문규(朴文圭), 이희승(李熙昇), 이효석(李孝石) 등과 알다 ◎「뮤즈를 찾아서」(일문) 대학예과학생회잡지「청량(淸凉)」창간호 ◎ 소설「S와 빠사회」(문우文友)	○ 조선공산당 결성
1926(병인) 대정15년 소화원년	21	○ 경성제국대학 법문학부 법학과 입학, 철학과로 전학을 지원하였으나 불허되다	

		○ 이광수(李光洙), 현준혁(玄俊赫)과 알게 되다 ○ 김계숙(金桂淑), 전승범(全承範) 등과「경제연구회」조직 ○ 고유섭(高裕燮), 배상하(裵相河) 등과「낙산문학회(駱山文學會)」조직 ○ 처 성진순(成辰順) 서(逝)	○ 6·10 만세사건
1927(정묘) 소화2년	22	◎ 소설「여름밤」(문우文友),「복수(復讐)」「스리」「파악(把握)」(조선지광朝鮮之光),「갑수의 연애」(현대평론現代評論), 희곡「피로연(披露宴)」(조선지광)	○ 신간회(新幹會) 결성 ○ 조선총독대리 우가 키가즈시게(宇垣一成) ○ 조선총독에 야마나시 한조(山梨半造)
1928(무진) 소화3년	23	○ 박복례(朴福禮)와 결혼(10월) ◎「진리의 이중성」(조선지광) ◎ 소설「삼면경(三面鏡)」「넥타이의 침전(沈澱)」(조선지광),「여름밤 일경(一景)」(신문춘추)	○ ML당사건
1929(기사) 소화4년	24	○ 경성제국대학 졸업(법학사) ○ 경성제국대학 법문학부 형법연구실 조수 ○ 경성제대 조선인 졸업생들「낙산구락부」를 조직하고 학술잡지「신흥(新興)」발간 ○ 김계숙, 이종수, 김광진 등과「조선사회사정연구소」설립 ○ 7~8월 최용달(崔容達) 과 함께 일본 여행 ◎「민족적 문화와 사회적문화」「유물사관 단장(斷章)」(신흥),「조약비준론」(조선지광) ◎ 소설「5월의 구직자」(조선지광),「여직공」(조선일보), 희곡「삘딩과 여명(黎明)」(조선문예)	○ 광주학생 사건(光州學生事件; 11월)
1930(경오) 소화5년	25	○ 장녀 효숙(孝淑) 출생(3월) ○ 7~8월 만주여행 ◎「1년간조선사회운동개관」(동아일보, 필명 이지휘李之輝) ◎「사유재산권의 기초」「법률에 재(在)한 사회민주주의」(신흥新興) ◎ 소설「가정교사」(조선강단講壇),「우편국에서」「마적(馬賊)」(조선지광),「귀향」(별건곤別乾坤),「송군남매와	○ 코민테른「일국일당(一國一黨)」결정 ○ 간도공산당사건

		나」(조선일보), 희곡「니그로를 죽여라」(중성衆聲) ○ 조선프롤레타리아예술동맹으로부터 가맹 권고를 받았으나 불응, 동반자작가의 칭(稱)을 듣다	
1931(신미) 소화6년	26	○ 경성제국대학 법문학부 법철학연구실 조수 ○ 경성제국대학 예과 강사(법락통론) ◎ 간도공산당사건에 대한 국내법원의 관할권문제(동아일보, 무기명) ◎「추상(抽象)과 유물변증법」(신흥) ◎ 소설「형」(조광),「밤중에 거니는 자」(동광),「상해(上海)의 기억」(문예월간)	○ 만주사변(9월) ○ 조선총독에 우가키 가즈시게(宇垣一成)
1932(임신) 소화7년	27	○ 장남 광(洸) 출생(3월) ○ 보성전문학교강사(헌법,행정법,국제법) ◎ 소설「전별(餞別)」(삼천리) ◎「침통한 문학기타」(동방평론) 외 평론, 수필 등	○ 인촌 김성수 보성전문학교를 인수 ○ 이봉창 의사사건 ○ 윤봉길 의사사건 ○ 일본 5·15사건
1933(계유) 소화8년	28	○ 2녀 충숙(忠淑) 출생(10월) ○ 보성전문학교 전임강사 ○ 동아일보 객원 ○ 동아일보주최 하기대학강사로 정인보, 손진태, 이훈구, 서항석과 함께 청주, 대구, 부산 강연 ◎「화협(和協)과 권고」「권고와 제재(制裁)」「평화의 종언」(동아일보) 등 국제관계에 관한 논문들 ◎「창작의 위기」외 평론	○ 히틀러정권 성립 ○ 일본 국제연맹 탈퇴 ○ 한글맞춤법통일안발표
1934(갑술) 소화9년	29	○ 부친 유치형(兪致衡) 별세(9월) ○ 보전학회논집 제1집 간행(3월) ◎「중세에 있어서의 정의사상」(보전학회논집),「파산에 직면한 국제연맹의 기구」(동아일보),「몰락도상의 국제연맹」(신동아) ◎ 소설「행로」(개벽) 외 문예시평 등	○ 보성전문학교 안암동 캠퍼스로 이전
1935(을해) 소화10년	30	○ 3녀 인숙(仁淑) 출생(3월) ○ 경성부 수송동 28번지의 3호로 이사 ◎ 소설「오월이제(二題)」(조선문단),「김강사와 T교수」「간호부장」(신동아) ◎「유태인에의 길」외 수필 등	○ 보성전문학교 김성수 교장사임. 후임에 김용무(金用茂) ○ 히틀러 독일의 재군비(再軍備) 선언 ○ 코민테른인민전선결성

1936(병자) 소화11년	31	ㅇ 원산 송도원에서 가족과 함께 피서 ㅇ 원산청년회 주최로 노동규盧東奎(연전교수)와 함께 누씨여고(樓氏女高) 강당에서 강연 ◎「군축(軍縮)을 싸고도는 열강의 세계정책」「최근 구주(歐洲)국제정국의 조감」(동아일보) ◎ 소설「황률(黃栗)」(삼천리),「사령장」(문학)	ㅇ 일본 2·26사건 ㅇ 조선총독에 미나미 지로(南次郞) ㅇ 일독방공협정(日獨防共協定)
1937(정축) 소화12년	32	ㅇ 보성전문학교 교수 ◎「지이드의 소련여행기」(조선일보),「열뇨항중(熱鬧巷中)의 투서일기(鬪暑日記)」(동아일보)	ㅇ 김성수 보성전문학교 교장 재취임 ㅇ 보선전문학교 30주년 기면 도서관 개관 ㅇ 중일전쟁 터지다 ㅇ 황국신민서사 제정 ㅇ 일독이(日獨伊)방공협정
1938(무인) 소화13년	33	ㅇ 모친 밀양박씨 별세(6월) ◎「독일국가학의 최근동향」(동아일보) ◎ 소설「창랑정기(滄浪亭記)」(동아일보),「어떤 부처(夫妻)」「치정(痴情)」(조광),「수술(手術)」(야담),「수난의 기록」(삼천리문학연재) ◎「봄은 왔건만」(여성(女性)) 외 수필, 평론 등	ㅇ 조선인특별지원병령(朝鮮人特別志願兵令) ㅇ 중등교육 조선어과 폐지 ㅇ 국가총동원법(國家總動員法) ㅇ 장고봉사건(張鼓峰事件)
1939(기묘) 소화14년	34	ㅇ 4녀 경숙(景淑) 출생(10월) ㅇ 보성전문학교 법과 과장 ◎ 소설「잡혼(雜婚)」「나비」「가을」(문장) ◎ 장편소설「화상보(華想譜)」(동아일보에 익년 5월까지 연재) ◎「유진오단편집」간행(학예사) ◎「순수에의 지향」(문장),「조선문학(에 주어진 새 길」(동아일보) 외 수필, 평론 등	ㅇ 노몬한사건 ㅇ 제2차 세계대전 터지다(독일군의 폴란드[波蘭] 침공) ㅇ「문장」지 창간 ㅇ 창씨개명제 공포(11월, 익년 2월 실시) ㅇ 조선문인협회 조직 ㅇ「인문평론」창간
1940(경진) 소화15년	35	◎ 소설「봄」(인문평론),「주붕(酒朋)」(문장),「여름」(일문, 문예),「우수(憂愁)의 뜰」(여성 연재) ◎ 소설집「봄」간행(한성도서주식회사) ◎「해바라기」외 수필, 문예시평 등	ㅇ 동아일보, 조선일보 폐간 ㅇ 국민총력연맹 조직
1941(신사) 소화16년	36	ㅇ 2남 완(浣) 출생(4월) ㅇ 퇴계원에 농막(農幕) 짓다	

	36	○ 졸업생 직장이탈사건으로 보성전문학교를 대표하여 북경에 사죄하러 가다 ◎ 소설「마차」(문장),「산울림」(인문평론),「젊은아내」(춘추),「기차 안에서」(일문, 국민총력),「복남이(福男伊)」(일문, 주간조일週刊朝日) ◎「화상보(華想譜)」간행(한성도서주식회사) ◎「별견(瞥見)의 북지(北支)」(조광)	○ 일소(日蘇)중립조약 ○ 독소(獨蘇)개전 ○ 일본군 월남[佛印]진주 ○ 일본 도조[東條]내각 ○ 태평양전쟁 터지다(일본군의 진주만 기습)
1942(임오) 소화17년	37	◎ 소설「정(鄭)선달」「신경(新京)」(춘추),「남곡선생(南谷先生)」(일문, 국민문학) ◎「작가 이효석론」(일문, 국민문학)	○ 조선어학회사건 ○ 조선총독에 고 이소 구니 아키(小磯國昭)
1943(계미) 소화18년	38	◎ 소설「식모난(食母難)」(방송지우(放送之友)),「가마」(춘추),「입학전후」(방송) ◎ 수필「역설」「운(運)」「환멸」(신시대)	○ 특별지원병제(학병)실시 ○ 카이로선언
1944(갑신) 소화19년	39	○ 보성전문학교를 경성척식경제전문학교로 강제개편하여 동교 교수 겸 척식과 과장 ◎ 소설「김포 아주머니」(방송지우)	○ 학병 입영(1월) ○ 전면징용 실시 ○ 조선총독에 아베 노부유키(阿部信行)
1945(을유) 소화20년 단기4278년	40	○ 경성부 동대문구 청량리정 114번지로 이사 ○ 경성척식경제전문학교 사임 ○ 8·15 해방 ○ 보성전문학교 복원으로 동교 교수 겸 법과 과장(정법과장) ○ 경성대학 법문학부 교수 겸직 ○ 교육심의회 위원	○ 소련 대일전(對日戰)에 참가(8월 8일) ○ 8·15 일본 무조건 항복 ○ 조선건국준비위원회 출발(8·15) ○ 한국민주당, 조선공산당 결성(9월) ○ 이승만 귀국 ○ 임시정부 요인 귀국 ○ 모스크바삼상회의 조선신탁통치 결정 ○ 송진우 피살
1946(병술) 단기4279년	41	○ 고려대학교교수 겸 정법대학장(9월) ○ 변호사시험위원 ◎「독서론」(협동),「사회와 법률」(법정)	○ 김성수 한국민주당 당수 취임으로 보성전문학교 교장에 현상윤 ○ 제1차 미소공동위원회(3월~5월)

			○ 고려대학교 설립인가, 총장에 현상윤(8·15) ○ 좌익의국대안반대투쟁
1947(정해) 단기4280년	42	○ 법전편찬위원회위원(헌법분과위원) ◎「학생과 학원」(공저) 간행 ◎「대학의 사명」(대학신문),「권력분립제도의 검토」「우리 헌법의 윤곽」(법정),「소위 오대강국의 거부권」(고대신문)	○ 반탁투쟁위원회 결성 ○ 제2차 미소공동위원회(5월~10월) ○ 여운형 피살 ○ UN총회 한국의 즉시독립을 결정 ○ 고대신문 창간
1948(무자) 단기4281년	43	○ 대한민국헌법기초위원 ○ 법제처장 ◎「국가의 사회적 기능」「헌법제정의 정신」(법정),「선거의 기본관념」(자유신문) ◎「나의 예과시절」(청량리),「대학의 위기」(조선교육),「학문의 자주독립」(국제정보)	○ UN한국임시위원단 내한(1월) ○ 평양에서남북협정(4월) ○ 5·10선거(선거가능지역총선거) ○ 대한민국헌법 공포(7월 17일) ○ 대통령에 이승만 ○ 대한민국 수립 선포(8월 15일) ○ 북괴, 조선민주주의인민공화국수립(9월) ○ 여수순천반란사건(10월)
1949(기축) 단기4282년	44	○ 고려대학교 대학원장(교수, 정법대학장 겸임) ○ 고등시험위원 ○ 중앙교육위원회 위원 ○ 중앙노동조정위원회 위원 ◎「헌법이념의 구체화과정」「대통령의 법률안거부권」(법정),「국회의 책무와 능률」(국회보),「지방자치의 의의」(민성),「헌법개정의 한계」(동아일보),「법치국가의 기본구조」(법률평론),「교육기본법의이념」(고대신문) ◎「헌법해의」간행(명세당)	○ 민주국민당 결성 ○ 김구 피살 ○ 미군철수 완료(6월) ○ 중화인민공화국성립
1950(경인) 단기4283년	45	○ 6·25 동란 터지자 가족을 뒤에 두고 부산으로 피난 ○ 고려대학교 임시관리책임자(9월) ○ 중앙선거위원회위원 ○ 외교위원회 위원 ◎「민주정치와 법의 지배」(신경향),「종합행정의 원리」(서울신문),「정계1	○ 북괴 남침(6월 25일) ○ UN안전보장이사회 북괴 제재 결의 ○ 현상윤 총장 피랍 ○ 서울 수복(9월 28일) ○ 중공군 개입(10월)

		년 회고」(학생연감),「세계와 한국」(자유신문) ◎「서울탈출기」(공저「고난의 90일」에 수록, 수도문화사)	○ 북괴 남침(6월 25일) ○ UN안전보장이사회 북괴 제재 결의 ○ 현상윤 총장 피랍 ○ 서울 수복(9월 28일) ○ 중공군 개입(10월)
1951(신묘) 단기4284년	46	○ 부산시남부민동으로가족과함께피난 ○ 대한민국교수단단장 ○ 전시연합대학 총장 ○ 최남선과 동도(同途) 각기 장서를 가지러 서울을 다녀오다(6월) ○ 한일회담 준비조사차 도일 ○ 고려대학교 총장서리, 대구 가교사에서 개강 ○ 한일회담 대표(10월) ◎「개헌론시비」(전시과학),「대일강화조약 초안의 검토」(동아일보) ◎「서울을 다녀와서」(한국일보)	○ 1·4 후퇴 ○ UN군 서울 재수복 ○ 김성수부통령당선(5월) ○ 미국의 대일강화조약 조인(9월) ○ 자유당 창당
1952(임진) 단기4285년	47	○ 부산시 대청동 1가 21번지로 이사 ○ 한일회담 결렬로 귀국(5월) ○ 고려대학교총장 ○ 장녀 효숙 결혼(한만년韓萬年) ○ 하버드대학연구원으로 도미(9월) ○ UN한국대표단 법률고문(10월) ○ 맹장염 수술 ◎「일본의 학생」(고대신문) ◎「헌법의 기초이론」 간행(일조각) ◎「헌법입문」 간행(일조각)	○ 고려대학교 대구 가교사에서 개강 ○「정치파동」(5월) ○ 국제구락부사건(6월) ○ 김성수 부통령 사임하고(6월) 병와(病臥) ○ 발췌개헌안 통과(7월)
1953(계사) 단기4286년	48	○ 7~8월 구주 각국 시찰 ○ 9월 귀국하여 서울특별시 종로구 원남동 152번지의 2호로 이사 ○ 대한국제법학회회장 ◎「신고(新稿)헌법해의」 간행(일조각)	○ 휴전협정 조인(7월) ○ 서울환도(9월)
1954(갑오) 단기4287년	49	○ 처 박복례(朴福禮) 서(逝)(6월) ○ 학술원 회원 ○ 대학교육심의회위원 ◎「주권이론」(법률과 경제),「한국법학계의 회고와 전망」(고대신문),「세계인권선언의 역사적 의의」(고시),「경제개헌안의 검토」(동아일보),「사립학교재정확립문제」(교육사조) ◎「헌정의 이론과 실제」 간행(일조각)	○ 제네바 19개국 회의 ○ 사사오입개헌(四捨五入改憲)

1955(을미) 단기4288년	50	○ 고대창립50주년기념 ○ 명예법학박사(연세대학교) ○ 서울하버드클럽 회장 ○ 대학조사위원회 위원 ○ 교육특별심의회 위원, 부의장 ◎「법과대학의 개편을 위한 시론」(법정),「책임정치란 무엇인가」(조선일보),「학문의 길」(사상계) 외 평론, 수필 등 ◎ 고병국과 공동편찬「법률학사전」간행(법문사)	○ 인촌 김성수 별세(2월 18일) ○ 아아반둥회의(亞阿반둥會議;4월) ○ 민주당(民主黨) 창당
1956(병신) 단기4289년	51	○ 이용재(李容載)와 결혼(5월) ○ 유네스코한국위원회 위원, 부위원장 ○ 한국연구원 창립이사 ◎「민주정치의 전제조건」(동아일보),「대학의 이상과 현실」(고대신문),「다독과 정독」(사상계) 외 ◎「헌법강의 상(上)」간행(일조각)	○ 민주당 대통령후보 신익희 급서(5월 5일) ○ 폴란드 반소폭동(6월) ○ 헝가리 반소봉기(10월) ○ 진보당 발족(11월)
1957(정유) 단기4290년	52	○ 3남 종(淙) 출생(6월) ○ 영국정부 초청으로 영국 시찰 ○ 한국공법학회 회장 ○ 한국법철학회 회장 ○ 한국국제법률가협회 회장 ◎「한국의 법제와 법학」(유네스코한국총람,「근대국가와 언론의 자유」(조선일보),「이성이 지배하는 정치」(동아일보) ◎「영국의 인상」(조선일보),「영국의 교육제도」(동아일보) 외	○ 고려대학교에 아세아문제연구소, 한국고전국역위원회(뒤에 민족문화연구소로 개편) 설치 ○ 고려대학교 상과대학 경영학 발전을 위한 ICA원조(시작)
1958(무술) 단기4291년	53	○ 2녀 충숙 결혼(박동진朴東鎭) ◎「법제처창설전후」(법제월보),「국시와 학문의 자유」(사조)	○ 국가보안법 등 개정파동(2·4파동) ○ 고대에 기업경영연구소설치
1959(기해) 단기4292년	54	○ 3녀 인숙 결혼(안용팔安容八) ○ 서울특별시교육회 회장 ○ 재일교포북송반대민간사절로 장택상, 최규남과 함께 제네바 국제적십자사에 파견 ○ 학술원 공로상 ○ 한일회담대표로 파일(수석대표 허정許政) ◎「서방화와 민주화」(조선일보), 'Mass	○ 조봉암(曺奉岩) 사형

		Deportation Problem of Korean Residents in Japan to North Korea'(제네바 ICRC 에서의 강연)	○ 조봉암(曺奉岩) 사형
1960(경자) 단기4293년	55	○ 4·19 ○ 대학교육연합회회장 ○ 장남 광 결혼(엘리오노르 프리드릭) ○ 한일회담 수석대표 ◎「비상사태 수습사안」(동아일보),「폭풍을 뚫고 나선 학생 제군에게」(사상계),「내각책임제개헌과 정국의 장래」(고대신문),「제2공화국의 헌법」(세계)	○ 민주당 대통령후보 조병옥 급서(2월 15일) ○ 3·15부정선거 ○ 마산에서 부정선거 규탄데모 ○ 고대생 데모(4월 18일) ○ 4·19 데모 ○ 이승만 대통령 하야 ○ 제2공화국 헌법 공포(6월 15일) ○ 아이젠하워 미 대통령 내한(6월 19일) ○ 장면내각 성립(8월)
1961(신축) 단기4294년	56	○ 5·16으로 한일회담 중단하고 귀국 ○ 국가재건국민운동본부장(6월) ○ UN한국협회 회장 ◎ 'Student Movement in Korea'(동경 국제기독교대학 강연),「국민운동의 기본이념」(동아일보),「한일관계와 우리의 태도」(동아일보),「한일회담의 회고」(시사)	○ 5·16군사혁명 ○ 국가재건최고회의 설치(5월 19일)
1962(임인)	57	○ 세계교육자대회 참석(스웨덴[瑞典]) ○ 문화훈장(대한민국장) ◎「지도자로서의 인촌」(고대신문),「헌법개정의 방향」(최고회의보) ◎「나의 문단 교우록」(사상계),「우리나라 대학의 회고와 전망」(사상계)	○ 윤보선 대통령 사임 ○ 제3공화국 헌법 국민투표(12월 17일) ○ 제1차 경제5개년계획 시작 ○ Ford 재단으로부터 아세아문제연구소에 연구비 원조
1963(계묘)	58	◎「민정(民政)의사상적거점」(서울신문) ◎「새로운 교육이념과 민족의 근대화」(새교육),「연대와 고대」(연세춘추),「교육자치제는 왜 필요한가」(사상계) ◎「민족정치에의 길」간행(일조각) ◎「젊은세대에 부치는서」간행(일조각)	○ 민정당(民政黨), 민주당(民主黨) 결성 ○ 제3공화국 헌법 시행(12월)
1964(갑진)	59	◎「젊은날의 자화상」(사상계),「학생은 학원으로」(고대신문)	○ 6·3 한일협정 반대데모로 계엄령

		◎ 소설집「창랑정기(滄浪亭記)」간행(정음사)	
1965(을사)	60	○ 세계교육자대회 참석(에티오피아) ○ 고려대학교 총장 3기 임기 만료로 사임(10월), 후임에 이종우(李鍾雨) ◎「헌법심의위원의 변」(사상계) ◎「풋나기 교원」(문학춘추),「젊은이를 위한 사색 노우트」(이대학보),「구름 위의 만상(漫想)」(교양) 외 수필	○ 민중당 결성 ○ 고려대학교 60주년 기념행사로 국제학술회의 주최 ○ 고려대학교 휴업령(7월 6일), 9월 20일 해제 ○ 월남파병 ○ 한일협정조인(6월) ○ 한일국교정상화반대데모(4월) ○ 무장군인 고대, 연대에 난입(8월 25일)
1966(병오)	61	○ 명예문학박사(경희대학교) ○ 민중당 대통령후보 지명(10월) ◎「헌법의 법적 특질」(법정),「헌법기초 회고록」(헌정 3월-9월),「한일회담이 열리기까지」(사상계) 외 ◎ 수상집「구름 위의 만상」간행(일조각)	○ 신한당 결성
1967(정미)	62	○ 신민당 대표위원 ○ 제7대 국회의원(종로구) ○「6·8 부정선거」무효화투쟁으로 등원 거부하다가 11월 29일 등원 ◎「국회등원에 제(際)하여」(국회속기록),「언론계간부와의 회견」(간담회에서 연설) ◎「나의 대학생활」(서울대 정치학보)	○ 민중당, 신한당 통합으로 신민당 결성 ○ 제6대 대통령 선거(5월 3일) ○ 제7대 국회의원 선거(6월 8일) ○ 제2차 경제5개년계획 시작
1968(무신)	63	○ 신민당 총재 ○ 대한국제법학회명예회장 ◎「무장공비침입에 관한 질의」(국회속기록),「향토예비군설치반대연설」(국회속기록) 외	○ 1·21무장게릴라침입사건
1969(기유)	64	○ 9월 10일 와병 ○ 병 치료차 도일(12월) ◎ 'The Origin of the Korean Constitution'(Royal Asiatic Society 강연)	○ 삼선개헌 국민투표(10월 17일)
1970(경술)	65	○ 신민당 총재사임 ○ 신민당 고문 ○ 병 진단차 도미(10월)	○ 제7대 대통령 선거(4월) ○ 닉슨 독트린 선언 ○ 고대 총장에 김상협

		◎「나의 심경」(동아일보) ◎ 'Korea and Japan'(조지워싱턴대학강연)	
1971(신해)	66	○ 유성(儒城)에 농장 짓다 ○ 고려대학교 명예교수(5월 5일) ◎「양호기(養虎記)」전편(고우회보) 4월~72년 8월	○ 남북적십자회담(9월) ○ 고려대학교, 우석대학교(友石大學校)를 흡수합병
1972(임자)	67	◎「7·4공동성명의 문제점과 전망」(신동아),「법의 지배와 법의식의 확립」(월간법전) ◎「나의 연구실시절」(법정),「인촌과 정치」(고대문화),「역사의 생성과 발전」「나의 독서편력」(월간중앙) 외	○ 남북공동성명(7월 4일) ○ 헌정중단(10월) 제4공화국 ○ 유신헌법국민투표(11월) ○ 제3차 경제5개년계획 시작
1973(계축)	68	○ 도미, 귀도(歸途)에 구주 각국 여행 ◎「이데에와 이데올로기」(월간중앙) ◎ 'Korea and the International Situation Today'(콜롬비아대학 강연)	○ 남북조절위원회 발족 ○ 김대중 피랍사건
1974(갑인)	69	○ 학교법인 고려중앙학원 이사 ○ 민주회복국민회의 참가 ◎「양호기」후편(고우회보) 1월~75년 10월	○ 대통령긴급조치 1호~4호(1월) ○ 박 대통령 저격사건(8월 15일)
1975(을묘)	70	○ 서울특별시 용산구 이촌동 정우(正友)맨션으로 이사(6월) ○ 서울특별시 용산구 이태원동 19번지 7호로 이사(11월) ◎「문학과 역사에 관한 단상」(월간중앙),「고려대학교론」(고대신문) 외 수필 등	○ 대통령긴급조치 9호(5월 13일) ○ 고려대학교 휴교령(4월 8일, 대통령긴급조치 제7호), 5월 13일 해제 ○ 고대 총장 김상협 퇴임하고 후임에 차낙훈(車洛勳)
1976(병무)	71	◎「인류사회의 앞날을 모색해 본다」(월간중앙)「통일정책의 근본방향」(통일정책) ◎「인류의 운명」(한국문학),「경성제국대학 시절」(서울대학교 동창회보), 외 수필 등 ◎ 소설집「김 강사와 T교수」간행(삼중당문고) ◎ 수필집「젊은날의 자화상」간행(박영문고)	○ 모택동, 주은래 서(逝) ○ 미국 대통령에 카터 당선
1977(정기)	72	◎「나라를 사랑한다는 것」(신동아)	

양호기
보전 · 고대 35년의 회고

초판 발행 1977년 2월 15일
재판 1쇄 2019년 5월 5일
지은이 유진오
펴낸곳 **고려대학교출판문화원**
www.kupress.com
kupress@korea.ac.kr
02841 서울특별시 성북구 안암로 145
02-3290-4230, 4231
Fax 923-6311
찍은곳 한국컴퓨터인쇄정보

ISBN 978-89-7641-994-1 03810

값 22,000원
* 잘못 만들어진 책은 바꿔드립니다.